Elke Weickelt, 1953 in Oldenburg i.O. geboren, wuchs in Hannover auf. Nach dem Abitur studierte sie Medizin in Kiel und reiste danach ein Jahr mit dem Rucksack durch Südostasien. Anschließend arbeitete sie an einem großen Psychiatrischen Krankenhaus in Süddeutschland, machte ihren Facharzt und promovierte über Alzheimer Demenz. Danach war sie in der Klinik nur noch halbtags tätig, um Kunst zu studieren. Nach Abschluss des Studiums arbeitete sie hauptberuflich als Bildende Künstlerin, Teilzeit weiter in der Psychiatrie. Ihre Reise nach Südamerika startete sie, nachdem sie als Ärztin berentet war.

ELKE WEICKELT

ESTA SOLA
SIND SIE ALLEIN?

Ein Jahr durch Südamerika

Ein Reisebericht

LINDEMANNS

INHALT

VORWORT

Warum reisen? Das ist mein Traum. Wenn ich nicht mehr arbeiten muss, möchte ich mich zeitlos auf den Weg nach Südamerika machen. Mit 65 Jahren, mindestens ein Jahr ohne Rückflugticket, alleine mit wenig Gepäck. Nicht reisen, sondern sein, nicht planen, sondern alles auf mich zukommen lassen, alles offen, nichts festgelegt, keine Verpflichtungen. Ohne Kalender, ohne Zeitdruck. Die Länder Lateinamerikas kennenlernen, die Natur, die Menschen, die Verhältnisse.

Reisende sein, obwohl ich Touristen nicht mag, aber dennoch unter Fernweh leide. Zeitlos unterwegs sein heißt, nicht schon beim Aufbruch an die Rückkehr denken.

So beginnt mein letzter Lebensabschnitt. Ich muss gar nichts mehr. Das Einzige, was ich jetzt noch muss, ist sterben. Aber ich kann mich noch auf den Weg machen, unterwegs sein, die Welt kennenlernen, Neues suchen, Neues finden, mich erfahren, fühlen, Menschen begegnen. Ich bin gesund, keiner weiß, wie lange noch, und dafür bin ich dankbar. Jetzt werde ich diesen meinen Traum verwirklichen. Nicht morgen, nicht im nächsten Jahr – jetzt. Und was träume ich da eigentlich?

„Das Unsagbare finden – das Wirkende, des der Verstand nicht habhaft wird – denn es ist und kann nur im Sein erkannt werden." Das gibt mir meine Freundin Gudrun mit auf den Weg.

Gudrun treffe ich kurz vor meiner Abreise auf einer Vernissage. Sie kann sich so gut in Kunst einfühlen. Sie lebt in Hannover und arbeitet als Psychotherapeutin. Sie geht jetzt auch in Rente, sie ist über 70.

„Ja, was ist das Unsagbare?", frage ich sie. Gudrun zitiert nicht, sie findet diese Sätze, obwohl ja natürlich alles Inhaltliche nicht neu ist und schon gedacht wurde, so wie alles Gemalte irgendwann auch schon einmal gemalt wurde.

Gudrun meint, unser Schicksal ist schon festgelegt, vorbestimmt. Wir erfüllen es, indem wir leben. Wir sind damit auch ein Teil vom ganzen Strom des Lebens. Wir leben unser Schicksal und dann können wir es erkennen, sozusagen retrospektiv.

Die Erkenntnis nur retrospektiv? Eine interessante Idee – natürlich – eigentlich logisch. Erst muss etwas da sein, erfahren sein, erlebt sein, bevor man es erkennen kann. Wie ist das in der Naturwissenschaft und in der Philosophie? Brauchen wir überhaupt Erkenntnis? Wir können das auch lassen. Das ist dann vielleicht noch einfacher und nicht so anstrengend. Tiere brauchen das auch nicht.

Was bedeutet der Satz, das Unsagbare finden, das nur im Sein erkannt wird? Sie meint, es sei wohl ein Spiegel auf mich, auf mein Vorhaben. Damit kann ich etwas anfangen und es hat in der Tat viel mit meinem Unterwegs – Sein zu tun.

Ich möchte nicht reisen, sondern sein. Ich reise nicht, ich bin. Ja, was ist dann der Unterschied? Natürlich reise ich auch. Aber ohne Zeitplan. Diese Zeitlosigkeit, das One-Way-Ticket sind meine Basis. Ich kann bleiben, wenn ich will und wo ich will und wie lange ich will.

Eine andere Freundin von mir spricht immer vom So-sein und Da-sein, das erinnert mich an den so vielfach gebrauchten Begriff vom Hier und Jetzt, den alle möglichen Ideologen und Welterklärer als einfache Regel zum Glücklichsein preisen.

So-sein ist „Ich" mit allem, was dazu gehört, und Da-sein ist einfach „hier jetzt" leben.

Mir gefällt das, es befreit mich von weiteren philosophischen Ausflügen und quälenden Recherchen über Vergangenheit und Zukunft. Damit erübrigt sich die Unfrage nach dem Sinn des Lebens.

Seneca sagt: Alle Menschen existieren, aber nur die wenigsten leben. Die Angst, nicht gelebt zu haben ist größer als die Angst vor dem Tod. Aber was heißt das? Für mich heißt leben auch der Zustand der Selbstvergessenheit, wie ihn Kinder haben und Erwachsene ihn sich mühsam „erarbeiten" müssen. Wenn mir das gelingt, erfüllt es mich mit einer tiefen Zufriedenheit.

Und ja, ich werde allein reisen, auf Spanisch: „sola". Erst einmal gibt es niemand, der mich begleiten könnte. Zeitlos – darauf lässt man sich nicht so einfach ein. Das birgt nur Unsicherheit in jeder Beziehung. Und jeder hat so viel zu tun zuhause, einen Terminkalender und sogenannte Verpflichtungen.

Und es müsste ja auch passen, in den Gewohnheiten, den Bedürfnissen, den Interessen. Obwohl ich mich ja für einen flexiblen und toleranten Menschen halte – ja doch, kann man vielleicht so sagen, habe ich vor dieser Reise eine einschneidende Erfahrung gemacht.

Eine alte Schulfreundin hatte mir vor einem Jahr, als ich ihr von meinem Plan erzählte, signalisiert: Oh, ich gehe zum selben Zeitpunkt in Rente, ich hätte große Lust mitzukommen.

Gut, dann erproben wir, ob wir zusammenpassen. Wir haben eine Woche Bilbao gebucht, ein Appartement und wollten schauen, wie es läuft.

Ja also, als wir am Flughafen waren, wollte sie mit dem Taxi in die Stadt. Viel zu teuer, völliger Quatsch, alle zehn Minuten fährt ein Bus. Ok. Im Zentrum sind wir ausgestiegen, 20 Minuten zu Fuß zur Unterkunft. Ein traumhaftes Wetter, ein schöner Gang durch die Altstadt. Wir nehmen ein Taxi – warum? Wir können laufen.

Das Laufen ist dann gescheitert, weil eine Rolle von ihrem Rollkoffer abgebrochen ist, weil der Koffer viel zu schwer war für eine Woche, weil ihr der Rücken wehtat. Wir haben ein Taxi genommen. Ich erzähle nur noch drei weitere Episoden dieses Aufenthaltes, das muss dann reichen, die Antwort auf die Ursprungsfrage erübrigt sich damit. Die Menschen sind eben so unterschiedlich.

Am nächsten Tag zu Fuß am Fluss entlang ins Museum, 30 Minuten Dauer. Kein Taxi, ok. Nach zehn Minuten eine Blase am Fuß, laufen erschwert bis unmöglich. Wie soll man da eine Stadt entdecken?

Jeden Abend E-Mails checken statt die Altstadt erkunden.

Dann Busfahrt nach San Sebastian, eine Stunde 15 Minuten. Nach 20 Minuten wurde ihr schlecht: Beim Busfahren wird mir immer übel. Meine Frage. Wie willst Du durch Südamerika reisen?

Ich sage nichts mehr. Sie musste sich vorne neben den Fahrer setzen, der einmal anhalten musste zum Kotzen.

Na ja, das reicht. Wir hatten dann kaum noch Kontakt. Es ist nicht so, dass ich das verurteile, aber für mich passt es eben nicht.

Und zu zweit zu reisen oder gar zu mehreren ist etwas ganz anderes, kein Vergleich. Niemals ist man so auf sich selbst zurückgeworfen, wie wenn man alleine unterwegs ist. Niemals lernt man so viele Menschen kennen, wirklich kennen, wie wenn man alleine ist. Niemals ist Selbstständigkeit, auch die seelische, so wichtig und niemals ist Kreativität so gefragt, wie wenn man alleine ist.

Abgesehen davon habe ich mich niemals alleine gefühlt, aber dazu später mehr.

„Ja, und hast Du keine Angst?“, werde ich immer wieder gefragt. Südamerika, Kriminalität, Überfälle, Drogen, schlechtes Gesundheitssystem, vielleicht doch Verständigungsschwierigkeiten? Als Frau alleine? Einsamkeit? Machos, Anmache und sexuelle Übergriffe?

Lieber Gott, ich bin alt. Nein, ich habe keine Angst. Vielleicht doch ein bisschen. Wovor? Sicher nicht vor den Menschen. Ein bisschen Angst habe ich davor, dass ich krank werde. Krank sein und allein sein stelle ich mir ziemlich unangenehm vor. Hilflosigkeit – schrecklich, wenn man sich nicht mehr versorgen könnte.

Aber: Auf der ganzen Welt gibt es gute und schlechte Menschen. Auch in der Ferne gibt es gute und ich bin überzeugt, sie würden mir helfen. Das würde ich auch tun.

Also Angst nicht. Aber ich bin tierisch aufgeregt.

Ich bin auf der Suche nach dem Ursprünglichen, schon ein Leben lang, schon auf meiner ersten einjährigen Reise nach Südostasien vor 40 Jahren.

Aber was ist das eigentlich, das Ursprüngliche? Was verstehe ich darunter? Es ist das, was ich am Leben und an dem Glauben der Naturvölker in ihrer Beziehung zur Natur entdecke. Es ist das Reduzierte, das Eigentliche, das Wesentliche, was das Leben ausmacht: Geburt und Tod, Wohnen, Essen und Trinken, Arbeit, das Miteinander, immer in enger Verbindung mit der Natur, mit Mutter Erde. Pachamama, wie die Indigenen sagen. Es zeigt sich oft auch im künstlerischen Ausdruck sogenannter „Primitiver Völker", in Ritualen und Festen.

Es ist das, was alle Menschen miteinander verbindet, unabhängig von ihrer Entwicklung und ihrer Kultur. Es ist das, was alle Menschen brauchen und gestalten in großer Vielfalt und Unterschiedlichkeit. Es ist das, warum manche Menschen flüchten, weil sie es nicht haben und was die Reichen gar nicht mehr erkennen oder wertschätzen, weil sie es zu viel haben und das schon zu lange oder weil es bei allem Wohlstand seine Bedeutung und seinen Wert verloren hat, weil sie es gar nicht mehr sehen.

Reduktion und Einfachheit sind verbunden mit einer Konzentration, die zu Intensivierung des Lebens und Vertiefung der Wahrnehmung führen kann und zum Finden des Wesentlichen. Für mich jedenfalls.

Auf diese Suche, Suche in anderen Kulturen, wie machen sie es, ihre Nähe zur Natur, ihr Authentisches, Eigenes – werde ich mich begeben.

Ich denke manchmal, ursprüngliche Kulturen haben vielleicht andere, vielleicht bessere Antworten als wir. Ob das stimmt, weiß ich nicht, ich werde es herausfinden. Vielleicht ist es auch nur eine romantische Illusion.

Und dann treibt mich natürlich die Frage um: Was wird aus unserer Welt, die wir gerade und schon so lange zerstören, das Klima, das wir so verändert haben, dass Naturkatastrophen uns überfluten und wir nicht in der Lage sind, die Stimme der Natur – Pachamama – zu hören.

Ich habe mich gut vorbereitet. Natürlich musste ich Spanisch lernen. Damit hatte ich schon vor vier Jahren angefangen, immer mal wieder. Nach fünf Volkshochschulkursen, zwei Besuchen einer Spanisch-Schule in Malaga und auf Ibiza sowie Unterricht bei einer Privatlehrerin aus Kolumbien habe ich keineswegs das Gefühl, nun spanisch sprechen zu können. Es ist mühsam, erfordert so viel Disziplin und ich werde vergesslicher. Aber eine neue Sprache zu lernen ist das beste kognitive Training, das es gibt.

Jeder sagt, es klappt nur, wenn du vor Ort bist und sprichst: hablar, hablar, hablar ... und das stimmt.

Aber anstrengend blieb es zunächst und wenn ich die Möglichkeit hatte, mich auch englisch zu verständigen, so zog ich das vor, weil es mir so von den Lippen kam.

Aber mit der Zeit konnte ich mich dann doch mit einem kleinen Wortschatz mit den Einheimischen unterhalten. Am Schluss ging alles irgendwie aus dem Bauch heraus und ich hatte gelernt, fehlende Vokabeln wortreich zu umschreiben oder auf Spanisch nach ihnen zu fragen. Erleichternd war es, vor jedem Gespräch mitzuteilen, dass mein Spanisch ganz schlecht ist. Dann sprach man langsam und hatte keine großen Erwartungen. Zu meiner Freude konnte ich so auch eine Menge freundlicher Komplimente ernten, nämlich, dass ich sehr gut spanisch kann.

Das tat gut, auch wenn mir klar war, dass es nicht stimmte.

Jede Reiseerfahrung, jeder Eindruck ist subjektiv, jedes Bild ist durch meine Brille gesehen und erhebt nicht den Anspruch auf die Wahrheit über ein Land, das ich beschreibe. Diese Wahrheit gibt es ja sowieso nicht. Ich habe es so erlebt.

Ich will das unbedingt betonen, obwohl es eigentlich eine Selbstverständlichkeit ist.

Nun sind viele Akten geschlossen und ich ziehe in die Welt, die so groß und so vielfältig ist und von der ich das Gefühl habe, dass ich sie gar nicht kenne.

Es ist ein Aufbruch. Und ein Aufbruch ist auch immer eine Trennung. Jede Trennung schafft Raum für Neues. Ein Aufbruch ohne Wiederkehr? Alles ist möglich.

Aber mich nehme ich mit, meine Biografie nehme ich mit.

Trennung entspricht meinen Wünschen nach Loslösung, Freiheit und Autonomie – Das sind immer schon wichtige Bedürfnisse von mir.

Als ich mich das letzte Mal mit Maria getroffen habe, hat sie mir erzählt, dass auf dem Boden ihres Balkons der Satz steht: *„La Libertad hay que invertarla siempre"* *(Die Freiheit muss immer wieder neu gefunden werden)* von dem spanischen Dichter Jose Agostin Goytisolo. Und sie sagt: *„Der Satz erinnert mich jetzt täglich an Deine Reise, an Dich und an die vielen Möglichkeiten, meine eigene Freiheit zu erfinden und auszuprobieren. Beispielsweise: warum nicht an die Endhaltestelle einer Straßenbahn fahren, die ich noch nicht kenne?"*

Und natürlich ist das Reisen auch Selbstfindung. Flucht, wie manche meinen, ist es für mich nicht. Mir fällt nichts ein, vor dem ich fliehen wollte. Aber eine Suche ist es bestimmt, wobei ich nicht immer wissen muss, was ich suche. Vielleicht ist es eine Sehnsucht nach Entgrenzung, Abschütteln von alltäglicher Routine.

Und ich glaube nicht, dass die Welt kleiner geworden ist durch die Globalisierung. Auch wenn es auf der ganzen Welt Klimawandel und Internet gibt, bleibt sie so riesengroß und vielfältig. Auf der Suche sein ist unterwegs sein – ohne Ziel. Das macht es ja so spannend.

ARGENTINIEN
BUENOS AIRES

Der Billigflug wird dreimal verschoben. Meine Planung, nicht gerade um Mitternacht in Buenos Aires, einer völlig fremden Großstadt in Südamerika, anzukommen, misslingt total. Gelandet bin ich um 23.10 Uhr in der Nacht. Von Frankfurt mit einer Zwischenlandung in Santo Domingo und einer zweiten Zwischenlandung in Panama City plus Wartezeiten dauert es 18 Stunden bis nach Buenos Aires.

Aber was soll es, ich bin unterwegs. Der Flug über den Panamakanal und die Anden ist fantastisch und entführt mich auf einen fernen Kontinent.

Nachts anzukommen, ist dann doch nicht so schlimm, zumal ich mir ein Taxi zum Hotel vorbestellt hatte.

Aber aufgeregt bin ich und finde es irgendwie mutig von mir, mit 65 Jahren und Mini-Koffer, ich habe insgesamt acht kg dabei, allein in die Welt zu ziehen. Das meiste in meinem Koffer sind Medikamente. Da will ich autark sein. Den Rest, so glaube ich, kann ich überall kaufen, wenn ich etwas brauche.

Eine Sommer- und eine Winterhose, eine Regen- und Windjacke für jedes Wetter und ansonsten ein paar Basics und gute Schuhe – das muss reichen. Mütze, Schal und Handschuhe sind natürlich unverzichtbar.

Mir wird plötzlich bewusst, dass ich hier niemanden kenne und auf mich allein gestellt bin. Nur Mut.

Die Einreise ist einfach. Ich erhalte ein Touristenvisum für drei Monate. Im Flughafen von Buenos Aires gibt es vier Geldautomaten und alle sind leer. Das ist erst mal ein Schock, schließlich brauche ich argentinische Pesos. Ich erfahre, dass es kein Geld gibt, Inflation. Die Inflationsrate liegt bei 54 %, so hoch wie in den letzten 28 Jahren nicht. Das Land ist total verschuldet. Zweistellige Inflationsraten sind nicht ungewöhnlich hier.

Wie soll ich nun das Taxi bezahlen? Da muss ich wohl an meine kleine Dollarreserve gehen und zahle natürlich zu viel. Fängt ja gut an.

In den nächsten Tagen ist mein dringendstes Bedürfnis, alle möglichen Bankautomaten auszuprobieren, um an Geld zu kommen. Schon vor Öffnung der Banken stehen die Leute in langen Warteschlangen davor. Als ich endlich eine Bank finde, gibt es nur 200 Euro umgerechnet und das in kleinsten Scheinen. Im Hotel packe ich ein Riesenbündel aus, das in kein Portemonnaie geht und auch nicht in den Geldgürtel – es ist einfach zu dick. Ich werde diesen Geldautomaten die nächsten Tage ein paar Mal erleichtern. In dieser Situation gibt mir das Geld Sicherheit. Die vielen Scheine auf dem Bett kommen mir vor wie Donald Ducks Geldspeicher.

Das Hotel ist wunderschön in altem Kolonialstil mit großem Innenhof mitten im Zentrum von Buenos Aires in der Avenida de Mayo. Und es ist nicht mal laut – oh Wunder.

Buenos Aires hat circa drei Millionen Einwohner. Auf der Plaza de Mayo finden jeden Tag Demonstrationen statt, große und kleine, die Argentinier sind diesbezüglich ein sehr aktives Volk.

Am zweiten Tag gibt es einen Marathon bei strömendem Regen. Es stürmt und schüttet den ganzen Tag. Wasser fließt ins Hotel, Stromausfall. Der ganze Innenhof ist überschwemmt. In die Zimmer kommt es nicht, aber trockenen Fußes kommt man auch nicht auf die Straße. Die Leute nehmen es cool. Offensichtlich ist es nicht das erste Mal. Bei uns würde man anders reagieren.

Ich helfe beim Wasser entfernen mit Eimern. Improvisation ist angesagt, das können sie mit einer selbstverständlichen Gelassenheit, die uns wohl völlig abgehen würde.

Die nächsten Tage herrscht Unwetter: Flüge fallen aus und das Fußballspiel. Wenn ein Fußballspiel in Argentinien ausfällt, ist das für die Leute eine der größten Katastrophen, die sie sich vorstellen können, lerne ich. Die Argentinier sind verrückt nach Fußball.

Im 19. Jahrhundert wurde er von englischen Einwanderern nach Argentinien gebracht. Darauf verweist der Name eines der wichtigsten Vereine: River Plate. 1986 holte die argentinische Nationalmannschaft den Weltmeistertitel gegen Deutschland.

Ich verstehe nichts von Fußball, aber man kann sich dem nicht entziehen, wenn man hier Kontakt zu den Menschen haben will und man muss sich dafür interessieren, weil es ihr Leben so bestimmt.

Genauso populär wie River Plate ist der auch aus Buenos Aires stammende Verein Boca. Die Begegnung der beiden Clubs gilt als Kampf zwischen zwei Klassen: Boca, der Arbeiterklasse, und River Plate, der Mittel- und Oberschicht. Bei vielen dieser Begegnungen gibt es Gewaltaktionen der Fans schon vor der Begegnung. Das habe ich unmittelbar miterlebt, zumal es fast das einzige beherrschende Thema der Nachrichten war und auch das Gesprächsthema überall. Es ging dann so aus, dass das Spiel nach Madrid verlagert werden musste, um überhaupt gewaltlos über die Bühne gehen zu können.

Ich besuche den Stadtteil La Boca. Bei einer großen Stadtrundfahrt kann man überall aussteigen und dann in den nächsten Bus wieder einsteigen. Diese Touristenbusse fahren alle 20 Minuten. Das ist prima und bequem.

Vor La Boca wurde ich gewarnt. Der Stadtteil liegt im Armenviertel von Buenos Aires und es wird dort wohl viel gestohlen. Überfälle soll es auch geben in den Randgebieten des Viertels. Das Zentrum ist fantastisch. Es ist ein einziges Kunstwerk mit bunt angestrichenen Wellblechhäusern. Eine Touristenattraktion mit vielen Restaurants und Bars. Man kann draußen sitzen und es werden Kunstwerke und Souvenirs verkauft. La Boca liegt am Riachuelo-Fluss und hat ein Museum für Moderne Kunst: Fundacion Proa mit dem Blick auf die alten Hafenanlagen.

Als ich die Touristengassen mit den bunten Häusern verlasse, wird es öde und die Armut ist unübersehbar.

Schaut man hin, sieht man viel Armut in Buenos Aires. Ich habe schon viel auf meinen Reisen gesehen, aber dass ein Säugling im Bordstein der Straße liegt, das habe ich auch noch nie gesehen. Keiner kümmert sich, es scheint niemanden aufzuregen. Die Eltern lehnen an einer Häuserwand, offensichtlich vollgepumpt mit Drogen.

Ich spreche einen Polizisten an, aber der tut auch nichts, die Leute gehen daran vorbei. Kann ich etwas machen?

Heute gibt es eine Demonstration von Frauen auf der Avenida de Mayo. Es sind viele. Sie kämpfen für Gleichberechtigung, für Abtreibung. Hinterher kommen die Frauen, die gegen Abtreibung sind. Und Gewalt gegen Frauen, das Thema Femizid wird auf den Plakaten aufgegriffen. Dazu erfahre ich später mehr. Die Frauenbewegung ist hier sehr aktiv. Es geht um Themen, die uns in Europa so intensiv vor vielen Jahren beschäftigt haben.

Die Argentinier denken viel nach, diskutieren über gesellschaftlichen Wandel, sind kritisch, mutig und energiegeladen und machen ihren Mund auf: klar, deutlich, rigoros, modern, offen. So erlebe ich es jedenfalls. Das hätte ich nicht gedacht.

Buenos Aires ist auch eine laute Stadt, ein Moloch, voll, hektisch, schlechte Luft, viel Verkehr, aber immer spannend.

Eine anstrengende Stadt, am frühen Abend, ich bin müde und schlafe viel.

Meine vornehme Zurückhaltung und mein defensives Auftreten, empfohlen in allen Reiseführern, besonders für allein reisende Frauen, gebe ich nach zwei Tagen auf. Erstens bin ich das nicht, zweitens bin ich allein und will Kontakt haben und drittens: Wenn ich die Menschen nicht anspreche, dann lerne ich auch kein Spanisch.

Mein Spanisch ist in der ersten Zeit miserabel. Ich habe einen Fernseher im Zimmer und die Idee, beim Fernsehen mit einem Wörterbuch spanisch zu lernen. Es ist mir wichtig, wann immer möglich, die Nachrichten zu sehen. Sehr rasch kenne ich Worte wie Mord, Raub, Verhaftung, Opfer, Femizide, Vergewaltigung auf Spanisch. Das ist das wesentliche Vokabular der Nachrichtensendungen. Sie bringen immer wieder die gleichen Bilder dazu, stundenlang, den ganzen Tag, das ist eine Art Gehirnwäsche. Es wird den ganzen Tag immer wieder über Verbrechen gesprochen in vielen Gesprächsrunden. Reißerische Szenen, Mord, Überfälle, Raub und sonstige Katastrophen werden ständig wiederholt. Keine gute Idee, um Spanisch zu lernen und nicht gut für die Psyche.

Derzeit findet hier der Weltkongress der Psychoanalytiker statt. Ich erfahre, dass es in Buenos Aires mehr davon gibt als in jeder anderen Stadt der Welt.

Am nächsten Morgen ist überall Polizei und alles Mögliche ist abgesperrt, auch immer wieder die Avenida de Mayo. Es gibt noch mehr Demonstrationen. Es findet hier in einer Woche der G7-Gipfel statt, das internationale Treffen von sieben Außenministern. Kein Wunder, die viele Polizei.

Ich flüchte zum Recoleta Friedhof. Mit der U-Bahn ist das völlig unkompliziert. Dieser Friedhof liegt in einem der teuersten und wohlhabendsten Viertel von Buenos Aires. Eine Ruhestätte vieler prominenter Einwohner mit eindrucksvollen

Gräbern und Mausoleen. Es ist wie eine eigene Stadt, durch die man stundenlang spazieren kann.

Am nächsten Tag lautet die Schlagzeile: Bombe auf dem Recoleta-Friedhof. Diese Bombe an einem Grab, an das ich mich gut erinnern kann, vor dem ich lange gestanden habe, muss kurz nachdem ich den Friedhof verlassen habe explodiert sein. Glück gehabt. Es wurde niemand verletzt.

Dieses Erlebnis beschäftigt mich aber doch noch ein paar Tage. Es ist alles ziemlich ungewohnt hier und man muss doch wohl immer auf der Hut sein. Das ist anstrengend. Kein Wunder, dass ich so viel schlafe. Das kommt mir aber entgegen, weil ich nicht allein im Dunkeln durch diese Stadt gehe. Ich bin erst mal sehr vorsichtig.

Es gibt so viel zu sehen, was mich veranlasst, zwei Wochen zu bleiben. Ich möchte alles sehr langsam machen und auch viel ausruhen, in Cafés sitzen und nur alles beobachten, ohne mich zu bewegen. Ich habe Geburtstag und überlege, was ich mir da Gutes tun kann und möchte mir etwas schenken.

Es gibt das Café Tortoni direkt neben meinem Hotel. Ein wunderschönes altes Kaffeehaus, das 1858 von einem französischen Immigranten eröffnet wurde. Es soll das älteste Kaffeehaus von Buenos Aires sein, mit einer eleganten Inneneinrichtung, vielen Kunstwerken an den Wänden und ein Treffpunkt für Literaten, Künstler und berühmte Tangotänzer.

Die Tangoveranstaltungen hier sind meistens ausverkauft. Mir ist das Café aufgefallen, weil sich draußen immer eine Warteschlange gebildet hat, auch schon morgens früh. Man wird durch den Portier eingelassen, wenn ein Tisch frei ist und betritt den Raum durch ein prächtiges Portal. Manche warten, je nach Tageszeit, bis zu einer Stunde auf einen Platz.

Dieser Ort scheint mir nun für meinen Geburtstag angemessen. Dort möchte ich einen Sekt trinken und eine Köstlichkeit essen, auch wenn das wahrscheinlich sehr teuer ist und mein Tagesbudget übersteigen dürfte. Das hat es dann aber zu meinem Erstaunen gar nicht.

Ich stoße mit mir selber an und bin sehr stolz, hier zu sein, und es ist ein Moment großer Freude. Die Verwirklichung meines Traumes hat begonnen. Ich habe in dieser kurzen Zeit schon so viel erlebt, dass ich mir abends ganz diszipliniert immer Tagebuchnotizen mache, damit ich nichts wieder vergesse. Es geht mir richtig gut und in diesem Moment vermisse ich absolut nichts.

Nachmittags fahre ich mit der Metro ins Malba-Museum nach Palermo und sehe Spitzenwerke lateinamerikanischer Kunst; danach ins ethnografische Museum. Ich werde auf dieser Reise jedes Museum besuchen. Erstens liebe ich Museen und zweitens kann man nirgends mehr lernen.

Einige Museen sind auch geschlossen oder in einem schlechten Zustand, ungeschützt, keine Aufsichten und mit schlechter Beleuchtung. Insbesondere die kleineren.

Auch die Oper und das Teatro Colon kann man nicht auslassen in dieser Stadt.

Mir brennen die Augen von der schlechten Luft.

Die Argentinier erlebe ich freundlich und hilfsbereit. Aber es ist hier alles teurer, als ich dachte.

Nach einer geführten Graffiti-Tour geht es die nächsten Tage noch zu den Shopping Meilen und Prachtkaufhäusern. Hier gibt es alles. Es bedeutet mir noch einmal, dass die Schere zwischen Armut und Reichtum gewaltig ist. Aber um das zu sehen, muss man natürlich nicht nach Südamerika.

Für einen Abend habe ich mir eine Karte für eine Tango-Show besorgt. Tango ist ein Teil von Buenos Aires und Argentinien. Ich werde mit dem Bus abgeholt und wieder ins Hotel gebracht. Das ist gut, weil diese Veranstaltungen ja so spät anfangen und auch erst nach Mitternacht zu Ende sind. Dann muss ich nicht alleine nachts durch die Stadt zurück.

Ein Abendessen ist eingeschlossen. Das ist mein Geburtstagsgeschenk für mich.

Es ist alles sehr fein, weiß gedeckte Tische und die Damen haben sich schwer rausgeputzt. Es sind eher wenige Touristen, viele Einheimische da, was mir schon mal gut gefällt, aber ich liege natürlich mit meinem Outfit in meiner Reisekleidung voll daneben. Tut mir leid, geht nicht anders. Die Argentinierinnen sind wahre Schönheiten. Es sind für mich die attraktivsten Frauen in ganz Südamerika und sehr sexy.

Ich werde an einen Vierertisch gelotst. Ich teile den Tisch mit einer Kanadierin, sie ist Soldatin, kurzgeschorene Haare, burschikos und ich verstehe mich gut mit ihr. Kleidungsmäßig passt es. Und dann sitzt noch ein sehr junges, sehr aufgemöbeltes, aufgekratzt lautes, expansives und überhaupt auch äußerlich auffälliges Pärchen aus USA mit am Tisch. Er wirkt wie ein Börsianer, sie wie eine Barbiepuppe. Aber sie sind nett, wenn auch irgendwie distanzlos, wie US-Amerikaner eben manchmal sind. Sie wollen uns immer umarmen und Selfies davon machen. Sie bestellen Champagner und laden uns ein und drücken ihre überschwängliche Freude darüber aus, uns kennengelernt zu haben. So ein Quatsch, sie kennen uns überhaupt nicht. Geld scheint keine Rolle zu spielen. Der Kellner wird häufig zum Nachschenken aufgefordert. Dann kommen wieder übertriebene Bewunderungen dafür, dass sowohl die Kanadierin als auch ich alleine reisen.

Ich lasse mich auf diese Nummer ein und erlebe einen wunderschönen exaltierten und ziemlich verrückten Abend und habe selten so viel gelacht bei einigen Gläsern Champagner. Über was wir gelacht haben, weiß ich gar nicht mehr. Man muss sich auf die Dinge einlassen, auch wenn sie einem so völlig fremd sind. Das werde ich machen – wunderbar. Auf in ein Neuland. Ich werde mal meine ganzen Bewertungen und damit auch Vorurteile, die man so mit sich rumschleppt, über den Haufen werfen für dieses Neuland. Es zumindest versuchen.

Aber die Hauptattraktion ist der Tango. Zum Weinen schön. Sie tanzen um ihr Leben. Das ist alles so surreal: dieser oberflächliche Barbiepuppen-Wahnsinn im Kontrast zur erotischen und existentiellen Melancholie dieser Musik und des Tanzes, wahrgenommen unter dem Einfluss des wahrscheinlich teuersten Champagners, den ich je getrunken habe, nachts in Buenos Aires. Die Aufführung findet in der Maldita Milonga, Peru 571, statt. In einer Milonga trifft man sich zum Tangotanzen bei Livemusik, aber es gibt auch Shows mit berühmten Tänzern.

Ein weiterer Höhepunkt meines Aufenthaltes in dieser Stadt ist die Schwulen- und Lesben-Parade auf der Avenida de Mayo, in die ich am Samstag zufällig rein stolpere. Unglaubliche Menschen. Bin ich im Film, im Traum, Schwule, Lesben, Transsexuelle, alles, was es gibt. Faszinierende Kostüme, Auftritte, halbnackte Menschen, Glanz und Glimmer, Musik, Theater, Performances. So etwas, glaube ich, sieht man vielleicht nicht mal beim Karneval in Rio, aber da war ich noch nicht. Sicherlich aber nicht in Europa. Auch Proteste gibt es hier gegen Vorurteile und Diskriminierung, Ausgrenzung und Mord an Transgendern „basta de genozido trans".

Ich verbringe viele Stunden dort, schaue mir die Augen aus dem Kopf, rede mit den Leuten, versuche zu verstehen. Oft werde ich angesprochen, bekomme Rosen überreicht oder werde zu einem Drink eingeladen.

Alle sehen so extrem fremdartig aus und sind so liebevoll und freundlich und friedlich.

Es gibt fast keine Polizisten, es scheint alles erlaubt. Am meisten aber staune ich, dass das in Buenos Aires möglich ist. Ich habe alle Länder in Südamerika für viel strikter, autoritärer, konservativer gegenüber solchen Aufzügen und überhaupt gegenüber Demonstrationen gehalten. In Buenos Aires ist das aber offensichtlich nicht so.

Jeden Tag, den ich länger hier bin, habe ich mehr das Gefühl, alles, was ich meinte schon zu wissen, trifft so nicht zu.

Sonntag ist mein Hotel voll. Die Einheimischen haben Feiertag und reisen ebenfalls gerne und viel auf ihrem Kontinent, immer mit Familie. Man trifft aus fast allen anderen Ländern Südamerikas Touristen: Chile, Peru, Uruguay, Brasilien.

Sie gehen im Schlafanzug zum Frühstück, sicher auch ungewaschen, für mich gewöhnungsbedürftig. Aber sie sind locker, begrüßen mich und fragen gleich, was ich hier tue und wo ich herkomme und überhäufen mich mit Reisetipps und guten Ratschlägen.

Touristen aus Europa oder Asien sehe ich nicht die ersten Tage und auch später nicht so viele. Backpacker habe ich auch nur wenige gesehen.

14 Tage bin ich in Buenos Aires geblieben. Zum Einstieg in Südamerika nicht schlecht, modern und schrill, eine Weltstadt. Aber jetzt brauche ich Ruhe.

BARILOCHE

Genug mit Großstadt, ich sehne mich nach der Weite Patagoniens. Jedenfalls habe ich diese Vorstellung vom Süden Argentiniens. Mal sehen, ob das zutrifft.

Meine erste Station ist Bariloche, 1.600 Kilometer von Buenos Aires entfernt. Die Strecken in diesem Land sind riesig.

Das Zimmer in meiner Hosteria ist einfach, sauber und klein. Die Dusche spendet einen dünnen heißen Strahl. Nachts ist es kalt, aber es gibt eine Heizung. Es wird spät dunkel. Diese Gegend wirkt reich und teuer. Das sieht man an den Häusern und alles ist relativ sauber.

Bariloche, eigentlich San Carlos de Bariloche, liegt in der Provinz Negro in einem Tal der südlichen Anden am See Nahuel Huapi. Blauer Himmel, glasklarer See, schneebedeckte Berge, das Panorama unglaublich schön. Man nennt diese Gegend deswegen auch argentinische Schweiz.

Das Wort „Bariloche" kommt von „Vuriloche", das ist ein Mapuche-Wort und heißt „Menschen hinter dem Berg". Das indigene Volk der Mapuche, „Menschen der Erde", lebt heute überwiegend in den zentralen und südlichen Regionen Chiles und Argentiniens. „Mapu" heißt Erde und „che" Menschen. Die Erde ist den Mapuche heilig. Sie würden sie niemals grundlos oder aus Profitgründen zerstören. Sie sind das einzige indigene Volk, das sich lange Zeit erfolgreich gegen die Inka und auch gegen die Kolonisation der Spanier gewehrt hat und unabhängig geblieben ist. Die Mapuche sind die größte ethnische Minderheit, besonders in Chile, und sie führen immer noch einen zähen Kampf um ihren Grund und Boden.

In Bariloche leben auch viele Deutsche. Nach dem zweiten Weltkrieg haben sich einige ehemalige SS-Führer hier versteckt. In einem deutschen Viertel entdeckt man Schwarzwaldhäuser, eine deutsche Schule und deutsche Bäckereien mit heimischen Backwaren, z. B. Brezeln und Streuselkuchen.

Das wirkt auf mich befremdlich.

Die Stadt ist bekannt auch für ihre Schokolade. Sie wird in der Hauptstraße in fast jedem Geschäft angeboten, auch in großen Schokoladenkaufhäusern. Ich bin kein Schokoladenfan, aber probieren muss ich und tatsächlich – schmeckt gut.

Ich könnte stundenlang am See sitzen und auf dieses Bergpanorama starren. Das befriedigt mein Fernweh und erfüllt mich gleichzeitig mit einer inneren Ruhe.

Die vielen frei lebenden Hunde hier werden von den Einwohnern gefüttert. Ein kleiner Hund schleppt eine Plastikflasche von einem Menschen zum anderen und möchte sie geworfen haben, um sie zu apportieren. Fast jeder beteiligt sich. Jetzt bin ich dran. Er steht mit dem Ding im Maul zu meinen Füßen und stupst mich auffordernd an. Ich werfe sie in Richtung eines jungen Paares. Das funktioniert, sie sind als Nächstes dran.

Ein junger Spanier setzt sich zu mir. Er erzählt, dass er hergekommen ist, weil sein Name wie der des Sees ist. Seine Mutter ist Argentinierin und sein Vater Spanier. Er war noch nie hier und ist fasziniert, berührt, wie schön dieser See ist, nach dem er benannt wurde.

Menschen gehen immer wieder weite Wege oder nehmen beschwerliche Reisen auf sich, um ihren Ursprüngen auf die Spur zu kommen. Eigentlich mache ich das auch, weil ich zum Kap Hoorn will, das für mich eine besondere Bedeutung hat, aber dazu später.

Mehrere Ausflüge führen mich in den nächsten Tagen in den Nationalpark Nahuel Huapi, der an dem gleichnamigen See liegt. Dieser Park, der auch an Chile grenzt, gehört zu den ältesten Nationalparks Argentiniens und ist seit 1981 UNESCO-Welterbe.

Mit dem Schiff kann man nach Chile rüber fahren.

Im Bosque Arrayanes, einem Arrayan Myrtenwald wachsen archaisch wirkende Bäume mit einer rötlichen Färbung der Stämme. Sie haben keine Borke. So etwas habe ich noch nie zuvor gesehen. Dieser Wald ist streng geschützt und einmalig. Die Bäume sind bis zu 600 Jahre alt. Eine märchenhafte Szenerie.

Ausflüge über den See mit dem Schiff bieten schöne Aussichten auf den Park vom Wasser aus und auf die imposanten Berge wie den Cerro Catedral, den Cerro Otto und den Cerro Tronador, mit 3.454 Meter der höchste Berg in diesem Nationalpark. Cerro heißt Berg. Der Cerro Tronador ist ein erloschener Vulkan, bedeckt mit einer dicken Schicht aus Eis und Schnee. In der Umgebung Gletscher und Wasserfälle. Entsprechend gibt es hier über das Land hinaus bekannte große Skigebiete.

Den Cerro Otto erkunde ich mit dem Bus und dann mit der Seilbahn. Der Blick von oben über den See und die umliegenden Berge ist sensationell. Ebenso der vom Cerro Catedral. Oben sitze ich in der Sonne, trinke einen Kaffee. Die Anden sind schneebedeckt, der Himmel stahlblau und in der Sonne ist es warm, natürlich in dicker Kleidung.

Mein Gott – an den ich nicht glaube –, wie schön ist diese Welt.

Es gibt auch noch andere Seen wie aus einem Bilderbuch, zum Beispiel den Lago Gutierrez.

Auf einem meiner Ausflüge lerne ich ein nettes Ehepaar aus Südtirol kennen. Er reist auf den Spuren seines verstorbenen Onkels. Dieser Onkel war Missionar in Argentinien. Die Bewohner haben ihm ein Mausoleum gebaut. Das hat er aufgesucht und mit tiefer Rührung erzählt, wie er die unendliche Dankbarkeit der Menschen erlebt hat und dass sein Onkel, den er selbst gar nicht so gut kannte, dort so beliebt war. Die Indigenen haben ihn verehrt.

Ich habe auf meiner Reise viele Spuren und Zeugnisse von Missionierung früher und auch heute noch gesehen. Ich werde immer skeptisch, wenn ich das Wort Missionierung höre. Mag sein, dass dort auch viel Gutes geschehen ist an der Bevölkerung, dass man die Indigenen geschützt hat vor den spanischen Eroberern, dass man ihnen Arbeit, Bildung und medizinische Versorgung gegeben hat, aber die Berichte über anderes, das Zerstören insbesondere der eigenen Kultur und Religion, ist doch so eine existentielle Vernichtung, dass das absolut inakzeptabel ist. Es bleibt mir unverständlich, wie man meinen kann, dass eine eigene Religion besser ist als die der anderen. Wenn mich etwas in unserer heutigen Zeit beeindrucken kann, dann sind es manche Vorstellungen der Indigenen im Zusammenhang mit dem Glauben an Pachamama (Mutter Erde). Aber dazu komme ich noch später.

Da bin ich vielleicht schon bei diesem Ursprung, den ich suche. Also habe ich schon wieder jemanden getroffen, der hier seinen Ahnen nachspürt. Das werde ich noch öfter erleben. Argentinien ist ein Land der Einwanderer. Ein Großteil der Bevölkerung stammt heute von Einwanderern ab und das hat einen entscheidenden Einfluss auf die Identität des Landes.

Als Argentinien 1816 unabhängig wurde, musste es sich neu definieren, ein neues Selbstbild finden. Das versprach man sich durch die Öffnung für moderne europäische Einflüsse durch die Einwanderung aus Europa 1810–1914. Die zwei großen Migrationswellen fanden im 19. und 20. Jahrhundert statt. Europäische Einwanderer erreichten das Land in der zweiten Hälfte des 19. Jahrhunderts. In den 1980er- und 1990er-Jahren kamen vor allem asiatische Migranten und Menschen aus den Nachbarländern Bolivien und Paraguay.

Angesichts der vielen ausgewanderten Europäer, Deutschen, Italiener, Franzosen und vielen anderen, frage ich mich, was Heimat ist? Warum wandern Menschen aus? Doch nicht nur die Rentner, die es im Alter im Süden wärmer haben wollen. So auch junge Leute, die sich ein besseres Leben erhoffen, einen Neuanfang. Völkerwanderung, Flucht und Vertreibung. Manchmal muss man auswandern. Aber wenn man nicht muss, wenn man ein gutes Leben hat. Warum tut man es dann?

Heimat ist doch der Ort, an dem man geboren wird, an dem man aufwächst, seine Kultur erfährt, Einstellungen, Weltauffassungen, die einen prägen, eine Vertrautheit, Zugehörigkeit, ein Zuhause eben? Die Orientierung, mit der man in sein Leben startet. Warum verlässt man das?

Cicero sagt: „Ubi bene, ibi patria." (Wo es mir gut geht, da ist mein Vaterland, meine Heimat.)

Verlässt man die Heimat nur dann, wenn es einem dort nicht mehr gut geht? Kann man eine neue Heimat finden? Für mich stellt sich die Frage: „Braucht man überhaupt eine Heimat?"

Wenn der Seefahrer sagt: „Meine Heimat ist das Meer", so beschreibt er eine Lebensweise. Könnte ich sagen: Meine Heimat ist das Reisen? Fühlt sich gut an.

Und was ist Heimweh? Das Sehnen nach eben dieser Heimat. Ich kenne kein Heimweh, habe ich noch nie empfunden, auch nicht auf meiner ersten einjährigen Reise.

Aber Fernweh, das kenne ich sehr wohl, immer, wenn ich zuhause bin, diese Sehnsucht nach fernen Ländern, auch nach Abenteuer. Das ist keine Pubertätserscheinung, schließlich bin ich 65 Jahre alt und damit höchstwahrscheinlich ja aus der Pubertät schon raus. Das Fernweh ist aber immer noch da. Mein Heimweh ist das Fernweh.

Bariloche ist eine wunderschöne kleine Stadt in Patagonien. Wenn alle so sind, dann wird dies eine Traumreise. Es ist unglaublich, wie inspirierend diese Natur ist.

VILLA LA ANGOSTURA

Villa la Angostura liegt etwas weiter nordwestlich auch am Ufer des Nahuel-Huapi-Sees.

Meine Unterkunft kann ich nur mit dem Taxi erreichen. Sie liegt außerhalb des Städtchens. Überhaupt sind die Häuser etwas zerstreut in dieser Zauberlandschaft. Ich wohne in einem Privathaus bei einem jungen Ehepaar, Janina und Christian, mit zwei kleinen Hunden. Sie vermieten Zimmer. Das Haus ist liebevoll eingerichtet wie ein Puppenhaus, groß, gemütlich mit dem Blick auf den See vom Bett aus. Ich bin der einzige Gast und es wird ein Aufenthalt wie in einer Familie. Sie frühstücken mit mir zusammen, alles selbstgemachte Spezialitäten, alles Bio, und ich erfahre eine Menge über das Land, die Gegend und die Sitten. Es ist eine reiche Gegend hier. Kriminalität so gut wie unbekannt.

Janina und Christian nehmen mich am Wochenende mit auf Ausflüge und zeigen mir die Schönheiten dieser Region. Beim Wandern trifft man überall auf Schilder, die vor dem Puma warnen. Es gibt genaue Verhaltensregeln für den Fall einer Begegnung: 1. nicht weglaufen, 2. anhalten und den Puma anschauen, 3. Kinder auf den Arm nehmen, 4. sich so groß wie möglich machen, 5. schreien, 6. bei einem Angriff des Tieres heftig kämpfen, 7. nicht allein gehen, 8. wegbleiben von toten Tieren. Aber meine Gastgeber sagen, man sieht sie kaum, die scheuen Tiere.

Bei einer Wanderung am nächsten Tag, vorbei an einigen dieser Schilder, nach etwa zwei Stunden, entdecke ich plötzlich frische Puma-Spuren auf dem Weg. Ich bin überzeugt, dass es

Puma-Spuren sind. Hier ist niemand, kurze Panik, ich kehre um, laufe schneller.

Ich bin ja sonst nicht ängstlich, aber alleine unterwegs, so seinen Gedanken beim Laufen nachhängend, und ständig diese Warnschilder und wenn man dann diese Spuren sieht, da kann es einen schon mal unerwartet packen. Später muss ich drüber lachen, über meine Reaktion, weil Pumas wirklich sehr scheu sind und Janina kann sich nicht erinnern, dass hier jemals irgendjemand von einem Puma angegriffen wurde.

Abends im Bett denke ich, wenn ich hier sterbe, ist das eigentlich in Ordnung. Ein Traum von Natur, den es auf dieser Welt immer weniger gibt, das wäre ein guter Ort.

Ich mache mir oft Gedanken über den Ort, an dem ich gerne sterben möchte. In meiner Phantasie habe ich ihn auch schon gefunden. Mein Traum ist es, in einem Völkerkundemuseum zu sein, wenn es soweit ist. Ich habe das Bild, dass ich in einem Bett liege, inmitten von gedämpft beleuchteten Ritualgegenständen und Figuren, aus Kulturen ursprünglicher Völker. Ich habe im Rautenstrauch-Joest-Museum in Köln einmal so eine Ausstellung gesehen, da haben sie auf Sockeln Ritualfiguren aus verschiedenen Kulturen in einem Raum gezeigt. Diese Atmosphäre hat mir eine solche Geborgenheit und so ein Glücksgefühl beschert, dass ich dieses Bild nicht mehr loswerde. Da möchte ich sterben einmal. Das habe ich auch schon meinen Freunden erzählt, aber wahrscheinlich wäre so etwas in der Realität verboten.

Warum eigentlich? Wenn es der letzte Wille ist?

Aber das ist wohl eine verrückte Idee für manchen. Also das hat etwas mit meiner Suche nach Ursprünglichkeit zu tun, was immer das auch ist. Entweder in einem Völkerkundemuseum, umringt von Ritualfiguren oder in einer solchen Natur. In beidem hätte ich das Gefühl, ich werde als Teil eines Ganzen aufgenommen.

Ich fühle mich wie bei Freunden. Janina sieht man immer mit einem Becher Mate-Tee schon früh morgens. Frühstück braucht sie nicht, nur Mate, sagt sie.

Mate ist sehr speziell. Mate trinken ist ein soziales Ritual. Der Matestrauch wächst in Südamerika. Die kleingeschnittenen Blätter werden in ausgehöhlten Kalebassen mit heißem Wasser immer wieder aufgegossen. Deshalb tragen Mate-Trinker immer eine Thermosflasche mit heißem Wasser bei sich. Das gehört zur Ausrüstung wie die Kalebasse und die Bombilla, ein Metalltrinkrohr mit Sieb vorne, durch das der Mate geschlürft wird. Dann wird wieder Wasser nachgegossen und die Kalebasse wird wie eine Friedenspfeife weitergereicht. Das ist ein wichtiger sozialer Aspekt dieses Rituals. Mir scheint es wie ein Suchtmittel, obwohl sie das weit von sich weisen, aber bei manchen Menschen geht es nicht ohne den Becher, den Trinkhalm und die Thermosflasche.

Wenn wir in Europa Kaffee, Nikotin und Alkohol konsumieren, was sie hier viel weniger tun, dann trinken sie hier Mate. Janina bestätigt, dass Mate sie fit macht und den Hunger hemmt.

Viele Argentinier sind sehr dick und essen viel Fett und Zucker. Die, die abnehmen wollen, regeln das oft mit Mate, sagt Janina.

Ich habe Mate gekostet und finde ihn grässlich bitter. Mate-Trinker findet man am meisten in Uruguay, Paraguay, Argentinien, aber auch in Brasilien. Schon die Ureinwohner haben das getrunken.

Janina ist Lehrerin und erzählt, dass das Hauptproblem für viele Kinder sexueller Missbrauch ist. Das ist sehr häufig in Zentral- und Südamerika und eben auch in Argentinien. Das Bewusstsein eines Verbrechens ist bei vielen Menschen nicht vorhanden und die fatalen Folgen für die Kinder auch nicht. Die Aufklärung darüber fehlt in der öffentlichen Diskussion, auch bei den Indigenen. Für viele ist das normal. Sie würden es auch nicht Missbrauch nennen.

Ist das eine kulturelle Frage? Kann etwas schlimm sein, wenn es in einer Kultur normal ist? Wenn es für uns eine Horrorvorstellung ist, aber in einer anderen Kultur dazugehört?

Was ist schlimm? Frage ich mich. Für jeden etwas anderes? Eine Frage der unterschiedlichen Traditionen? Die Frage reicht vom sexuellen Missbrauch bis zum Meerschweinchen essen.

Die kleinen Straßen am See sind gesäumt von blühendem gelben Ginster. Diese Farbe vor dem Hintergrund der schneebedeckten Berge und tiefblauen Seen, das ist wie ein Gemälde.

Man kann hier tagelang wandern. Einmal verlaufe ich mich. Vereinzelt gibt es am See teure Wochenendhäuser. Nach vier Stunden finde ich den Weg nicht zurück. Ich habe kein Googlemap und werde mich auch wider alle Ratschläge bis zum Ende der Reise dem verweigern. Ich habe die Traveller gesehen, die in ihr Gerät starren und niemals jemanden nach dem Weg fragen. Ich habe so viel Freundlichkeit, Information und Kontakte erfahren durch das Ansprechen von Menschen, durch das Fragen nach dem Weg, das möchte ich niemals missen.

Abgesehen davon habe ich das Smartphone meist im Hotel, damit es nicht geklaut wird. Das ist sicher nicht klug, denn wenn mir etwas passiert – und ich bin ja meist allein unterwegs, wäre es eine Hilfe, aber ich kann mich nicht daran gewöhnen. Ich will es nicht und immer kann man auch nicht vernünftig sein. Wo es Menschen gibt auf der Welt, da kann man fragen.

Also klopfe ich an einem dieser Wochenendhäuser an und frage nach dem Weg. Da ich natürlich auch die genaue Adresse meiner Unterkunft nicht dabei habe, wird es ein längeres Gespräch mit dem freundlichen Besitzer – nur der Hund ist nicht so freundlich, er scheint gar fremdenfeindlich zu sein, [illegible] wird aber gut im Zaum gehalten.

Ich finde dann zurück – obwohl mich unterwegs nochmals Zweifel packen über die Richtung und es dauert noch einmal vier Stunden. Ich bin ein großer Verläufer – Orientierung schwer mangelhaft. Aber bislang bin ich trotzdem noch überall hingekommen. Leichte und schwere Frustrationszustände eingeschlossen. Dann bin ich fix und fertig, aber es war trotzdem ein wunderschöner Tag. Als Souvenir habe ich einen kleinen Sonnenbrand im Gesicht mitgebracht, trotz 50-prozentigem Sonnenschutz. Die Sonne ist hier ganz anders als bei uns.

Mit einer Tour fahre ich nach San Martin de los Andes. Das Städtchen liegt am Lago Lacar und ist bekannt für Fischen, Wandern, Kanu- und Skifahren. Hübsch, aber mir zu touristisch.

Die Straße von Villa la Angostura nach San Martin de los Andes nennt sich die Route der sieben Seen, eine der schönsten Straßen in Patagonien. Sie führt an sieben Seen vorbei. An jedem machen wir eine ausgedehnte Pause.

Man sieht hier viele Fahrradfahrer, Reisende, die sich schnaufend mit dem gesamten Gepäck die Anden hochquälen und immer einen, wie ich finde, leidenden Gesichtsausdruck haben. Aber sie scheinen es zu lieben. Jedes Mal wenn der Bus einen überholt, frage ich mich, warum machen sie das. Und bei den Straßen hier und wie die Busse manchmal fahren, finde ich es total gefährlich, aber das ist nur meine Sichtweise.

Von Villa la Angostura geht es mit dem Bus nach El Bolson weiter.

Ich bin ein pünktlicher und zuverlässiger Mensch. Diese Eigenschaften kann man gleich mal total vergessen in Südamerika. Da sind sie eher peinlich. Sie weisen einen im Übrigen auch immer als Deutschen aus. Und man kommt damit nirgends weiter und rutscht von einer Blamage in die andere. Obgleich die Südamerikaner die Deutschen wegen ihrer Zuverlässigkeit und Pünktlichkeit und ihrer strengen Regeln bewundern, wie sie mir oft bestätigt haben, und dass sie deshalb auch gerne in Deutschland leben würden. Dass sie sich selbst entsprechend verändern können, glaube ich nicht, weil sie so eben nicht sind. Das ist ein Teil ihrer Kultur.

Der erste Bus, um zehn Uhr soll er gehen. Um halb elf – der Busfahrer steht neben dem Bus – frage ich dann mal nach, wann denn der Bus nun abfährt. Die Antwort ist: zehn Uhr. Darauf zeige ich dem Fahrer meine Armbanduhr und weise ihn darauf hin, dass es halb elf ist. Er äußert sich erstaunt und gibt dann an: „O passe".

Das war's. Was immer das nun bedeuten mag. Ich kann es nicht herausfinden. Also: Warten, warten warten ... um kurz vor elf Uhr fährt der Bus ab. Als ich endlich drin sitze, denke ich über das Glück des Wartens nach, wenn man sich denn darauf einlässt und das tut man in dem Moment, indem man aufhört zu hadern, z. B. mit der Ungeduld und sich einmal umschaut, was um einen herum gerade los ist. Und es ist immer etwas los, meist sind auch Menschen da und Menschen sind immer interessant.

Warten als etwas ganz Eigenständiges, Erfüllendes, ein Geschenk, eine Chance, nicht eine Frustration.

Mir fällt dabei ein Gedicht von Gabriele Stolz ein, zum Scheitern, zum Suchen, zum Finden ohne Fundstück, ohne Ende, die Vielfalt, die es zu entdecken gibt im Unterwegssein. Sie hat es mir für meine Reise geschickt.

An einem schönen Augusttag scheitern
ist wie aus einem unbestimmten Ausland
in eine Heimat zurückkehren.
Nicht wandern in einem Raum, hin und her,
auf Gedankenwegen unterwegs.
Gedankengänge –
ohne einen zu verfolgen,

ohne von der Stelle gekommen zu sein;
das eröffne den Ausweg.
So jedenfalls erzählt es die Geschichte vom Finden.
Aber sie hat keinen zureichenden Grund,
sondern führt nur durch ein Gelände
der Übergänge.

Auch Warten ist für mich jetzt eine Form des Unterwegsseins.

Viele Monate später hatte ich in Ecuador das erste Mal in meinem Leben den Bus verpasst und ging dann einfach eine Stunde später zum Busbahnhof, in der Hoffnung, dass noch einer an diesem Tage fahren würde. Da war meiner gerade gestartet, ich winkte und auf der Straße hat mich der freundliche Busfahrer wie selbstverständlich aufgelesen. Ich war froh. Ich liebe Südamerika.

EL BOLSON

El Bolson ist eine kleine Stadt in der Provinz Rio Negro südlich von Bariloche. In den 60er-Jahren wurde sie ein Zufluchtsort für junge Leute, Intellektuelle, die der konservativen Enge der Militärdiktatur entfliehen wollten, um hier, von der Hippiekultur inspiriert einen naturnahen Lebensstil zu pflegen. Diese Hippiekolonie gibt es noch heute und sie ist prägend für die Stadt.

Die Menschen verdienen ihr Geld überwiegend mit Kunsthandwerk. Ihre Produkte, wunderschöner Schmuck zum Beispiel, verkaufen sie auf der wöchentlich stattfindenden Feria Artesanal, einem großen Kunsthandwerksmarkt auf der Plaza, aber auch außerhalb von El Bolson. Dieser Markt ist bekannt und zieht viele Touristen an. Auf ihrer Reise durch Patagonien machen die meisten deswegen einen Stopp in El Bolson.

Ich erlebe hier eine Gemeinschaft junger Familien, die ein bisschen immer noch wie Hippies aussehen und Bio-Landwirtschaft betreiben, einen engen freundschaftlichen Zusammenhalt und liebevollen Umgang miteinander pflegen und dabei nach wie vor sehr kritisch geblieben sind. Mich hat das beeindruckt.

Der Geist des guten Miteinanders ist zu spüren, auch wenn das Leben hier hart ist. Viele sind Selbstversorger.

Es gibt ein Kunst-Café, ein eigenes Kulturzentrum in einem großen, bunt angemalten Gebäude, in dem es auch ein hervorragendes Restaurant gibt, Feria francia, und einen großen gartenähnlichen Platz mit Tischen, Bänken, kleinen Marktständen. Ich habe hier jeden Mittag selbstgemachte vegetarische Speisen und große Salatteller genossen oder im Garten gesessen, gelesen, mich gesonnt und die Familien beobachtet. Sie machen Musik, trommeln und verkaufen ihre Ökoware. Häufig gibt es kreative Programme für die Kinder, Musik oder Malstunden. In einem kleinen Laden kann man selbst gemachte Produkte kaufen, verschiedene Leckereien, Grundnahrungsmittel und selbst gebackenes Brot. Abends treffen sich die Leute hier auf ein Bierchen. Man kann immer draußen sitzen.

Nach ein paar Tagen kennt man sich und ich fühle mich gut aufgenommen. Ich habe zwei Familien durch ihren Alltag begleitet, geholfen bei der Kinderversorgung, auf dem Markt und beim Ernten und ich habe eine intakte Gemeinschaft erlebt. Diese Menschen sind arm, aber sie wirken zufrieden. Auch eine Art zu leben in Argentinien. Diese Hippies sind auch politisch aktiv. Ich habe auch hier, wie in Buenos Aires, einige Demonstrationen beobachtet und bin auch mitgelaufen, für Frauengleichberechtigung.

Sexualstraftäter werden in Argentinien übrigens mit Foto und Personalien an die Häuserwände geprangert.

Ansonsten ist die Stimmung immer irgendwie gut. Backpacker sind willkommen.

Im Hostel habe ich in meinem kleinen Zimmer zuerst einmal das Fenster repariert, mit Stöckchen und Pflaster, damit es sich schließen lässt. Diese Dinge macht man hier am besten selber. Man kann nicht davon ausgehen, wenn man sich über irgendetwas beschwert, dass jemand kommt und es dann wieder funktioniert. Es läuft hier anders, die Menschen denken anders, aber meist sehr freundlich, wenn auch weder logisch noch verständlich noch ökonomisch, allerdings immer wieder überraschend kreativ – egal was es ist.

Meine Freundin Rita hat ein – wie ich finde – so typisches Beispiel von ihrer Reise nach Kolumbien erzählt. Sie hat es Lebenshilfe genannt: *„Nach drei Monaten Nicaragua bin ich* *endlich wieder in der Zivilisation angekommen!!! Bogota! Hier habe ich im Übrigen im Gegensatz zu dem nicaraguanischen Genuschel JEDES Wort verstanden ... Ich wohnte bei einem Freund, ein intelligenter, empathischer junger Mann, Carlos, Dipl. Ingenieur. Er warnte mich, auf keinen Fall das Wasser aus dem Hahn zu trinken!! Muy peligroso!! (sehr gefährlich). Ein paar Tage später, als kein Flaschenwasser mehr da war, wir wohnten im 8. Stock, meinte er, das Leitungswasser sei: muy saludable! Muy muy saludable!!!!(sehr gesund) Ich habe daraus gelernt, dass wir Deutschen uns das Leben schon manchmal unnötig schwer machen! Eine echte Lebenshilfe!"*

Das kann man in Südamerika lernen: Widersprüche akzeptieren. Und vor allem muss man sie auch aushalten können. Meine sich wiederholende Erkenntnis in Südamerika: „Es ist wie es ist. Basta."

Es ist heiß, 34 Grad, aber bei diesem Klima einen Blick auf die schneebedeckten Andengipfel zu haben, – eine filmreife Kulisse. Das Bier, Artesanal, das es in den zwei Brauereien gibt, ist köstlich. Artesanal bedeutet Kunsthandwerk und diese Biere hier sind auch Kunsthandwerk. Es ist möglich, kreativ Bier zu brauen. El Bolson ist bekannt dafür. Es gibt nicht die strengen Regeln wie in Deutschland. Frambuesa, Roja und viele andere Sorten sind unbedingt probierenswert. Oder auch Schwarzbier zur „happy hour", danach kann man besonders gut schlafen.

Mit dem Essen habe ich mich in Südamerika total umstellen müssen. Als Norddeutsche bin ich gewohnt, um 18 Uhr abends zu essen. Das geht hier alles gar nicht. Vor 20 oder gar 22 Uhr macht in Südamerika kein Restaurant auf. Und überhaupt erwachen die Menschen zum vergnüglichen Leben erst spät abends, einschließlich aller Kinder, auch der ganz kleinen. Es wird dann meistens laut. So manches Mal war Oropax eines meiner wichtigen Reiseutensilien, die ich niemals hätte missen mögen. Meine Hauptmahlzeit habe ich daraufhin auf den Mittag verlegt. Kein Problem, da die Südamerikaner auch mittags üppige Menüs verzehren. Diese Menüs für sehr wenig Geld gibt es überall. Viele Südamerikaner essen auch zum Frühstück Reis, Kartoffeln, Fleisch und Gemüse. Überhaupt essen sie unglaubliche Mengen und viele bringen auch das entsprechende Gewicht auf die Waage.

Meine Tage sind gefüllt mit Wanderungen auf die Berge, zu den Seen, in die Nachbardörfer, zu den Märkten. Ich habe Franziskaner-Gottesdienste im Freien beobachtet und stundenlange Ehrungen und Aufmärsche der Polizei am „Tag der Polizei". An dem Tag, als das argentinische Fußballspiel Boca gegen River Plate in Madrid stattfindet – man hat es ja wegen massiver gewalttätiger Ausschreitungen der Fans in Buenos Aires kurzerhand nach Madrid verlegt –, gibt es niemanden mehr, der nicht vor dem Fernseher sitzt. Als dann River Plate gewinnt, füllen sich die Straßen rasant mit tausend lärmenden, Fahnen schwenkenden Menschen, diversen Autokorsos, merkwürdigen sonstigen Gefährten und Schrottkisten und sehr vielen schrägen Typen, einschließlich sämtlicher laut bellender Straßenhunde. Ich weiß gar nicht, wo all die Leute herkommen. Bis zum Morgengrauen feiern sie, tanzen, singen und schwenken ihre Fahnen, ziehen immer wieder durch die Stadt.

Die Hunde laufen rechts und links neben den Autos her und bellen wie verrückt, in dem Versuch, sie, die Feinde, die Eindringlinge aus ihrem Revier zu vertreiben. Sie laufen so nah an den Autos, dass ich mich wundere, dass sie nicht überfahren werden. Es ist immer wieder dasselbe Bild, bei jedem Auto. In der Mitte der Straße ist ein Grünstreifen, dort liegen sie und wenn ein Auto kommt, jagen sie es, manchmal zu fünft oder zu sechst.

Das Verhältnis der Südamerikaner zu Hunden ist ein sehr spezielles. Es gibt hier so unendlich viele herrenlose, frei lebende Hunde. Man trifft sie halb verhungert, krank und verwahrlost neben den großen Fernstraßen, z. B. in Peru, wo sie ihre Nahrung in dem aus den Autos und Bussen geworfenen Müll, sprich Plastiktüten suchen. Man trifft sie in den Städten, wo sie liebevoll von der Bevölkerung gefüttert werden, im Winter ein Hundemäntelchen übergestülpt bekommen und einen Karton als Schlafstatt. So habe ich es in Chile gesehen. Vor einem Supermarkt aufgereiht acht Verpackungskartons, in jedem lag abends ein Hund, in einen zwängten sich gleich zwei. Viele Hunde tragen auch einen Schal gegen die Kälte, so gesehen in San Pedro de Atacama.

Ich habe frei lebende Hunde in Kasernen gesehen. Wenn das Tor sich öffnet, stürmen etwa 20 bis 30 Hunde in die Kaserne. Offensichtlich bekommen sie da Reste. Die Militärs lassen sie gewähren. Und ich habe Hundehorden von 30 Tieren gesehen, z. B. in Bolivien, die nachts laut bellend und auch sich bekämpfend durch die Städte ziehen und jede abgestellte Mülltüte aufbeißen und nach Nahrung durchsuchen.

Hunde fressen hier alles: Pommes frites, Kuchenreste, Brötchen, Obst ... alles.

Aber es gibt auch die Hunde als Haustiere, so wie bei uns, alle Rassen dieser Welt, immer angeleint, sicher teuer, weil reinrassig, die, als was weiß ich von ihren Besitzern gebraucht, verhätschelt, missbraucht werden, Welpen von jungen Frauen ganz offensichtlich als Babyersatz auf dem Arm getragen. In den edlen Vierteln der Großstädte, wie in Buenos Aires gesehen, werden diese Haushunde von sog. Hunde-Gassi-Gehern ausgeführt. Man sieht dann so einen Gassi-Geher mit bis zu 20 Hunden an der Leine durch den dichten Verkehr ziehen. Und dann gibt es noch die Nackthunde in Peru, ohne Fell, eine Rassenspezialität dieses Landes – sehr elegant.

ESQUEL

Die Busfahrt nach Esquel führt durch eine traumhafte Seen- und Berglandschaft. Diese Ausblicke entschädigen für die zweistündige Verspätung des Busses.

Der Umgang mit Zeit unterstützt mich hier enorm bei meinem Wunsch, zeitlos zu sein. So hatte ich es mir zwar nicht gedacht, aber das ist auch eine Variante. Ich lerne. Hat schon mal einer, der immer pünktlich ist, versucht, das abzulegen? Verdammt schwierig.

Esquel liegt in der Provinz Chubut südlich von El Bolson. Nachmittags sitze ich auf der Plaza vor dem Museo historico und beobachte die Kinder. Ich will ins Museum, aber das hat geschlossen.

Kinder in Südamerika sind etwas Wunderbares. Sie sind so selbstständig und selbstbewusst und fremdenfreundlich, die ganz kleinen schon. Eine Frau hat sich zu mir gesetzt und mich eingeladen, am Sonntagabend zum Familientag in die Kirche zu kommen, nachdem ich ihr erzählt habe, wie es bei uns mit den Kindern ist und dass ich glaube, dass die deutschen Mütter viel ängstlicher sind. Es interessiert sie sehr und sie kann es gar nicht glauben, dass es in Deutschland so wenige Kinder gibt.

In den meisten Ländern Südamerikas, vor allem auch bei den Indigenen, haben die Familien viele Kinder. Sie werden geboren, auf den Rücken der Mutter gebunden und mit in den Alltag genommen, aufs Feld, auf den Markt, wo auch immer. Kinder sind eine Selbstverständlichkeit. Sobald sie laufen können, laufen sie los, nicht immer ist die Mutter hinten dran, aber alle anderen passen auch auf. Wenn ich mir überlege, was es bei uns manchmal für ein Theater ist, wenn ein Kind geboren wird. Immer eine Ausnahmesituation, weil wohl nicht so häufig und dann aber auch immer bedacht mit einer Sorge und Ängstlichkeit, manchmal einem überfürsorglichen Beschützerrausch. Ein Riesenunterschied.

Dann erzählt sie mir noch voller Stolz, dass die Einwohner von Esquel mit ihrem Protest und Engagement eine Goldmine verhindert haben. Goldminen in Südamerika, das bedeutet zwar Arbeitsplätze, aber immer auch massive Umweltvergiftung mit Quecksilber.

Ich gehe gerne zu diesem Familientag und freue mich über die Einladung. Familientag in der Kirche ist eine Art Gottesdienst, in dem überwiegend gespielt und gelacht wird und es laut hergeht. Die gesamte Kirche ist ein Wimmelraum für Kinder. Sie werden sehr geliebt hier und es wird viel für sie getan, immer in der Gemeinschaft oder der Familie. Entsprechend sieht man hier genauso viele Väter wie Mütter. Überhaupt habe ich oft in Argentinien und auch in den anderen Ländern Südamerikas Väter gesehen, die ihre Kinder herumtragen. Auch viele allein, wenn die Mutter wohl gerade etwas anderes zu tun hat und sicher mehr Väter, die sich um die kleinen Kinder kümmern, als man es bei uns im öffentlichen Raum sieht.

Ich werde immer wieder, weil es so üblich ist, von Einheimischen, mit denen ich Kontakt habe, gefragt, wie mein Name ist. Wenn ich sage: Elke, dann können sie es nicht aussprechen und fast immer ist dann die Antwort: ah, Erika. Ein offensichtlich gängiger Name hier. Die ersten Male habe ich das verbessert, aber dann habe ich es aufgegeben. Wenn mich jetzt jemand nach meinem Namen fragt, sage ich „Erika"

In Südamerika heiße ich Erika und fange an, mich daran zu gewöhnen. Manchmal überlege ich, was wohl Erika für eine Frau ist und ob sie sich von Elke unterscheidet. Eine ziemlich spannende Frage.

Am nächsten Tag ist das Museum endlich geöffnet. Ich gehe in jedes Museum um zu lernen. Selbst in einem Militärmuseum erfahre ich eine Menge über das Land. Für mich ist das interessanter als einen Reiseführer zu lesen, da man meistens mit Menschen sprechen kann, mit Angestellten, ihre Meinung über das Museum und dessen Darbietungen einholen, gleichzeitig fragen, was sie hier verdienen und wie ihre Arbeitszeiten sind und noch vieles mehr.

Diese Arbeitszeiten machen sie oft selbst und sie sind abhängig von ihren sonstigen Tagesaufgaben, zumindest in den kleineren Städten. Herauszufinden, wann so ein Museum geöffnet hat, ist nicht wirklich möglich, seitdem gehe ich immer hin und habe entweder Glück oder ich komme wieder.

Auf wunderschönen urigen Wegen, vorbei an blau-türkis schimmernden Seen mit Blick auf die schneebedeckten Berge, wandere ich den ganzen Tag durch den Parque nacional los Alerces und bewundere die letzten Bestände der Patagonischen Zypressen, nach denen der Park benannt ist. Die ältesten schätzt man auf 3.000 Jahre. Um ihren Bestand zu schützen, wurde der Park 1937 gegründet. Diese Bäume wachsen sehr langsam.

Meine Beschreibungen dieser Landschaften klingen immer irgendwie etwas kitschig, wie ich finde, aber es ist hier tatsächlich so schön, dass es wohl keine Worte dafür gibt.

Auf der Rückfahrt bemerke ich ein paar dicke Mückenstiche. Man muss sich doch immer schützen, sogar in Patagonien und auch, wenn es nicht heiß ist.

In der Stadt lerne ich ein deutsches Ehepaar kennen. Sie sind mit dem Motorrad in Patagonien unterwegs. Er ist ein Bär von einem Mann, aber in Santiago de Chile wurde er überfallen, mitten in der Stadt am helllichten Tage, erzählt er. Warum?

Wie Motorradfahrer es oft haben, hat er eine dicke Goldkette getragen. Da hat man ihm einen Schlag in den Nacken gegeben und dann die Kette abgerissen. Die Verletzungsspuren sind noch am Hals zu sehen. Das war ein Schock für ihn.

Immer, wenn ich solche Berichte höre, denke ich: „Das wundert mich nicht". Wie kann man mit Schmuck, Goldketten oder auch teuren Taschen oder dicken Fotoapparaten durch Südamerika laufen? Tausende tun es und dann wundern sie sich und dann steht in den Reisehinweisen der deutschen Botschaft: Raubüberfälle. Ich verstehe das nicht.

Mit dem Bus geht es 22 Kilometer nach Trevelin, eine alte walisische Stadt. Sie wurde 1865 durch walisische Siedler gegründet auf der Suche nach neuem Land. In einer historischen Backsteinmühle zeigt das Museum diese Geschichte auf. Heute erinnern englische Straßennamen, Teestuben, die Kleidung der hier noch lebenden Waliser sowie gälische und spanische Schilder an diese Zeit. Die Menschen haben sich damals mit den Ureinwohnern, den Mapuche, vermischt.

Die Stadt ist ruhig, entspannt und sauber. Das ist nicht selbstverständlich in südamerikanischen Städten, deswegen betone ich das.

Bei einem Spaziergang am Rio Percey kann ich wunderbar Vögel beobachten. Der Name Trevelin heißt übrigens im Walisischen „mill town", Mühlenstadt.

In den Nachrichten habe ich gehört, dass weiter südlich in Patagonien das Hantavirus wütet. Es wird durch Mäuse übertragen und ist auch für den Menschen gefährlich. Sie haben jetzt Camper in den Nationalparks gewarnt, die zelten und auf dem Boden schlafen. In Patagonien gibt es viele Camper.

Um Mitternacht wird im Fernsehen die Nationalhymne gespielt und auf der Straße der Müll abgeholt.

Morgen geht es weiter Richtung Süden.

PUERTO MADRYN

Von Esquel geht es einmal quer über den Kontinent von den Anden durch die patagonische Steppe an den Atlantik nach Puerto Madryn. Auf der Karte sieht das wie eine kurze Strecke aus, aber es sind über 500 Kilometer und der Bus braucht zehn Stunden. Puerto Madryn ist ein wichtiger Exporthafen und eine Anlegestelle für Kreuzfahrtschiffe. Sie machen fast alle Halt hier. Aber die Attraktion ist die Halbinsel Valdes, UNESCO-Welterbe mit großen Seelöwen-, See-Elefanten und Pinguinkolonien. Ich liebe Tiere über alles und neben der Landschaft und den fremden Kulturen sind es die Tiere und die Pflanzen, die mich nach Südamerika ziehen. Und ich bin sehr gespannt auf das Meer.

Das Hostel ist etwas heruntergekommen und überteuert. Die Besitzerin geizt mit allem: Handtuch, Seife, Klopapier, Milch. Und außerdem scheint es sehr hellhörig zu sein.

Heute ist Heiligabend. Es ist hochsommerlich heiß. Mir graut davor, allein in diesem Hostel – furchtbar. Ich schaue mich um. Es gibt eine Gemeinschaftsküche. Da findet man meistens die anderen. Außer mir gibt es drei weitere Gäste: zwei relativ durchgeknallte, nicht mehr ganz junge Argentinierinnen, die sich über ihr Zimmer hinaus mit ihrer Wäsche und ihrer Schminke im ganzen Hostel ausgebreitet haben, und ein Harley Davidson-Fahrer aus Brasilien. Wahrscheinlich gibt es keine Stelle an seinem Körper, die nicht tätowiert ist.

Also frage ich die Argentinierinnen, was sie denn heute an Heiligabend machen. Sie sprechen kein Wort Englisch, sind aber total nett und ein bisschen albern.

Sie wissen es nicht, aber wohl angeregt durch meine Frage schlagen sie vor, dass wir zu dritt essen gehen. Ich bin begeistert und neugierig. Bloß raus hier heute Abend. Sie wollen einen Tisch reservieren. Ich bin einverstanden.

Es war wohl doch nicht so leicht mit dem Tischreservieren so kurzfristig, aber es hat geklappt und ich bin sehr gespannt. Es ist mir klar, dass ich den ganzen Abend spanisch sprechen muss.

Um neun Uhr gehen wir los, früh für Argentinien.

Als die beiden fertig sind, trifft mich fast der Schlag. Sie sind zurechtgemacht, geschminkt, in Kleidern und Schmuck und aufgemotzten Frisuren, wie wenn sie zum Fasching gehen wollten. Ich habe keinerlei Festkleidung dabei und auch nur zwei Hosen. Ich ziehe die graue Sommerhose und die langärmelige Amazonasbluse, die eigentlich gegen die Moskitos ist, an. Schminke habe ich natürlich auch nicht und Schmuck schon gar nicht.

Ich sehe neben den beiden sehr blass aus. Es ist mir etwas peinlich. Nicht, weil ich so aussehe, aber ich möchte mich schon an die Regeln des Gastlandes anpassen, nur habe ich einfach keine Klamotten für ein Weihnachtsessen.

Ich äußere meine Bedenken, aber sie nehmen mich in die Mitte und auf geht es. Es ist ein ganzes Stück zu laufen. Und dann wird es einer meiner schönsten Weihnachtsabende.

Mein Spanisch fließt von allein, perfekt, je mehr Rotwein, desto besser. Das Restaurant ist festlich, Weihnachtsdekoration überall und viele Gäste. Nach kurzer Zeit schon ist es wie in einer großen Familie. Es gibt ein köstliches Menü, argentinisches Asado, Lamm gegrillt, und der Wirt geht ständig herum und legt nach. Es schmeckt so gut. Jemand singt, jemand macht Musik und ich habe selten so viel gelacht. Ich bin glücklich und vermisse nichts.

Um zwei Uhr nachts gehen wir ins Hostel zurück und ich bin todmüde. Die beiden machen sich frisch und gehen tanzen in irgendeine Disco bis zum frühen Morgen. So sind Argentinierinnen und sie sind auch schon beide Mitte fünfzig. Unglaublich.

Wir haben in den nächsten Tagen in diesem schäbigen Hostel so viel Spaß und kochen fast jeden Abend zusammen. Das heißt: Sie kochen und ich helfe schnippeln. Beide sind hervorragende Köchinnen und es gibt jeden Tag ein köstliches argentinisches Gericht. Wir sind dann die einzigen Gäste und haben alles für uns. So lerne ich die argentinische Küche kennen.

Alexandra und Patricia sind beide geschieden, haben beide viele Kinder, wie es in Argentinien üblich ist, und beide sind berufstätig. Alexandra arbeitet als Psychologin und Patricia als Journalistin. Sie sind dicke Freundinnen und sehr stolz, dass sie den Absprung aus den engen restriktiven, patriarchalisch dominierten Strukturen geschafft haben und genießen ihr Leben. Mit Alexandra, die in Nordargentinien, in Cordoba, lebt und die ich später dort noch einmal besuchen werde, habe ich heute noch Kontakt.

Man darf nicht vergessen, dass es überhaupt nicht üblich ist, dass Frauen hier alleine reisen. Allein schon deswegen wird man komisch angeschaut und ständig gefragt, warum man das macht und was mit der Familie ist. „Esta sola?" (Sind Sie allein?) ist die Standardfrage. Als Fremde geht es wahrscheinlich noch eher denn als Einheimische. Deswegen reisen die beiden immer zusammen.

Meine Freundin Maria, die eine Wohnung in Spanien hat und dort jedes Jahr verweilt, sagte mir: *„Hier, in Spanien, ist das Wort „sola" meist damit verbunden, dass die alleinige Person als bedauernswert gilt und ganz besonders bedauernswert, wenn es eine Frau ist."*

Sogar in Spanien. Kann ich kaum glauben.

Wir unternehmen in den Folgetagen vieles zusammen und machen eine Schiffstour. Allerdings eine sehr argentinische für argentinische Touristen. Das Schiff ist drei Stunden im Hafen und vor der Küste unterwegs, begleitet von lauter Musik, und die Bar spielt eine wichtige Rolle. Ich lasse mich drauf ein. Die beiden geben mir zwei Bier aus und es wird geschunkelt, gesungen und viel gelacht. Der Spaß am Dasein. Für mich ungewohnt, aber es ist ein wunderschöner Nachmittag.

Die Stadt hat eine lange Uferpromenade. An den Bootsstegen liegen dicke Seelöwen und ab und zu legt ein Kreuzfahrtschiff an.

Ich habe das Gefühl, dass die Menschen, die eine Kreuzfahrt machen, wenn sie Ausgang haben, alle irgendwie gleich aussehen und insbesondere ihren gesamten Schmuck und ihre Kameras zur Schau stellen.

Versteht man das? Das will ich nicht verstehen.

Am zweiten Weihnachtstag habe ich mir in einem hoch gelobten Fischrestaurant einen Tisch bestellt. Der Fisch ist hervorragend, aber als Frau abends, dann noch zu so einem Familienfest wie Weihnachten allein in ein Restaurant zu gehen, ist hier wohl eigentlich gar nicht möglich. Sehr wohl bemerke ich ratlose, aber auch neugierige Blicke, nicht nur von dem ungläubig drein schauenden Kellner, der dann nochmals fragt: „Esta sola?“, obwohl ich doch einen Tisch für eine Person reserviert habe.

Naja, ich lächele progressiv zurück, aber mein Wohlbefinden ist doch etwas beeinträchtigt, so dass ich dann nach dem Essen auch gleich zurück ins Hostel gehe.

Die Hostel-Mutter hat den Kühlschrank sauber gemacht – allerdings habe ich sie auch darum gebeten.

Bevor ich eine große Tour zur Halbinsel Valdes buche, fahre ich mit dem Bus erst einmal zwölf Kilometer südlich zur Seelöwenkolonie Punta Loma. Die Männchen der südamerikanischen Seelöwen, auch Mähnenrobben genannt, sind gewaltige Tiere. Sie können zweieinhalb Meter lang werden und bis zu fünfhundert Kilo wiegen. Man sollte ihnen nicht zu nahe kommen. Sie sind schneller als man denkt bei dem Umfang. Die Weibchen sind kleiner. Diese Kolonie lebt hier dauerhaft. Es sind bis zu sechshundert Tiere und sie werden geschützt.

Danach besuche ich ein kleines felsiges Kap, Punta Cuevas. Man sieht alte Fundamente im Felsen von den Häusern der ersten Kolonisten aus dem 19. Jahrhundert, die hier ihre Häuser in den Fels gegraben haben. Dort steht auch ein großes Denkmal für die Tehuelche-Indianer, neben den Mapuche eines der indigenen Völker Patagoniens. Sie waren Jäger und Sammler.

In Puerto Madryn gibt es wie in so vielen Orten in Argentinien ein Monument für die im Falklandkrieg gefallenen Soldaten. Die Argentinier haben den Verlust der Falklandinseln nie akzeptiert. Überall an großen Denkmälern findet man die Schrift: „Die Falklandinseln gehören zu Argentinien".

Der lange Tagesausflug auf die Valdes Halbinsel ist spektakulär. Die Insel ist ein großes Naturreservat. Um beweglich zu sein und auch eine Führung zu den verstreut liegenden Orten zu haben, schließe ich mich einer Tour an. Wir sind nur sechs in einem Van.

Es gibt einen kleinen Ort auf der Halbinsel: Puerto Piramides, ansonsten ist sie nur von Tieren bewohnt. Es ist heiß. Ich habe so viele Tiere wie hier noch nie gesehen: Maras, Guanacos, Peludos (Gürteltier), Nandus, Lagartija de Darwin (Eidechse), Loicas (Vogel mit rotem Bauch), Choiques (Strauss), Seelöwen, See-Elefanten, Magellan-Pinguine, und im Wasser Delfine und Wale leben hier: Der Ballena franca austral mit bis zu zwölf Meter Länge ist im Frühjahr in den Buchten zu sehen und die Orcas (Schwertwale). Die sind Räuber und können sich die Robben vom Strand holen. Sie lassen sich mit einer Welle etwas anspülen, schnappen zu und lassen sich mit dem

Wasser wieder ins Meer zurückziehen. Stundenlang kann ich durch das riesige Brutgebiet der Magellan-Pinguine schlendern. Bis zu 600.000 Pinguine haben hier ihre Höhlen, brüten und ziehen ihre Jungen auf. Es gibt angelegte Wege, die man nicht verlassen darf. Wenn ein Pinguin über den Weg läuft, muss man warten. Er hat immer „Vorfahrt". Die Höhlen mit den Jungen drin sind auch unmittelbar am Weg und man kann sehen, wie sie gefüttert werden. Manchmal, wenn sie schon ein bisschen größer sind, warten sie sehnsüchtig vor der Höhle auf die Rückkehr der Eltern mit Fischfutter. Es ist unglaublich anrührend. Sie sind überall auf dem großen Gelände.

Auf dem Rückweg machen wir noch einmal Halt an einer Bucht. Von oben hat man den Blick auf eine große Seelöwenkolonie. Dann höre ich, wie jemand meinen Namen ruft. Ich drehe mich um und hinter mir – das glaube ich jetzt nicht, steht mein Nachbar aus meinem Heimatort.

Es gibt so merkwürdige Zufälle. Da reist man ans Ende der Welt und wen trifft man? Seinen Nachbarn von zuhause.

Das katapultiert mich erst mal irgendwie raus aus der Ferne. Ach ja, ein „Zuhause" gibt es ja auch noch. Habe ich gar nicht mehr dran gedacht und auch nicht vermisst.

Am letzten Tag gehe ich noch ins Museum. Im Café spricht mich eine Dame aus Deutschland an.

Sie kommt von einem Kreuzfahrtschiff und hat Ausgang ins Museum. Ihre zweiwöchige Patagonien-Kreuzfahrt führt von Buenos Aires nach Santiago de Chile. Sie ist enttäuscht. 4.000 Menschen sind auf dem Schiff. Die Reise ist teuer gewesen und dazu kommen noch viele Nebenkosten. Alles müsse extra bezahlt werden. Und Anschluss findet sie auch nicht, das hatte sie sich erhofft. Es seien meist nur Paare auf dem Schiff, die für sich sein wollen.

Ich denke mir, dass es auch gar nicht umweltverträglich ist, diese ganzen Kreuzfahrten, aber beim Urlaub vergessen die Menschen die Umwelt, dabei machen sie ja doch Urlaub, jedenfalls in vielen Fällen, um die reine Natur zu erleben.

Sie hat nur eine Stunde für das Museum. Sie tut mir irgendwie leid. Ich ermuntere sie, allein zu reisen und berichte von meinen guten Erfahrungen. Allein unterwegs hat man wahrscheinlich mehr Kontakte als auf einem Kreuzfahrtschiff.

Ich genieße meine Freiheit.

COMODORO RIVADAVIA, PERITO MORENO

Nach Comodoro Rivadavia sind es mit dem Bus 440 Kilometer immer am Atlantik entlang. Nach einer Stunde Verspätung geht es endlich los, immer geradeaus – es ist faszinierend. Diese Reizarmut, immer dieselbe patagonische Steppe, es geht nur ums Fahren. Es ist der letzte Tag des Jahres, der 31. Dezember.

Das Hotelzimmer ist groß, ein toller Blick aufs Meer und es stürmt, riesige Wellen. Hier gibt es keine Touristen. Comodoro Rivadavia ist eine große wichtige Hafen- und Industriestadt. Ein Zentrum der Erdölförderung und -verarbeitung. Hier habe ich einen Stopp auf dem Weg in den Süden eingeplant, eine Übernachtung, weil die Strecken so weit sind und mehr als zehn Stunden mag ich nicht im Bus sitzen. Eigentlich will ich nicht länger als fünf Stunden im Bus sitzen, schließlich habe ich es nicht eilig. Aber immer klappt das nicht. Manche Reisende nehmen gerne die Nachtbusse bei diesen weiten Strecken, aber dann sieht man gar nichts und diese Busfahrten zeigen so viel vom Land. Aus dem Fenster zu schauen ist für mich wie einen Film über ein fremdes Land zu sehen. Und oft bin ich doch erstaunt, was ich alles in so genannten unattraktiven und hässlichen Städten erlebe und entdecke. Das möchte ich nicht missen.

Hier gibt es einen langen Strand, viele Bauruinen, langweilige Betonklötze, eine Menge Müll auf den Straßen, aber viele politisch interessante Graffitis. Meist geht es um Indigene und ihre Situation. Auch, so sagte man mir, sind die Künstler meist Indigene und äußern so ihre Meinung. Die Bilder an den Mauerwänden erzählen viel von ihrer Kultur und ihrer Diskriminierung. Sie sind auch eine Art Protest. Hier an den Häusern kann ihn jeder sehen. Diese Graffitis muss ich fast alle fotografieren.

Ich bin stundenlang am Wasser entlang gelaufen und habe seltene Vögel beobachtet. Die meisten gibt es dort, wo das Abwasser direkt ins Meer fließt.

Mein erstes Silvester allein in einem Hotelzimmer in einer völlig fremden Stadt. Ich hole mir ein Bier, da es keinen Sekt gibt und auch keine Touristen oder sonstigen Leute, die man ansprechen könnte, keine Feiern oder Veranstaltungen, wo ich gefahrlos hingehen könnte.

Das erste Mal in meinem Leben habe ich keine guten Vorsätze fürs neue Jahr. Ich bin gerade dabei, einen Traum zu verwirklichen. Ich bin zufrieden, ich bin unterwegs. Die Welt ist spannend – kein Paradies, aber spannend. Ich schaue etwas Fernsehen und kann um Mitternacht von meinem Bett aus am Himmel ein buntes Feuerwerk erleben. Mein Gott – es geht mir so gut.

An Neujahr gibt es ein reichhaltiges gesundes Frühstück. Eier, Brot, Obstsalat, Müsli, Joghurt, Käse, Kuchen. Ich bin in einem richtigen Hotel.

Am nächsten Morgen leider schon um 5 Uhr Weiterfahrt Richtung Süden in das Städtchen Perito Moreno und dann wieder Richtung Anden, weg vom Meer.

In Perito Moreno bin ich in einer Art Gasthof gelandet. Der Ersteindruck ist nicht überzeugend. Dieses Hotel ist nicht dreckig, aber für mich trotzdem irgendwie eklig. Vielleicht liegt es an der abgewohnten Einrichtung, an der hässlichen Gaststube, am komischen Geruch. Es gibt keine Touristen, die Gäste sind nur einheimische Männer, der Wirt – auf den ersten Blick ein widerlicher Machotyp. Das sollte sich im Laufe der Tage bestätigen. Bin gespannt, wie ich damit umgehen werde.

Ich hätte natürlich sofort fliehen können, aber ich will dies alles kennenlernen.

Immerhin gibt es Spaghetti. Darauf habe ich Appetit, mal was Gewohntes essen, von dem man auch annehmen kann, dass es keinen Durchfall macht, dass man damit sowieso gar nichts falsch machen kann – aber – man kann! Die Spaghetti sind fett und schwimmen in halblauem Wasser; dazu gibt es Ketchup. Nach drei Löffeln ist bei mir Ekelschluss. Ich bin eigentlich überhaupt nicht empfindlich, was Essen betrifft, aber hier kam wohl alles zusammen und das hätte ich nicht einmal einem halb verhungerten Hund angeboten.

Wie kann ich erklären, was ein argentinischer Macho ist? Ich erzähle mal ein Beispiel: In den Städten gibt es nur schmale Bürgersteige bei viel Autoverkehr. Wenn jemand entgegen kommt, muss eine Person zwangsläufig auf die immer dicht befahrene Straße treten. Das ist durchaus gefährlich, weil für die meisten Autofahrer Fußgänger keine Rechte haben.

Beobachtet man solche Situationen – und das tue ich ganz gerne –, Alltagssituationen, aus denen man lernt, wie so ein Land und eine Kultur funktioniert, dann ist es immer so, dass die Frau auf die Straße tritt, egal wie viele kleine Kinder sie an der Hand oder auf dem Rücken hat. In so einer Situation hat sich einmal Folgendes abgespielt: Der Bürgersteig extrem eng, ein Auto nach dem anderen auf der Straße, Rush Hour, und mir entgegen kommt ein Mann und hintendran offensichtlich seine Familie, Frau und drei Kinder. Als ich den Mann sehe, reizt es mich, weil er mir auch nicht sympathisch ist und ich wahrscheinlich auch nicht meinen besten Tag habe und er sieht eben aus wie ein Macho. Sorry: Vorurteile – habe ich auch. Mein Vielleicht-Vorurteil spitzt sich beim Näherkommen zu, als er offensichtlich noch seinen Brustkorb nach vorne schiebt – und dann ist es soweit: Keinen Schritt weiche ich zur Seite.

Ich stehe und bleibe stehen, da ich nicht weiterkomme. Und er steht und steht mir gegenüber und er starrt mich ungläubig an, denn so etwas hat er mit Sicherheit noch nie erlebt. Und ich stehe da und bleibe stehen. Das hält sich so eine gefühlt schrecklich lange Anzahl von Sekunden. Mir kommt es wie viele Minuten vor. Aber ich bin nicht gewillt, auf die Straße zu treten.

Dann macht es klick, ein bitterböser, hoch verächtlicher Blick und mit einem „Bitteschön" auf Spanisch tritt er auf die Seite, auf die Straße und lässt mich passieren.

Und als die Frau an mir vorbeigeht, da entschuldigt sie sich auch noch bei mir für ihren Mann.

Nun, ich muss gestehen, es gibt so sehr wenige Situationen im Leben, in denen man das Gefühl hat, gerade einen grandiosen Sieg errungen zu haben. Dies war so eine Situation.

Aber ich würde das niemals einer Frau weiterempfehlen. Das ist nicht ungefährlich. Wenn Menschen – diese Männer – das Gefühl haben, das Gesicht zu verlieren, können sie auch gewalttätig werden. Eine junge attraktive Frau hätte das nicht machen dürfen. Eine ältere, die von diesen Männern dann eher wie eine Mutter gesehen wird, begibt sich dabei nicht so in Gefahr. Machos hören immer auf ihre Mutter und folgen ihr.

Von Perito Moreno aus habe ich traumhafte Touren unternommen nach Chacarmata zu alten Höhlenzeichnungen durch faszinierende Schluchtenlandschaften. Diese Malereien sind alle frei zugänglich, weder abgesperrt noch geschützt. Auf den Grundstücken der Farmer gibt es noch viel mehr, aber die Farmer halten diese Orte geheim, sie wollen keine Touristen. Sie wertschätzen diese uralten Malereien auch nicht und schonen sie nicht. In den Höhlen liegen die Schafe. Das ist sehr schade.

Der Himmel ist immer blau, nachmittags wird es sehr heiß, über 30 Grad. Ich habe überhaupt keine Kleidung für diese

Hitze. Ich habe gedacht, in Patagonien ist es kalt. So muss ich mein Nachthemd zum Sommerkleid umfunktionieren. Das fällt hier niemandem auf.

Ich besuche und besichtige eine große Farm und habe den Leuten Löcher in den Bauch gefragt. Mich interessiert einfach alles und die Menschen sind furchtbar nett. Mit dem Bus fahre ich nach Los Antiguos am Lago Buenos Aires, einem riesigen See mit Blick auf die schneebedeckten Anden. Auf dem Rückweg hält der Busfahrer an Aussichtspunkten, damit ich Fotos machen kann. Ich habe ihn gar nicht darum gebeten und es ist immerhin ein öffentlicher Bus, der gut besetzt ist. Unglaublich, so etwas wäre bei uns wohl undenkbar.

Was es so bei uns auch nicht gibt, ist, dass die Menschen Fremde hier oft anlächeln. Hat bei uns schon mal jemand Touristen angelächelt? Ich weiß nicht. Wie ist es überhaupt bei uns mit der Gastfreundschaft außerhalb von Touristenbetrieben? Was ist überhaupt Gastfreundschaft? Manche haben sie und manche nicht. Warum ist das so?

Am Abend stelle ich drei Bisse fest, hoffentlich nicht von Wanzen. Ich habe es doch gleich gewusst, dieses Hotel ist eklig. Vielleicht auch ein Floh, vielleicht auch von einem Hund, wer weiß.

Jedenfalls gibt das mal wieder eine abendliche Waschzeremonie. Das ist das Einzige, was hilft, wenn man das Gefühl hat, es könnte ein Floh sein. Alles, aber auch alles auswaschen.

Am nächsten Tag geht es ins Valle Deseado. Das Tal ist benannt nach dem Rio Deseado, der in den Anden entspringt und bei Perito Moreno in den Lago Buenos Aires fließt.

Ein junger Mann aus der Stadt hat mir davon erzählt, als ich ihn frage, wo man hier wandern könne.

Er erzählt, es sei eigentlich ein Tal der Tiere, was mich umso neugieriger macht. Es sei eine lange Wanderung, zunächst zu einer Lagune und dann durch die Berge über die Hügel.

Vor der Lagune käme man durch den Tierfriedhof. Dort gehen die Tiere zum Sterben hin.

Das klingt etwas unheimlich, aber das Wetter ist wundervoll und ich will mich unbedingt bewegen.

Diese Natur zieht mich raus aus den Städten, aus den Häusern, aus den Kneipen, um sie zu begehen. Er fährt mich ein Stück aus der Stadt heraus und zeigt mir den Einstieg.

Es ist ein weiter Weg, ich bin sechs Stunden unterwegs. Es ist wundervoll und ich treffe keinen Menschen. Nach einer Viertelstunde gibt es keine Stadt mehr, nur noch Weg, Hügel, Gras, Berge, Sonne und Ruhe. Ich fühle mich frei und atme tief durch. Ich gehe immer langsam und schaue nach allem, Pflanzen und Tiere.

Wegen dieses langsamen Tempos finde ich selten Mitwanderer, weil sie immer alle viel schneller sind und wenn ich Begleitung möchte, muss ich eben schneller laufen, was mir wenig Spaß macht, weil ich das Ganze überhaupt nicht als irgendeine Art von Sport betrachte und immer eher schauen als laufen möchte.

Wenn ich eile, sehe ich nämlich nichts mehr, dann höre ich auch nichts und rieche nichts.

Auf der linken Seite des Weges liegt ein großes Gerippe, wahrscheinlich von einer Kuh, der Boden ist feucht, aber warm, hohes Gras und ein paar Büsche. Je mehr ich mich der Lagune nähere, desto sumpfiger wird es. Es ist absolut ruhig hier. Ich höre nur das Gezwitscher der Vögel. Dann bin ich fast über einen toten Vogel gestolpert. Wenig später höre ich ein leises Rascheln hinter einem Gebüsch, ich gehe näher, schrecke aber sogleich zurück, dort liegt ein Hund, er sieht müde zu mir auf. Offensichtlich habe ich ihn gestört. Ich ziehe mich zurück, ihn aber weiter beobachtend. Er ist in einem erbärmlichen Zustand, zu schwach zum Aufstehen und völlig abgemagert, er liegt im Sterben. Irgendwie bekomme ich Angst und gehe zum Weg zurück. Mein intensives Bedürfnis zu helfen, zu retten, muss ich zurückdrängen. Es wäre hier völlig unangemessen, denn offensichtlich hat der Hund sich hier einen Ort gewählt, außerhalb der Stadt, weg von den Menschen, einen paradiesischen Ort, zum Sterben.

Also wie der Mann gesagt hat? Das Tal des Todes. Langsam gehe ich weiter und sehe noch ein paar Knochen und Skelette. Zufall ist das nicht. Ich weiß zwar inzwischen, dass man in Südamerika tote Tiere oder Skelette nicht wegräumt, nicht von der Straße und nicht von den Feldern. Der Tod ist viel normaler als bei uns und wird nicht so versteckt. Aber es ist mir doch etwas unheimlich. Ich werde dann sehr traurig. So viel Tod hier um mich herum und dann in dieser Traumlandschaft.

Schwer auszuhalten, so dass ich mich gar für einen Moment frage, ob ein Umweltgift diese vielen Tiere hat sterben lassen. Das wäre für Südamerika nicht so ungewöhnlich.

Aber Tiere ziehen sich zurück, wenn die Zeit des Sterbens gekommen ist, und wohl offensichtlich an diesen Ort hier. Warum – bleibt ihr Geheimnis, man kann nur spekulieren, jedenfalls werden sie hier sicher nicht gestört – normalerweise. Die Verbindung von Tod und so unglaublich schöner Natur hat mich auf dieser Reise noch viele Male beschäftigt.

Je näher man einem Traum kommt, desto näher ist man auch dem Tod.

Und so laufe ich weiter, fast meditativ in diese Gedanken versunken, bis ein Tier mitten auf dem Weg mich stoppen lässt.

Ein Hund, denke ich, wie schön, da habe ich eine Begleitung jetzt, denn je länger ich gehe, mit diesen Gedanken beschäftigt, desto stärker wird der Schatten meiner Einsamkeit.

Ich bin ja nun hier in der Ferne ganz allein und auf dieser Wanderung ebenfalls und in dem Moment merke ich, dass ich mal wieder auch mein Handy nicht dabei habe. Ich habe keine Beziehung zu diesem Gerät.

Ich gehe näher, der Hund bleibt sitzen, bis ich erkenne, dass es ein Fuchs ist.

Der beobachtet mich scharf, legt den Kopf zur Seite und denkt nicht daran, die Flucht zu ergreifen. Ich muss grinsen, ich mag ihn und fühle mich wie ein blöder Tourist und Eindringling in seinem Revier.

In Zeitlupe krame ich meinen Fotoapparat aus der Tasche, frage ihn, ob ich ein Foto machen darf. Er lässt es zu und es entstehen mehrere ausgezeichnete Porträts.

Sehr langsam und sehr stolz zieht er von dannen. Ich empfinde eine warme Freundschaft und gehe weiter.

Dann erreiche ich die Lagune und beobachte wilde Pferde, die dort grasen, und viele verschiedene Vögel. Sie sind alle nicht scheu und ich kann gute Fotos machen.

Nach vielen Stunden muss ich umkehren. Der Weg aber geht immer weiter. Wo er wohl endet?

Auf dem Rückweg habe ich etwas Angst, an dem Ort des Sterbens wieder vorbeizukommen. Vielleicht ist der Hund schon tot. Ein paar Kaninchen kreuzen meinen Weg und an der Lagune sind jetzt Flamingos.

Tiere gehen mit dem Tod ziemlich normal um. Sie ziehen sich zurück – auch ins Alleinsein –, weil man ja eben auch alleine geht. Vielleicht gar nicht so schlecht. Bei uns ist es gewünscht, wenn jemand da ist und die Hand hält. Das ist wegen unserer Angst. Aber werden wir nicht letztlich allein geboren und sterben allein?

Die Tiere legen sich hin, schließen die Augen und warten dann aufs Sterben. So war es bei meiner Katze. Ob es den Tieren gut tut, dann noch gestreichelt zu werden oder gar in den Arm genommen zu werden, wie es meine Schwester mit ihrem Hund gemacht hat?

Ich weiß das nicht. Vielleicht würde ich auch lieber allein sein in diesem Moment.

Meistens fragt man ja aber nicht die Sterbenden, sondern die Lebenden meinen zu wissen, was für sie gut und richtig ist.

Als ich aus diesem schrecklichen Hotel auschecke, will dieser Machomensch mir noch die Provision von booking.com draufschlagen. Ich muss erst sehr deutlich werden und ihm sagen, dass ich jetzt booking.com anrufe, bis er endlich Ruhe gibt. Und dass er die Provision zahlen muss und nicht ich.

EL CHALTEN

Nach El Chalten muss ich dann doch einen Nachtbus nehmen. Um 23.35 Uhr soll er abfahren. Das tut er natürlich nicht und dann sitze ich nachts auf diesem kleinen Busbahnhof. Der Bus hat zwei Stunden Verspätung.

Es ist bitterkalt. Zwei junge Argentinier sind auch hier gestrandet. Angst habe ich keine, im Gegenteil, wir drei unterhalten uns bestens. Die Toilettenfrau, die die ganze Nacht vor dem Klo sitzt – ich weiß gar nicht auf welche Gäste sie wartet oder warum sie hier ist –, macht uns einen Tee. Vielleicht hat sie einen gewalttätigen Mann daheim oder vielleicht hat sie auch gar kein Zuhause.

Es kommt nur noch dieser eine Bus in der Nacht.

Der eine Argentinier ist auch ein Tourist, ein Reisender im eigenen Land. Er will sein Land kennenlernen. Sein Rucksack ist klein und Geld hat er kaum, also fährt er immer nachts, um Hotelkosten zu sparen. Aber er ist sehr neugierig. Er kennt und weiß von seinem Land weniger als ich und sein Traum ist es, einmal durch Europa zu reisen, so wie die europäischen Backpacker durch Argentinien touren. Dieser Traum wird wohl nie in Erfüllung gehen, weil er einfach kein Geld hat.

Wieder kommt mir in den Kopf, wie ungeheuer privilegiert wir doch sind. Das sieht man aus der Ferne meistens besser als von zuhause aus.

Natürlich haben Jugendliche in anderen Ländern genau die gleichen Träume und Wünsche nach Reisen und wollen die Welt kennenlernen. Aber so viele können sich das nicht leisten. Ob da wohl so ein reicher Backpacker aus Europa auch drüber nachdenkt, wenn er durch Patagonien zieht? Flashpacker nennt man sie heute, die jungen Individualtouristen mit viel Geld und hohen Ansprüchen auf komfortable Abenteuer. Die luxuriöse Form des Backpackers und der Verzicht auf Einfachheit. Oft prahlen sie damit, welche Gipfel sie schon in Südamerika bestiegen haben. Aber was wissen sie über das Land? Oft nicht viel und oft interessiert es sie auch nicht. Zumindest nicht das, was nicht toll und fantastisch ist.

Reisen ist Bildung! Die Befreiung von Vorurteilen gelingt nur, wenn man selbst hingeht in andere Länder und wenn man dann auch hinsieht.

In dieser Nacht habe ich viel über die Träume und Wünsche der argentinischen Jugendlichen erfahren.

Der andere Wartende hat in El Chalten Arbeit gefunden und fährt auch nachts, weil ein Hotel für ihn einfach zu teuer ist.

Endlich kommt der Bus, ich bin todmüde und schlafe gleich ein, aber nur zwei Stunden, dann ist Stopp in der Pampa um vier Uhr nachts. Eine grauenhafte Kälte zieht sich durch alle Glieder. Alle müssen raus aus dem Bus. Sie fangen an, das gesamte Gepäck auszuladen. Ich bin benommen und sauer: Drogenkontrolle. Der Argentinier sagt mir: Die Zollbeamten, sie mögen keine Backpacker, deswegen machen sie das. Finden werden sie hier sowieso nichts, was sich auch bestätigt.

Jeder muss seinen Koffer identifizieren. Alle Koffer werden von den Drogenhunden beschnüffelt und das Handgepäck muss geöffnet werden und wird durchsucht.

Mir kommt der Begriff „Schikane" in den Kopf. Das Ganze dauert bestimmt zwei Stunden und alle sind bis auf die Knochen durchgefroren.

Mit aufgehender Sonne fährt der Bus dann endlich weiter, Stunden über Stunden geradeaus durch diese traumhafte Steppe in die Anden. Rechts und links weiden Guanakos. Sie sind scheu, nicht domestiziert, zarte Tiere. Sie können sehr schnell sein. Es gibt verschiedene Tiere, die den Kamelarten zuzuordnen sind in Südamerika. Die Guanakos sind die Stammform des domestizierten Lamas. Dann gibt es noch die Vikunjas, die den Guanakos ähneln, aber kleiner und schlanker sind. Die Wolle der Vikunjas gilt als die seltenste und teuerste der Welt. Die Alpakas sind eine domestizierte Kamelform, die vorwiegend wegen ihrer Wolle gezüchtet werden. Sie stammen von den Vikunjas ab.

El Chalten ist für mich einer der schönsten Orte in Patagonien, auch wenn es hier – aber wen wundert das – recht viele Touristen gibt. Zum Ausgleich genieße ich dann die komfortable touristische Infrastruktur, schöne Restaurants, Bars, die Möglichkeit, draußen zu sitzen, hervorragendes Essen, viele Kontaktmöglichkeiten und Reiseaustausch. Und vor allem auch die gefahrlose Möglichkeit, abends mal später bei einem Bier abzuhängen.

El Chalten liegt am nördlichen Rande des Nationalparks Los Glaciares nahe der chilenischen Grenze. Ich wohne in einer einfachen Herberge und bin hier bei Weitem die Älteste. Sehr junge Leute und leider ist es dann auch sehr laut bis spät in die Nacht. Aber mein Zimmer ist groß, sauber und billig und ich habe Oropax. Das Beste sind die Besitzer: eine indigene Großfamilie, die sich rührend um alles kümmert, sowie zwei göttliche Hunde: ein großer alter und ein kleiner völlig verfilzter. Der sieht aus wie ein Teddy. Beide liegen tagein, tagaus eng beieinander vor der Tür und beobachten die vielen Gäste neugierig. Da bleibt es dann nicht aus, dass auch immer mal ein Leckerbissen abfällt.

Da die günstigen Hostelbetten im Ort begrenzt sind und doch immer viele Touristen da sind, kann es auch mal eng werden mit den freien Betten. So bin ich einige Nächte morgens über einen mit einem Traveller gefüllten Schlafsack gestolpert, der sonst kein Bett gefunden hätte. Der Hostelbesitzer lässt jeden in so einem Fall auf dem Boden schlafen.

El Chalten ist das Trekking-Paradies im Nationalpark los Glaciares. An wunderschönen Wanderwegen mangelt es nicht. Es liegt zu Füßen der berühmten patagonischen Berge Cerro Torre mit 3.128 Metern und Fitz Roy mit 3.406 Metern an der Grenze zu Chile. Der Blick auf diese Berge vom Ort aus ist grandios. Patagonien ist hier teuer. Es gibt nur wenig Armut und das Land ist sehr dünn besiedelt.

Viele Backpacker sind noch sehr jung. Welche Trekkingtouren man gemacht hat und welche Berge man erklettert hat, ist ein wesentliches Kennzeichen von Größe und Sportlichkeit. Ich kann nicht viel mit ihnen anfangen. Sie scheinen nicht besonders kontaktfreudig oder neugierig mit dem direkten Gegenüber. Sie erledigen alles mit ihrem Smartphone.

Smartphone-Kommunikation verhindert Nähe. Manchmal, wenn ich sie so beobachte, denke ich, sie sind nicht in der Lage, mal nichts zu tun. Sie sind irgendwie gehemmt, wenn sie nicht in Verbindung mit dem Smartphone stehen. Einfach nur da zu sitzen und in die Welt zu schauen – das tun sie nicht. Als ob sie gar nicht existieren könnten ohne das Ding.

Ich habe ein Smartphone – also bin ich. Ich habe ein Smartphone – also werde ich geliebt, weil mir schließlich Leute Nachrichten schicken oder diese Likes auf meine Selfies. Ich bin ein Teil dieser Welt, weil ich ein Smartphone habe. Aber das sind böse Gedanken einer alten Frau, die letztlich von diesen Dingen nicht viel versteht. Diese Entwicklung hat mich überrollt. Das ist nicht mehr meine Welt. Man hat nicht das Recht, etwas zu bewerten, was man nicht wirklich versteht oder kennt.

Ich unternehme viel hier. Mein ganzer Stolz ist eine Trekkingtour von 20 Kilometern. Das ist dann aber auch schon grenzwertig. Da ich langsam wandere, so ein junger Mensch würde sagen in Zeitlupe, kann ich mich leider keiner Gruppe anschließen. Die sind alle schneller und die meisten betreiben es hier sportlich. Dafür sehen sie nicht mal ein Viertel von dem, was ich sehe oder beobachte. Es gibt hier nämlich viele aufregende Vögel. Kondore kreisen über den Bergen.

Ich treffe auf ein Gürteltier. Es ist nicht besonders scheu.

Es hat mich aber doch etwas geschockt, als ich zweimal gefragt wurde, ob es mir gut geht oder ob man mir helfen könne oder gar meinen kleinen Minirucksack tragen solle. Entweder wirke ich so gebrechlich oder keiner kann sich vorstellen, dass jemand gerne so langsam geht.

Ich laufe zur Laguna Capri mit einem traumhaften Ausblick auf den Fitz Roy, zum Glacier Marconi und zu den Wasserfällen. Ich besuche die Laguna y Glacier Huemul und unternehme eine Expedition zum Lago del Desierto. Dort gibt es Bootstouren. Von der anderen Seite des Sees kommt man nach Chile.

Das ist hier wieder alles wie im Bilderbuch, und so schicke ich viele Fotos an meine Freunde. Abends kommen mir Zweifel, ob es nicht zu viele sind. Ich möchte sie weder nerven noch neidisch machen. Es hat viele Reaktionen von Freunden auf meine Reise gegeben. Das beschäftigt mich immer wieder. Meine Reise ist ja aber nur der Anstoß für solche Überlegungen, die sie dann in Bezug auf ihr eigenes Leben anstellen. Aber interessant ist das schon, weil mir einige dieser Gedanken nie gekommen wären. Eine Freundin hat immer wieder überlegt, wie man nur als Frau alleine so weit wegfahren kann und vor allem dann noch ohne Zeitplan. Oder die Angst mancher vor Einsamkeit. Diese Angst hatte ich nie. Aber ich bin wohl auch eher – wie soll ich sagen – progressiv kontaktfreudig. Ich kann mir schon vorstellen, dass Menschen mit mehr Zurückhaltung sich da schwer tun.

Und Neid wurde auch geäußert. Ich versuche, ihn nicht zu verstärken. Schließlich hat alles seine Vor-und Nachteile und so eine Reise ist schon auch immer wieder recht anstrengend. Ich fahre ja nicht in ein Paradies, nur in eine fremde Welt.

Das Fremde muss einen natürlich faszinieren und anziehen. Sonst geht das gar nicht. Und die Neugier muss unermesslich sein. Ich kenne auch Menschen, die sind eben nicht neugierig und es geht ihnen gut damit, mit dem Gewohnten, das ja auch Sicherheit vermittelt.

Für manche ist es ausgesprochen ungemütlich, wenn immer wieder jeden Tag alles neu und relativ unberechenbar ist und man nie weiß, wo man landet, auch innerlich, sozial, psychisch. Für mich ist das wahnsinnig spannend.

Auch fahre ich praktisch niemals an denselben Ort ein zweites Mal. Dazu ist die Welt zu groß. Meine besten Freunde fahren seit 40 Jahren jedes Jahr an dieselben Orte in den Urlaub – und sie lieben es.

Maria hat mir geschrieben: *„Wie gut, dass du fährst! Du hast den Frauen dort und uns hier die Möglichkeit einer großen Unternehmung, einer Expedition gezeigt, als Frau und alleine. Du machst damit auch Mut für kleine Expeditionen, hier, wo ich bin, rausgehen, auch alleine."*

Das hat mich sehr gefreut.

Touristen in meinem Alter habe ich hier jetzt noch gar nicht getroffen. Die meisten sind dann doch wohl eher mit einer Reisegruppe unterwegs oder auf einer Kreuzfahrt anzutreffen.

Die jungen Leute sind unbedarft. Gestern haben zwei Deutsche Gleitschirme ausgeliehen und sind vom Berg gesprungen. Ich kann diese Lust ja verstehen, aber unten wurden sie von der Polizei empfangen und zu 100 Dollar Strafe verurteilt, weil das in Patagonien verboten ist. Immer wieder geschieht es, dass sie machen, wozu sie Lust haben, ohne sich auch nur ein einziges Mal erkundigt zu haben, was in so einem anderen Land üblich ist, was erlaubt ist, wie die Sitten und Traditionen sind. Das finde ich oft auch respektlos. Dazu gehört auch das halbbekleidete Schlendern durch Städte, in denen zum Beispiel überwiegend Indigene leben. Haben diese Touristen sich jemals gefragt, wie hier die Frauen gesehen werden, wie moralische Vorstellungen sind? Ich habe mich für diese Europäer immer geschämt.

Am letzten Abend fliehe ich aus dem Hostel. Es ist mir zu laut. Ich gehe ein Bier trinken und lerne Michel aus Irland kennen. Ein netter Kerl. Wir verstehen uns sofort und tauschen unsere Reiseerlebnisse aus.

Das charakteristische an solchen Reisebekanntschaften ist ja, dass man sich meistens nur kurz sieht, dass aber so eine Begegnung ungeheuer intensiv und vertraut sein kann, wie das zuhause in dieser Kürze niemals möglich wäre. Manchmal trifft man sich dann noch einmal oder mehrmals auf so einer Reise und vielleicht hat man auch später noch Kontakt, wenn man wieder daheim ist.

Man hat sich meistens mehr erzählt als sonst üblich wäre in so kurzer Zeit, aber vor allem verbindet einen das Reiseerlebnis, etwas Außergewöhnliches in einer biografisch betrachtet ganz besonderen Situation.

EL CALAFATE

Mit dem Bus bin ich in drei Stunden von El Chalten in El Calafate. Der Ort liegt auch noch im Nationalpark Los Glaciares und ist Ausgangspunkt für Touren zum weltberühmten großen Gletscher Perito Moreno, sicher einem der Höhepunkte Patagoniens. Und deswegen gibt es auch hier viele Touristen. Der Ort lebt heute praktisch nur vom Tourismus.

Calafate ist der Name eines in Patagonien häufig anzutreffenden Strauchgewächses mit gelben Blüten und dunkelblauen Beeren, gut für Marmelade und Likör.

Mein Hostel ist schön, gemütlich und nachdem ich meine Hose ausgewaschen habe, mache ich eine erste Wanderung zur Laguna Nimez.

Der Weg führt einen Kilometer am Ufer des Lago Argentino direkt in dieses Landschaftsschutzgebiet für einheimische Vögel. Es ist eingegrenzt und wird bewacht. Auf einem fünf Kilometer langen Rundweg kann ich neben der einheimischen Flora die Vögel ganz nah beobachten: Enten, Schwarzhalsschwäne, Flamingos, Singvögel, Falken und viele andere. Eine wunderbare Ruhe hier. Die ist für mich vorbei, als ich beobachte, wie sich ein großer Hund vom Strand her durch den Zaun gräbt und in den Lagunen die Flamingos jagt. Ich bin empört. Als ich das später dem Ranger melde, erzählt er, dass das ein großes Problem ist. Da gibt es so viele frei lebende Hunde, die haben Hunger und jagen dann die Vögel. Man versucht, die Hunde zu verjagen, aber das gelingt nicht immer.

Abends treffe ich im Hostel eine Kanadierin, 32 Jahre alt, und wir erzählen. Sie ist seit zweieinhalb Jahren allein in der

Welt unterwegs, überall. Vor Südamerika war sie in Afrika. An Aufhören denkt sie nicht. Ich kann das gut verstehen. Ich glaube, es muss fantastisch sein. Mal sehen, wie lange ich das noch so sehe. Vielleicht für immer?

Sie hat nirgends Probleme gehabt, ist nirgends überfallen oder ausgeraubt worden. Ich glaube inzwischen, die einzige Gefahr ist, dass man krank wird. Dann sieht es schlecht aus mit dem Reisen. Aber das macht nur älteren Leuten Sorge.

Wir reden über Fremdheit. Was ist das, wer ist fremd. Warum zieht das Fremde manche Menschen so an und anderen macht es Angst. Einige sind immer wieder neugierig auf neues Fremdes, andere macht es aggressiv. Es kann sogar, wie bei uns beiden, eine Sehnsucht danach geben.

Fremd ist doch, wenn etwas noch nicht vertraut ist, anders, als wir es kennen und natürlich damit auch unberechenbar. Wir haben dann keine Erfahrung damit und wissen nicht, ob es vielleicht auch eine Gefahr ist.

Aber Fremdes fordert uns, neue Erfahrungen zu machen. Und das bietet uns die Chance, uns zu entwickeln.

Wir kommen zu dem Ergebnis, dass ein progressiver Umgang mit dem Fremden etwas Wunderbares ist. Das heißt zunächst einmal, dass wir klar sehen, akzeptieren und es auch aussprechen, dass das Fremde wirklich fremd ist. So können wir staunen über dieses Andersartige. Und die Akzeptanz schützt uns doch davor, es zu erobern, es zu integrieren, es zu rauben. Das ist das Gegenteil von dem, was die Kolonialisten getan haben.

Mit einem progressiven Umgang haben wir beide auf unseren Reisen gute Erfahrungen gemacht und das hat uns die Welt eröffnet. Ich meine damit, dass ich in Begegnungen mit den Menschen oft sehr bald klar gestellt habe, dass mir ihr Leben, ihre Sitten, alles einfach fremd ist. Ich glaube, damit haben sie sich akzeptiert gefühlt, waren oft stolz und haben mir alles erklärt und gezeigt. Niemals bin ich eine von ihnen, ich bin ganz anders und wenn ich das sage, öffnet es Herzen und lässt jeden so sein, wie er ist. Das fördert Neugier, Interesse und nicht Neid oder Vergleiche.

Schon im ersten Kontakt mit einem Menschen hier habe ich die gegenseitige Fremdheit oft thematisiert.

Ich bin anders, ich bin Tourist und ich spreche nicht gut spanisch. Das kann der Boden für wunderbare Freundschaften sein. Wenn man dann noch ein Lächeln hinzufügt, kommt man immer weiter, findet man immer Kontakt (fast immer).

Wenn ich abends durch El Calafate gehe, muss ich über die Hunde schmunzeln. Es gibt hier sehr viele und vor allem auch so viele große Hunde. Sie liegen oft mitten im Eingang zu den Grillrestaurants. Von drinnen kommen gute Fleischgerüche. Und was machen die Touristen, die rein wollen? Wie selbstverständlich klettern sie über die Hunde, die nicht mal ein Ohr heben. Oder sie liegen auch quer über dem Bürgersteig und alle Touristen steigen drüber, als wäre es das Normalste der Welt. Wo viele Touristen sind, fällt oft auch für freie Hunde einiges ab.

Bevor ich den großen Perito Moreno besuche, gehe ich erst einmal ins Museum Glaciarium, ins Gletschermuseum, um mich zu informieren. Die Idee ist gut, da es den ganzen Tag stark regnet und außerdem tut mir das Knie weh. Ich lerne, was ein Gletscher ist: eine aus Schnee hervorgegangene Eismasse mit einem klar definierten Einzugsgebiet, die sich aufgrund von Hangneigung, Struktur des Eises, Temperatur und der aus der Masse des Eises und den anderen Faktoren hervorgehenden Schubspannung eigenständig bewegt. In diesem Museum kann man alles über Gletscher erfahren und auch über Gletscherschmelze und Klimawandel.

Zum Perito Moreno fahre ich mit dem Bus. Dieser Gletscher ist etwa 18.000 Jahre alt und einer der wenigen auf der Welt, die noch wachsen. Er gehört zum UNESCO-Weltnaturerbe und erstreckt sich über 250 Quadratkilometer, ist 30 Kilometer lang und drei Kilometer breit. Er ist eines der spektakulärsten Naturwunder in Südamerika. Die Eismassen schieben sich in den Lago Argentino.

Zunächst steige ich in ein Schiff und wir fahren zu der gewaltigen Eiswand, bleiben aber in gebührendem Abstand. Von hier aus kann man unglaubliche Fotos machen.

In unregelmäßigen Abständen brechen gewaltige Eisstücke von der Kante ab und krachen mit lautem Getöse ins Wasser. Kalben nennt man das. Die Farben des Eises schimmern in so vielen Blautönen und Weiß und Türkis, wie ich es kaum glauben kann, dass es das überhaupt gibt.

Nach der Bootsfahrt laufe ich auf einer Aussichtsplattform die ganze Breite des Gletschers ab. Man sieht hier ein Reisevolk in Funktionskleidung, wie in ganz Patagonien. Alle tragen – freiwillig – die gleichen Hosen, Hemden, Jacken, Schuhe, Marken, keine Individualität. Die Uniform der Reichen, eine teure Ausrüstung.

Ich kann keine Funktionsklamotten mehr sehen, obwohl sie sicherlich hoch funktional sind.

Backpacker treffe ich kaum. Wo sind sie? Ist es zu teuer hier?

Der Perito Moreno ist nicht der einzige Gletscher.

Am Folgetag habe ich mich für eine fünfstündige Schifffahrt auf dem Lago Argentino angemeldet, um einmal die abgebrochenen, zum Teil riesigen Eisstücke, Eisberge, im Wasser schwimmend, zu bewundern und an die anderen Gletscher heranzufahren.

Der Glaciar Spegazzini ist mit 130 Meter über dem See höher als der Perito Moreno.

Der Upsala-Gletscher ist der größte Gletscher von Südamerika und bedeckt ein Gebiet von 870 Quadratkilometern. Er ist 60 Kilometer lang und 70 Meter hoch. Große Eisberge treiben vor einer Gletscherzunge und verhindern ein nahes Herankommen. Diese Eisberge sind für Schiffe nicht ungefährlich.

Die Bilder dieser Eisriesen werde ich nicht mehr vergessen.

Wir sind ein Nichts gegenüber diesen Naturphänomenen. Wenn wir das doch endlich begreifen und unsere Welt mit dem gehörigen Respekt behandeln würden.

USHUAIA

Ushuaia ist der südlichste Ort in Patagonien, windgepeitscht, Hauptstadt des argentinischen Teils von Feuerland. Die Stadt wirkt auf den ersten Blick vergammelt. Es ist stürmisch, neblig, regnerisch. Der Müll wird vom Wind verteilt. Im Antarctica Hostel habe ich ein großes Zimmer ohne Bad. Das Beste ist die Katze. Wenn unten im relativ gemütlichen großen Gemeinschaftsraum die Traveller auf den Sofas räkeln und chillen, dann kann es die Katze am besten und immer in der gemütlichsten Ecke.

Abends trinke ich ein Kap Hoorn-Bier im Hostel, sehr teuer. Man zahlt wohl den Namen. Ich glaube, es schmeckt wie Kap Hoorn, wie auch immer das schmecken mag. Dafür löse ich mir das schöne Etikett ab und nehme es als Erinnerung mit.

Das Frühstück im Hostel isst man aus Plastikgeschirr, wie im Kindergarten. Ich denke, wenn sich die jungen Leute entsprechend benehmen, muss es eben Plastik sein. Sogar den Kaffee gibt es in Plastikbechern. Schmeckt schrecklich.

Ich habe eine kleine Stadttour gemacht und bin dann zum Glaciar Martial gewandert, einem 1.300 Meter hohen schneebedeckten Gletscher mit einer spektakulären Aussicht auf die Stadt und den Beagle-Kanal. Der Aufstieg und zurück dauert etwa sechs Stunden von Ushuaia aus. Es ist sehr kalt dort. Ich habe vorsichtshalber mal alles angezogen, was ich so mithabe, und das war eine gute Idee.

Eine 9-stündige Schiffstour den Beagle-Kanal entlang führt mich zum Ursprung meiner Sehnsucht. Kap Hoorn ist der

Ort meines Fernwehs nach Südamerika. Der Beagle-Kanal liegt südlicher als die Magellan-Straße. Ich habe das immer verwechselt. Beide verbinden den Atlantik mit dem Pazifik. 1831 hat der britische Marineoffizier Robert FitzRoy diese Wasserstraße mit seinem Forschungsschiff HMS Beagle entdeckt. Der Kanal trennt Feuerland von den südlich gelegenen Inseln Navarino, Hoste und Gordon. Am Nordufer liegt in Argentinien die Stadt Ushuaia. Östlich davon wurde am Südufer des Kanals auf der Insel Navarino die chilenische Militärsiedlung Puerto Williams errichtet. Die Magellan-Straße hingegen, weiter nördlich, ist eine Meerenge mit zahlreichen Seitenarmen zwischen dem Festland und südlichen Inseln, vornehmlich der Insel Feuerland. 1520 hatte Fernando Magellan diese Durchfahrt nach Westen gefunden. Früher eine bedeutende Handelsroute, ist sie jetzt ein Naturparadies. Sie machte als Verbindung beider Ozeane die gefährliche Fahrt um das häufig von Stürmen umtoste Kap Hoorn überflüssig. Mit der Eröffnung des Panamakanals im Jahr 1914 verlor der Seeweg seine Bedeutung für die Schifffahrt.

Der holländische Kapitän Wilhelm Cornelisz Schouten umsegelte 1616 das erste Mal Kap Hoorn. Nach seinem Heimatort Hoorn wurde es benannt. Man sagt auch Kap des Schreckens und dass es der größte Schiffsfriedhof der Welt sei. Bestimmt achthundert Schiffswracks liegen am Grunde des Meeres. Die Gefahr entsteht durch das Aufeinandertreffen von Pazifik und Atlantik mit den dadurch ausgelösten Strömungen und Wirbeln und den Stürmen. Eine Wettervorhersage ist nicht möglich, weil sich das innerhalb weniger Minuten radikal verändern kann. Auch das macht es so gefährlich.

Mein Großvater war ein alter Kap Hoornier. Das ist ein Seemann, der auf einem Frachtsegler das Kap Hoorn umrundete.

Ein Leben lang hat er von seinen vielen Reisen erzählt. Außer mir hat sich keines der sechs Enkelkinder so richtig für seine Erzählungen erwärmen können, auch der Rest der Familie nicht. Meine Oma hat immer gelästert, er würde Seemannsgarn spinnen. Das hat sie besonders dann behauptet, wenn er geschwärmt hat von den vielen exotischen Frauen, die er zum Beispiel in Asien getroffen hat. Allerdings hat er auch mit zunehmendem Alter immer wieder die gleichen Geschichten erzählt. Die anderen konnten es nicht mehr hören und haben nur noch gestöhnt. Ich aber saß zu seinen Füßen und wollte diese Abenteuer immer wieder hören. Und im Laufe der Zeit ist in mir der Wunsch gewachsen, einmal nach Kap Hoorn zu reisen. Es waren seine Schilderungen von Abenteuer, Sturm, riesigen Wellen, von den Walen, die er gesehen hat, und von der Landschaft Argentiniens und Chiles, von den Bergen vor allem.

Mit meiner Tour auf dem Beagle-Kanal komme ich bis 100 Kilometer an Kap Hoorn heran. Eigentlich habe ich eine Umrundung geplant, aber das wäre nur im Rahmen einer teuren Kreuzfahrt möglich gewesen. Ich hasse Kreuzfahrten. Und dann kann man dort nur an Land gehen, wenn es das Wetter zulässt, was eher selten der Fall ist. Auch ist es wohl so, dass die Bedeutung von Kap Hoorn eher eine historische ist und der Ort selbst völlig unattraktiv und unwirtlich. Es reicht mir auch, 100 Kilometer an diesen für mich so besonders bedeutungsvollen Ort heranzukommen.

Das ist ein großartiger Moment, auf den ich seit meiner Kindheit gewartet habe und den ich herbeigesehnt habe, ein Traum von mir. Und es ist so faszinierend hier. Diese Fahrt übertrifft alle meine Vorstellungen. Das Wetter spielt mit. Es ist warm, die Sonne scheint und der Beagle-Kanal ist voller Überraschungen. Nicht nur die Berge, das Wasser und diese grandiosen Wolkenformationen sind es, nein, auch so viele Tiere: Kormorane, Königspinguine, Seelöwen, Robben.

Wir besuchen eine Pinguinkolonie und sehen den Leuchtturm am Ende der Welt.

Eine längere Pause gibt es auf dieser Fahrt für die Besichtigung der Estancia Harberton, der südlichsten Farm der Welt, die man gut mit dem Schiff erreichen kann. Bei einer Führung über das Farmgelände erfahre ich viel über die Farm und das Leben der frühen Siedler hier. Dies ist die älteste Farm in Patagonien. Sie wurde 1886 von dem englischen Missionar Thomas Bridges gegründet und nach Harberton benannt, dem Haus seiner Frau Mary Ann Varder in Devon, England. Bridges schrieb ein Wörterbuch der Yahgan-Sprache, der Ureinwohner Feuerlands.

Die entlegene Gegend rund um Ushuaia war bis weit in das 19. Jahrhundert hinein indianisches Territorium. Die auf dem Wasser lebenden Yahgan (oder Yámana) und das zu den Patagoniern gehörende Jägervolk Selk'nam (oder Ona) kämpften lange Zeit um die Vorherrschaft in diesem Gebiet. Später hatten Kirchenmissionen zunächst die Absicht, die indianische Urbevölkerung zu christianisieren und vor den Übergriffen der weißen Siedler zu schützen, jedoch führten von europäischen Immigranten eingeschleppte Krankheiten und eine rigorose Verdrängungspolitik schließlich dazu, dass 1910 die indianische Urbevölkerung fast ausgerottet war.

Die Farm wird heute noch von den Nachfahren Bridges geführt. Sie leben hauptsächlich vom Tourismus. Auf dem wunderschönen großen Gelände unmittelbar am Beagle-Kanal besichtigen wir das Gehöft mit Wohnhaus, Park und Schuppen, wo früher die Schafe geschoren wurden. Schafzucht wird heute nicht mehr betrieben. Es gibt ein Bootshaus, einen eigenen Friedhof und das Museum: Museo Acatushún de Aves und Mamíferos Marinos Australes. Hier werden die Meeressäuger und Vögel der Region gezeigt.

Dieser Tag ist ein unvergessliches Erlebnis.

Ich habe mir meinen Kindheitstraum erfüllt und eine gute Vorstellung davon, welche Landschaft, welches Klima und vor allem was für ein Meer meinen Großvater damals so fasziniert haben. Dies ist ein schöner Ort zum Auswandern, denke ich auf der Rückfahrt.

Am nächsten Tag regnet es. Da sieht die Stadt noch gammeliger aus. Scheinbar gibt es keine Müllabfuhr. Wenn aber ein Kreuzfahrtschiff kommt, dann ist alles anders. Der Müll wird weggeräumt, die Straßen werden geputzt und alles, aber auch alles wird doppelt so teuer. Kaum hat das Kreuzfahrtschiff wieder abgelegt, kann man den Kaffee an der Ecke wieder für den halben Preis trinken.

Von Ushuaia starten die Kreuzfahrten in die Antarktis. Ein Argentinier sagt mir, dies ist die einzige Stadt der Welt, für die keine Wettervorhersage möglich ist, weil das Wetter immer rasch wechselt und extreme Veränderungen innerhalb eines Tages aufweist. Wie ich später lerne, gilt dies für fast ganz Südamerika. Nach relativ kurzer Zeit habe ich es aufgegeben, in irgendeinen Wetterbericht zu schauen oder immer wieder die Antwort der Einheimischen zu hören: Es gibt kein Wetter. Also gehe ich ins Museum der Stadt. Hier wird die Geschichte der Strafkolonie Ushuaia dargestellt. Das Museum ist im früheren Gefängnis, der südlichsten Strafanstalt der Welt untergebracht, die1904 eingerichtet wurde und in dem auch politische Gefangene inhaftiert waren. Es ist so interessant, dass ich nach einer Mittagspause noch einmal wiederkomme. Es ist nicht nur das Gefängnis, das beeindruckt, auch die umfangreiche Ausstellung gibt einen guten Überblick und detaillierte Informationen über Patagonien. Zwei Gebäudeflügel zeigen die Geschichte der Inhaftierungen. Ein Flügel wurde so belassen, wie er war, und zeigt den Besuchern die unmenschlichen Lebensbedingungen und beengten Räume, in denen 800 Gefangene in 360 Zellen lebten. Das ist gruselig. Der zweite Flügel des Gefängnismuseums beherbergt unter anderem dann die Geschichten über die Vergangenheit der Insassen.

Ich habe mich mit einem italienischen Radler unterhalten, der sich hier einen Lebenstraum erfüllt, nämlich mit dem Fahrrad Argentinien und Chile zu durchqueren. Patagonien bei Wind und Kälte. Man muss es mögen. Aber das tun offensichtlich viele Fahrradfahrer, denn man sieht sie immer wieder vom Bus aus die weiten einsamen Straßen entlang radeln.

Abends kochen wir zusammen Spaghetti mit Avocado, Knoblauch, Olivenöl und Parmesankäse. Schmeckt köstlich. Die Italiener können es eben.

Für den letzten Tag habe ich eine Tour in den Nationalpark Terra del Fuego (Feuerland) gebucht. Als Magellan die Magellan-Straße entdeckte, sah er an Land die vielen Feuer der Indianer. So gab er diesem Land den Namen Feuerland.

Es ist der südlichste Nationalpark Argentiniens. Das 630 km^2 große Schutzgebiet befindet sich im Südosten, 18 km von der Stadt Ushuaia entfernt. Der Park wurde 1960 mit dem Hauptziel gegründet, die südlichsten subantarktischen Wälder zu schützen. Es ist kalt. Der Park ist schön, wie in den Reiseführern beschrieben, aber der Nieselregen verdirbt es etwas.

Am nächsten Tag verlasse ich erst einmal Argentinien und fahre mit dem Bus elf Stunden nach Punta Arenas in Chile.

CHILE
PUNTA ARENAS, PUERTO NATALES

Die Busfahrt von Argentinien nach Chile, von Ushuaia nach Punta Arenas führt durch scheinbar unendliche Weiten. Schafe, Guanakos und Nandus (Straußenvögel) kann ich vom Busfenster aus beobachten. Ein kleines Stück, die Enge der Magellan-Straße bei Punta Delgada, muss der Bus mit der Fähre übersetzen. Eine willkommene Abwechslung auf der langen Fahrt.

Der Grenzübertritt ist problemlos. Drei Monate Touristenvisum werden in den Pass gestempelt.

Chile ist anders.

Die besten Meeresfrüchte, die besten frischen Fischspezialitäten und die besten Fischsuppen gibt es in Chile.

Immer wieder versuchen sie Touristen übers Ohr zu hauen, zum Beispiel mit dem Trinkgeld. Sie ziehen es einfach ein. Sie müssten fragen. Das Gleiche mit Steuern in Hotels – Touristen müssen diese nämlich nicht immer bezahlen oder mit Provisionen für booking.com, die die Gäste niemals bezahlen, sondern immer der Vermieter. Aber sie versuchen es immer wieder. Das nervt mich.

Auch die Korruption. Nun ja, die gibt es bei uns auch, aber nicht in dem Ausmaß und hier scheint sie manchem in die Wiege gelegt zu sein. Sie ist hier eigentlich ein Teil der Kultur und wer meint, da müsse nur der richtige Machthaber kommen, der sagt, dass schaffen wir ab, der hat eigentlich nichts von diesen Ländern verstanden.

Punta Arenas ist schön und liegt auch an der Magellan-Straße. Auf dem Friedhof gibt es viele deutsche Gräber aus dem 1. Weltkrieg. Anhand der Gräber kann man erkennen, von woher die Einwanderer gekommen sind. Neben den Deutschen gibt es Kroaten, Russen, Juden und Schweizer. All diese Menschen haben das Stadtbild mitgeprägt. Gegründet wurde die Stadt als Strafgefangenenkolonie und Militärstützpunkt. Vor Eröffnung des Panamakanals fungierte der Hafen als wichtiger Umschlagplatz für Güter aus und nach Europa und die Ostküste Südamerikas.

Die Schafzucht brachte einen ökologischen Aufschwung, dessen Auswirkungen zum Beispiel in Form von alten Prunkbauten heute noch sichtbar sind. Die Schere zwischen arm und reich klafft aber weit auseinander. In den Sommermonaten kommen Touristen aus Europa und den USA und bringen Geld in die Stadt. Auch Punta Arenas ist, wie ganz Patagonien, ein Schmelztiegel der Nationen.

Ich bin nur zwei Nächte hier, weil ich in ein paar Tagen eine Schiffsfahrt von Puerto Natales nach Puerto Montt gebucht habe. Darauf freue ich mich wahnsinnig. Man musste das im Voraus buchen, weil es sehr beliebt ist und auch schnell ausverkauft.

Von Punta Arenas geht es weiter, dreieinhalb Stunden mit dem Bus nach Puerto Natales, eine Hafenstadt, von der man mit der Fähre Navimag fünf Tage lang durch die Fjorde und Inselketten bis nach Puerto Montt schippern kann. Das soll eine Traumreise sein und dafür habe ich ein Ticket.

Puerto Natales ist ein Ausgangspunkt für Touren in den Nationalpark Torres del Paine – mit seiner faszinierenden Landschaft: Seen, Wasserfälle, Bergmassive, Gletscher, Täler und Naturschauspiele wie blutrote Sonnenaufgänge vor den Torres del Paine. Das sind drei zwischen 2.600 und 2.850 Metern hohe mit Schneekuppen bedeckte Granitberge. Außerdem findet sich hier eine einmalige Tier- und Pflanzenwelt. Alles spektakulärer, als jeder Film es zeigen könnte. Dies ist eines der attraktivsten Touristenziele in Patagonien. Viele Backpacker unternehmen Trekkingtouren mit Zelten.

Ich wohne unbeabsichtigt wieder bei den Zeugen Jehovas, wie ich erfahre, und habe ein großes, selbstverständlich super sauberes Zimmer.

Sie betreiben kleine Hostels, aber auch Hotels in ganz Südamerika. Sie sind immer sehr freundlich, fürsorglich, auch vielleicht ein bisschen kontrollierend, aber die Zimmer sind die saubersten, die ich je gesehen habe.

Mir ist das angenehm, zumal ich mich sehr sicher bei ihnen fühle. Es hat etwas Familiäres. Nun gut, es gibt immer eine Bibel und evtl. auch Bibelsprüche zum Frühstück, mehr aber nicht. In den Gesprächen ist ihre Religion niemals Thema. Ich kann diese Unterkünfte wirklich empfehlen.

Den Rest des Tages verbringe ich mit einem Stadtbummel.

In den Buchläden wird „Mein Kampf“ verkauft. Viele haben mich schon auf Hitler angesprochen, wenn sie hören, dass ich aus Deutschland komme. Das finde ich sehr unangenehm. Da ist so viel Bewunderung und wenn man sich auf einen Dialog einlässt, dringt man nicht wirklich durch mit Gegenargumenten.

Ein Großteil der Bevölkerung sind Einwanderer aus Deutschland, Irland, Jugoslawien, Italien und anderen Ländern. Man kann das oftmals an dem Bau der Häuser erkennen.

Abends trinke ich ein Bier in einer gemütlichen Kneipe. Alkohol ist teurer als bei uns. Alkoholiker sieht man gar nicht auf der Straße. Wahrscheinlich können es sich die Leute nicht leisten – auch gut so.

In der Kneipe spielen sie Youtube-Videos auf einer großen Leinwand ab. Plötzlich tauchen Hitler-Videos auf. Sie dienen wohl der Unterhaltung oder Bewunderung, als ob es das Normalste der Welt ist. Das kann ich zunächst mal schwer einordnen und es macht mir dieses Land spontan gefühlsmäßig unsympathisch.

Für den nächsten Tag habe ich eine Ganztagestour in den Nationalpark Torres del Paine gebucht. Es sind 30 Grad und man hat immer die schneebedeckten Berggipfel vor Augen.

Im Bus sitzt ein junger Chinese, er ist sehr nett und spricht fließend englisch. Er erzählt eine Menge. Er hat eine kritische Einstellung gegenüber seinem eigenen Land und reist seit vier Jahren durch die Welt. Geld spielt bei ihm keine Rolle. Trotzdem reist er sehr einfach mit Rucksack. Sein Problem ist allerdings, dass er nicht aufhören kann, wie er sagt, und darunter leidet er tatsächlich. Er mag sein Land nicht und weiß nicht wohin. Er fühlt sich richtig heimatlos.

Torres del Paine ist einer der bekanntesten Nationalparks in Chile und wurde 1978 zum Biosphärenreservat der UNESCO erklärt. Seine Ausdehnung beträgt 2.420 km², bis zu 3.000 Meter hohe Berge, Gletscher, Fjorde und große Seen prägen das Landschaftsbild.

Die „Torres del Paine" sind das Wahrzeichen des Parks. Viele andere Berge sind Gletscher. Der bekannteste ist der Grey-Gletscher. Auf einer Bootsfahrt erfahre ich, wie viel und wie schnell dieser Gletscher durch den Klimawandel, die Erderwärmung verschwindet. Ein Verlust riesiger Eismengen jedes Jahr. Die Folgen des Klimawandels lassen sich überhaupt in Patagonien gut erkennen und messen.

Im Park leben Guanakos, Nandus (Straußenvögel) und Anden-Kondore.

Auch dieser Tagesausflug bleibt ein unvergessliches Erlebnis.

Als ich abends zurückkomme, merke ich, dass sich ein Stich eines unbekannten Insektes an meinem rechten Zeigefinger schwer entzündet hat. Es war mir gestern schon eine Rötung aufgefallen, aber jetzt ist der Finger dick angeschwollen, heiß, rot, blutunterlaufen und sehr schmerzhaft. Was tun? Wenn ich morgen Abend für fünf Tage auf das Schiff gehe, werde ich keinerlei ärztliche Versorgung haben. Das macht mir Angst und ich beschließe kurzerhand, am nächsten Morgen in das Krankenhaus, in die Ambulanz von Puerto Natales zu gehen. Ich habe keinerlei Idee, was für ein Tier mich gestochen haben könnte. Die bekannten Genossen wie Moskito, Floh oder Wanze kenne ich inzwischen. Einer von ihnen war es nicht.

Ich bin total erstaunt über dieses kleine Krankenhaus: neu, sauber, ein super freundlicher Arzt und eine gute Beratung. Ich muss auch gar nicht warten und zahle 25 Dollar und das Antibiotikum, das ich mir dann in der Apotheke kaufe. Das hätte ich nicht gedacht, das ist mindestens so gut wie bei uns und sicher billiger. Das Antibiotikum hilft rasch und ich bin zufrieden.

Aus den Nachrichten erfahre ich, dass die ganze Region der Atacama-Wüste und auch San Pedro de Atacama wegen massiver Überschwemmungen gesperrt sind, ebenso Arica ganz im Norden Chiles. Dort hat es noch nie so viel geregnet. Die Straßen sind nicht befahrbar. Ich möchte ja vom Süden ganz in den Norden nach Chile. Mal sehen, ob das klappt.

NAVIMAG

Das Frachtschiff der Navimag wurde für Passagiere umgebaut. Das Einchecken erfolgt an einem Schalter in der Busstation. Es ist den ganzen Tag möglich. Boarding auf die Fähre findet dann abends um 23 Uhr statt. Das gewährleistet, dass das Schiff morgens abfahren kann, wenn das Wetter am günstigsten ist und nicht noch auf einzelne Gäste gewartet werden muss. In der ersten Nacht liegt das Schiff noch im Hafen. Den habe ich mir schon mittags angesehen. Alles wirkt irgendwie sehr abenteuerlich. Das Schiff ist nicht mehr ganz neu. Es wird wie auch immer eine spannende Reise werden. Man ist die ganze Zeit auf dem Schiff. Aussteigen ist nicht vorgesehen. Aber oben gibt es ein riesiges Deck mit Bänken.

Die Fähre transportiert Reisende, die sich keine Kreuzfahrt leisten können – aber diese Reise ist tausendmal besser als jede Kreuzfahrt und mit einem sehr netten, etwas alternativen Publikum.

Die Fahrt dauert fünf Tage. Vier Nächte an Bord durch den Süden Chiles, durch diese spektakuläre rauhe Landschaft, vorbei am Nationalpark Torres del Paine, den patagonischen Kanälen und unberührten Inseln des Pazifik, vorbei an den Gletschern und schneebedeckten Bergen, an alten Schiffswracks, die niemand mehr aus dem Meer räumt, mit Sonnenauf- und -untergängen, wie ich sie noch nie gesehen habe. Himmelsformationen, Wolken, Nebel und strahlendes Blau. Ein Blau über den Inselchen, das man mit Worten gar nicht beschreiben kann, so tief und intensiv scheint es. Und mit interessanten Menschen an Bord, die bald wie eine Familie sind. Sie kommen aus aller Herren Länder, jeder mit einer eigenen außergewöhnlichen Reisegeschichte. Es sind fast nur Langzeitreisende, Menschen im jungen und mittleren Alter. Sie machen Musik, sie haben Gitarren dabei und singen, und sie machen Yoga auf dem Deck des Schiffes, zweimal am Tag. Das gehört zum Angebot der Crew. Außerdem werden täglich Vorträge über Flora und Fauna Patagoniens angeboten.

Eine Traumreise durch die Fjordlandschaft des Pazifik, im chilenischen Teil von Patagonien.

Bevor wir unsere Kabinen beziehen gibt es Instruktionen für die fünf Tage. Vollverpflegung, eine Bar, kein Wifi – wunderbar. Die Mitreisenden scheinen nett, es gibt auch ein paar ältere Leute. Sogleich habe ich guten Kontakt zu einer Österreicherin und einem Schweizer.

Ich habe eine Vier-Bett-Kabine ganz für mich allein. Traumhaft, viel Platz und ich kann die Tür schließen. Durch eine Schiffsluke kann ich hinaussehen. Die Gemeinschaftsduschen und Bäder sind sauber und funktionieren. Das Essen ist nach meinem Geschmack sehr gut und vor allem sehr reichhaltig. Das Ganze funktioniert ein bisschen wie in einer Jugendherberge und man holt sich das Essen selbst an der Essensausgabe. Das Geschirr bringt man dann zurück. Tee, Kaffee, Saft und Obst gibt es immer.

Den ersten Morgen um 6 Uhr, oder je nach Wetter eventuell auch früher, legt das Schiff ab. Ich habe gut geschlafen und werde wach durch Hafen- und Motorengeräusche. Als ich aus dem Kabinenfenster schaue, fahren wir schon. Nichts wie an Deck, das muss ich mitbekommen.

Als Erstes durchqueren wir den Union-Sund und nehmen Kurs auf die engste Stelle der gesamten Strecke. Sie ist nur 80 Meter breit. Es ist kalt, der Himmel blau, die Sonne schon lange aufgegangen und schon fahren wir durch diese filmreife

Landschaft vorbei an kleinen Inselchen. Die Robben grüßen und begleiten das Schiff und die schneebedeckten Berge sind eine Pracht.

Ich stehe da und bin so glücklich, dass ich das noch erleben darf. Da von meinen Freunden niemand da ist, mit dem ich es teilen kann, teile ich es mit den anderen, mir noch fremden Mitreisenden, die genau wie ich dastehen und staunen. Dieses Teilen eines Naturwunders verbindet und macht warm ums Herz, es ist so, als ob diese Natur in der Lage ist, Liebe und Frieden auszulösen. Mir kommen ein paar Tränen, so gerührt bin ich von dem Anblick und auch von der Stille um uns herum. Das Schiff gleitet und macht kein Geräusch. Den anderen geht es genauso. Delfine schwimmen neben dem Schiff.

Die Lichtverhältnisse erinnern mich an Bilder aus Island, ein wechselhaftes Farbenspiel am Himmel.

Wir steuern auf die kleine Siedlung Puerto Eden zu, die sich auf der Insel Wellington befindet. Sie ist eine der größten Inseln Chiles und gehört zum Nationalpark Bernardo O'Higgins. Hier leben nur wenig Menschen. Zwei Personen kommen mit einem kleinen Boot und steigen zu und ein Postsack wird abgeladen.

Inzwischen haben wir eine kleine Gruppe gebildet, die bei den Mahlzeiten an einem Tisch sitzt. Wir treffen uns immer wieder und kennen bald unsere ganzen Lebensgeschichten. Abends spielen wir und machen auch das Yoga zusammen.

Da ist Roberto, der Italiener, mittelalt, Fahrradfahrer, durch ganz Argentinien geradelt, durch Patagonien. Bergauf, bergab, tagelang niemanden gesehen, alle Wetterlagen erlebt und durchlitten, besonders Sturm und Hitze. Er zeigt Fotos. Wie ist es, wenn man tagelang niemanden sieht? Angst, wenn etwas passiert, die nicht enden wollenden Straßen immer geradeaus, ab und zu mit Kollegen radeln. Die große Einsamkeit genießen. Diese Art des Unterwegsseins ist seine große Liebe. Entsprechend drahtig, muskulös und braungebrannt kommt er daher.

Der Schweizer Erich, Bergsteiger nicht nur in der Schweiz, Bergliebhaber, seine Frau gar nicht, besteigt hier die Berge und vergleicht sie immer mit denen in der Schweiz. Er ist begeistert von Patagonien. Wer als Bergsteiger nicht in Südamerika war, muss auf die schönsten Berge verzichten. Jeder Berg ist ein ganz besonderes Individuum. Bergsteiger sprechen von ihren Bergen wie von ihren Kindern.

Ich habe viele Bergsteiger unterwegs getroffen, die meisten aus der Schweiz und Österreich, aber auch aus Deutschland oder aus südamerikanischen Ländern. Sie wirken auf mich wie eine eigene Spezies.

Die Österreicherin Elli, frisch geschieden, Sozialarbeiterin, Mitte 40, statt einer Pilgerreise auf dem Jakobsweg hat sie sich für Patagonien entschieden, ihre erste Reise alleine. Nachdem sie Familie, Mann, Kinder, Haus und das Übliche durch hat, ist sie nun, wie sie sagt, in der Alterspubertät und in der Lebensphase der Befreiung. Solche Leute sind immer spontan, begeisterungsfähig und erproben gerne Neues. Deswegen mag ich sie besonders. Wenn man die nämlich fragt, hast Du Lust auf irgendwelche verrückten neuen Ideen, für die ich immer zu haben bin, dann sagen sie fast immer spontan „ja".

Bei den anderen höre ich nur: Ja gerne, aber ... tolle Idee, aber ... so gibt es viele Menschen, auch gute Freunde von mir, die in ihrem Leben niemals irgendetwas mit mir anstellen würden. Ich habe wohl Verständnis dafür, aber diese Freiheits-Emanzipationskämpfer wie Elli, zu denen zieht es mich dann doch eher hin, wenn ich etwas vorhabe und eine Begleitung suche.

Und dann ist da noch ein älterer Herr, der ab und zu auch in unserer Runde dabeisitzt. Bob aus USA. Er fiel mir schon beim Einsteigen auf, weil er weder Funktionskleidung noch Rucksack trägt, sondern Anzug, Hemd und Krawatte, einen eleganten Mantel und einen Koffer. Er sieht so aus, als ob er gesundheitlich nicht so ganz auf der Höhe ist; berichtet, er würde in die ganze Welt reisen, prahlt etwas nervig damit, wo er überall schon war. Es gibt wohl keinen Ort, den er noch nicht gesehen hat. Er habe viel Geld und wolle das jetzt ausgeben. Wobei man sich fragt, warum er kein Kreuzfahrtschiff besteigt. Er macht sich damit nicht ganz so beliebt, da er aber sehr allein zu sein scheint und auch nicht so Anschluss findet, landet er schließlich an unserem Tisch. Er sitzt meist nur dabei und redet sonst nicht viel.

Am nächsten Tag fahren wir durch den Golfo de Penas. Das Schiff schwankt, die Wellen sind 3 – 6 Meter hoch. Hoffentlich wird mir nicht schlecht. Die Crew hat Reisepillen verteilt, weil wir hier durch die offene See fahren. Das dauert etwa zehn Stunden. Aber es geht gut. Einige werden allerdings tatsächlich seekrank und sehen sehr leidend aus.

Das Essen ist fantastisch, abends gibt es Lachs und mittags Hähnchen, zweimal warm am Tag, zweimal Menü. Man bewegt sich ja kaum, trotzdem habe ich viel Hunger. Vielleicht weil ich die meiste Zeit draußen auf dem Deck bin. Das macht die Seeluft, hätte meine Mutter gesagt.

Als das Meer sich beruhigt hat, passiert das Unfassbare: ein Blauwal, so lang wie das Schiff. Das glaubt mir keiner, ein unvergesslicher Anblick. Ich kann mich gar nicht satt sehen und vor Staunen vergesse ich ein Foto zu machen. Hinterher bin ich darüber sehr zufrieden und damit sehr einverstanden.

Abends hören wir einen Vortrag über die Tiere, die sich hier tummeln und über den Blauwal: Er kommt in allen Weltmeeren vor und kann bis zu 33 Meter lang werden und bis zu 200 Tonnen schwer. Auch kann er sehr alt werden, mindestens 100 Jahre, wenn nicht älter.

Mein Fotoapparat macht schlapp. Das Objektiv lässt sich nicht mehr einfahren. Das gibt es ja gar nicht, dasselbe ist mir mit demselben Fotoapparat beim Eintritt in Machu Picchu vor vier Jahren passiert.

Dieser Fotoapparat hält diese Schönheit nicht aus. Er streikt und vielleicht hat er Recht. Jedes Mal macht das etwas mit mir und jedes Mal stellt sich mir die Frage: Warum machst du diese Fotos, warum reist du nicht ohne Kamera? Das wäre eigentlich für mich reizvoller. Ich würde dann ganz anders nochmal in die Welt schauen. Aber ich traue mich das nicht, weil ich weiß, dass ich inzwischen auch vergesslich geworden bin und mich beim Betrachten alter Fotos erinnern und riesig freuen kann über vergangene Ereignisse, die ich so möglicherweise nicht in mein Gedächtnis hätte zurückholen können. Also eben doch ein paar Erinnerungsfotos nur für mich. Anderen Menschen zeige ich die Fotos fast gar nicht, weil ich weiß, dass viele sich emotional nicht wirklich für die Fotos und Reisen anderer interessieren, es sei denn, es gibt da irgendetwas, mit dem man sich selber identifizieren kann.

Ich frage einige Männer an Bord, die Fotoapparate bei sich tragen, die richtig gut und teuer aussehen, und die ständig fotografieren, in der Annahme, dass sie sich auskennen und meinen Apparat wieder in die Gänge kriegen können. Sie basteln ein bisschen dran herum und wissen auch keinen Rat.

Nach zwei Tagen hat er sich wieder selbst repariert, wie damals auch.

Mein Freund Siegfried, genannt SAGA, ist Künstler und hat eine ganz eigene Art, Erinnerungen herzustellen. Wenn er und seine Frau reisen, benutzen sie die Technik der Frottage.

Er sagt dazu: *„Die Kunst und die Welt des Reisens als Openair-Atelier zu nutzen, war unser Ziel. Aber wie? Ausgangspunkt waren zunächst die herzlichen und aufschlussreichen Begegnungen mit blinden Menschen. Sie lenkten unsere Aufmerksamkeit mehr denn je hin zum bewussteren Sehen und Begreifen. Um dies bildhaft zum Ausdruck zu bringen, spezialisierten wir uns auf die so ge-*

nannte Frottagetechnik. D.h., wer als Kind das Profil (Relief) einer Münze mit Bleistift auf ein Blatt Papier durchgerieben (franz. frotter) hat, kennt dieses 2000 Jahre alte Druckprinzip. Auf unseren Reisen z.B. durch alle 28 Hauptstädte der Europäischen Union, durch deutsche Universitätsstädte oder entlang der Eisenbahnstrecke von Berlin über Moskau bis Vladivostok, galt es, markante landes- und städtetypische Reliefoberflächen an Gebäuden, an Denkmälern, auf Straßen und Plätzen und in Parkanlagen zu finden und als geeignet zu erfassen. Diese Reliefentdeckungen wurden sodann mittels farbigen Ölkreiden auf passend vorbemalte Stoffbahnen vor Ort original frottiert. Dabei verwiesen die vielfältigen Symbole, Ornamente, Texte, Zahlen, Namen und Strukturen auf die teils tragischen, aber auch fortschrittlichen Vergangenheitsereignisse in historischer, kultureller, gesellschaftlicher, ökonomischer und religiöser Hinsicht. Auf diese Weise entstanden sich verdichtende kaleidoskopartige Kompositionen. In der Quintessenz führte diese künstlerische Vorgehensweise in der Welt des Reisens, nicht nur vor Ort, sondern auch bei nachfolgenden Kunstausstellungen, zu bereichernden Begegnungen von und mit international aufgeschlossenen Menschen."

Am dritten Tag fallen die Schwächen der Fähre auf. Sie ist veraltet und vergammelt, aber daran stört sich niemand. Diese Reise ist so einzigartig, dass ich sie wohl mit jedem Schiff machen würde, sofern es sauber ist, und das ist es.

Es ist ein neues Erlebnis für mich, in einer Gruppe fünf Tage auf einem Schiff zu sein ohne Landgang. Es ist eine wunderbare Erfahrung mit netten Menschen, die auf dieser Fahrt wie eine Familie sind. Wenn man Frühaufsteher ist, so wie ich, dann trifft man jeden Morgen noch vor dem Frühstück zum Sonnenaufgang dieselben Menschen, dieselben Frühaufsteher.

Auf so einer Tour kann man recht vertraut miteinander werden und erzählt sich viele private Dinge. Das tut gut und man ist geschützt, weil man sich nach Ende der Fahrt wahrscheinlich nie im Leben wiedersehen wird. Gleichzeitig kann man sich auf diesem Schiff aber auch sehr gut aus dem Wege gehen und es entsteht nicht so eine Gruppendynamik wie zum Beispiel bei einer Busreise. Ich freue mich sehr, dass ich diese Fahrt gemacht habe.

Langsam erreichen wir den Golf von Ancud. Hier sind die Fahrwasser ruhig. Der Golf wird von den Inseln des Chiloe-Archipels geschützt, mein nächstes Ziel.

Chiloe ist eine grüne, hügelige Insel.

Auf der gegenüberliegenden Seite auf dem Festland ragen zum Schluss der Reise noch zwei gewaltige schneebedeckte Vulkane in den blauen Himmel.

Dann ändert sich das Wetter. Es ändert sich ständig und rasch, erst Regen und Wolken, kurze Zeit danach, nach einem heftigen Wind, wieder strahlend blauer Himmel und gespenstische Ruhe. Das Schiff gleitet vorbei an Seelöwen, Pinguinen und Delfinen.

Um 8.30 Uhr morgens erreichen wir Puerto Montt.

CHILOE, PUERTO VARAS, VALDIVIA

Puerto Montt ist eine wichtige Hafenstadt. Auch Kreuzfahrtschiffe legen hier regelmäßig an. Die Lage ist fantastisch, mit Blick auf den Vulkan Osorno, ein guter Ausgangspunkt für Expeditionen. Vor allem kann man hier hervorragend Fisch essen. Ich will aber am gleichen Tag weiter auf die vorgelagerte Insel Chiloe, an der wir mit der Navimag schon vorbeigefahren sind. Allerdings, einen Fisch esse ich vorher noch.

Im Norden Chiles regnet es weiter. Es regnet immer mehr – Überschwemmungen, Regen in der Atacama-Wüste, Regen in San Pedro de Atacama – Klimawandel. Die Straßen sind nicht ausgerichtet auf Regen und schwimmen weg.

Busfahrten sind nicht mehr möglich. Ich habe Bilder von Touristen in Nordchile gesehen, wie sie bis zu den Hüften im Wasser, das Gepäck über den Kopf haltend, vom Bus in ein Haus waten. In Arica ganz oben im Norden sind ganze Gehwege weggebrochen.

Die Bewohner sind ja Wetterkapriolen gewohnt, aber dies ist auch für sie sehr ungewöhnlich. Klimawandel ist nicht so im Bewusstsein der Südamerikaner. Vieles, was für uns eine Naturkatastrophe ist, nehmen sie hier deutlich gelassener. Sie haben weniger die Illusion, man müsse die Natur beherrschen und kontrollieren können. Sie sind es gewohnt, mit Erdbeben und Vulkanausbrüchen zu leben.

Ich werde meine Pläne ändern müssen. Nach San Pedro de Atacama fährt jetzt kein Bus. Deswegen werde ich von Santiago de Chile oder Valparaiso erst nach Nordargentinien gehen, nach Mendoza. Dort regnet es nicht.

Chiloe ist eine entspannte Insel, geprägt von bunten Holzhäusern und Holzkirchen.

Die farbigen Häuser, Pfahlbauten, die über dem Wasser errichtet wurden, heißen Palafitos und die ebenfalls farbigen Holzkirchen gehören teilweise zum UNESCO-Weltkulturerbe.

Die Kirchen wurden von den Jesuiten gebaut, die bis zu ihrer Vertreibung 1767 die Ureinwohner missionierten und dann von den Franziskanern abgelöst wurden.

Auch hier genieße ich den frischen Fisch und esse fast jeden Tag Merluza a la Plancha, Muscheln oder andere Meeresfrüchte.

Der Bus von Puerto Montt nach Ancud auf Chiloe braucht zwei Stunden und fährt alle 30 Minuten. Ein kleines Stück setzt er dann mit der Fähre über.

Das Hostel in Ancud sagt mir nicht so zu. Es ist laut und es ist weit bis ins Zentrum.

Ich besichtige diese Holzkirchen und bestaune nachmittags Seelöwen und Kormorane auf einer kleinen vorgelagerten Insel, die ich mit dem Boot erreiche. Hier kann man sehr gut die Tiere beobachten, die sich über die ganze Insel verteilen.

Abends gibt es im Mercado Municipal eine Paella Marinara, eine köstliche, reichhaltige Fisch- und Muschelsuppe.

Aus den Nachrichten erfahre ich, dass der Norden Chiles jetzt sogar gesperrt wurde wegen der Überschwemmung.

So gemütlich, wie die Insel ist, schlendere ich zum Fort und begegne wieder vielen Tieren. Am letzten Tag in Ancud geht es mit einer geführten Tour, zusammen mit zwei chilenischen Familien zu einigen kleinen Inseln und Holzkirchen. Manchmal ist es gut, wenn man eine Führung hat. Da erfährt man dann doch eine Menge mehr über die Kultur. Im Bus und auch beim gemeinsamen Mittagessen unterhalte ich mich mit einer chilenischen Familie. Der Mann ist bei der Armada, bei der Marine, und die Frau ist Krankenschwester. Sie wohnen in Santiago und machen Urlaub auf Chiloe. Sie erzählen von ihrem Alltag und ihren Berufen. Eine ganz normale Mittelstandsfamilie. Nicht so viel anders als bei uns.

Ich komme erst abends um 20 Uhr zurück und bin schockiert. Der Hostelbesitzer hat mein Zimmer geräumt und alle meine Sachen durcheinander in Plastiktüten in eine Ecke verfrachtet. Ich denke, ich sehe nicht recht. Er hat die Verlängerungsnacht, die ich gebucht hatte, nicht eingetragen und jetzt das Zimmer anderweitig belegt. Ich kann ihm eine Bestätigung über die Verlängerung in seiner Email zeigen. Ich bin sehr wütend und finde das einfach übergriffig. Ich bekomme dann ein Bett in einem Doppelzimmer für die letzte Nacht, das andere Bett ist von einer US-Amerikanerin belegt, und ein Frühstück. Beides habe ich nicht bezahlt. Er hat sich dann aber noch entschuldigt.

Castro ist die Hauptstadt der Insel. Nach Ankunft am Busbahnhof suche ich die Casa Amelia und finde sie nicht. An der angegebenen Adresse stehen keine Namen. Es gibt zwar eine Klingel, aber darauf reagiert niemand. Hintendran im Hof sitzt eine ältere Dame mit zwei Katzen. Ich erkläre ihr, dass ich in dem Haus ein Zimmer gemietet habe. Sie sagt, da würde nichts vermietet. Eine Wohnung sei leer und in der anderen lebe ein junger Mann, der aber bei der Arbeit sei. Ich komme so nicht weiter und frage noch in einem Laden nach. Ich habe kein Telefon für Chile, aber den Ladenbesitzer kann ich dann sehr freundlich zweimal bitten, die angegebene Telefonnummer anzurufen. Schließlich tut er es. Es ist etwas schwierig herauszufinden, was denn die Person am anderen Ende der Leitung gesagt hat. Dieser Ladenbesitzer scheint mir gegenüber misstrauisch. Kein Wunder, Frauen reisen hier nicht allein.

Schließlich erfahre ich, dass jemand kommt. Ich warte noch eine ganze Weile bei der Frau mit den zwei Katzen im Hinterhof und dann kommt tatsächlich ein junger Mann, Felipe, mit einem Cockerspaniel. Ich erkläre ihm, dass ich ein Zimmer in seiner Wohnung gemietet habe. Er entschuldigt sich, er habe arbeiten müssen. Der junge Mann, er ist ein Mapuche, macht einen sehr sympathischen Eindruck und der Hund überzeugt mich. Ich bin in Tiere ganz vernarrt, so dass ich ihm ins Haus folge.

Eine sehr schöne Wohnung, ein schönes Haus. Das ganze Haus gehört ihm, er hat es geerbt, wie sich später herausstellt. Es ist hübsch eingerichtet und sehr sauber, auch mein Zimmer, natürlich ein Doppelzimmer, wie alle Zimmer in Südamerika. Einzelzimmer gibt es fast gar nicht, weil Einzelpersonen, außer ein paar Geschäftsleuten, nicht reisen. Es gibt für Paare und Familien und für die einzeln reisenden Geschäftsleute Hotels. So habe ich immer ein Doppelzimmer und zahle allerdings auch immer mehr als eine Person eines Paares. Das Bad teile ich mit dem Besitzer und Frühstück macht er mir auch.

Felipe erzählt von seiner Familie, von seinem Volk, den Mapuche. Felipe ist ein stolzer Mapuche. Sie haben es nicht leicht in Chile, auch hier gibt es Rassismus und Vorurteile gegenüber den Ureinwohnern. Ihr Land wurde durch die chilenische Armee nach der Unabhängigkeit enteignet und um die Rückgabe kämpfen sie noch heute. Auch wenn die Verhältnisse sich im Laufe der Jahre für die Mapuche gebessert haben, sie sind nicht wirklich integriert. Sie sehen ihr Land und ihre Kultur als die Grundlage ihres Lebens an und das Leben im Einklang mit der Natur gehört zu ihrem Glauben.

Diese Insel ist landschaftlich wunderschön. Manches erinnert mich an Neuseeland.

Felipe nimmt mich morgen mit auf ein Musikfestival, traditionelle chilenische Volksmusik, traditionell gebrautes chilenisches Bier. Ein Handwerkermarkt und traditionelles Essen. Er erklärt mir alles und ich koste mich durch die vielen Speisen durch. Gegen Abend tanzen die Menschen – Volkstänze, in Trachten, viele ältere Einwohner, viele Mapuche darunter. Wir fahren mit dem örtlichen Bus spät zurück. Ein wunderschöner Tag und ich habe so viel über Chile gelernt. Die Menschen sind so freundlich und freuen sich offensichtlich, wenn ein Fremder ihre Feste besucht.

Auf Ausflügen und Bootsfahrten gibt es außer mir nur chilenische Touristen. Sie sind meist laut und lachen viel und sind sehr interessiert an Deutschland. Sie reisen immer mit Großfamilie und sie sind kontaktfreudig.

Die Familienstruktur in Südamerika ist festgelegt. Man lebt in Großfamilie und Unternehmungen finden immer mit allen statt, egal wie alt, sofern sie noch können. Auch kleine Kinder werden zu jeder Tages- und Nachtzeit überall mit hingenommen. Der Mann ist das Oberhaupt der Familie und eine Frau wird gegen den Willen ihres Mannes kaum etwas unternehmen. Die Rollen sind ziemlich festgelegt, das heißt, dass die Frauen den Haushalt machen, obwohl Männer auch oft liebevoll mit den Kindern umgehen, aber dass ein Mann Hausmann sein könnte, ist eigentlich undenkbar, obwohl die Frauen ja durchaus auch berufstätig sind. Aber trotzdem ist die ganze Familie patriarchalisch orientiert und es gibt einen starken Zusammenhalt. So wie in unserer Kultur Autonomie der Ehepartner oft von Bedeutung ist, so kann man sich das hier nicht vorstellen.

Und dass eine Frau alleine durch die Welt reist – gar nicht denkbar. Deswegen werde ich immer wieder, in jedem südamerikanischen Land, manchmal mehrmals am Tag gefragt: „Esta sola?“ (Sind Sie allein?) Wenn ich das bejahe, muss ich es erklären und sie wollen es genau wissen. Wo ist der Mann? Wo sind die Kinder? Warum allein reisen? Sie können es sich einfach nicht vorstellen, dass Frau auch alleine reisen kann, obwohl sie verheiratet ist.

Wenn mir die vielen und häufigen Fragen auf den Geist gehen oder ich manchmal auch keine Lust auf ewige Erklärungen habe, weil man das nicht ein paar Mal am Tag machen kann, sage ich, dass mein Mann im Hotel ist und damit ist es dann zu ihrer Zufriedenheit erledigt.

In Castro herrscht ein Wahnsinnsverkehr. Es ist laut, voll, heiß – unangenehm. Ich fahre in den Parque Nacional Chiloe mit einer kleinen Gruppe. Wir besichtigen noch ein paar besonders schöne Holzkirchen, die über die Insel verteilt sind. Im Nationalpark gibt es eine längere Wanderung und dann ein gemeinsames Mittagessen; Lachs auf chilenisch mit chilenischem Wein. Der ist nicht schlecht. Wieder sind mit mir nur Chilenen unterwegs.

Bei einer Wanderung stellt sich so ein Urlaubsgefühl ein. Ja ich hatte auf meiner Reise immer wieder auch das Gefühl: ich bin urlaubsreif. Somit beschließe ich, jetzt Urlaub zu machen. Das hat wohl auch etwas mit dem Klima hier zu tun, das sich meist in angenehmer Mittellage verortet und damit nicht so anstrengend ist.

Am letzten Abend gehe ich mit Felipe nochmals auf ein anderes Folklorefest. Wir hören Mapuche-Musik. Ich lade ihn zu einem Artesanal-Bier ein und wir haben eine Menge Spaß.

Von Puerto Montt sind es nur 20 Kilometer bis Puerto Varas. Die Stadt liegt am Südufer des Llanquihue-Sees, mit rund 860 Quadratkilometern der zweitgrößte See Chiles. Von hier hat man einen traumhaften Blick auf drei schneebedeckte Vulkane – wieder eine Filmkulisse. Am faszinierendsten ist der Gipfel des schneebedeckten Osorno, wenn die Wolken ihn freigeben. Entsprechend viele Touristen laufen hier herum.

Deutsche Einwanderer haben Tradition und prägen die Stadt. Ich begegne unverwechselbarer deutscher Architektur und deutschen Straßennamen.

Bei einer Tour um den See erfahre ich Genaueres über die erste Besiedlung durch die Deutschen. Vieles zeugt noch davon – es gibt hier Kuchen – der heißt auch so, man spricht es nur etwas spanisch aus. Aber er kann unbedingt mit Großmutters Selbstgebackenem mithalten und die Argentinier lieben es – wie sie alles Süße lieben. Es kann gar nicht süß genug sein. Ich koste Apfelstrudel – und der heißt auch so – mit Vanillesoße. Mindestens so köstlich wie bei uns.

Ich habe mir ein paar alte deutsche Villen angesehen und bin dann mit dem Sessellift den Osorno-Vulkan bis zur Schneegrenze hochgefahren. Der Blick von hier oben ist dramatisch.

Manche Epoche Chiles war ein ständiger Wechsel von Erdbeben und Vulkanausbrüchen über die Jahre hinweg. Ein Hin und Her von Destruktion und Konstruktion – aber die Menschen leben damit. Sie verlieren alles und dann bauen sie alles wieder auf. Das ist Chile, das Land mit den meisten Erdbeben.

Bei einer Tour um den See besuche ich das hübsche Städtchen Frutillar. Es wurde von deutschen Einwanderern 1856 gegründet. Es gibt hier ein schönes Theater und das Museum „Museo Colonial Aleman de Frutillar", das die Besiedlung durch die Deutschen ab Mitte des 19. Jahrhunderts dokumentiert.

Eine Schifffahrt auf dem nahe gelegenen Lago Todos los Santos führt bis an die Grenze zu Argentinien.

Im Hostel wohnt auch ein älteres Ehepaar aus Deutschland. Sie laden mich abends auf ein Glas Wein ein und erzählen von ihrer Reise. Sie sind nun auch schon drei Monate unterwegs, wohnen wie ich meistens in Hostels und organisieren auch alles selbst. Allerdings sind sie zu zweit. Sie erzählen von den Galapagosinseln und schwärmen von Kolumbien. Alle tun das, so dass es für mich schon länger klar ist, dass ich auch nach

Kolumbien reisen möchte. Sie stellen alle ihre Fotos und auch ihr Tagebuch ins Internet, damit es jeder nachlesen kann. Es ist das erste Mal, dass ich Reisende in meinem Alter treffe. Sie bestätigen mir, dass Ältere solche Fernreisen auch nach ihrer Erfahrung dann doch eher organisiert machen und in der Gruppe reisen.

Mein nächstes Ziel ist Valdivia. Drei Busstunden entfernt, eine hübsche Studentenstadt. Es gibt eine Uni und viele sehr gemütliche Studentenkneipen. Da kann ich abends mal alleine hin. Hier habe ich mir das erste Mal ein Appartement gebucht. Darauf freue ich mich, aber es ist eine Enttäuschung. Es ist klein und dunkel und nicht besonders sauber. Ein Studentenappartement in einer Studentenstadt. Das Erste, was ich tue, ist durchputzen. Sonst würde ich mich nicht wohlfühlen. Dann richte ich mich ein. Es ist zwar alles da: Kochecke, Bad, Minihochklapptisch und Bett, aber es ist so beengt wie in einem kleinen Wohnwagen und das Bett ist ein Hochbett. Bloß weiß ich nicht, wie ich da reinkommen soll. Nicht so einfach, schließlich bin ich keine zwanzig mehr. Es gibt keine Leiter oder Ähnliches. Ich muss auf den wackeligen Hocker steigen. Da denke ich, als ich mich da hochquäle, ich bin doch alt. Früher wäre das gar kein Problem gewesen und früher wäre mir auch nie der Gedanke gekommen, dass es vielleicht gefährlich ist oder ich stürzen könnte. Also mit etwas Übung komme ich dann die Nächte ins Bett, aber es ist sehr speziell. Doch dann stellt sich dieses Jugendherbergsgefühl ein und weckt alte Erinnerungen, schöne, mit denen ich einschlafe.

Der Hausmeister hat zwei große Hunde, die sind nett, aber sie machen ihr Geschäft jeden Tag genau vor meine Tür. Ich habe mich beschwert. Er putzt es weg, nach einer Stunde liegen dort wieder zwei Haufen. Ich gebe auf.

Am zweiten Tag geht die Dusche nicht mehr. Ich beschwere mich. Eine Stunde später kommt der Hausmeister mit einem Handwerker, der eine komplett neue Dusche mit Armatur, Duschwänden und allem, was dazugehört, einbaut.

Ich putze danach dann lieber selber, dann weiß ich, dass es sauber ist. So habe ich eine nagelneue Dusche und bin zufrieden und muss doch über Südamerika schmunzeln. Das meiste funktioniert nicht, aber die Leute sind in der Regel so liebenswürdig, dass man nicht wirklich böse sein kann.

Ich gehe an die Küste, an den Hafen, die Hafenpromenade und amüsiere mich köstlich über die Seelöwen, die dort tatsächlich auf der Straße entlang watscheln, meist in Richtung Fischmarkt, um dort so lange zu warten, bis sie dann doch Fischabfälle bekommen. Auch eine Unmenge Vögel ernähren sich dort. Die Seelöwen leben im Süßwasser. Valdivia liegt am Fluss, nicht am Meer, 15 Kilometer vom Pazifik entfernt am Delta des Rio Valdivia. Seelöwen findet man sonst nicht im Süßwasser. Dies ist eine sehr seltene Anpassungsleistung. Ein besonders dicker gewaltiger Seelöwe, ein Macho, sitzt am Hafen und ein Hund kann ihn offensichtlich nicht leiden und bellt ihn recht aggressiv an. Der Seelöwe streckt die Nase in den Himmel und lässt sich in keiner Weise beeindrucken, so lange, bis der Hund den gebührlichen Abstand nicht mehr einhält und die Distanz deutlich unterschreitet. Seelöwen können sehr schnell sein. Mit einer blitzartigen Kopfdrehung hat der Löwe den Hund im Nacken gepackt und in hohem Bogen ins Hafenbecken geschleudert. Der Schreck ist groß, der Hund offensichtlich dermaßen überrascht, dass er nicht mal jault.

Er hat es überlebt, die Leute haben ihn aus dem Hafenbecken gezogen, wohl unverletzt, aber einem Seelöwen wird er wohl nie wieder zu nahe kommen.

Von Valdivia aus kann man Tagesfahrten auf dem Fluss machen. Ich habe eine gebucht. Dies ist meine erste Kaffeefahrt in Chile. Eigentlich hätte ich es mir denken können. Es sind nur Chilenen an Bord. Sie sind so laut wie die schreckliche Musik. Sie trinken einiges an Alkohol und es gibt eine Animation per Lautsprecher, Gegröle. Schwer zu ertragen, aber interessant trotzdem. Ich bin dann aber froh, als es vorbei ist. Auf dem Weg zum Appartement fängt es an zu gießen und ich werde klatschnass.

In Valdivia ist mein Vermieter, Felipe aus Chiloe, geboren und wir verabreden uns an meinem vorletzten Abend zum Festival de Valdivia, abends um 21 Uhr. Bunt beleuchtete und geschmückte Schiffe werden in einem großen Korso den Fluss hinunterfahren. Es herrscht Volksfeststimmung. Aus der ganzen Umgebung sind Menschen gekommen, um die Schiffsparade zu sehen, die leider erst nachts um 23 Uhr beginnt. Die Leute kommen zum Essen, Kunsthandwerk und sonstige Dinge zu verkaufen, Musik zu machen, zu trinken und zu feiern. – Valdivia night. Es sind unheimlich viele Menschen da, mir schon fast zu viel und es ist sehr laut. Ich lerne die Mutter und die Tante von Felipe kennen. Sie nehmen mich sofort familiär in ihrer Runde auf.

Die geschmückten Schiffe sind beeindruckend, aber so lange wie die Chilenen halte ich nicht durch und gehe kurz nach Mitternacht todmüde zurück in mein Appartement. Da bin ich dann froh, als ich angekommen bin, weil es doch ein Stück zu laufen ist und ein paar Menschen unterwegs sind, die mich nicht so sicher fühlen lassen.

Felipe will mir am nächsten Tag Valdivia zeigen. Das ist eine besondere Stadtführung in seinem Geburtsort. Ein Hauptthema sind die vielen Erdbeben in dieser Region. Von dem schwersten Erdbeben in Valdivia 1960, das auch das große Chile-Erdbeben genannt wird, sprechen die Menschen heute noch. Dieses Erdbeben hatte einen gewaltigen Tsunami ausgelöst und schwere Zerstörungen nicht nur in dieser Stadt, sondern im gesamten Pazifikraum angerichtet. Auch danach ist es immer wieder zu Erdbeben gekommen. Das hängt mit der geologischen Lage zusammen. Auf der ganzen Länge des Landes drückt sich vom Pazifik her die Nazcaplatte gegen die südamerikanische Kontinentalplatte. Das wird von Erdbeben begleitet. Chile gehört deshalb zu den Ländern, in denen sich besonders starke Erdbeben ereignen können – und das eben auch besonders häufig. Die Menschen sind daran gewöhnt und schon die Kinder wissen, wie sie sich verhalten müssen, wenn die Erde bebt. – Das ist mein letzter Tag hier, in dieser wunderschönen Stadt.

PUCON, CONCEPCION, TALCA, CURICO

Pucon ist ein Traveller-Paradies, weil man von hier in dieser traumhaften Landschaft zu fantastischen Trekkingtouren aufbrechen kann. Die Stadt liegt am Lago Villarica. Ein Highlight ist der 2.840 Meter hohe, noch aktive Vulkan Villarica. Eine Besteigung ist möglich mit entsprechend guter Ausrüstung und Genehmigung.

In der Nähe gibt es zwei Nationalparks, der Nationalpark Villarica und der Nationalpark Huerquehue mit seinen noch wilden Araukarienwäldern. Man nennt sie auch Andentannen oder Schlangenbäume. Sie wachsen sehr langsam und werden hunderte von Jahren alt. Die Indigenen essen die Kerne, Samen der Blütenzapfen. Ich habe sie probiert, sie schmecken lecker, ein bisschen wie Erdnuss.

Hier treffe ich Bertold, einen Rentner aus Mannheim, der fünf Wochen allein durch Chile reist. Endlich mal wieder einen älteren Touristen. Wir wohnen im gleichen Hostel. Er will den Villarica-Vulkan besteigen – sechs Stunden Aufstieg – nichts für mich. Manche Rentner haben doch eine erstaunliche Kondition. Ich bin etwas neidisch, aber ich würde das nicht mehr schaffen.

Es gibt doch nichts Herrlicheres, als nach einer kalten Nacht morgens bei offenem Fenster und strahlender Sonne auf einem großen Doppelbett zu liegen und von dort die schneebedeckten Berge und den blauen Himmel zu betrachten, mit dem Gefühl, in Südamerika unterwegs zu sein, völlig frei, ohne feste

Route mit einem One Way Ticket. Ein paar Tage unternehme ich gar nichts. Ich bin erschöpft. Ich schlafe zehn Stunden in der Nacht, gehe abends mit Bertold etwas essen und ein Bier trinken. Wir können uns wunderbar über das Rentendasein und die Wünsche im Alter unterhalten: Dass man sie verwirklichen muss, diese Wünsche, dass es eigentlich nur noch das Hier und Jetzt gibt, dass wir gar nichts mehr müssen außer sterben und dass man nichts mitnehmen kann auf seine letzte Reise. Unterwegs haben wir beide festgestellt, dass man kaum den ganzen materiellen Kram braucht und auch nichts wirklich mehr verlieren kann und dass man so dankbar sein muss, weil man doch eigentlich in einem Paradies lebt. Ein Dach über dem Kopf, keinen Krieg und keinen Hunger erlebt und warum sollte man vor irgendetwas noch Angst haben? Und die Frage, ob vielleicht eigentlich alles schon vorbestimmt ist.

Bertold erzählt von seiner Vulkanbesteigung und was es für ihn bedeutet. Alleine auf dem Berggipfel, der anstrengende Weg, auf dem ihm immer so viel durch den Kopf geht und später, dass er es geschafft hat, für das kurze Erlebnis, diesen fantastischen Blick von oben; aber auch das Ausprobieren der eigenen Grenzen, das Fühlen der Grenzen, die auch das Alter mit sich bringt, und das Akzeptieren der Endlichkeit.

Letztlich muss ja jeder irgendwann annehmen, dass nicht immer alles schneller, größer, weiter, mehr geht. Wenn das doch globaler und früher geschehen würde, könnte man dann die Welt noch retten?

Aber das wird nicht geschehen, da sind wir uns einig. Manche Erkenntnis kommt erst im Angesicht des Todes. So wie der Mensch stirbt, wird auch die Welt sterben. Im Großen macht sie nur nach, was in einem einzelnen Menschenleben geschieht. Ja solche Gedanken können einem beim Bergsteigen kommen und noch viel mehr. Ich glaube ja, dass der Dialog und die unmittelbare Berührung mit der Natur so etwas auslöst.

Am Ende des Abends stellen wir fest, dass wir eine gemeinsame Bekannte in Mannheim haben.

Nachdem ich meine Erschöpfung ausgeschlafen habe, unternehme ich mit einem jungen Pärchen und einem Führer eine Privattour zu verschiedenen Seen, einer schöner als der andere. Zuerst fahren wir mit dem Auto und dann geht es mit dem Schiff weiter. Auf der anderen Seite liegt Argentinien, so nah beieinander und doch so unterschiedlich.

In Argentinien wirkt alles irgendwie aufgeräumter, übersichtlicher, einsamer, in Chile scheint alles mehr bevölkert.

Die Tour dauert zwölf Stunden. Neben der Landschaft, den Seen und den Ausblicken auf die schneebedeckten Berge entdecke ich das beste Museum über die Mapuche-Kultur, das ich bislang gesehen habe.

Mit Bertold habe ich mich am nächsten Tag zu einer Ganztageswanderung im Nationalpark Huhequehue verabredet. Die Anfahrt ist mit dem öffentlichen Bus.

Manchmal wandert man mit jemandem den ganzen Tag und es ist, als ob man schon immer zusammen durch das Leben gewandert ist, obwohl man sich überhaupt nicht kennt. Irgendwie passt alles zusammen: das Tempo, die Pausen, der Appetit, das Bedürfnis zu sprechen oder zu schweigen.

So war es mit Bertold.

Um nicht ewig im Bus zu sitzen, geht es dann als Nächstes erst Mal nach Concepcion. Das dauert sieben Stunden. Auch diese Stadt wurde mehrfach durch schwere Erdbeben zerstört. Die Häuser gelten heute als relativ erdbebensicher gebaut. Concepcion ist das zweitwichtigste Wirtschaftszentrum Chiles.

Ich komme an einem Sonntag an und finde eine leere Stadt, leere Straßen, verbarrikadierte und mit Graffiti beschmierte Häuser, geschlossene Museen. Kein angenehmes Gefühl. Die Menschen hier sind wohl Touristen nicht gewöhnt und ich spüre, wie sie mich ansehen: eine Frau allein unterwegs, allein in einem Hotel. Ich muss etwas essen und finde eine Menge kleiner Restaurants in der Shopping Mall. Die gefüllten Auberginen sind richtig gut.

Die Stadt ist unattraktiv, eine Geschäftsstadt und in meinem Reiseführer ist Concepcion auch nicht beschrieben, nicht einmal erwähnt.

Ich bin in einem normalen Hotel untergekommen. Beim Frühstück sitzen nur Männer. Keiner grüßt zurück. Ein abschätziges Misstrauen schlägt mir entgegen. Komische Stadt. Es gibt eine Universität und eine Casa del Arte mit einem großen tollen Wandgemälde und einer schönen Ausstellung. Die vielen Geschäfte verführen mich, Sandalen zu kaufen. Meine Sommerschuhe sind nämlich nicht mehr gebrauchsfähig. Mein erster Einkauf seit Reisebeginn. Dann lasse ich noch meine Brille richten. Seit zwei Wochen sitzt sie schief auf der Nase und hier gibt es eine Menge Optiker.

Ich laufe Richtung Mercado municipal. Die Märkte sind meist attraktiv, aber diese Gegend ist unangenehm: Hochhäuser, leere Straßen.

Am nächsten Tag fahre ich weiter. Vier Stunden braucht der Bus nach Talca, eine Weinstadt in der Region del Maule, einem Weinanbaugebiet zwischen Anden und Pazifik.

Ich bin wieder bei den Zeugen Jehovas untergekommen. Freundlich, sauber, fürsorglich. Zum Frühstück ein Bibelspruch auf der Kaffeetasse, Matthäus.

Es gibt drei Frühstücksmenüs zur Auswahl. Ich entscheide mich für Rührei, Brötchen, Kaffee, Milch und frisch gepressten Orangensaft. Alles gut.

Die schönsten Gebäude und auch die traumhafte Markthalle sind vom Erdbeben 2010 zerstört. Ihre einstige Pracht kann man noch erahnen. So schade.

Bei einer Stadtrundfahrt erfahre ich, dass die meisten schönen Gebäude bei dem großen Erdbeben 2010 zerstört wurden.

Die Stadt ist sehr laut. Es ist heiß.

Trotz wahnsinnigem Hundegebell und Lärm auf der Straße schlafe ich zwölf Stunden. Derzeit leide ich an Schlafsucht, ich bin immer müde und schlafe 10 – 12 Stunden pro Nacht und bin immer noch erschöpft. Offensichtlich ist irgendetwas doch sehr anstrengend. Vielleicht das Klima oder die vielen Eindrücke. Ich fühle mich wieder urlaubsreif, obwohl ich alles tranquillo, langsam mache.

Also noch mehr Nichtstun. Gar nicht so einfach bei den vielen spannenden Eindrücken tagtäglich.

Nach ein paar Erholungstagen melde ich mich für zwei Weintouren an. Zunächst geht es zum Weingut Balduzzi zur Degustation. Chile hat gute Weine. Die meisten werden nach Südostasien exportiert, wie ich bei der Führung erfahre. Bei der Fahrt zum zweiten Weingut lerne ich eine allein reisende Österreicherin kennen. Sie ist hier wegen der Berge und hat schon einige Gipfel erklommen. Abends sitzen wir in einer Eisdiele vor einem riesigen Eisbecher. Die Eisdiele ist der einzige Ort, wo man draußen sitzen kann. Das Eis ist richtig gut bei der Hitze.

Die Zeugen Jehovas putzen den ganzen Tag und verbreiten ein Desinfektionsmittel, dass mir die Augen brennen, wahrscheinlich zum Weltuntergang. Ich beschwere mich und sie machen eine Pause.

Der nächste Weinort ist Curico, nicht weit entfernt von Talca. Bis Santiago sind es dann noch gut 190 Kilometer.

Ich habe ein riesiges Zimmer. Der Zimmerschlüssel passt für alle Zimmer im Gästehaus, in dem ich der einzige Gast bin. Das weiß man aber nur, wenn man so desorientiert ist wie ich und es deshalb an dem falschen Zimmer versucht. Es ist eine Art private Zimmervermietung in einem großen Haus mit ebenso großem Garten und die erste Nacht bin ich ganz alleine. Der Hausherr kommt morgens zum Frühstückmachen. Es gefällt mir gut hier. Diese Stadt ist deutlich kleiner und ruhiger als Talca. Auf der Plaza im Zentrum werde ich aber, wie in Talca auch, angebettelt. Das kenne ich von Patagonien überhaupt nicht. Dort gibt es weder diese Armut noch Flüchtlinge. Ich erfahre, dass es hier sehr viele Flüchtlinge aus Venezuela gibt.

Auch in Curico sieht man vom Erdbeben zerstörte Häuser und Kirchen.

Nachmittags spricht mich eine Geflüchtete aus Venezuela an. Sie will einfach nur reden. Wir trinken einen Kaffee zusammen. Sie erzählt von den katastrophalen Verhältnissen in Venezuela. Vor einem Jahr ist sie geflohen. Zehn Tage mit dem Bus über Kolumbien, Ecuador, Peru und dann hierher. Hier haben Venezolaner, besonders Frauen, die Möglichkeit, vor allem im sozialen Bereich Arbeit zu bekommen, als Haushaltshilfe, zur Pflege älterer Menschen, aber auch im Gaststätten- oder Hotelgewerbe. Die Bezahlung ist schlecht und oft werden sie auch ausgenutzt. Aber, so sagt sie, sie muss Geld nach Venezuela bringen. Dort ist ihre Familie und die ist darauf angewiesen, insbesondere die vier kleinen Kinder. Diese Frauen finde ich sehr mutig. Sie verlassen ihre Familie, ihre oft noch kleinen Kinder und schlagen sich selbst durch – und das in Südamerika, wo das nun überhaupt nicht üblich ist.

Am nächsten Tag suche ich das Kulturhaus auf.

Ich habe vier Musiker mit ihren Instrumenten reingehen sehen. Ich gehe ihnen nach und frage sie, ob sie heute irgendwo Musik machen, weil hier sonst nichts los ist. Sie verneinen, geben mir aber ein Privatkonzert. Ich sitze im Probenraum und bin so gerührt darüber. So sind die Südamerikaner eben auch.

Nachmittags gehe ich mit auf einer Demonstration zum Internationalen Frauentag für die Gleichberechtigung von Frauen. Das ist hier bitter nötig.

Am zweiten Abend kommt noch ein Gast, Patricio, ein Chilene, schon etwas älter, ein Verwandter des Vermieters, sehr nett und sehr gesprächig. Er erzählt mir viel von seinem Land, macht das gerne und ist offensichtlich über den Kontakt zu mir hoch erfreut. Er ist stolz auf sein Land. Ein Stolz, den man öfter erlebt, gerade bei Männern, und den ich so von Deutschland nicht kenne. Er lädt mich für den Abend auf ein Weinfestival ins Nachbardorf ein und wir fahren mit dem Bus dorthin. Mit einer Begleitung abends unterwegs zu sein geht gut und ich fühle mich sicher. Ein schönes Fest. Es wird Musik gemacht, Wein verkostet und es gibt viel typisches Kunsthandwerk und natürlich wird, wie immer, viel gegessen. Patricio erklärt mir alles, es ist ein schöner Abend, wir haben viel gelacht und ich habe dann gut geschlafen.

Am nächsten Tag, meinem letzten in Curico, frühstücken wir lange zusammen und erzählen, ich über Deutschland und er über seine Familie, und ich kann ganz viele Fragen stellen. Alles, was ich noch nicht so verstehe.

Er war schon einmal in Berlin, geschäftlich. Immer wieder erfahre ich von Chilenen eine für mich oft zweifelhafte Bewunderung für Deutschland: die Ordnung, die Regeln, die Zuverlässigkeit, das demokratische Funktionieren, aber auch eine gewisse Bewunderung für die Vergangenheit, Hitler, für Führung und Durchsetzungskraft.

Ich frage mich manchmal, ob sie Gegenwart und Vergangenheit so auseinander halten. Ich denke, in dieser Bewunderung vermischt sich das, die Charaktereigenschaften der Deutschen, wie sie sie sehen und der Nationalsozialismus. Das zu klären im Diskurs ist mir nie gelungen und das hängt dann wohl mit dem unterschiedlichen kulturellen Denken und den Wunschprojektionen zusammen.

Mein nächstes Ziel ist die Hauptstadt Santiago de Chile.

DAS AUFREGENDSTE HOSTEL IN SÜDAMERIKA, SANTIAGO DE CHILE, VALPARAISO

Knapp drei Stunden Fahrt sind es von Curico nach Santiago de Chile, der Hauptstadt des Landes. Plaza de Armas ist der bekannteste Platz und das Zentrum der Altstadt in Santiago. Hier stehen der Palacio de la Real Audiencia von 1808, in dem heute das Nationale historische Museum untergebracht ist, und die Catedral Metropolitana aus dem 18. Jahrhundert. Beide sind Wahrzeichen dieser Stadt. Aber es gibt noch so viel Anderes, Spannendes hier an diesem Ort, nämlich das Leben, die Menschen. Und genau hier ist auch mein Plaza de Armas Hostel. Es ist gar nicht so leicht zu finden, weil der Plaza de Armas umrahmt ist von riesigen imposanten Gebäuden, und in einem dieser hohen Häuser, im obersten Stockwerk, ist das Hostel untergebracht mit einer Dachterrasse, die es in sich hat. Von ihr kann man nämlich den gesamten Platz überschauen und hat weiterhin einen fantastischen Blick über die Hauptstadt. Ein Mirador gratis.

In dem Hostel herrscht eine entspannte Atmosphäre. Das Wetter ist sommerlich und auf der Dachterrasse gibt es viele Tische, Stühle, Bänke und kleine gemütliche Rückzugsecken mit zufriedenen internationalen Gästen. Ein wunderbarer Ort zum Verweilen in dieser lauten Stadt. Freiwillige helfen hier immer mal einige Wochen mit und können dann dafür kostenfrei wohnen. Das Frühstücksbüffet lässt keine Wünsche offen.Das Geschirr spült man anschließend selbst ab und räumt es wieder ein. Es gibt eine Küche und jeder kann sich seine weiteren Mahlzeiten selbst zubereiten oder auch kochen. Dazu steht ein großer Gemeinschaftskühlschrank bereit. Der ist sogar recht sauber im Vergleich zu anderen solchen Kühlschränken, die ich schon gesehen habe, und geklaut wird auch nicht. Reist jemand ab, so schenkt er sein Restessen an die Gemeinschaft. Dafür gibt es ein Extrafach.

Aber mindestens genauso interessant und spannend ist das Drum und Dran. Man kann nach oben die Treppen gehen in einem großzügigen, etwas heruntergekommenen Treppenhaus. Aber mit dem Gepäck ins oberste Stockwerk, das ist deutlich zu hoch. So will man mit dem Aufzug fahren, nachdem man am Hausmeister vorbei, diesen freundlich gegrüßt schon eine Schlange Menschen sieht, die eben auf diesen Fahrstuhl warten.

Der Fahrstuhl wird geführt von einem älteren Herrn, der hier wohl fast jeden aus dem Haus kennt, obwohl das Völkchen ständig wechselt. Auch Traveller erkennt er sofort und leitet sie ins Hostel hoch. Der Fahrstuhl ist klein, sehr alt und recht langsam. Es gibt einen zweiten, der aber ist offensichtlich dauerhaft kaputt.

Das bedeutet immer mal wieder eine längere Wartezeit vor dem Fahrstuhl, die aber dermaßen spannend ist, weil man die Menschen beobachten kann, die in dem Haus wohnen oder aus anderen Gründen hinein wollen und die man sonst nicht sieht oder nicht einfach so beobachten kann. Manche schleppen Kisten und Pakete im Aufzug mit.

Dieses alte, eigentlich wunderschöne Hochhaus ist auch eine Art Sozialunterkunft. Es gehört wohl der Stadt und es sind hier Flüchtlingsfamilien aus Haiti untergebracht, aber auch viele Zimmer für Prostituierte, die sich abends besonders auf der Plaza präsentieren. Bunte, aufregende, auffallende Frauen, abstoßend und faszinierend zugleich in ihrem Äußeren, aber auch in ihrem Gehabe. Sie grüßen jeden etwas ordinär, freundlich, distanzlos. Oft hatte ich das Gefühl, sie sind entweder betrunken oder haben sonst irgendwelche Drogen eingenommen. Auch ihre Freier oder Zuhälter bekommt man in eben diesem Fahrstuhl zu Gesicht. Man fühlt sich etwas komisch und geht dann auch wegen der Bewohner doch lieber nicht die Treppe. Aber der Hostelbesitzer sagt, das Treppenhaus sei sicher. So glaube ich ihm und genieße den Bilderzirkus beim Warten auf den Aufzug. Dann gibt es dazwischen auf einer Etage Appartements für edle Geschäftsleute, die man nur mit Anzug und Krawatte rein- und raushetzen sieht.

Auf einer anderen Etage wohnen kinderreiche Familien, oft auch aus Haiti. Sie haben grundsätzlich ihre Wohnungstüren offen, was zu einer erheblichen Geräuschkulisse führt und jede Art von Privatleben in den Hausflur transportiert – und das Privatleben ist laut, emotional, engagiert und leidenschaftlich. Ich habe das Gefühl, dass sie die Hälfte ihres Hausstandes ins Treppenhaus verlagert haben, und da sitzen sie auch auf Campingstühlen, die Frauen mit den Kindern an der Brust und hören laute Musik oder singen. Eine Sozialunterkunft im wahrsten Sinne des Wortes. Und sie sind sehr kontaktfreudig. Wenn ich mal die Treppen hochlaufe, kann ich überall ein Schwätzchen halten, auch mit den Prostituierten und über ihr Leben etwas erfahren. Ich habe immer wieder das Gefühl, ich bin in einem Theaterstück, bin fasziniert und neugierig. Steht man dann auf der Plaza de Armas, geht das Spektakel gerade weiter, insbesondere in den Abendstunden.

Hier gibt es Cafés mit Blick auf den Platz, in denen ich jeden Abend gesessen habe und nur beobachtet habe: die Nutten, die Flüchtlinge, die Verrückten, die Obdachlosen, die Prediger, die den ganzen Abend missioniert haben, Bekehrer, Sänger, Demonstranten, Drogenabhängige auf den Bänken liegend, Dealer und Betrunkene sowie unendlich viele Touristen und Menschen, die von der Arbeit oder vom Einkaufen nach Hause eilen, Kirchgänger und Händler sowie immer viel Polizei, zu

Fuß, beritten, mit Hunden, die alles kontrolliert haben, und die Hunde, die alles abgeschnüffelt haben nach Drogen. Hier kann ich abends alleine sitzen, weil es so viel Polizei gibt.

Dieser Platz in Chile, in Santiago, und dann noch dieses Haus, in dem das Hostel ist, ist eine ganz eigene Welt in Südamerika, die ich so in keiner anderen Stadt wieder gefunden habe. Abends treffen sich die Traveller auf der Terrasse des Hostels und bewundern den fantastischen Sonnenuntergang über der Stadt. Und später schaut man noch auf den zauberhaft beleuchteten Platz und hört den Predigern von oben zu. An diesen Ort werde ich zu einem späteren Zeitpunkt meiner Reise noch einmal zurückkehren.

Auch Santiago hat viele Erdbeben erlebt. Die Stadt wurde Mitte des 16. Jahrhunderts von den Spaniern gegründet. An manchen Tagen und bei bestimmtem Wetter erblickt man die schneebedeckten Gipfel der Anden. Die Casa Colorada in unmittelbarer Nähe zur Plaza de Armas ist eines der ältesten noch bestehenden Kolonialhäuser. Die Mehrzahl wurde im Laufe der Zeit durch Erdbeben zerstört. 1769 erbaut, diente sie als Privathaus und beherbergt heute das Museo de Santiago, ein kleineres Museum, das die Geschichte der Stadt erzählt.

Ich gehe zum Markt und esse eine Sopaipilla. Das ist eine südamerikanische Teigspezialität, reichhaltig und fett; das reicht für den ganzen Tag. Anschließend fahre ich mit der Metro zum Nationalfriedhof Cementerio General. Auf der bereits 1821 angelegten Anlage ruhen neben den meisten der ehemaligen Präsidenten auch andere wichtige Staatsmänner, Wissenschaftler und Künstler.

Weitere Besichtigungen folgen in den nächsten Tagen zum Präsidentenpalast, in die Geschäftsviertel und in die Künstlerviertel Barrio Lastarria und Barrio Paris-Londres.

Santiago ist auch ein Moloch. In Buenos Aires habe ich mich etwas sicherer gefühlt als hier, aber die Stadt ist so verrückt, dass ich sie liebe. Es ist heiß und mein Nachthemd muss wieder als Sommerkleid herhalten.

Das Museo Nacional de Bellas Artes ist im Parque Forestal in einem Palast untergebracht. In dem barocken Gebäude des Nationalmuseums der Bildenden Kunst Chiles finden sich chilenische, andinische, aber auch internationale, meist spanische Werke. Das ist beeindruckend. Fast alle großen Museen in den südamerikanischen Hauptstädten faszinieren mich und ich nehme mir immer viel Zeit dafür. Es gibt hier so viel zu sehen, was man in Europa nicht bestaunen kann.

Das Museum Präkolumbischer Kunst ist eines der bedeutendsten Museen lateinamerikanischer Kulturen. Und dann ist da noch das Museum Pablo Neruda La Chascona im Barrio Bellavista. Das Haus gehörte dem chilenischen Dichter Pablo Neruda. 1971 erhielt er den Nobelpreis für Literatur. Er setzte sich vor allem gegen den Faschismus in seinem Heimatland und in Spanien ein. Sein Haus spiegelt seinen sehr eigenen Stil wider, insbesondere seine Liebe zum Meer.

Abends ist die Plaza wieder voll, einige offensichtlich psychisch Kranke schreien und schimpfen lauthals herum und alle anderen sind auch wieder da. Die Chilenen sind doch tolerant. Es gibt zwar viele Polizisten, die die Personalien kontrollieren, aber alle können so weitermachen, wenn sie keine Drogen verkaufen.

Ich laufe ein Stück am Rio Mapocho entlang auf der Suche nach der Straßenkunst, die es hier auch gibt. Am Flussufer sind viele Armenzelte aufgebaut. Die Flüchtlinge und Obdachlosen hausen hier. Toiletten haben sie nicht und erledigen ihre Geschäfte direkt neben ihren Zelten am Fluss.

Frühmorgens fahre ich im Fahrstuhl mit einer maßlos vollgedröhnten Hure nach unten. So etwas habe ich dann auch noch nicht erlebt. Der Busen hängt frei aus dem Kleid heraus – und er hat einen beachtlichen Umfang. Es war wohl nicht mehr Zeit genug oder ein koordinatives Unvermögen, um sich richtig anzuziehen. Das auf Augen, Wimpern und Augenbrauen dick aufgetragene Schwarz läuft in einzelnen Rinnen die Wangen hinab bis zum flächenhaften Rot über den Lippen, das inzwischen bis zur Nasenunterspitze reicht. Ihr Lachen ist ansteckend und das Streicheln des Fahrstuhlführers ausgesprochen liebevoll. Dieser ältere Herr lässt es lächelnd über sich ergehen – vielleicht genießt er es, es ist sicher nicht das erste Mal. Die Distanzlosigkeit und Anmache gegenüber auch allen anderen Fahrgästen hat wirklich etwas Rührendes, sodass keiner ein Wort darüber verliert. Die Frau tut mir leid, sie hat etwas so Kindlich-Bedürftiges. Es ist, als ob dies alles das Natürlichste von der Welt ist. Ich habe das Gefühl, ich spiele gerade in einem Theaterstück mit.

Abends im Hostel kann man sich den Gemeinschaftsaktivitäten nicht entziehen. Ich bin natürlich wieder mal die Älteste. Getrunken wird hier eine Menge. Ich lasse mich drauf ein und habe wunderbare Tage.

Heute Abend ist Kartenspielen mit Musik angesagt, mit einem US-Amerikaner, einer Brasilianerin, einem Mexikaner und einer Frau aus Irland. Sprachlich Kauderwelsch, aber Spaß international. Es ist so spannend, weil die Menschen so unterschiedlich sind, allein an diesem Abend, von ihrer Kultur her und sich so gut verstehen können. Das ist eine absolut überzeugende Erfahrung. So etwas möchte ich niemals missen. Das muss man erleben. Es öffnet den Geist und baut alle Vorurteile ab. Da ist etwas Verbindendes zwischen den Menschen. Leider sind so viele Schranken davor, bis man zu diesen ur-menschlichen verbindenden Gefühlen vordringt, aber diese Erfahrungen sind ja so wichtig, sie wären für alle so wichtig. Deswegen sage ich jedem jungen Menschen, er soll reisen, am besten allein, mit Rucksack, und die anderen Menschen dieser Welt kennenlernen.

Am letzten Abend im Hostel kochen die Brasilianer, mit denen ich mich sprachlich nicht verständigen kann. Zwei Männer und eine Frau, sie sprechen kein Wort Englisch und Spanisch auch nicht, aber wir haben einen unendlichen Spaß und lachen den ganzen Abend bis in die Nacht, so dass mir der Kiefer weh tut. Es gibt Spaghetti mit Tomatensoße, das Standardgericht aller Traveller, verfeinert mit einer Menge Bier, und jemand hat verschiedene Flaschen auserlesener Schnäpse, Whiskey und Rum mitgebracht. Gegen Morgen gehe ich ins Bett. Das war ein wunderschöner crazy Abend hoch über den Dächern von Santiago de Chile, mein letzter Abend hier.

Nach Valparaiso kommt man in gut eineinhalb Stunden mit einem kleinen Bus, der alle 20 Minuten fährt. Ich habe mich im Ibis eingebucht. Manchmal brauche ich ein einfaches, neutrales, anonymes Hotelzimmer, wo ich meine Ruhe habe, meine Wäsche auswaschen kann, ohne dass sich jemand beschwert, im Bett Fernsehen kann und alles habe, was der Mensch braucht. Kontakt ist vermeidbar. Auch das brauche ich ab und zu. Zwar gibt es weder Zahnputzbecher noch ein Glas im Zimmer – sie sparen an allem, aber aus meinem Fenster im 5. Stock kann ich im Bett liegend direkt auf den Hafen sehen. Besonders abends herrscht dort noch ein geschäftiges Treiben.

Valparaiso ist eine bedeutende Hafenstadt und bekannt durch seine bunten Hausbemalungen. Seit 2003 gehört sie zum UNESCO-Weltkulturerbe. Die Altstadt stammt aus dem 19. und 20. Jahrhundert und es gibt prächtige Kolonialbauten zu bestaunen. Valparaiso wurde auf 42 Hügeln erbaut, Seilbahnen erleichtern die Besichtigung. Außerdem findet sich eine sehr lebhafte Kunst-, Café-, Kneipen- und Musikszene.

Abends sitze ich in dem hässlichen Hotel-Restaurant im Erdgeschoss. Man kann auf die Straße sehen. Vor dem Haupteingang steht ein völlig abgemagerter Hund.

Das Hotel hat auf meine Anregung den Hund gefüttert, trotz Ambivalenzen beim Personal. Ich habe gesagt, ich würde sie unbedingt weiterempfehlen, wenn sie ein paar Essensreste aus der Küche geben würden, und der Hund sei doch arm dran und auch ein Geschöpf Gottes. Er bekommt eine ganze Pizza – das hätte nun auch nicht sein müssen, aber er verschlingt alles. Der arme Hund.

Beim Frühstück lerne ich einen US-Amerikaner kennen, schon älter. Er war gerade in Paraguay und das interessiert mich. Wir verabreden uns für den Abend auf ein Bier, dann will er mir davon erzählen.

In der Stadt gibt es viel Armut. Valparaiso ist sowohl schön als auch schrecklich. Es wimmelt offensichtlich von Rucksackdieben. Ich bin schon vier Mal angesprochen worden, ich solle aufpassen. Ich habe außer einer Regenjacke nie etwas im Rucksack, manchmal noch ein Getränk. Trotzdem lasse ich ihn dann im Hotel. Der Dieb weiß ja nicht, dass da nichts drin ist und ich brauche das Teil noch.

Valparaiso ist eine ziemlich schräge Stadt. Die Straßenkunst, die Häuserbemalungen sind faszinierend. Ansonsten ist es eng, viele Häuser sind verfallen, es macht irgendwie einen chaotischen Eindruck. Die Touristen können gar nicht aufhören, die Häuserbilder zu fotografieren. Mir geht es genauso. Das alles ist wie ein großes Outdoor-Museum.

Mit dem US Amerikaner, dessen Namen ich immer wieder vergesse – vielleicht, weil er nicht so mein Typ ist, fahre ich nach Vina del Mar, dem Nachbarort, weitaus mondäner als Valparaiso, mit einem schönen Strand und einem repräsentativen Museum. Wir nehmen an einer Stadtführung teil und essen dann fette Empanadas am Meer.

Der Amerikaner scheint Alkoholiker zu sein und hat Trump gewählt. Schrecklich, aber interessant. Solche Menschen treffe ich normalerweise nie. Man sieht ihn immer schon morgens in der Bar gegenüber des Hotels mit einer Chilenin, nein es ist eine Venezolanerin, ein Bier trinken. Er gibt dieser Frau immer etwas aus und sie beschwätzt ihn. Nach meinen Tagesausflügen setze ich mich manchmal dazu und trinke auch noch etwas und beobachte, wie die Frauen ihm das Geld aus der Tasche ziehen, die Frauen wechseln. Nach dem dritten großen Bier merkt er es nicht mehr. Dafür bekommt er Streicheleinheiten. Er ist wohl sehr einsam, der Arme. Die Venezolanerin versucht ihn ziemlich auszunehmen, was wohl auch gelingt.

Abends fahre ich mit einem Lift auf den Cerro, einen der Hügel, und genieße den traumhaften Blick von oben. Ich gehe ein paar Mal abends mit dem Amerikaner essen. Alleine kann ich das nicht machen, das ist zu gefährlich, sagen sie jedenfalls alle, so dass ich mich dann natürlich auch danach richte. Es gibt hier Überfälle. Zu zweit kann man wohl gehen, aber nicht alleine.

Dann bereite ich meine Weiterreise in den Norden Argentiniens, nach Mendoza, vor. Die Atacama-Wüste besuche ich später, wenn die Straßen wieder befahrbar sind und es nicht mehr regnet. Ich kaufe ein Busticket von Valparaiso nach Mendoza.

NORDARGENTINIEN
MENDOZA, CORDOBA

Neun Stunden braucht der Bus von Valparaiso nach Mendoza in Argentinien. Die Landschaft ist traumhaft, die Straße führt über die Anden. Während der Fahrt mache ich eine Zwischenbilanz: Ich bin jetzt vier Monate unterwegs und habe so viel gesehen vom unteren Teil Südamerikas, Patagonien – landschaftlich ein Traum.

Chile ist anders als Argentinien, die Leute sind anders. Felipe sagt, die Chilenen sind ruppiger, skrupelloser, unsozialer als die Argentinier. In der Tat ist die Mentalität der Chilenen für mich schwieriger. Der Machismo scheint mir ausgeprägter. Irgendwie sind sie konservativer. Die Frauen in Argentinien sind emanzipierter und politisch engagierter, insbesondere auch in der Frauenbewegung.

Mir fällt auf, dass viele Menschen in Chile übergewichtig sind, sehr übergewichtig. Sie haben eine andere Ästhetik, ein anderes Schönheitsideal. In Hotels sind die Menschen laut, das kennen wir so nicht, vielleicht in Südeuropa eher. Ein paar Mal habe ich mich beschwert. Sie merken das gar nicht, es ist Kultur. Und dass jemand in einem Hotel um 23 Uhr schon schlafen möchte oder seine Ruhe haben will, ist hier ungewöhnlich und unbekannt.

Überall in Südamerika gibt es viele kleine Kinder, wache und selbstbewusste Kinder.

Chile hat ein strenges Familiensystem und es gibt viel Gewalt gegen Frauen. Und man trifft auf Konflikte mit den Ureinwohnern, den Mapuche. Naturkatastrophen wie Erdbeben und

Vulkanausbrüche werden erstaunlich integriert. Sie gehören fast zur Normalität. Ich habe bislang noch nie Angst gehabt und mich immer sicher gefühlt.

Mein Spanisch hat sich so weit gebessert, dass ich mich mit den Einheimischen unterhalten kann. Das macht mir viel Spaß und so erfühle ich das Land und die Mentalität auch über die Sprache.

Bislang habe ich die Menschen als überwiegend freundlich, hilfsbereit und neugierig gegenüber Fremden erlebt. Ich glaube, da können wir uns noch etwas abgucken. Ich fühle mich wohl so und habe weder Heimweh noch Langeweile. Ich reise sehr langsam, bleibe länger an den Orten und meine Neugier wird von Tag zu Tag größer. Ich spreche die Leute an und versuche eine Unterhaltung; so bin ich in ständigem Kontakt und lerne viel, nicht nur spanisch.

Es gibt auch Tage, in denen ich mal im Bett bleibe und Fernsehen schaue oder lese.

Insgesamt ist es auch immer wieder anstrengend. Ich vermute, das sind die enormen Wetterwechsel und die Höhenunterschiede des Landes.

Es geht mir so gut und es ist so ungeheuer spannend und die Welt ist so groß. Man verortet sich beim Reisen immer wieder neu und wenn man reisen kann, dann ist man außerordentlich privilegiert.

Jeden Tag ist alles immer wieder anders, insbesondere der Ort, die Landschaft, die Menschen. Nichts ist voraussehbar oder berechenbar. Auf Erfahrungen kann ich mich nicht stützen, weil ich sie hier nicht habe, auf Kultur nicht, weil ich sie nicht kenne. An Reisetagen weiß ich nicht, wie mein neues Bett, mein Zimmer aussieht, was für Menschen ich begegne und der Ort, vor allem der Ort, sind mir völlig unbekannt. Ich kann mir ein Bild, eine Vorstellung machen von dem, was ich in einem Reiseführer gelesen habe, was ich von anderen, die dort schon waren, gehört habe, aber schon oft habe ich Überraschungen erlebt und es war so völlig anders.

Die Menschen, wie sie mir begegnen, ihre Gewohnheiten, ihr Kontakt zu mir und untereinander, das Essen, auch das Klima und meine Erwartungen haben nur selten zugetroffen.

Ich frage mich, wie viel Gewohntes und Vertrautes braucht der Mensch eigentlich?

Ich habe hier kaum etwas Gewohntes, Rituale, und wenn, welche sind das?

Das Zimmer, in dem ich schlafe muss immer eine Tür haben, die ich schließen kann und meine sehr wenigen Dinge, die ich als Gepäck dabei habe, müssen in diesem Zimmer immer einen Platz haben, an dem sie sich wohlfühlen, ich mich mit ihnen wohlfühle und ich sie finde, auch im Dunkeln und in Not.

Es gibt nur eine einzige Bedingung für die Räume, in denen ich übernachte, sie müssen sich sauber anfühlen.

Diese Räume sind im Laufe der Zeit immer wichtiger und bedeutender geworden, sie sind quasi mein Zuhause, meine Hütte, mein Schutzraum und wenn auch nur für eine Nacht.

Aber dieses Gefühl, insbesondere des Schutzraumes, muss sich einstellen, bevor ich abends – meist recht früh – einschlafe und mich im Schlaf geborgen fühlen kann.

So muss der Kulturbeutel immer aufgehängt werden, an einem Haken oder einer Tür oder einem Stuhl oder einer Gardinenstange oder sonstwo.

Und die anderen täglichen Wiederholungen? Das beschränkt sich auf das Frühstück, ganz wichtig für den Tagesbeginn und die Besinnung, wo bin ich hier, wen gibt es hier, was werde ich heute tun. Jeden Tag etwas Neues. Ohne Frühstück geht es nicht.

Der Mangel an Ritualen und Gewohnheiten ist wohl auch anstrengend, aber er hat mir niemals Angst gemacht. Die Neugier und die Lust am Entdecken sind riesig und jeden Tag frisch.

Dann habe ich etwas Interessantes beobachtet. Bin ich ein oder zwei Wochen oder länger oder auch nur drei Tage am gleichen Ort, habe ich sofort Gewohnheiten ausgebildet, zum Beispiel relativ rasch etwas gefunden, wo man abends vor dem Dunkelwerden noch etwas trinken kann zum Tagesabschluss. Da trifft man dann auch oft immer wieder dieselben Leute. Habe ich mich dort wohlgefühlt, bin ich jeden Abend dorthin gegangen. Habe schon beim zweiten Mal wieder mit der Bedienung gesprochen und habe das Gefühl, hier ein Stück zuhause zu sein. Ebenso beim Bäcker, jeden Tag etwas geholt, nicht, weil ich immer etwas brauchte, sondern weil ich die gleichen Menschen dort wieder treffe, weil ich nun den Ort schon kenne und dieses Wiedererkennungsgefühl so gut tut.

Dann beim Weiterreisen wieder etwas Reiseaufregung und bereits am zweiten Tag an dem neuen Ort das Sich-Einstellen von vertrauter Umgebung und vertrauten Menschen.

Nach einer oder gar zwei Wochen an demselben Ort habe ich dann das Gefühl, ich wohne schon immer hier, ich kenne das, ich bin hier integriert.

Letzteres hängt wohl damit zusammen, dass die Menschen sehr aufgeschlossen und gastfreundlich sind, ich aber auch immer und überall die Menschen anspreche.

Trotzdem ist es eigentlich merkwürdig, da ich als Norddeutsche überhaupt nicht schnell mit Menschen vertraut werde – zumindest war das bislang so. Aber das hat sich total geändert hier. Das ist immer wieder so spannend, wenn ich bedenke, wie zuhause in meinen Routinen oft die Tage versunken sind.

Der Grenzübertritt von Chile nach Argentinien ist unkompliziert. Als wir über die Anden rüber sind geht es weiter nach Mendoza vorbei an Palmen und Kaktusbäumen. Eine interessante Landschaft, Rapsfelder bis zum Horizont – eine unendliche Fläche gelb – auch schön –, aber Monsanto lässt grüßen.

Das Wort Glyphosat haben sie hier alle schon mal gehört und können viel dazu sagen und schimpfen über dieses Pestizid. Es soll krebserregend sein. Mir ist es peinlich, dass diese Firma jetzt in deutschem Besitz ist.

Im Bus neben mir sitzt eine Holländerin, die von Chile zwei Tage nach Mendoza fährt, um ihr Visum danach in Chile wieder verlängert zu bekommen. Bei Einreise gibt es drei Monate Touristenvisum. Wenn man dann länger bleiben will, kann man ausreisen und bekommt bei erneuter Einreise wieder drei Monate.

Es ärgert mich, wenn der Busfahrer die ganze Zeit mit dem Handy rummacht und allen Abfall aus dem Fenster wirft – ich frage dann warum? Aber sie wissen nicht, wovon ich rede. Da ist überhaupt kein Problembewusstsein.

Ankunft in Mendoza. Das Hotel ist leider furchtbar laut. Mein Zimmer liegt direkt über einer Bushaltestelle, die auch nachts angefahren wird, und das Fenster lässt sich nicht richtig schließen. Nachdem ich mich beschwert habe, bekomme ich aber am nächsten Tag ein anderes Zimmer. Dann geht es, auch mit Oropax.

Mendoza liegt mitten in einem Weinbaugebiet und ist bekannt für den Malbec und andere Weinsorten. Außerdem wird hier recht gutes kaltgepresstes Olivenöl hergestellt. Im Rahmen einer Weintour, die vom Touristenbüro veranstaltet wird, besuche ich einige Bodegas und verkoste den argentinischen Wein. Auf einer Weintour lerne ich Krystina aus Tschechien kennen. Sie reist auch alleine und wir treffen uns diese Tage immer abends zum Essen. Es gibt doch Reisende aus aller Herren Länder. Das ist so spannend. Hier in Südamerika habe ich schon einige Alleinreisende aus Osteuropa getroffen.

Die Stadt hat ein paar schöne Museen, unter anderem das unterirdische Museo Municipal de Arte Moderno, in dem moderne und zeitgenössische Kunst ausgestellt wird. Außerdem kann man über Alleen und ein paar hübsche Plätze wandeln. Auch hier gibt es wieder eine Free-Walking-Tour wie in fast jeder größeren Stadt in Südamerika. Junge hoch engagierte Menschen machen die Führung. Sie sind patriotisch, stolz auf ihr Land, insbesondere auf den Kampf um die Unabhängigkeit. Gelegentlich werden sie sehr emotional, wenn sie erzählen. Und kritische Fragen sind manchmal schwierig, nur begrenzt erwünscht.

Auf der Plaza Independencia ist wieder eine große Frauen-Demonstration. Diesmal geht es um erlaubte Abtreibung. Das ist ein großes Thema, Für und Wider im Kampf um Emanzipation in einem überwiegend katholischen Land.

Von Mendoza aus kann man wunderbare Exkursionen in die Umgebung machen. Ich fahre in die Anden, nach Alta Montana auf 4.200 Meter Höhe. Ein Traum, die Straßen, die Ausblicke. Es ist kalt hier. Dann geht es zu einer alten Inka-Brücke.

Am vorletzten Tag bekomme ich einen Rappel mit meinen Klamotten. Ich habe eine Sommerhose und eine Bluse und beide finde ich so entsetzlich hässlich an mir, dass ich beschließe, sie zu entsorgen. Das heißt, sie zu verschenken und mir eine neue bunte Bluse kaufe. Richtig bunt mit Blumen drauf. Hätte ich mir früher nie gekauft, wäre absolut nicht mein Geschmack gewesen, aber jetzt finde ich sie an mir geradezu entzückend. Ich sehe völlig anders damit aus.

In dieser Bluse gehe ich den letzten Abend mit Krystina essen. Wir sitzen draußen. Es ist abends noch wunderbar warm. Am Nachbartisch sitzt eine peruanische Familie, die hier auch Urlaub macht. Es entwickelt sich eine angeregte Unterhaltung und sie laden uns zu einem Bier ein und schwärmen von Peru, da müssten wir auch unbedingt hin. Dann geben sie uns ihre Adresse und Telefonnummer. Wenn wir in Peru sind, sollen wir sie besuchen.

So sind sie, die Menschen in Südamerika.

Mit dem Nachtbus fahre ich weiter nach Cordoba. Ich freue mich sehr, weil ich hier mit meinen argentinischen Freundinnen aus Puerto Madryn verabredet bin, mit denen ich Weihnachten gefeiert habe. Sie leben in Cordoba. Alexandra hat mich eingeladen.

Leider habe ich mir eine Grippe geholt und Durchfall habe ich auch. Bin froh, als die Busfahrt rum ist. Es geht mir gar nicht gut. Ich fahre gleich mit dem Taxi in mein gebuchtes Appartement. Es befindet sich in einem Hochhaus, alles ziemlich anonym.

Sonst wohnen hier Menschen auf Dauer. Ich glaube, mein Appartement ist das einzige, das an Touristen vermietet wird. Nebenan ist ein Supermarkt. Ich decke mich mit ein paar Lebensmitteln und viel Wasser ein und lege mich gleich mal ins Bett. Mir tut alles weh und ich bin todmüde. Ich werde erst einmal versuchen, mich auszukurieren. Wenn man alleine unterwegs ist und krank wird, ist das ziemlich blöd und wenn es einem richtig schlecht geht, macht das Angst, weil man niemanden kennt, der einen im Notfall unterstützen würde. Ich fühle mich allein.

Die Leute in den anderen Wohnungen sind laut. Ich höre das aber nur auf dem Flur. Sie schreien, streiten miteinander. Es wohnen keine angenehmen Menschen hier, eher sehr einfache. Ich bin froh, wenn ich meine Tür abgeschlossen habe. Aber mein Appartement ist super, riesig, komfortabel, große Küche und Wohnzimmer mit Balkon und Blick auf die Stadt und großem Schlafzimmer. Eigentlich die beste Unterkunft für Krankheitsfälle.

In der Nacht habe ich von meiner Katze geträumt, das erste Mal von etwas zuhause. Ich hoffe, dass es ihr gut geht – und ich vermisse sie.

Als es mir wieder besser geht, gehe ich in die Stadt zum Kulturzentrum, aber da komme ich nicht rein, ein riesiges

Polizeiaufgebot und ich erfahre, dass man den spanischen König und seine Frau erwartet. Irgendetwas wird gefeiert, ich habe es nicht herausgefunden, aber die Argentinier stehen da mit Fähnchen und schwärmen vom spanischen Königshaus. Das werde ich nie verstehen. Das ist in ganz Südamerika so, in den Ländern, in denen die Spanier Kolonialmacht waren und den Völkern so viel angetan haben und ihnen so viel weggenommen haben.

Der viele Verkehr in Cordoba ist grauenhaft, stinkig, laut.

Ich kaufe mir Mate-Tee – der soll ja alles heilen, und dazu die richtige Ausrüstung, nämlich einen Mate-Becher und einen Mate-Trinkhalm. Ich bin schließlich wieder in Argentinien.

So sehr macht mich jetzt diese Stadt gar nicht an. Ich hatte eine bestimmte Vorstellung von Cordoba. Vielleicht auch, weil Alexandra immer davon geschwärmt hat. Mein Bild in meinem Kopf war das einer zauberhaften ruhigen Kleinstadt. Das ist aber nicht so. Immer, wenn ich von einem neuen Ort eine bestimmte Erwartung habe, ist es anders. Es ist immer wieder alles eine Überraschung. Ob ich mich wohlfühle, hängt – neben der fantastischen Natur – im Wesentlichen aber von den Menschen ab, denen ich begegne.

Am Folgetag, als es mir schon wieder deutlich besser geht, fahre ich nach Alta Gracia und besichtige ein beeindruckendes Jesuitenkloster und das Wohnhaus von Che Guevara, in dem er zwölf Jahre gelebt hat und aufgewachsen ist. Er wird in Südamerika verehrt. Ich vertiefe mich in seine Biografie, erfahre, wo er überall war und gekämpft hat und dass er Asthma gehabt hat und viele Frauen und viele Kinder.

Es dauert doch noch etwas länger, bis ich wieder gesund bin. Vielleicht hätte ich noch einen Tag länger im Bett bleiben sollen.

Dann treffe ich mich mit Alexandra abends in einem netten Kultur-Viertel. Sie wird begleitet von ihrem Sohn und ihrer

Nichte. Wir besuchen erst einmal einen Kunsthandwerkermarkt und dann lade ich die drei zum Essen ein.

Alexandra arbeitet als Psychotherapeutin in Cordoba und ist sehr engagiert in der Frauenbewegung. Sie hat sechs Kinder und ist geschieden. Darauf ist sie sehr stolz, dass sie das geschafft hat. Das ist in Argentinien immer noch nicht so leicht. Ihr Mann war gewalttätig gegen sie. Wenn sie davon erzählt, hat sie Tränen in den Augen. Ich nehme sie in den Arm. Ich mag sie sehr und ich bewundere ihre Kraft und Stärke. Die häusliche Gewalt durch ihren Mann, davon erzählt sie mir dann. Das ist sehr schambesetzt. Ich bewundere sie, weil ich begreife, wie mutig es war, sich aus diesen Verhältnissen zu lösen.

Gewalt gegen Frauen kommt in Südamerika oft vor und ist zurzeit auch bei den vielen Frauenprotesten ein großes Thema. Alexandras Biografie ist dafür typisch.

Anschließend fährt sie mich in mein Appartement. Die Gegend dort ist nicht so sicher und es ist ziemlich spät geworden.

Es gibt also offensichtlich auch schöne Ecken in Cordoba, wie dieses Kulturviertel, aber wenn man krank ist, kann man das wohl nicht so wahrnehmen. Jedenfalls ist mir die Stadt viel zu laut.

Ich fahre weiter nach Santiago del Estero Richtung Norden. Das sind auch wieder sieben Stunden. Die Entfernungen sind einfach riesig. Dieser Bus ist der absolute Hammer. Jetzt weiß ich, was ein durchgesessener Sitz ist, nämlich völlig ohne jedes Polster. Eigentlich existiert dieser Sitz nicht. Die Fahrkarten sind aber alle nummeriert. Also muss ich erst mal stehen, da der Bus auch noch voll ist. Überhaupt ist er alt und eklig. Gott sei Dank, dass ich nichts von Technik verstehe und damit bezüglich Sicherheit mich in einer unwissenden Blauäugigkeit wiegen kann. Was man nicht weiß, macht einen nicht heiß.

Ich beschwere mich, das nützt gar nichts. Als ein Platz frei wird, setze ich mich nach hinten und werde diesen Sitz mit

Sicherheit nicht mehr verlassen, egal, wie viele Leute noch einsteigen, dachte ich.

Aber dann fängt es an zu gießen, wie eben Regen in dieser Region ist, und es gießt auf meinen Kopf, durch die Decke durch, unglaublich. Ich springe auf, stinksauer, das nützt aber auch nichts und ich fliehe in den Bereich der CAMA, das sind die teuren Liegesitze im unteren Stockwerk der doppelstöckigen Busse. Einer dieser Liegesitze ist frei. Nun ist mir alles egal, soll da einer kommen, hier bleibe ich jetzt, aber es kommt keiner mehr.

Es geht stundenlang schnurgeradeaus durch eine merkwürdige Landschaft, den Argentinischen Chaco. Das ist im Norden des Landes eine weite, flache Savannenlandschaft mit Dornbuschwäldern. Es gibt viele kleine Palmen und Kaktusbäume und Rapsfelder bis zum Horizont. Die Einfahrt nach Santiago del Estero zeichnet ein Bild von Dreck und Müll.

Im Gegensatz dazu ist das Hotel hoch edel. Ein unglaublicher Widerspruch. Die Reiseführer versprechen keine Attraktionen oder Ähnliches. Hier ist heißes, subtropisches Klima. Es hat einen Swimmingpool, den ich sofort nutze und eine schöne Bar. Weil es keine Traveller-Szene gibt, habe ich auch kein entsprechendes Hostel für mich gefunden.

Am Frühstückstisch sitzen einige Motorradfahrer aus Brasilien im Unterhemd. Sie haben keine sichtbare Körperstelle, die nicht tätowiert ist. Es sind schöne, phantasievolle Tätowierungen.

In Argentinien ist derzeit wieder das Fußballfieber ausgebrochen. Das spürt man an jeder Straßenecke. Da stehen Fernseher draußen und die Menschen diskutieren über die Mannschaften.

Die Stadt ist tatsächlich nicht schön. Ich fahre zum Mirador Turistico auf das höchste Gebäude in Nordargentinien, complejo „Juan Felipe Ibarra", 105 Meter hoch, 24 Stockwerke und schaue über die Stadt. Ein Führer begleitet mich, weil man nicht alleine hoch darf. Ein netter junger Mann, der berichtet, er habe zuletzt vor drei Monaten einen Touristen hier hochgefahren. Da er offensichtlich in diesem Job nicht ausgelastet ist, nutzt er es, um mir alles, was ihm einfällt, zu dieser Stadt zu erzählen und dann noch alles, was ihm zu Argentinien einfällt. Ich amüsiere mich ein bisschen. Aber er ist so stolz auf sein Land, dass ich ihn nicht unterbrechen mag und immer wieder bewundernd nicke. Das Ganze dauert zwei Stunden und ich genieße es. Wenn ich Vokabeln nicht verstehe, kann ich nachfragen.

Es gießt. Am Morgen bietet sich eine surreale Szenerie: Bei Nieselregen ist alles in Nebel gehüllt. Einen Himmel kann man nicht ausmachen – und das bei großer Hitze. Diese Wetterphänomene in Südamerika sind atemberaubend. So etwas kennen wir nicht.

Die meisten Straßen sind jetzt überschwemmt. Die Busse fahren einfach durch.

Ansonsten blüht hier wohl der Drogenhandel und überall höre ich Diebstahlwarnungen. Aber auf dem Weg in den Norden Argentiniens ist dies ein günstiger Halt, weil ja sonst die Strecken viel zu lang sind. Argentinien ist so groß.

SAN MIGUEL DE TUCUMAN, TAFI DEL VALLE, CAFAYATE, SALTA, SALVADOR DE JUJUY

Grüne Täler, Sierra, hohe Berge mit schneebedeckten Kuppen und Seen prägen den Norden Argentiniens. Diese Schönheit kann aus meiner Sicht mit Patagonien durchaus mithalten. Aber die Landschaft ist ganz anders als im Süden.

Der Bus hat sich eine halbe Stunde verspätet, aber von Santiago del Estero nach San Miguel de Tucuman ist es nicht so weit.

Das Klima ist subtropisch, sehr warm und sehr viel Regen. Das beeinflusst die Vegetation und deswegen gibt es hier diese eigenartigen Nebelwälder, aber auch viele Moskitos.

Wie das Wort Nebelwald schon sagt, findet man tiefhängende Wolken, Nebel und Sprühregen. Das sieht sehr mystisch aus. Mir gefällt es. Dementsprechend sind die häufigsten Pflanzen Baumfarne.

Die Stadt selbst ist nicht so attraktiv, aber trotzdem interessant. Da ist viel Armut. Besonders in den Außenbezirken wird das Elend sichtbar. Alles macht einen ziemlich vergammelten Eindruck.

Im Zentrum findet man noch ein paar alte Kolonialbauten. Am frühen Abend gehe ich zur Plaza, weil es eine Fiesta mit Musik und Tanz gibt und köstliches Eis in einer der wirklich guten Eisdielen, die Argentinien hat.

Am nächsten Tag habe ich einen Ausflug zusammen mit einem Ehepaar aus Buenos Aires und einem Führer organisiert. Wir fahren in den Dschungel, in den Nebelwald und dann in die Sierra, die Berge rund um Tucuman. Ich staune ob der landschaftlichen Vielfalt und Schönheit, die ich so gar nicht erwartet habe.

Mein Vermieter erzählt, dass in Tucuman vor 200 Jahren die Unabhängigkeit von Spanien erklärt wurde. Immer wieder erzählen sie in allen südamerikanischen Ländern sehr stolz von ihrer Unabhängigkeit. Auch bei den jungen Leuten ist das sehr präsent und es wird jedes Jahr mit Festen und Aufmärschen gefeiert.

Nach diesem erlebnisreichen Tagesausflug hänge ich abends in meinem Zimmer ab und schaue Fernsehen, am liebsten vom Bett aus. Manche Hotels oder Hostels oder Posadas haben auch Netflix. Heute kann ich mir super gemütlich, während es draußen heftig regnet, einen Harry Potter auf Spanisch anschauen. Sie haben ihn sogar auch auf Deutsch, aber das interessiert mich hier gar nicht mehr.

In der Nacht weckt mich ein lautes Gewitter. Irgendwie sind alle Wetterphänomene hier extrem.

Es geht weiter nach Tafí del Valle. Die Landschaft wird immer schöner.

Die Diaguita-Indianer nannten Tafí del Valle die „Stadt des herrlichen Eingangs“. Der kleine Ort hat etwa 4.000 Einwohner und liegt auf über 2.000 Meter Höhe. Ich genieße den Blick auf die schneebedeckten Berge. Eine eisige Kälte zieht auf, sobald die Abendsonne verschwunden ist. Bis zum Sonnenuntergang sitze ich auf meiner großen Terrasse mit Blick auf die Berge, einen großen See und ins Tal hinunter.

Die Posada liegt etwas außerhalb vom Zentrum. Hier ist nur Natur, kein Auto, kein Lärm, Ruhe und ein paar Vögel.

Ich mache mir zwei Wärmflaschen, denn es gibt keine Heizung. Aber ich habe drei richtig dicke Wolldecken bekommen und diese Wärmflaschen. Mit dieser Ausrüstung ist es im Bett warm und kuschelig.

Dies ist ein idealer Erholungsort. Drei große Hunde sind meine Mitbewohner. Sie begleiten mich auf Schritt und Tritt. Ich bin mal wieder der einzige Gast. Manchmal denke ich, ich reise nur in der Nebensaison, obwohl ich das jetzt nicht irgendwie geplant habe – aber es ist genau nach meinem Geschmack.

Nach zwei Tagen habe ich mich gut an die Höhe akklimatisiert. Die Höhe ist aber gar nicht das Problem, eher die Temperaturschwankungen. So sind die Nächte bitterkalt. Ohne Heizung mag ich nachts nicht einmal auf die Toilette gehen, weil ich mich dann aus diesen wunderbaren Alpaka-Decken herausschälen muss. Am Tag hingegen wird es bis 30 Grad und Sommerkleidung ist gefragt. Ich muss herausfinden, wie ich von hier aus Ausflüge machen kann.

Eine erste Wanderung durch die Gegend lässt mich noch mehr ihre Schönheit erahnen. Am Wegesrand entdecke ich eine Heuschrecke, die ist größer als meine Hand – unglaublich. Und sie kann fliegen wie ein Vogel.

Es soll in einem Nachbarort ein kleines Jesuitenmuseum geben. Ich finde es auch, aber es ist weiter, als ich dachte, doch die Wanderung dorthin ist so schön. Ich treffe niemanden. Die Jesuiten haben hier Relikte der Urbevölkerung aufbewahrt. Vor dem Haus, also dem Museum, sitzt ein junges Mädchen und lässt mich ein und selbstverständlich macht sie mir eine Privatführung, auf Spanisch natürlich. Sie ist ungeheuer engagiert. Auf Nachfrage erfahre ich, dass sie das Museum, das nur ein einfaches altes Haus ist, pflegt. Es gibt aber kaum Besucher, weil es wirklich ganz abseits liegt und schwer zu finden und auch nicht ausgeschildert ist. Es gibt auch keine Werbung dafür und keine Internet-Seite. Manche Geheimnisse erfährt man nur durch Fragen. Und dies ist so ein wunderbares Geheimnis. Eintritt zu verlangen, daran haben sie auch nicht gedacht. Als ich ihr ein sehr großzügiges Trinkgeld gebe, freut sie sich riesig. Ein schönes Erlebnis.

Gegen 17 Uhr bin ich wieder auf meiner Terrasse und unterhalte mich mit der jungen Frau, Caro, die die Posada betreut.

Ich möchte unbedingt in das Pachamama-Museum nach Amaicha del Valle. Einen Bus gibt es nicht dorthin und eine Reiseagentur hier schon gar nicht. Ich frage Caro. Nach etwas Überlegen bietet sie mir an, zusammen mit ihrem 9-jährigen Sohn, mich morgen als Tagesausflug gegen Benzingeld dorthin zu fahren. Das ist toll, ich bin begeistert. Eine private Tour, immer mal besser als mit einem öffentlichen Bus, weil mir das viel mehr Möglichkeit gibt, die Leute kennenzulernen und man unterwegs anhalten kann.

Um acht Uhr früh soll es losgehen. Um zehn Uhr geht es los. Es hätte mich auch gewundert. Ich habe beschlossen, mich auf alles einzulassen und mich überraschen zu lassen.

Sie hat einen kleinen klapprigen PKW, der bei uns sicher nicht mehr durch den TÜV ginge. Wie dieses Auto die holprigen Straßen und Wege meistern will? Ich bin gespannt.

Ich muss erst einmal klarstellen, dass ich vorne sitzen möchte. Der Sohn schaut eh nur in sein Smartphone. So manchen guten Sitzplatz habe ich schon bekommen mit dem Argument, dass ich ja fotografieren muss. Aber da denkt man immer, alle Touristen wollen den besten Platz auf Exkursionen. Doch das sind nur die Deutschen oder allenfalls andere Europäer. Ich habe fast immer erlebt, dass es den Südamerikanern völlig egal ist, wo sie sitzen oder stehen und dass sie auch nicht verstehen, warum man einen bestimmten Platz gerne haben möchte. Und wenn man nach einem Tausch fragt, machen sie das immer gerne, Hauptsache, die Familie sitzt zusammen. Das ist das Wichtigste. Unvorstellbar, gar nicht auszudenken wäre, dass ein Paar nicht nebeneinander sitzt.

So unterschiedlich ist das.

Unzählige Kakteen prägen das Landschaftsbild. Sie werden bis zu zehn Meter hoch.

Zuerst besuchen wir eine Öko-Estancia, Bio-Farm auf Deutsch, mit vielen Tieren. Hier werden Kräuter gezüchtet und dann auf den Märkten verkauft. Ein schöner Ort zum Leben, aber nicht zum Altwerden. Die Arbeit ist mühsam. Das Grundstück liegt an einem Hang.

Anschließend geht es über einen 3.500 Meter hohen Pass nach Amaicha del Valle zum Pachamama-Museum. Amaicha del Valle ist eine kleine Stadt, die für ihr Pachamama-Fest im März bekannt ist, das größte Fest für diese Gottheit in Argentinien. Außerdem steht hier das Pachamama-Museum. Und es ist die bedeutendste Comunidad Indígena in Argentinien seit 1713. Ein Großteil der Einwohner im Ort sind Diaguita-Calchaquíes-Indianer. Hier regiert neben dem regulären Bürgermeister auch ein Indianer-Rat mit, eine Besonderheit in der Region. Das Museo de la Pachamama ist eines der größten Museen für indianische Kultur in Argentinien. Gezeigt werden neben traditionellen Kunstwerken und Werkzeugen auch die Lebensweise der präkolumbischen Völker. Der Bau ist eine Neufassung der traditionellen indianischen Steinarchitektur. Die ganze Anlage wurde von dem Künstler Hector Cruz gestaltet.

Pachamama bedeutet für die indigenen Völker der Anden in Südamerika so etwas wie Mutter Erde, die Leben ist und Leben schenkt und schützt und nährt. In der Kosmologie dieser Völker gibt es nicht die absoluten Gegensätze von gut oder böse. Alles hat alles in sich und das Leben hat die Aufgabe, ein ständiges Gleichgewicht zwischen allem zu schaffen. Arbeit, Gebete, Feste und Rituale haben das zum Ziel.

Pachamama ist auch Mutter von Raum und Zeit, Mutter der Welt und des Universums. Es gibt keine Abbilder, da Pachamama an jedem Ort und in jedem Moment gefühlt werden kann und deswegen gibt es auch kein bestimmtes Datum, sie zu ehren.

Für die andine Bevölkerung haben sowohl Dinge als auch Ereignisse eine Mutter und diese Mutter ist Pachamama.

Pachamama ist der Ursprung des Neuen und wird als mütterliche Quelle wahrgenommen. Dieser mütterliche Charakter hat zur Folge, dass die Indigenen sich als Kinder dieser Kraft betrachten.

Ich finde, diese Ansichten sind aktueller denn je, angesichts des Zustandes unserer Welt und dem mangelnden Respekt der Industrienationen gegenüber der Natur mit der Folge der Zerstörung unserer Erde. Hinzu kommt der enorme Vertrauensverlust in die Kirchen, insbesondere die katholische Kirche, die in den letzten Jahren in der Öffentlichkeit durch sexuellen Missbrauch ihrer Priester und Diskriminierung von Frauen auffällt.

Diese Vorstellungen der Indigenen und ihre Nähe zur Natur erfüllen ein Stück meine Sehnsucht nach etwas Ursprünglichem, meine Suche nach Spirituellem vielleicht. Die Indigenen, sie haben ein hartes Leben, wenig Wohlstand, ein einfaches Dasein, aber – sie haben immer noch eine Beziehung zur Natur, die es in unserer Zivilisation so nicht mehr gibt. Ich bin der Überzeugung, dass diese Entfremdung die Zerstörung unserer Erde befördert.

Das habe ich mit meiner Freundin Antje diskutiert, die mir dazu einen wunderbaren Text über ihre Beziehung zu Winnetou geschickt hat, den ich hier gerne zitieren möchte:

„Der edle Wilde.
Nachdenken über Winnetou.

Ich habe mir ein Paar Stiefel gekauft. Wunderschönes, weiches Wildleder, nichts geklebt, alles handgenäht, echte Mokassins und sündhaft teuer.

Ingo fragt, wozu willst du die denn tragen?

Zu allem!

Was für eine Frage!? Ich hatte sie mir nicht gestellt. Als ich die Stiefel sah, wusste ich nur, dass ich sie haben musste.

Da war er wieder: Winnetou. Meine große Liebe mit 11 Jahren, die wichtigste Identifikationsfigur meiner ganzen Jugend.

In den großen Ferien bei meiner Tante am Rhein hatte ich Band 3 zu Ende gelesen, den unmöglichen Tod meines unsterblichen Helden, und meinen Eltern und der Tante drei wunderbare Sommertage verdorben. Ich habe sie laut durchgeheult, unfähig es abzustellen. Immer wenn ich glaubte, der Anfall sei vorbei, überschwappte mich eine neue Woge. Es hat aus einer inneren Bodenlosigkeit aus mir herausgeheult, aus einer marianengrabentiefen Fremde, von der ich bis dahin nicht wusste, dass es sie gab, so lange, bis ich zu erschöpft zum Heulen war.

In diesen Ferien habe ich beschlossen, das Heulen ganz aufzugeben, was bis heute ziemlich gut geklappt hat. Stattdessen habe ich die kleine Nagelschere aus dem Reisenecessaire meiner Mutter geholt und damit nachts unter der Bettdecke die Haut an meinem linken Schienbein abgekratzt. Ich wollte mich auf einen ehrenvollen Tod am Marterpfahl vorbereiten. Man weiß ja nie.

Als Karl May mich literarisch nicht mehr zufrieden stellte, las ich Dee Browns Bury My Heart at Wounded Knee, die Geschichte der Ausrottung der großen Büffelherden und der First Nations Nordamerikas. Noch später folgte Tzvetan Todorovs Die Eroberung Amerikas. Das Problem des Anderen. Todorov fragt darin, wie die Andersartigkeit der indigenen Bevölkerung in Diskursen von Entdeckung und Kolonialisierung konstruiert wird.

Die Postcolonial Studies haben uns mittlerweile gelehrt, dass auch die Narration des Edlen Wilden aus dem Folterkeller des rassistischen, kolonialen Europa stammt. Der edle Wilde ist allemal „weißer" als der Geflohene aus dem Sudan in der Straßenbahn oder die vollverschleierte Muslima bei meinem Bäcker. Er ist im besten Falle eine Projektion meiner eigenen Sehnsucht, und seine Fremdheit ist immer schon eingemeindet in meinen Kosmos. Aber ich habe ein gutes Gewissen dabei.

Im edlen Wilden steckt die Vorstellung meines besseren Ichs – Homo Sapiens im Ursprungszustand, wie Winckelmanns Griechentum, „edle Einfalt, stille Größe", oder Rousseaus Kindheit als idealer Naturzustand.

Sie haben sich etwas ursprünglich Reines bewahrt, diese Wilden, wie die Kinder, aber wie diese brauchen sie Erziehung, Zähmung, Zurichtung, um Teilhaber der Segnungen unserer Zivilisation werden zu dürfen. Das heißt, sie müssen werden wie wir oder in ihren Reservaten bleiben. Teilhabe gibt es einzig um den Preis der Identität.

Wir vermuten im Fremden jemanden, der etwas besitzt, das uns fehlt: Schätze in seinem Boden und seinen Traditionen, naturheilkundliches Wissen, magische Fähigkeiten, die Begabung zum Glücklichsein ohne materiellen Besitz und das Noch-Einssein mit der Natur. Das macht uns neidisch und den Fremden verdächtig.

Also wäre der edle Wilde nur ein weiteres unserer Opfer, der Fremde, von uns definiert, ausgebeutet und uns ausgeliefert wie die Insekten, die Meeresbewohner oder die Waldelefanten?

Und mein Winnetou?

Bleibt utopischer Hoffnungsträger, innerer dritter Raum wie Homi Bhabhas Hybridraum der Kulturen. Denn diese literarische Figur aus der Einbildung eines schlesischen Webersohnes im kolonialen 19. Jahrhundert hat in mir eine lebenslange, halbfokussierte Liebe angezettelt. Sie ist die tiefe Matrix in meinen Begegnungen mit dem Fremden und den

Fremden. Dieser Drittraum rettet mich weder vor Vorurteilen noch vor rassistischen Reflexen. Aber er schärft meine Ohren, hält mich offen für die Möglichkeit, zu staunen statt zu wissen, und ist verlässliches Körpergedächtnis von bodenlosem Weinen. Ein Raum, der nicht hergestellt werden kann, schon gar nicht von mir: Winnetous Raum.

Meine Mokassins tragen mich weit, auch wenn ich sie nicht oft anziehe."

Nach dem Museumsbesuch gibt es ein Mittagessen im Freien. Auch hier bevorzugt die Jugend Pommes frites und Coca Cola.

Wir setzen unsere Fahrt fort zu den Ruinen von Quilmes. Diese Befestigungsanlage wurde vom gleichnamigen Volk Quilmes ab dem 10. Jahrhundert erbaut. Sie haben sich erfolgreich den Inkas widersetzt, bis sie dann später von den Spaniern niedergemetzelt wurden.

Es ist sehr heiß hier, deswegen laufen wir nicht so viel, aber ich habe tolle Fotos gemacht an diesem ereignisreichen Tag. Gegen Abend geht es zurück. Auf meiner Terrasse trinke ich noch ein Glas Wein, neben mir die zwei Hunde. Ich denke über die Greueltaten der Spanier nach, die heute so beliebt sind in Südamerika.

Da es in Tafi del Valle keinen Busbahnhof gibt, muss ich den Überlandbus an der Straße zur Weiterreise durch Winken anhalten. Das klappt nach heftigem Winken. Drei Stunden geht es nach Cafayate. Das liegt schon in der Provinz Salta. Bis dahin sind es dann noch 190 Kilometer.

Cafayate ist bekannt durch seinen Weinanbau und es gibt Touristen.

Meine Posada ist ein wunderschönes altes Kolonialhaus. Die Stadt scheint reich zu sein. Alles ist sauber, kein Müll auf den Straßen, zumindest nicht im Zentrum und nur wenig freie Hunde. Auch nachts ist es ruhig.

Ein Highlight hier ist die Schlucht Quebrada de las Conchas, auch Quebrada de Cafayate genannt. Das ist ein 75 Kilometer langer, relativ enger Abschnitt des Tals des Rio Guachipas mit faszinierenden Bergformationen in den verschiedensten Rot- und Orangetönen. Die Landschaft wirkt teilweise wie eine Wüste. Die farbigen Steinformationen sind kontinentale Ablagerungen der „mittleren" Kreidezeit. Eigentümliche Felsformationen erinnern den Betrachter an Figuren oder Ähnliches, zum Beispiel an eine Kröte, einen Mönch, einen Obelisken, einen Teufelsrachen oder ein Amphitheater. Das sind auch die Namen der Besichtigungspunkte. Ich mag da gar nicht so hineininterpretieren, aber die Leute lieben das.

Ich bin unterwegs in einem kleinen Bus mit fünf anderen netten Argentiniern.

Im Anschluss wird natürlich noch eine Bodega besucht und ich kaufe eine Flasche süßen Rotwein. Ich mag süßen Wein.

Warum ich gerade heute das erste Mal ein nachhaltiges, intensives Glücksgefühl empfinde darüber, dass ich nicht mehr arbeiten muss, weil ich jetzt in Rente bin, das weiß ich nicht.

Am nächsten Tag bummele ich ein bisschen durch Cafayate und bleibe in einer Käsefabrik hängen. Nach einer Führung gehe ich mit einem großen Stück Ziegenkäse heim. Anschließend noch ein Besuch im Weinmuseum. Das passt irgendwie zum Käse.

Morgens gibt es in meiner Posada zu einem Superfrühstück auch noch Tangomusik dazu. So bleibe ich lange sitzen und ich genieße es.

Ich habe gehört, dass es Felszeichnungen in der Nähe gibt. Ich muss vier Kilometer laufen zur Cueva del Sur und dann einen Berg hinauf. Ich treffe auf ein altes Gehöft, das ziemlich romantisch am Berg liegt und auf zehn Hunde, kleine und große, die alle wild schwanzwedelnd, bellend auf mich zuströmend. Das ist wirklich ein netter Empfang. Das Herrchen ist ein alter Bauer, der auf seinem Grundstück diese Felszeichnungen entdeckt hat und nun Führungen anbietet. Es ist sonst niemand da, außer seiner Frau, die gerade draußen kocht. Eine Führung ist unerlässlich, da es keinen Weg gibt und man zu den einzelnen Felsvorhängen und Höhlen klettern muss, was gar nicht so einfach ist. Es sind mindestens neun Orte. Die Hunde vorneweg kennen den Weg auswendig. Das sind nun unglaubliche Felszeichnungen, uralt, nicht geschützt und nicht beworben. Ich komme mir vor wie ein Entdecker. Der Bauer weiß nicht so viel darüber. Die Stadt scheint es nicht sonderlich zu interessieren. So etwas habe ich in Südamerika schon öfter erlebt. Viele haben keine Beziehung zu ihren alten Kulturen.

Auf dem Rückweg besuche ich die städtische Bücherei. Hier stehen uralte Bücher über die ersten Bewohner Argentiniens. Und dann zieht mich Musik in ein Haus, eine Musikschule. Ein kleines Orchester probt dort und ich frage, ob ich zuhören kann. Sicher kann ich, die Leute freuen sich darüber.

Den Rest des Tages hänge ich dann in dem wunderschönen Garten der Posada ab und beobachte Kolibris an einem Strauch.

Weiter geht es nach Salta. Da ich gehört habe, dass diese Stadt so schön sein soll, plane ich mindestens sechs bis zehn Nächte ein. Wenn man in die Stadt reinfährt, sieht man allerdings auch hier sehr ärmliche Viertel und viel Müll auf der Straße. Das gehört wohl immer zusammen.

In einer hübschen Stadt auf einer Plaza sitzen und dem bunten Treiben zusehen, das ist etwas Wunderbares und hier sind sommerliche Temperaturen.

Ich habe ein riesiges Appartement und kann wieder mal einen Waschtag einlegen. Und hier muss ich meine Wanderschuhe zum Schuster bringen. Sie müssen genäht werden. Ansonsten sind sie noch gut angesichts der Tatsache, dass ich sie seit vielen Monaten jeden Tag bei jedem Wetter trage.

Salta ist so schön, wie in allen Reiseführern versprochen. Ich werde allerdings häufig angebettelt von den vielen venezolanischen Flüchtlingen, die hier gestrandet sind.

Im archäologischen Museum sind Kindermumien ausgestellt. Die Inkas haben Kinder als rituelle Opfer dargebracht. Sie haben sie schlafend begraben, weil sie glaubten, die Kinder sterben nicht und halten die Verbindung zu den Ahnen.

Während einer Tagestour nach Cachi besuche ich den Nationalpark los Cordones. Los Cordones sind die großen Kaktuspflanzen. Der Park ist beeindruckend: eine traumhafte Landschaft, Berge, Täler, Flüsse und diese großen Kakteen. Ich bin von morgens früh bis abends spät unterwegs. Der Busfahrer spielt „El Condor pasa", da schmelze ich dahin – es ist der Wahnsinn. Südamerika, wie in meinen Träumen. Das darf dann jetzt auch ruhig kitschig sein mit diesem Lied. Er spielt es nämlich gleich nochmals ab.

Diese Natur macht aus vielen Exkursionen ein Fest.

Wenn ich Höhen von über 3.500 Meter überquere, kaue ich immer Kokablätter. Das hat sich für mich bewährt, ich habe niemals Probleme mit der Höhe gehabt, aber viele Menschen gesehen, die sehr wohl, zum Teil erhebliche Beschwerden hatten und so schnell wie möglich umkehren mussten. Oft haben sie über Kopfschmerzen und Übelkeit geklagt, auch Kinder.

Abends gibt es Cazuela de Cabrito: Eintopf mit Ziegenfleisch. Ich sitze draußen in einem Restaurant und beobachte die Leute. Wenn ein Gast etwas auf seinem Teller zurücklässt, wird es von hungrigen Menschen aufgegessen. Viele arme Menschen, viele arme Kinder, viele arme Hunde hier.

Später hole ich mir noch ein Eis, aber nach kurzer Zeit gebe ich es einem Kind am Straßenrand, das dort Streichhölzer verkauft. Angesichts dieses Elends und auch der Kinderarbeit bleibt mir das teure Eis einfach im Hals stecken. Ich spendiere noch ein paar mehr Kindern ein Eis und fühle mich etwas besser.

Bevor ich dann zu Bett gehe, muss ich erst einmal die Therme reparieren, die aus irgendwelchen Gründen heruntergefallene Gardinenstange wieder einrichten und ein paar Ameisen aus meiner Küche vertreiben.

Ich schlafe dann ganz zufrieden ein mit dem Satz: „Wenn ich etwas möchte, muss ich es eben machen."

An meinem letzten Tag in Salta habe ich nichts geplant. Die Dinge ergeben sich. Mehr zufällig komme ich an dem Pajcha Museo de Arte Etnico Americano vorbei und es ist geöffnet. Das ist eine Privatsammlung über 35 Jahre Ethnokunst, alter und neuer, aus Südamerika. Am interessantesten ist aber der völlig versponnene Historiker, der mich durch die Ausstellung führt und genau sagt, in welcher Reihenfolge ich die Objekte anschauen muss-darf-soll. Er hat eine Menge zu erzählen und das ist so spannend, dass ich mehrere Stunden dort verbringe.

Auf dem Cerro, dem Hügel, hat man einen guten Überblick über die Stadt.

Beim Kaffee lerne ich ein älteres deutsches Ehepaar kennen, Luise und Hermann. Sie leben in Paraguay. Sie wohnen in Asuncion und wenn ich dorthin komme, solle ich mich unbedingt melden. Das werde ich tun.

Ich kaufe noch eine Busfahrkarte nach Salvador de Jujuy für morgen. Immer, wenn ich wieder aufbreche in eine neue Stadt, bin ich ein bisschen aufgeregt. Nie weiß ich, was mich erwartet. Immer wieder ist es so spannend.

In Salvador de Jujuy sind noch einige Bauwerke aus der Kolonialzeit im Zentrum erhalten. Hier schaue ich die Karfreitagsprozession an. Sie spielen den Leidensweg und die Kreuzigung nach in tollen Kostümen, wie im Theater, und wunderbare Indiomusik dazu – und das alles draußen vor der Kathedrale im kolonialen Stil auf der großen Plaza.

Auf dem Weg zu den Salinas Grandes müssen wir einen 5.000 Meter hohen Pass überqueren. Ich lutsche einen Coca

Bonbon nach dem anderen. Auf der Höhe ist es wieder richtig kalt. Die Salinas Grandes sind riesige Salzseen auf 3.400 Meter Höhe, ähnlich wie in Bolivien. Das ganze Weiß sieht aus wie Schnee. Die Sonne brennt erbarmungslos und die Reflexion blendet die Augen.

Mittags esse ich Lama-Eintopf. Das Fleisch ist zart und schmeckt sehr gut.

Es geht weiter in den Norden nach Tilcara. Die Landschaft wird noch schöner, man kann es kaum glauben, die Sonne glüht. Die Wetterkapriolen machen mir zu schaffen. Jacke an – Jacke aus – jetzt bin ich ziemlich erkältet – kein Wunder.

Bei der Osterprozession bin ich mitgelaufen. Diese Prozessionen sind in Südamerika immer aufregend, bunt, laut und leidenschaftlich.

Am nächsten Tag kann ich gar nichts machen, ich bin krank. Habe noch einen Nasennebenhöhleninfekt. Seit gestern Abend habe ich auch eine Überschwemmung in meinem Bad und schlechte Laune. Ich beschwere mich und bekomme ein neues Zimmer mit fünf Betten und riesig Platz sowie einem funktionierenden Bad. Da kann ich gut gesunden.

Nach zwei Tagen gar nichts tun und überwiegend schlafen geht es wieder deutlich besser. Ich besuche einen argentinischen Künstler in seinem Atelier. Es gibt hier kaum Galerien. Die Künstler bekommen manchmal Aufträge vom Staat, sind aber dann in ihrer Gestaltung nicht so frei, wie sie es vielleicht gerne wären. Was ich in den Museen an zeitgenössischer regionaler Kunst gesehen habe, war beachtlich, gute Arbeiten, wie ich finde, mit einer eigenen Handschrift.

Ein bisschen krank bin ich immer noch, außerdem habe ich viele Mückenstiche. Es ist kalt und ich habe meine Mütze verloren. Nun ja, auch solche Tage gibt es.

Wenn ich etwas verliere, ist es schlimm bei dem wenigen, was ich überhaupt habe und da hat jedes Teil eine wichtige Bedeutung und ist irgendwie unentbehrlich. Natürlich ersetzbar, aber es sind doch alles treue Begleiter geworden. Kein Teil ist überflüssig. Jedes ist ständig in Gebrauch.

Aber natürlich bekommt man hier auch alles und nun habe ich statt der teuren Funktionsmütze mit dem Nackenschutz und der Imprägnierung gegen Moskitos eine Ein-Dollar-Mütze aus China mit Pappschirm.

Aber die tut es bis zum Ende der Reise genauso gut.

Ich besuche einige Dörfer in der Umgebung. Man sieht viele Indigene und merkt dadurch, dass man doch schon in der Nähe der Grenze zu Bolivien ist.

Ich habe beschlossen, dass ich zu den Iguazu-Wasserfällen fliege, deswegen fahre ich mit dem Bus zurück nach Salta. Die Wasserfälle will ich unbedingt sehen, aber die Busfahrt dorthin würde 25 Stunden dauern durch eine nicht besonders schöne Gegend und dazu habe ich keine Lust. Außerdem sind die Inlandsflüge billig. Bis zur Abreise genieße ich noch zwei Tage in dieser zauberhaften Stadt.

IGUAZU, POSADAS

Am Flughafen in Puerto Iguazu angekommen teile ich mir ein Taxi mit einem deutschen Ehepaar ins zehn Kilometer entfernte Zentrum.

Puerto Iguazu wurde 1901 gegründet und liegt im Dreiländereck Argentinien, Brasilien und Paraguay. Das Klima ist tropisch und es gibt viele Moskitos, die sogleich am Flughafen schon einige Begrüßungsstiche verteilen. Die Stadt lebt von den Touristen, die die achtzehn Kilometer entfernten Wasserfälle besuchen wollen. Entsprechend gibt es einige Hotels und Restaurants. Ansonsten ist die Stadt nicht attraktiv, sie macht eher einen ärmlichen provinziellen Eindruck. Offensichtlich profitieren die meisten nicht sonderlich von den Touristen, nur ein paar große Hotels, in die die Reisegruppen gekarrt werden. Und die machen in der Regel nur eine Stippvisite zu den Wasserfällen und halten sich nicht länger hier auf.

Mein kleines Hotel dagegen ist wunderschön, mit einem großen Garten und Terrassen um das Haus herum. Da kann man entspannen und diese tropischen Pflanzen und die vielen Kolibris beobachten. Auch abends ist es gemütlich. Diese Terrasse ist eine Art Treffpunkt für die Gäste, alles Individualreisende. Das Personal hingegen ist etwas unfreundlich. Aber man kann nicht alles haben.

Am nächsten Morgen gießt und gewittert es und die Straßen sind sofort überschwemmt. Als es aufgehört hat, spaziere ich zum Dreiländereck Argentinien, Paraguay und Brasilien und schippere unter der Brücke zwischen Argentinien und Brasilien hindurch. Ein bewegender Moment.

Puerto Iguazu liegt mitten im Dschungel. Entsprechend üppig ist die Vegetation, die Luftfeuchtigkeit fast 100 %. Das ist anstrengend. Ich erhole mich bei einem extrem süßen Cappuccino in einem Cafe am Fluss. Die Argentinier mögen es süß. Bei all der Anstrengung habe ich festgestellt, dass das Süße ganz gut tut und seit meiner Reise nehme ich Zucker in den Kaffee. Das habe ich früher nie getan. Aber er spendet hier irgendwie Kraft. In der Stadt gibt es keine richtigen Fußwege und kaum Beleuchtung, wenn es dunkel wird. Die Menschen sitzen abends draußen in oder vor offenen schimmeligen Garagen. Auch viele Häuser sind verschimmelt. Bei der enorm hohen Luftfeuchtigkeit verwundert das nicht. Die Restaurants sind nicht besonders sauber und alles wirkt nicht so einladend. Aber genau das interessiert mich auch. Immer ist alles feucht. Den vielen Straßenhunden geht es schlecht. Ich kann das nur schwer aushalten.

Ich setze mich in eine sauber aussehende Eisdiele und beobachte eine Familie am Nebentisch und erlebe väterliche Gewalt. Ein Machotyp schreit seine Frau an, die den etwa siebenjährigen Sohn in Schutz nehmen will, nachdem der Vater diesen heftig ins Gesicht geschlagen hat. Warum habe ich nicht verstanden. Ich fühle mich hilflos. Außer einem verächtlichen Blick kann ich nichts tun. Mein Bauch sagt mir, dass dieser Mann gefährlich ist. Natürlich gibt es das nicht nur in Südamerika, aber hier eben besonders häufig und das dann noch in der Öffentlichkeit. Der Mann schämt sich wohl nicht.

Wieder vergeht mir der Appetit auf das gut schmeckende Eis und ich verschenke es an ein Guaraní Kind, das schon die ganze Zeit an der Straße steht und hungrig herüber schielt.

Ich bin auf meiner Reise auch in anderen Ländern immer wieder auf bettelnde Guaraní Kinder getroffen. Die Frauen verkaufen selbstgemachten Schmuck an Touristen. Sie leben teils in großer Armut.

Die Guaraní sind ein indianisches Volk, das bereits in präkolumbischer Zeit als Ackerbauern im mittleren Südamerika siedelte und somit zu den indigenen Völkern hier zählt. Sie waren eines der ersten Völker, die mit Fremden in Kontakt gekommen sind. Heute leben sie in Paraguay, Bolivien, Argentinien, Brasilien und Uruguay.

Die Missionare konnten die Guaraní überzeugen, ihre damalige Heimat in den Urwäldern zu verlassen, ihr Nomadenleben aufzugeben und in ihren Siedlungen, den sogenannten Jesuitenreduktionen, sesshaft zu werden. Die Jesuiten schützten sie vor Sklavenjägern und der Ausbeutung durch die weiße Oberschicht und missionierten sie.

Dieses Missionswerk entstand von 1609 bis 1767. Das waren die ersten „Indianerreservate" Amerikas. Allerdings wurden die Jesuiten nach Konflikten mit den Kolonialbehörden und Großgrundbesitzern 1767 auf Befehl des spanischen Königs aus den spanischen Gebieten Lateinamerikas vertrieben und die Jesuitenreduktionen wurden verlassen. Die Guaraní blieben danach entweder sich selbst überlassen oder wurden Sklaven der spanischen Kolonialherren.

Abends habe ich ein kleines, sauberes und gutes Restaurant gefunden. Hier kann ich auch draußen sitzen, weil es so warm ist. Die Leute sind an Touristen gewöhnt, und damit ist es auch nicht gefährlich, mal im Dunkeln ins Hotel zurückzugehen. Dies wird jetzt mein Stammlokal. Auch hier habe ich also relativ schnell einen Ort gefunden, an den ich alle Tage wieder komme, eine kurze Gewohnheit bildet sich heraus, die guttut und Sicherheit und Ruhe gibt.

Ich kann von dort auch immer den kleinen Supermarkt gegenüber beobachten. Regelmäßig marschieren Hunde hinein. Meistens werden sie wieder rausgejagt, aber manchmal kommen sie auch mit einem dicken Knochen zurück. Ich bilde mir ja ein, ich sehe ihnen dann ihr Glück an. Manchmal müssen sie es auch erst einmal noch verteidigen gegen ihre Artgenossen, die draußen warten. Teilen tun sie nicht.

So hässlich, wie diese Stadt ist, bietet sie sich für wundervolle Ausflüge in den Regenwald an. Ich habe mit drei Argentiniern und einem Führer eine Urwaldwanderung gemacht. Der Führer hat uns mit der Machete einen Weg freigeschlagen und dann kommt es, wie wir hinterher gesagt haben, zur Touri-Ekstase: Da stehen wir im Urwald und schauen zu einer Baumkrone, um einen Affen zu beobachten, als plötzlich alle schreien, toben, springen und „tanzen". Veitstanz.

Da hat sich eine ganz fiese große Ameisenart, auf deren Weg wir stehen, zur Wehr gesetzt und ist in Sekunden bei jedem in die Hose gelangt und hat in die Beine gebissen. Das war so schmerzhaft, nicht zum Aushalten, und in Windeseile hat sich jeder ohne Scham seiner Hose oder Hosen entledigt und schlägt nur noch wild um sich. Furchtbar, aber hinterher haben wir beim Essen schallend gelacht. Der Guide hat ein Video gedreht, obwohl er selbst betroffen war.

Und dann kommt der große Tag: die Fahrt zu den Iguazu-Wasserfällen. An der Grenze zwischen Argentinien und Brasilien sind sie von beiden Ländern aus zu erreichen. Den größeren Panoramablick hat man von der brasilianischen Seite aus. Bis zu 82 Meter fällt das Wasser in die Tiefe. Es kommt aus dem Fluss Iguazu, dessen Name „Großes Wasser" in Guaraní bedeutet. Insgesamt sind es 20 größere und 255 kleinere Wasserfälle in einer Ausdehnung von 2,7 Kilometern. Mehrere Inseln trennen sie voneinander. Die Touristen kommen mit Bussen entweder von der argentinischen Stadt Puerto Iguazu oder der brasilianischen Stadt Foz do Iguazu.

Beide Ländernationalparks gehören zum UNESCO-Erbe.

Die letzten Reste des atlantischen Regenwaldes, den man hier findet, sind ein wichtiger Rückzugsraum für die große Artenvielfalt bei den Wasserfällen.

Da es in den Nationalparks ausgedehnte Wanderwege gibt und ich mir alles in Ruhe ansehen möchte, plane ich drei Tage ein: zwei Tage für die argentinische Seite und einen Tag für die brasilianische. Die Anfahrt ist jeweils mit dem örtlichen Bus und der Grenzübertritt nach Brasilien ist unproblematisch.

Diese unglaublichen Wasserfälle kann ich nicht beschreiben. Mir fehlen die Worte. Sie sind ein Wunder der Natur. Aber auch die Vegetation und die Tiere zu sehen ist ein einmaliges Erlebnis. Man kann den ganzen Tag an den Wasserfällen entlang durch diesen Urwald wandern. Ich stehe an einer Stelle, an der ich das ganze Spektrum überblicken kann. Da kommt eine Frau auf mich zu und sagt: „Gehen Sie da mal zur Seite."

Ich sehe sie erstaunt an und entgegne: „Nein, warum? Ich schaue hier."

Worauf sie in einem etwas strengeren Ton entgegnet, dies sei einer der besten Plätze für Selfies und ich würde nicht fotografieren und deswegen solle ich da weggehen. Ich bin sprachlos ob dieser Argumentation und ich spüre zunehmend Ärger in mir aufkommen.

Und meine Antwort fällt deutlich aus: „Ich schaue hier diese Wasserfälle an und ich schaue so lange, bis ich fertiggeschaut habe." Und dann schaue ich noch eine halbe Stunde von diesem Standpunkt aus.

Es ist doch unglaublich, man darf offensichtlich nicht mehr schauen, aber Selfies darf man an jedem nur erdenklichen Ort machen, ohne Respekt vor Orten, in jeder Verrenkung – Ich – Ich – Ich –, immer schön, immer lächelnd, immer vorteilhaft, forever young ... Was für ein elender Narzissmus. Gelten nur noch Fotos? Warum? Haben denn diese Menschen keine Selbstvergegenwärtigung mehr? Wo ist ihr Körpergefühl? Selbstverliebte Selbstinszenierungen sind doch ein ICH-Fake. Wir leben von Fakes? Brauchen wir Fakes zum Überleben, um die Realität überhaupt aushalten zu können? Oder geht es um die Identitätssuche der Pubertierenden? Diese Frau müsste altersmäßig über die Pubertät hinaus sein. Das Foto wird gepostet. Wenn neben dem Gesicht noch ein bisschen Wasserfall hinten mit drauf ist, auch recht. Die Selbstdarstellung ist das Hauptmotiv, die Urlaubsreise oder das Urlaubserlebnis treten in den Hintergrund. Ich beobachte bei vielen jungen Touristen, die sich so verhalten, einen hohen narzisstischen Anspruch und meist damit verbunden eine geringe Frustrationstoleranz. Und wie man sieht, ein zu hinterfragendes Sozialverhalten in solchen Momenten. Ist das eine Selbstfindung? Aber ist nicht jede Reise vielleicht nur eine Selbstfindung? Das favorisierte Urlaubsmotiv ist das Selbst. Oder das außergewöhnliche Urlaubserlebnis, das ich mit meinem Selbstbild verbinde. Dem Selfie schenke ich meine ganze Aufmerksamkeit, meine digitale Aufmerksamkeit. Wo bleiben denn da die Welt, die Natur, die Wasserfälle, das Außen.

Natürlich führt auch die weiteste Reise immer nur zu sich selbst. Durch das Fotografieren werden Bilder konsumiert, nicht erlebt. Das Außen wird erobert, in Besitz genommen. Wie es auch die Kolonialherren gemacht haben. Was würde mit dieser Frau passieren, wenn sie diese Reise ohne Fotoapparat und ohne Handy machen müsste. Wahrscheinlich würde sie die Fahrt gar nicht antreten? Weil sie sich nicht lohnt? Das wäre sehr umweltfreundlich, fällt mir dazu ein. Wäre eine Reise ohne Selfies eine Reise ohne Selbst? Mit dem Gefühl, gar nicht da gewesen zu sein?

Geht es auch hier vielleicht wieder um Vergessen, Erinnern, Festhalten, die Endlichkeit?

Am zweiten Tag laufe ich den unteren Wanderweg. Es sind 34 Grad Hitze und ich habe heute mehr zu trinken mit. Ohne Sonnenhut und Mückenschutz geht hier gar nichts.

Vom unteren Paseo habe ich eine andere, nicht minder faszinierende Sicht auf das tosende Wasser und ich laufe direkt durch den Dschungel. Unglaublich viele Tiere hier, tropische Vögel aller Art, sogar Pumas leben hier und viele Nasenbären. Das sind putzige Tiere.

Leider sind sie durch das verbotene Füttern zahm. Das Füttern der Tiere ist streng untersagt. Überall stehen Schilder. Es wird auch erklärt, warum, und das in mehreren Sprachen. Warum sich niemand daran hält, insbesondere, und das muss ich hier ausdrücklich auch mal betonen, südamerikanische Touristen, bleibt mir verschlossen und kann auch auf Nachfrage von mir nicht beantwortet werden von den Betroffenen. Und das ist ein Riesenproblem.

Diese Touristen, insbesondere die südamerikanischen, müssen an jedem Mirador ein Picknick machen und überhaupt auf jedem Ausflug hauptsächlich essen.

Nun sind die Nasenbären dadurch nicht nur zahm, sondern auch frech geworden.

Ich beobachte einen Argentinier, im Schlepptau seine Familie, Frau und drei Kinder, der eine Nasenbärin füttert, viele Fotos macht, dabei Laute des Entzückens von sich gibt: ach wie süß, ach wie goldig (auf Spanisch).

Dann hat er genug und will mit seiner Familie Picknick machen, packt seine Empanadas aus und – da ist es schon geschehen – eben diese Nasenbärin hat eine Empanada stibitzt. Dies bringt den Mann dermaßen in Rage, dass er mit einem Stock auf das Tier einschlägt, so dass es erheblich am Hinterbein verletzt wird und von dannen kriecht.

Ich kann mit Worten nicht beschreiben das Entsetzen und die Wut, die in mir aufsteigen.

Nach einer gewissen Schockstarre und dem Bewusstsein, dass es nichts bringt, hier einen Aufstand zu machen, weil mit an Sicherheit grenzender Wahrscheinlichkeit dieser Mann nicht gewusst hätte, worüber ich mich beklage, wenn ich ihm meine Meinung gesagt hätte, eile ich im Wutschritt zum Hauptbüro der Parkverwaltung und verlange den Chef zu sprechen und wünsche eine offizielle Beschwerde einzureichen. Dies kann ich schriftlich machen. Der Chef zeigt sein vollstes Verständnis, vermittelt aber, dass er da nichts machen könne, weil der ganze Park einem Privatbesitzer gehört und er deswegen niemanden bestrafen kann.

So ist es in Südamerika. Ich bin zu wütend um zu argumentieren; auch habe ich in dem halben Jahr, in dem ich jetzt unterwegs bin gelernt, dass wir mit unseren Argumenten und unserer Logik hier nicht landen können.

Aber immerhin, so sagt der Mann, wurden ja Käfige aufgestellt. Und in der Tat gibt es an mehreren Stellen Käfige, überall, auch oben Gitter, so groß wie ein Haus, in denen dann die Besucher sich einschließen können um zu essen, und die Nasenbären um diese Käfige herumschleichen und die Menschen begaffen. Die Umkehr des Zoos.

Die Dummheit der Menschen und das Verhalten von Touristenmassen sind für mich oft unerträglich. Der einzige Feind dieser Welt ist doch der Mensch. Da muss ich mich immer wiederholen.

Einige großartige Sehenswürdigkeiten habe ich mir angesehen, aber diese Phänomene überall angetroffen. Natürlich gibt es das nicht nur in Südamerika, aber mir ist das ein Grauen. Ich bin an diesen Orten auch Tourist, aber ich bin davon überzeugt, dass ich mich anders verhalte.

Auch bilde ich mir ein, und vielleicht ist es auch nur eine Einbildung, dass es früher einfach mehr Respekt gab. Aber wahrscheinlich meinen das alle alten Leute. Und ich weiß, dass das nicht stimmt. Man möchte es eben glauben.

Der Besuch auf der brasilianischen Seite verläuft etwas anders. Die Wasserfälle sehen auch noch einmal anders aus. Die

Perspektiven machen diese Unterschiede. Grandios, auch von hier. Hier wird nicht so viel gefüttert. Aber ich kann keine Touristen mehr sehen – ich bin ja auch eine, aber diese Massen –, heute ist leider Feiertag in Brasilien, was ich nicht wusste, und alle sind auf den Beinen.

Die Leute sind laut, unerzogen und rücksichtslos. Die Selfiemanie, insbesondere bei den Asiaten, geht mir dermaßen auf den Geist, dass es mir dann leider doch ein bisschen das Erlebnis beeinträchtigt. Hier kann man sich diesen Massen auch nicht entziehen. So war es mir auch beim Besuch von Machu Picchu vor einigen Jahren ergangen. Schade.

In Brasilien besuche ich im Anschluss noch einen Vogelpark. Das hat sich gelohnt. Sie haben neben vielen Vögeln auch andere Tiere, die hier im Urwald vorkommen, und die Tiere werden gut gehalten.

Am Morgen fahre ich nach Posadas. Sechs Stunden Busfahrt in die Grenzstadt von Encarnacion in Paraguay. Der Bus fährt immer der Grenze entlang. Von Posadas aus kann man Encarnacion mit seinen Hochhäusern am gegenüberliegenden Ufer des Rio Parana liegen sehen. Beide Städte sind durch die internationale Brücke San Roque Gonzalez de Santa Cruz verbunden. Posadas geht auf die Jesuitenreduktion Nuestra Señora de Itapúa zurück, die 1615 gegründet wurde. Die Stadt ist bekannt durch die Verarbeitung des Teegetränkes Yerba Mate, das die Argentinier so gerne trinken. Hier ist das Zentrum dafür.

Mein Hotel ist schön. Es ist heiß, über 30 Grad. Mir fällt eine hohe Polizeipräsenz auf und hier werde ich das erste Mal auf der Reise von ein paar jungen Männern aus einem Auto heraus blöd angemacht.

Kilometerweit kann ich am Flussufer entlanglaufen und habe immer den schönen Blick auf Encarnacion am anderen Ufer.

Ich habe mir ein Fahrrad geliehen und bin die ganze Costanera abgefahren.

Abends in einer Strandbar habe ich Herwart angesprochen, den ich seit Monaten immer wieder treffe. In Perito Moreno ist er mir das erste Mal besonders aufgefallen, obwohl ich ihn auch schon in Bariloche gesehen habe. Er ist unübersehbar, weil er zu den Großmenschen gehört, zwei Meter groß, und fällt dadurch natürlich auf, insbesondere in Südamerika, wo die Menschen relativ klein sind. Er hat immer meine Aufmerksamkeit auf sich gezogen und das Einzige, was ich weiß, ist, dass er deutsch spricht. In einem Café in Perito Moreno habe ich einmal am Nebentisch gesessen.

Nach einem halben Jahr freue ich mich dann doch sehr, mal wieder deutsch zu sprechen. Ein ganz anderes Gefühl, auch mit jemandem zusammen zu sein, der die gleiche Kultur hat. Ich bin erstaunt, was das für einen Unterschied macht.

Er ist ein netter Kerl. Er kommt aus Deutschland, macht ein Sabbatical, arbeitet in der IT Branche und ist ein Jahr unterwegs in Südamerika.

Wir haben uns morgen um 9 Uhr auf der Plaza de San Martin verabredet. Wir wollen zusammen zur Jesuitenmission San Ignacio Mini fahren. Das sind etwa 60 Kilometer mit dem Bus.

Die ersten Jesuiten kamen 1610 in dieses Gebiet und gründeten diese Reduktion zunächst an einer anderen Stelle, bis die Mission schließlich im Jahr 1696 am Ort der heutigen Ruinen errichtet wurde. In der Blütezeit von San Ignacio Miní um 1730 wohnten hier etwa 4.000 Personen, Missionare und Guaraní. Die Ruinen haben eine starke Ausstrahlungskraft.

Herwart ist eine sehr angenehme Begleitung. Die Leute staunen immer über seine Größe. Sie haben Respekt. Was so eine Körpergröße ausmacht. An seiner Seite fühle ich mich absolut sicher und würde wahrscheinlich auch nachts durch die Straßen laufen.

Auf der Rückfahrt erwischen wir einen Bus, der eigentlich auch in Südamerika nicht mehr fahren dürfte. Der technische

Zustand ist absolut grenzwertig, das sehe sogar ich, und innen ist er total vergammelt und eklig. Da sind wir froh, am Ziel anzukommen.

Abends gehen wir noch etwas essen.

Auch auf der weiteren Reise treffe ich Herwart immer wieder oder wir verabreden uns in irgendeiner Stadt in Südamerika und trinken ein Bier zusammen.

Wenn man auf so einer Reise jemanden trifft und sich gut unterhält, ist man sehr schnell irgendwie vertraut. So etwas passiert zuhause nicht, nicht in diesem rasanten Tempo.

Es war ein sehr schöner Tag, mein letzter Tag in Argentinien, einem faszinierenden Land. Der Abschied fällt mir schwer.

PARAGUAY
ENCARNACION

Ich muss in der Mitte dieses Buches noch einmal darauf hinweisen, dass dieser Reisebericht nur subjektive Erfahrungen von mir wiedergeben kann und dass es durchaus möglich ist, dass andere Reisende Südamerika ganz anders erlebt haben, weil sie jünger sind, weil sie ein anderes Weltbild haben, weil sie eine andere Lebensgeschichte haben, weil sie weniger Zeit haben, weil sie kein Spanisch sprechen, weil sie mehr oder weniger Geld zur Verfügung haben, weil sie – nun ja – eine andere Brille haben. Jeder hat seine eigene Wahrnehmung, seine eigene Landkarte, seine eigene Wahrheit. Abgesehen davon bin ich der Überzeugung, dass man nur und wirklich nur mit der Akzeptanz des anderen, der Akzeptanz des Fremden Länder bereisen kann, um sie kennenzulernen und ihre Bewohner zu verstehen. Akzeptieren meint natürlich nicht immer gutheißen. Das ist etwas anderes. Wenn man dazu nicht bereit ist, kann ich nur sagen: Bleib zuhause, baue einen hohen Zaun und pflege deine Vorurteile.

Fast alle Reisenden, denen ich begegnet bin, haben zu mir gesagt: Paraguay lohnt sich nicht, es ist kein schönes Reiseland. Warum, habe ich nicht verstanden, außerdem höre ich nur sehr ungern auf andere Erfahrungen und richten tue ich mich schon gar nicht danach, ein Dauerstreitthema zwischen meinem Vater und mir. Also: Das will ich selber sehen, was es damit auf sich hat.

Für umgerechnet 20 Euro bringt mich ein Taxi vom Hotel in Posadas in Argentinien über die internationale Brücke der beiden Länder zum Hotel in Encarnacion in Paraguay. Der Taxifahrer hilft mir beim Grenzübertritt, zeigt mir, wo ich was machen muss und das ist sehr bequem und geht dann ganz schnell. Seit morgens früh verbietet ein heftiger Dauerregen die Bewegung im Freien, zumal mit Gepäck.

Mein Hotel ist sauber und macht einen guten Eindruck, aber es regnet weiter bis abends. Dann hört es auf und ich laufe zum Flussufer. Diesmal schaue ich von der anderen Seite auf Posadas in Argentinien.

Es gibt an der Costanera, am Fluss, einige Restaurants, aber kein Mensch außer mir ist da. Ich esse einen Salat. Keine Touristen und keine organisierten Ausflüge gibt es hier. Das hat man mir aber vorher schon erzählt, dass es hier so gut wie keine touristische Infrastruktur gibt.

Weite Sumpflandschaften, subtropische Wälder und der Chaco, eine Wildnis aus Savanne und Buschland, prägen Paraguay. Der dünn besiedelte Gran Chaco liegt im Westen und nimmt etwa 60 Prozent der Landesfläche ein und der Oriente, die Ostregion, liegt im Osten. Hier leben über 97 Prozent der Bevölkerung.

Der Name des Rio Paraguay, der das Land durchquert, nach dem auch der Staat benannt ist, stammt von der Sprache der Ureinwohner, Guaraní. Die wird auch von 80 Prozent der nichtindigenen Bevölkerung gesprochen. Es gibt zwei Amtssprachen: Guaraní und Spanisch. 90 Prozent der Bevölkerung sind Paraguayer, in der Mehrzahl Mestizen, die im Wesentlichen der Verbindung von Guaraní mit spanischen Einwanderern vom 16. bis 18. Jahrhundert entstammen. 1927 bis 1948 kamen viele Mennoniten aus verschiedenen Ländern nach Paraguay.

Die Colonia Menno ist eine im Jahr 1926 in Paraguay von plautdietschen Mennoniten gegründete Kolonie im Zentralen Chaco im Nordwesten Paraguays und umfasst eine Fläche von rund 7.500 Quadratkilometern. Ihr Hauptort ist Loma Plata.

In den letzten Jahrzehnten wurde von den Mennoniten die Milchwirtschaft und Rinderzucht nach europäischen Standards ausgebaut, die nun fest in ihrer Hand sind.

Paraguay ist ein mehrheitlich katholisches Land. Etwa 90 % der Bevölkerung sind katholisch. Aber es gibt auch verschiedene evangelische Gemeinden, zu denen die etwa 30.000 meist deutschstämmigen Mennoniten gehören. Über 10.000 Einwohner sind praktizierende Zeugen Jehovas.

Das Land ist Südamerikas größter Marihuana-Produzent. Dabei werden allerdings nur ungefähr fünf Prozent im eigenen Land konsumiert, der Rest wird aus dem Land geschmuggelt *(sagt Wikipedia).*

Nachts schüttet es wieder vom Himmel und gewittert. Morgens fließt das Wasser durch die Straßen. Ich suche lange nach einer Touristeninformation. Die liegt abseits am Ende der Costanera, sehr ungünstig, man muss ewig laufen. Auch hier wird das Spanisch wieder anders gesprochen, sodass ich anfangs kaum etwas verstehe und mich erst wieder einhören muss.

Auch in der Touristeninfo sehe ich keine anderen Touristen. Es gibt kaum Info-Material über Paraguay oder Encarnacion. Man muss hier absolut alles selber organisieren und ich erlebe die Leute nicht als besonders hilfsbereit oder gastfreundlich.

Die Kontakte, auch im Restaurant, in dem ich einen guten Fisch esse, sind zunächst unsicher, distanziert, verstörend, insbesondere seitens der Männer. Der Kellner respektiert meine Bestellung nicht, zum Beispiel, dass ich nur ein kleines Bier möchte und keine Beilage. Er bringt ein großes Bier und Beilagen, respektlos grinsend. So schlecht ist mein Spanisch nicht, dass er es nicht verstehen konnte. Im Hotel grüßt man nicht beim Frühstück – es sind nur Männer als Gäste da. Ich fühle mich unwohl und habe auch das Gefühl, dass ich hier mehr auffalle allein.

Ich besuche jesuitische Missionsdörfer: Santissima Trinidad del Parana, Weltkulturerbe, eine ehemalige Jesuitenreduktion, etwa 30 Kilometer von Encarnacion entfernt, und Jesus de Tavarangüe, 10 Kilometer weiter. Die Anfahrt mit dem öffentlichen Bus ist nicht ganz so einfach. Informationen von dem Busfahrer zu bekommen, ist ausgesprochen schwierig. Ich muss ihn ein paar Mal ansprechen, er ist einfach unfreundlich.

Umso mehr freue ich mich, dass im Bus offensichtlich noch ein Tourist sitzt, den ich wegen seines Äußeren sonst wohl nicht angesprochen hätte, aber hier muss man sich zu helfen wissen und mit den Paraguayern komme ich gerade nicht so gut zurecht. Also spreche ich ihn an, Christian, aus Bulgarien, muskulöser Typ, vielfältig tätowiert und kahler Schädel. Aber er ist total nett, hilfsbereit; er macht eine Weltreise. Er hat ein weiches Herz und einen stählernen tätowierten Panzer.

Wir besuchen die Missionsdörfer zusammen. Es ist schwierig, sie zu finden, sie liegen außerhalb der Stadt. Von Santissima Trinidad del Parana nach Jesus de Tavarangüe muss man ein Taxi nehmen. Ein Bus fährt da nicht.

Alles klappt gut, solange Christian der „Chef" ist. Also nehme ich mich zurück und folge ihm. Das macht es in dieser Situation deutlich leichter.

Gegründet wurde die ehemalige Jesuitenreduktion im Jahr 1706 von dem Priester Juan de Anaya. Im Jahr 1728 hatte sie etwa 4.000 Bewohner. Im Jahr 1993 wurde sie gemeinsam mit der „Misión jesuítica de Jesus de Tavarangue" von der UNESCO zum Weltkulturerbe erklärt.

In Jesus de Tavarangüe begannen die Jesuiten 1763, eine der größten Kirchen dieser Zeit zu bauen, mit Sakristei, Taufbecken und Wohnhäusern für die Guaraní. Als sie 1768 verdrängt wurden, blieb die Kirche unvollendet. *(Wikipedia)*

Die Ruinen dieser religiösen Missionen reflektieren eine Lebensweise, die durch einen einzigartigen Stil geprägt ist.

Beide Ruinenstätte, die alten Kirchen und die Steinfiguren sind fantastisch. Ich kann mich gut in die damalige Zeit hineinversetzen. Was man über die Missionierungsaktionen in Südamerika denkt, das ist ein anderes Kapitel.

Die öffentlichen Busse sind eine Katastrophe, dreckig und überfüllt.

Jetzt habe ich auch noch einen Darminfekt bekommen. Ich liege im Hotelbett und schaue Fernsehen. Die paraguayischen Nachrichtensprecherinnen sehen nicht besonders attraktiv aus, wie auch die Frauen auf der Straße durch Attraktivität nicht glänzen. Dies ist in Argentinien ganz anders. Da wirken die Sprecherinnen sehr erotisch, top-gekleidet und sehen alle wie ein Fotomodell aus.

Also was soll man machen in Encarnacion? Es gießt weiter. Als es aufhört und die Sonne durchkommt, fahre ich am nächsten Tag mit dem öffentlichen Bus zum Hotel Tirol. Das liegt in einem traumhaften Regen-Nebelwald-Park und hat viele Wanderwege und eine spektakuläre Vegetation. So wurde mir gesagt. Als ich ankomme, muss ich von der Straße ein Stück in den Wald laufen, um den Eingang zu dem Gelände zu finden. Das Hotel und die Anlage werden gerade umgebaut, sodass ich eine halbe Baustelle vorfinde, aber das Restaurant ist offen und die Wanderwege auch.

Ich beschließe, erst mal einen Kaffee zu trinken und vielleicht vom Kellner Informationen zu bekommen. Beim Kaffee fängt es an zu gießen. Gießen ist gar kein Ausdruck, man hat das Gefühl, dass Wassereimer über dem Land ausgeschüttet werden. Ich sitze am Fenster mit Blick auf einen riesigen Swimmingpool und die Hotelanlage. In kurzer Zeit sehe ich nur noch braune Brühe und Wasser überall. Unglaubliche Wassermengen. Der große Swimmingpool ist unter dem braunen Wasser verschwunden. Da kann niemand vor die Tür gehen.

Wenn es hier regnet, fließt einfach alles weg – unglaublich.

Somit sitze ich etwa drei Stunden im Restaurant und nach dem Kaffee esse ich noch eine richtig gute Fischsuppe. Natürlich bin ich die Einzige in dem Restaurant. Ein Wunder, dass das überhaupt geöffnet hat. Als der Regen aufgehört hat, mache ich doch noch eine Wanderung durch den nassen Nebelwald. Es ist fantastisch, die Natur, obwohl ich letztlich total durchgeweicht bin von Kopf bis Fuß, nasse Schuhe habe und Wasser von den Bäumen tropft, aber darauf kommt es dann auch nicht mehr an.

Für die Rückfahrt muss ich ein ganzes Stück zurück zur Straße laufen und dann den richtigen Bus anhalten und welcher das ist, dazu muss ich diese unfreundlichen Menschen fragen.

Es gelingt schließlich, ins Hotel zurückzukommen, aber nirgends habe ich mich so wenig freundlich aufgenommen gefühlt wie hier. Vielleicht liegt es am Dauerregen, am Magen-Darm-Infekt, an meinen Vorurteilen, aber sicher nicht nur, ich bin total erschöpft. Paraguay hat mir bislang nicht gefallen.

Nächster Morgen: So viel Regen habe ich mein ganzes Leben noch nicht gesehen. Aber ich will mich bewegen und beschließe, die Costanera entlangzulaufen. Das war letztlich keine gute Idee, weil ich danach völlig durchnässt bin, aber insbesondere meine Wanderschuhe klatschnass sind und eh die wieder trocknen, das dauert in der Regel. Das Internet geht auch nicht und auf den Straßen kann man Kanu fahren. Ich gehe ins Bett.

Am Sonntag ist in der Stadt gar nichts los. Ich erkundige mich nach Museen. Es gibt ein Museum. Ein Militärmuseum, das einzige, das offen hat, also besuche ich es. Ich war noch nie in meinem Leben in einem Militärmuseum, aber da ich auf alles neugierig bin, gehe ich rein. Ich bin die einzige Besucherin und werde von einer Frau in Uniform mit engem grauen Rock, zu einem Knoten zusammen gebundenen Haaren und einer Kappe sowie einem Orden an der Brust empfangen. Sie sieht aus wie eine Wärterin. Sie zeigt und erklärt mir alles. Ich sehe fast nur diverse Waffen, Kriegsbilder und Uniformen. Die Dame, die die Leiterin des Museums ist, platzt fast vor Stolz. Natürlich geht es auch um das Erreichen der Unabhängigkeit, wie in ganz Südamerika.

Am Schluss fragt sie mich, ob sie ein Foto von mir machen darf. Ich weiß zwar nicht warum, aber da ich keinen Eintritt bezahlt habe und sie nett anfragt, bejahe ich. Sie platziert mich vor gekreuzten Gewehren an der Wand, was mir eigentlich nicht passt, mir aber in dem Moment egal ist. Dann erzählt sie, dass sie das als Touristenwerbung für ihr Museum auf Facebook stellen wird. Erst eine Stunde später beim Kaffee überlege ich mir das, wie peinlich das sein kann. Ich habe mit Militär nichts am Hut und dann mache ich Reklame dafür auf Facebook. Wer weiß, was das noch für Folgen haben kann. Aber nun ist es zu spät. Ich muss doch besser aufpassen in Zukunft auf was ich mich einlasse.

Ich gehe wieder früh ins Bett. Morgen fahre ich in die Hauptstadt Asuncion.

ASUNCION

Der Himmel ist schwarz und alles ist nass. Der Bus nach Asuncion braucht sieben Stunden. Eigentlich ist jetzt keine Regenzeit in Paraguay, aber auch hier in Südamerika kann man sich nicht mehr auf Klimadiagramme verlassen, schon lange nicht mehr, sagen die Einheimischen, wir leben im Klimawandel. Über die Wetterveränderungen, die damit verbunden sind, wundert man sich weniger als in Europa. Die Menschen nehmen es hin und passen sich an. Bei uns redet man viel darüber und sieht es als Drama oder Katastrophe, was es ja auch ist. Für die Busfahrt habe ich gleich meine Regenhose angezogen, man weiß ja nie, und den Bussen hier traue ich überhaupt nicht.

Es regnet sieben Stunden und als wir uns endlich der Hauptstadt nähern, sehe ich nur noch Wasser. Die Seitenstraßen, die etwas erhöht gegenüber der Hauptstraße liegen, haben sich in reißende Flüsse verwandelt und dann geschieht es: Der Bus schwimmt. Ich sehe vor Regen kaum noch etwas. Dem Bus kommen schwimmende Autos entgegen. Eigentlich kann man die Gefährte ja gar nicht mehr steuern, aber irgendwie geht es, die einen in die Richtung und die anderen in die entgegengesetzte Richtung, ein Horrorfilm. Dass der Busfahrer überhaupt noch etwas sieht bei den defizitären altersschwachen und deutlich verlangsamten Scheibenwischern. Ich könnte da gar nichts mehr erkennen. Immer wieder greifen die Räder einen Teil der Straße und so geht es voran, immer weiter. Ich bekomme leichte Panik, würde mich gerne mitteilen oder besprechen, schaue mich um, aber die meisten schlafen oder starren in ihre Handys. Offensichtlich macht sich keiner Sorgen. Mein

Gott – unglaublich. Nach einer elend lang erscheinenden, halb schwimmenden, halb fahrenden Tour erreichen wir bei Dunkelheit endlich den Busbahnhof von Asuncion. Vom Stadtrand bis ins Zentrum hat es zwei Stunden gedauert.

Ich bin heilfroh und irgendwie genervt. Ich schnappe meinen kleinen Koffer und suche ein Taxi. Da höre ich Deutsch. Ich drehe mich um. Auf einer Bank vor dem Bahnhof sitzen zwei schon etwas ältere Herren und unterhalten sich lautstark – ich glaube ich hör nicht recht – über die AfD. Die Unterhaltung ist eigentlich eher ein lautstarkes Gebrüll mit nationalsozialistischem Inhalt. Ich schäme mich.

Dass es in Paraguay viele Deutsche gibt und auch nach 1945 viele Deutsche dorthin ausgewandert sind, war mir bekannt, aber dieser Erstkontakt mit der Hauptstadt war denn dann doch ein Schock. Nicht gerade ein Punkt, der mir Paraguay sympathischer macht.

Ich fahre mit dem Taxi ins Hostel. Internet gibt es nicht, ein bescheidenes Frühstück, aber eine nette Truppe hier.

Asuncion ist die Hauptstadt von Paraguay. Der Name heißt „Aufstieg" und steht für Maria Himmelfahrt. Die Stadt liegt am Fluss Paraguay und wird von vielen kleinen Bächen durchquert. Die meisten dieser Bäche entspringen im Stadtgebiet Asuncions und dienten in früheren Jahrhunderten der Trinkwasserversorgung. Sie münden in den Paraguay. Bei Starkregen können sie sich in reißende Gewässer verwandeln und überfluten dann angrenzende Straßen und Grundstücke, so wie im Moment. Außerdem sind sie ideale Brutstätten der Dengue übertragenden Stechmücken. Das führt immer wieder zu Dengue-Epidemien, die letzte große Epidemie war im Januar 2007.

Am nächsten Tag schaue ich mir die Folgen des Dauerregens an. Der Rio Paraguay ist ein sehr großer Fluss. Jetzt ist das ganze Flussvorland überschwemmt. Hier leben normalerweise die Armen in einfachen Hütten. Die sind jetzt alle weggeschwemmt. Das passiert jedes Jahr, wie ich später erfuhr, und wenn es nicht mehr regnet, bauen sie ihre Slums dort erneut auf, weil sie nichts anderes zum Wohnen haben. Jetzt hat man ihnen etwas vom Wasser entfernt, etwas näher am Zentrum der Stadt simpelste Holzbaracken hingestellt, in denen sie campieren können und es sind viele Menschen. Man sagt mir, ich solle dort nicht hingehen, es sei gefährlich.

Ich gehe trotzdem und sehe mir das Elend an. Das muss ich tun, wenn ich dies alles hier kennenlernen will. So viele Kinder habe ich gesehen ohne Schuhe in zerlumpten Kleidern. In der Stadt betteln sie, die Erwachsenen auch. Schwierig das auszuhalten.

Es gibt Slumsiedlungen in Asuncion, die mit 100.000 Bewohnern zu den größten Armenvierteln in Lateinamerika gehören. Für die anderen Bewohner von Asuncion ist dies alles normal. Wohl aufgrund dieser Situation wird dann der Supermarkt von Wachleuten mit vorgehaltenem Gewehr bewacht.

Neben dieser bitteren Armut gibt es auch strahlende glanzvolle Paläste. Zu Füßen des großen Palastes liegen die neuen Slums. Ein wahnsinniger Anblick.

Ich entdecke nicht viel Kunst und Kultur in der Stadt, allerdings vielfältige Symbole des Nationalstolzes. Besonders stolz sind sie auf die Unabhängigkeit. Das wird bei jeder Gelegenheit zelebriert.

Dieses Land macht einen sehr konservativen Eindruck. Dies ist eine Hauptstadt, aber ich entdecke keine junge, kritische, mutige, moderne Kultur. Wo ist Kreativität?

Moderne Einkaufs- und Konsummeilen gibt es eine Menge.

Ich treffe Herwart wieder und trinke ein Bier mit ihm, das tut gut. Dann gehen wir an der Costanera entlang und schauen uns den über die Ufer getretenen Fluss an. Ich bin ganz froh über die Begleitung des großen Mannes, weil man mir aus

Sicherheitsgründen abgeraten hat, an die Costanera zu gehen. Aber ein nicht gerade dünner Mann, der über zwei Meter groß ist, da traut sich ja wohl keiner ran.

Am nächsten Tag besuchen wir einen ganzen Tag lang verschiedene umliegende Dörfer, besichtigen einige Kathedralen und Märkte. Es hat endlich einmal ein bisschen aufgehört zu regnen. Wir haben uns einen ganz guten Führer dazu organisiert, der viel über Paraguay erzählen kann.

Paraguay hat eine leidvolle Geschichte hinter sich mit langjährigen instabilen Verhältnissen, Militarismus und Diktaturen. Im 16. Jahrhundert eroberten die Spanier das Land und 1811 erklärte Paraguay seine Unabhängigkeit. Im Anschluss wurde das Land diktatorisch regiert und erklärte 1864 Argentinien und Brasilien den Krieg. In diesem sog. Tripel-Allianz-Krieg verlor Paraguay die Hälfte seines Landes und einen Großteil seiner Bevölkerung, rund 300.000 Menschen starben. Paraguay, bis dahin ein aufstrebendes Staatswesen, wurde zum Armenhaus des Kontinents. Nach fünf Jahren war der Krieg zu Ende und es kam zu einem Militärputsch. Im Chaco-Krieg kämpfte Paraguay gegen Bolivien um Gebiete im Chaco. Dort hatte man 1928 Öl entdeckt. Paraguay siegte und sicherte sich somit Land.

Im Mai 1954 putschte das Militär unter General Alfredo Stroessner. Der General etablierte eine Diktatur mit polizeilicher Repression. Politische Gegner, insbesondere Kommunisten, wurden verfolgt und ermordet. Viele flohen ins Ausland. Andres Rodríguez stürzte Stroessner schließlich 1989 und leitete den demokratischen Wandel ein *(Wikipedia)*.

Abends holen mich Luise und Hermann, die ich in Salta kennengelernt habe, mit dem Auto ab und zeigen mir die Stadt im Dunkeln. Die Stadt ist leer und die Armen hungern vor ihren Bretterverschlägen.

Es ist ein grauenhaftes Elend.

Dann fahren wir nach Neu-Asuncion. Der Stadtteil der Shopping Malls, die offen sind. Ein obszöner Reichtum auf der anderen Seite.

Wir gehen dann noch Pizza essen. Es ist ein nettes Beisammensein. Die beiden haben großes Interesse an diesem Kontakt und daran, etwas von Deutschland zu hören. Sie leben hier in Paraguay in Wohlstand mit ihrer großen Familie, Enkelkindern und Geschwistern. Die Großeltern waren ausgewandert. Eine Mittelstandsfamilie, aber so ganz anders als in Deutschland, vor allem sehr konservativ.

Nachts ist es kalt. Ich habe einige Moskitostiche.

Ich treffe mich noch einmal mit Herwart, bevor wieder jeder seine eigenen Wege geht.

Die Stadt bereitet sich auf die Feiern zum Unabhängigkeitstag am 14. und 15. Mai vor. Das sind wohl die wichtigsten Feierlichkeiten in Südamerika außer religiösen Festen. Es gibt immer viele Paraden, tagelang und ein jeder, der so etwas einmal gesehen hat, spürt den unglaublichen Nationalstolz, den wir so in unserer Generation nicht kennen und der bei uns zum Tabu gemacht wurde seit dem 2. Weltkrieg.

Ich nehme einen Erholungstag. Die Stadt reizt mich nicht, das Land auch nicht.

Ich will nach Bolivien.

BOLIVIEN
SANTA CRUZ, SUCRE, POTOSI

In einem kleinen Flieger geht es nach Bolivien. In zwei Stunden bin ich in Santa Cruz. Hier wird das Spanisch wieder anders gesprochen und ich muss mich wieder erst einhören.

Ich habe mir Soroche-Pillen gekauft, gegen die Höhenkrankheit. Zwar habe ich gute Erfahrungen für mich mit dem Kauen von Kokablättern, aber man weiß ja nie. Ich habe einige schlimme Geschichten über die Höhenkrankheit von anderen Travellern gehört.

Bolivien erstreckt sich von der Atacama-Wüste über die Anden bis zum Regenwald ins Amazonasbecken. Das Land hat einige Extreme zu bieten. Der Salar de Uyuni ist mit einer Fläche von 12.000 km^2 der weltweit größte Salzsee, der Titicacasee liegt 3.812 Meter hoch und ist damit der höchstgelegene kommerziell schiffbare See weltweit und La Paz ist mit gut 3.600 Metern die höchstgelegene Verwaltungshauptstadt der Welt.

Die offizielle Hauptstadt ist Sucre, aber der Sitz der Regierung befindet sich in La Paz.

Das Land hat, wie auch Paraguay, keinen Zugang zum Meer. Nach dem Salpeterkrieg von 1879 bis 1884 gegen Chile hatte Bolivien seinen einzigen Zugang zu einem Ozean an Chile verloren. Es erhebt jedoch weiterhin Anspruch auf die chilenische Region Antofagasta.

Über 50 % der Bevölkerung sind Indigenas, indigene Völker, südamerikanische Indianer, meist Quechua (30,7%) und Aymara (25,2%). 30% sind Mestizen, das sind die Nachfahren von Europäern und der indigenen Bevölkerung. Das heißt, in

Bolivien leben mehr Indigenas als in Argentinien, Chile oder Paraguay. Das bedeutet eine ganz andere Kultur.

Die Quechua und die Aymara sind die größten ethnischen Gruppen und dann gibt es noch einige wenige lokale Gemeinschaften, die in den Regenwäldern und im Gran Chaco als isolierte Völker leben.

Eine internationale Unabhängigkeitsarmee unter Antonio José de Sucre setzte 1825 im Auftrag Simon Bolivars die Unabhängigkeit Boliviens militärisch durch. Daraufhin wurde das Land nach Bolívar benannt.

Der Präsident Evo Morales, der von 2005 bis 2019 regierte und dann zurücktreten musste, war der erste Präsident indigener Abstammung, der Sohn eines Cocabauern. Er verhalf vielen Indigenas zu ihren Rechten und verbesserte ihre Lebenssituation. Er baute Schulen und investierte in das Sozialsystem. Nach einer dreijährigen Alphabetisierungskampagne erklärte er das Land im Jahre 2008 für analphabeten-frei.

Dennoch ist Bolivien ein armes Land geblieben und einiges funktioniert hier völlig anders als im reicheren Argentinien oder Chile.

Santa Cruz ist eine hübsche Stadt. Mein Hotel liegt im Zentrum. In meinem Zimmer habe ich drei Betten zur Verfügung, einen Kühlschrank und einen großen Fernseher.

Nachdem ich Geld geholt habe, gehe ich zum Supermarkt und bin erstaunt über die relativ hohen Preise – wie bei uns. Das hätte ich nicht erwartet. Danach suche ich wie immer, wenn ich in einer neuen Stadt ankomme, die Touristeninformation auf. Das alles ist hier nicht so wunderbar organisiert wie in Chile oder Argentinien. Erst einmal finde ich das Büro gar nicht. Ein Problem mit Adressen und Stadtplänen. Es funktioniert alles nicht so. Erstaunlich, dass sie dann überhaupt offen haben. Touristen scheint es hier kaum zu geben und Ausflüge muss man alleine organisieren. Einige Tipps dazu bekomme ich. Reiseagenturen sind auch ein Problem und mein Spanisch scheinen sie hier nicht so gut zu verstehen, aber die Menschen sind sehr freundlich und bemüht.

Also erst mal eingewöhnen und umstellen. Im Zentrum werde ich von Indigenen angebettelt. Armut ist offensichtlich.

Santa Cruz liegt in der tropischen Ebene östlich der Anden. Die Stadt wurde im 16. Jahrhundert von den Spaniern gegründet und ist ein wichtiges wirtschaftliches Zentrum. Eine moderne, wohlhabende Stadt mit einer sehr schönen und gut erhaltenen Kolonialarchitektur.

Am nächsten Morgen, nach zehn Stunden Schlaf, überrascht mich das beste Frühstück, das ich bislang hatte: frische Melonen, Papayasaft, Ananas, Milchkaffee, leckeres Brot mit Rührei und Schinken, Käse, Müsli, Joghurt und diverse köstliche Kuchen. Die Sonne scheint, es sind 20 Grad und es zieht mich raus.

Ich habe das Gefühl, ich falle hier besonders auf, weil ich allein und fremd bin. Sobald man sich an den Rand des Zentrums begibt, wird es anders, unangenehm, große Armut tut sich auf, Kinder schlafen auf der Straße. Einmal werde ich angemacht und angestarrt. Ich gehe wieder ins Zentrum. Hier ist einiges an Polizeipräsenz, da fühle ich mich sicherer.

Mir wurde eine City-Tour empfohlen, die fällt aber aus. Tatsächlich scheint es kaum Touristen in dieser Zeit zu geben. Auf dem Markt esse ich eine leckere Hühnersuppe für einen Euro. Öffnungszeiten von Museen zu erfahren, ist schier unmöglich, weil es die auch nicht gibt. Die Museen öffnen wann sie wollen oder wenn es einer Aufsicht einfällt, Dienst zu tun oder sie vielleicht gerade Zeit hat.

Viele Menschen sprechen hier Quechua.

Nachdem ich einige Andersartigkeiten kennengelernt habe und damit rechne, dass fast alles anders oder zumindest noch ungewohnt ist, fühle ich mich zunehmend sicherer.

Aber man muss doch immer aufmerksam sein, was anstrengend ist.

Je nachdem, was ich hier tue, ob ich mit dem örtlichen Bus fahre, im Hostel sitze, allein unterwegs bin, Konflikte kläre, mich behaupten muss gegen Betrug und Übervorteilung, etwas von jemandem will – je nachdem von wem, von einer Frau oder einem Mann, ich Informationen brauche, Hilfe brauche oder was auch immer, schlüpfe ich stets wieder in verschiedene Rollen, wie zum Beispiel allein reisende Frau, verheiratete Frau mit drei Kindern, neugierige Touristin, reiche Europäerin, hilflose Touristin, starke Frau, gebrechliche Alte, koloniale Herrscherin, schüchternes Weibchen.

Mit dieser Art von Flexibilität komme ich gut durch.

Am nächsten Tag hat das Museum für Moderne Kunst offen. Das lohnt sich. Sie haben Arbeiten von einheimischen Künstlern. Mittags gibt es in einem kleinen Restaurant am Markt Fleisch, Reis und Maniok für zwei Euro.

Vom Turm der Kathedrale habe ich einen Rundumblick auf das schöne koloniale Zentrum. Santa Cruz wirkt nicht so laut, ein bisschen kleinstädtisch.

Das Museum für religiöse Kunst in der Kathedrale zeigt Holzarbeiten und Gemälde aus dem 18. Jahrhundert sowie Jesuiten-Kunst und alle Kostbarkeiten, die die Würdenträger so hatten. Ich bekomme eine Einzelführung von einer alten Dame am Rollator. Wenigstens spricht sie nach mehrfacher Bitte langsam, weil ich sonst dieses Spanisch nicht verstehe. Sie hat diese Führungen zu ihrer Lebensaufgabe gemacht, wie sie sagt. Entsprechend lange dauert die Besichtigung, aber das ist ungeheuer interessant für mich, weil ich auch zu Bolivien, einem Land, das ich ja doch erst einmal kennenlernen muss, alle Fragen stellen darf. Anschließend habe ich erst einmal ein Kilo Karamellos, Bonbons für die Kinder, gekauft und sie in meinem Rucksack verstaut. Diese Armut ist schwer zu ertragen.

Immer wieder habe ich eine große Freude an den kleinen Kindern. Auch hier fallen sie mir auf durch ihr selbstbewusstes Auftreten. Sie sind stark. Sie haben keine Angst vor Fremden. Wenn ich die Bonbons verteile und das Strahlen in den Augen der Kinder sehe, macht mich das für einen Moment glücklich.

Nach elf Stunden Schlaf genieße ich zum Frühstück Tamarindensaft und kalten Mate-Tee.

Heute ist der Internationale Tag der Museen und auch hier gibt es eine lange Nacht der Museen mit vielen Ausstellungen, Musik und Performances.

Den Vormittag verbringe ich auf der Plaza. Überall ist Folklore-Programm mit Musik und Tanz und vielen Ständen, Kunsthandwerk und einheimische Spezialitäten.

Abends dann sind die Häuser und Straßen rappelvoll. So viele Menschen. Ich komme ins Gespräch und erfahre viel über die zeitgenössische Kunst. Ich sehe fantastische Werke und fühle mich wie zuhause. In die Arbeiten fließt die indigene Kultur ein, das macht sie für mich so wertvoll und spannend.

Am nächsten Tag geht es mit dem Bus ins Güembe Biocenter, ein großes Naturreservat. Ich verbringe den Tag mit Wanderungen durch den Urwald. Viele Tiere und viele Mücken. Die Artenvielfalt in Bolivien, auch speziell im Amazonasgebiet ist besonders hoch.

Mit dem Taxi fahre ich wieder zurück. Taxifahrer wollen mir immer wieder Einzeltouren anbieten. Das ist ziemlich lästig.

Mein letzter Tag in dieser Stadt.

Die Hotelbesitzerin hat einen Putzfimmel. Naja, mir soll es recht sein, wenn sie nicht immer eine neue Ordnung in meinem Zimmer schaffen würde. Aber es gibt wohl Schlimmeres. Heute gibt es zum Frühstück Pfannkuchen mit Honig. Habe ich ewig nicht mehr gegessen, schmeckt super und erinnert mich an meine Kindheit. Mit dem Bus geht es zum Botanischen Garten. In Südamerika gibt es viele Botanische

Gärten. Ich liebe sie. Sie sind oft riesig und man kann sich den besten Überblick über die heimische Flora und Fauna verschaffen. Dazu bekommt man noch alles erklärt, weil überall Führungen angeboten werden. Hier gibt es viele Wanderwege, eine Lagune, Urwald, Schildkröten, Krokodile und sehr aggressive Mücken bei über 30 Grad Hitze.

Abends nehme ich in einem kleinen Restaurant an der Plaza Abschied von Santa Cruz.

Ich habe beschlossen, auch nach Sucre das Flugzeug zu nehmen. Die Busse brauchen zehn Stunden, fahren meist über Nacht, was in Bolivien nicht unbedingt empfohlen wird und haben oft keine Toilette. Das Flugzeug braucht nicht mal eine Stunde und ist auch nicht so viel teurer.

Sucre liegt auf 2.790 Meter Höhe. Ich kaue Kokablätter, habe ein leichtes Kribbeln in den Beinen, aber sonst keine Beschwerden wegen der Höhe – man muss langsam machen. Es ist ziemlich kalt, besonders nachts. Die Frau im Hostel ist supernett, ich bekomme drei Wolldecken aus richtig dicker Wolle – gemütlich. Heizung gibt es in Südamerika nur sehr selten in den Großstädten, in ländlicher Gegend gar nicht. Alpakawolle wärmt jeden und man gewöhnt sich gut daran, nachts viel anzuhaben. Ich hatte schon alle Kleider, die ich mit hatte, an, die Daunenweste und darüber noch die Daunenjacke.

In Santa Cruz habe ich mir einen Magen-Darm-Infekt geholt. Was heißt das für Bolivien? Erst mal wieder extrem vorsichtig sein. Das Essen auf Märkten oder von Ständen ist tabu, das Wasser wird zunächst auch mal für das Zähneputzen desinfiziert. Trinken tue ich es in Südamerika sowieso nicht. Ansonsten muss ich mich über verschiedene Sachen erst mal bei anderen Travellern, die hier schon länger sind, schlau machen.

Sucre ist eine tolle Stadt. Im Jahr 1991 wurde die Altstadt von der UNESCO als Weltkulturerbe anerkannt. Geprägt ist das Bild durch eine Vielzahl gut erhaltener Häuser aus dem 18. Jahrhundert, prächtige Kolonialbauten und die berühmten 20 weißen Kirchen, die alle in einem relativ guten Zustand sind.

Sucre ist die verfassungsmäßige Hauptstadt Boliviens, aber mehr als der Oberste Gerichtshof ist hier nicht zu finden. Alles andere wird von La Paz aus geregelt.

Besonders wichtig war das Jahr 1809 für die Stadt, als hier General Don Antonio José de Sucre den Kampf um die Unabhängigkeit Boliviens begann. Ihm zu Ehren erhielt die Stadt auch ihren Namen.

Die weiß getünchten Häuserfassaden und die entspannte Atmosphäre in den Gassen sowie die vielen gepflegten Plätze und Parkanlagen laden zum Verweilen ein. Sucre gilt als die schönste Stadt Boliviens und als die besterhaltene Kolonialstadt Südamerikas. Das glaube ich gerne, wenn ich hier so herumschlendere.

Sie haben so viel Gold in ihren Kirchen – ein unglaublicher Reichtum.

Frühmorgens ist es sehr kalt. Da macht es keinen Sinn, früh aufzustehen.

Ich weiß jetzt endlich, was ein durchgelegenes Bett ist. Durchgelegen ist gar kein Ausdruck, dass es so was überhaupt gibt. Ich probiere mit zwei Wolldecken das Loch zu stopfen. Außerdem haben sie eine Art Plastiklaken, wie im Altenheim über dem normalen Laken. Das entferne ich erst mal, schließlich bin ich nicht inkontinent. Eine Bettlampe gibt es nicht. Um mich zurechtzufinden benutze ich den Fernseher als Lampe, den kann ich vom Bett an- und ausmachen. Dafür hat das Zimmer sogar noch einen Vorraum, ist riesig und die Leute sind absolut nett. Aber ich schlafe schlecht wegen dieser blöden Matratze. Das erste Mal.

Ich treffe Christian, den Bulgaren, wieder und wir erzählen uns, was wir inzwischen gemacht haben.

Mit ihm gehe ich die Stadt besichtigen; wir trinken ein Maisbier und essen etwas auf dem Markt. Auf jedem größeren Markt oder in jeder größeren Markthalle gibt es kleine Stände, vor denen man sitzen kann, mittags, und meistens köstliches, spottbilliges Essen bekommt. Was gekocht ist, kann man beruhigt essen. Ich schwärme für die Suppen. Sie sind groß, reichhaltig, meist mit Kartoffeln, Avocado und Fleisch und wunderbar gewürzt.

In Südamerika ist die größte Gefahr, von einem Auto überfahren zu werden. Fußgänger haben keine Rechte, niemand hält für sie, niemand fährt langsamer, wenn sie die Straße überqueren. Es ist unglaublich. Heute wäre es mir beinahe passiert. Ich war in Gedanken. Ich habe großes Glück gehabt, man darf nie in Gedanken sein, wenn man eine Straße überquert. Es gibt Zebrastreifen, aber sie haben keinerlei Bedeutung.

Die Kirchen und Museen sind alle vom Feinsten und ungeheuer interessant. So lerne ich viel über Bolivien.

Am nächsten Tag gibt es anlässlich des Nationalfeiertags Umzüge. So etwas habe ich noch nicht gesehen. Diese Umzüge dauern immer mehrere Tage. Heute sind die Kinder dran. Tausende Kinder von insgesamt über 70 Kindergärten ziehen bei Musik und Jubel, in bunte Uniformen gekleidet, durch die Straßen, den ganzen Tag. Die Kinder sind anrührend, kleine Kinder, nicht alle haben Lust und Ausdauer. Man sieht auch viele arme Kinder, aber Bolivien hat viel für das Sozialsystem getan. Alle Kinder können einen Kindergarten besuchen, sofern die Eltern sie denn dann auch hinschicken.

Außerdem gibt es Musik, Tänze, aber auch Demonstrationen und Barrikaden. Die Stadt ist voll mit Menschen, Indigenas in ihren unterschiedlichen Trachten, die Frauen mit den vielen weiten Röcken. Ein schönes Bild und ich mache tausend Fotos und das ist für die Menschen hier in Ordnung, zum

Teil präsentieren sie sich stolz. Sonst ist das nicht so und es ist angeraten, weil respektvoll, dass man die Menschen fragt, bevor man sie fotografiert, und viele sagen nein. Insbesondere auf den Märkten mögen es die Frauen nicht.

Ich bin mächtig stolz auf mich, denn ich bin mit Christian und einem Bolivianer fast zehn Kilometer einen Inka-Trail gewandert auf 3.800 Meter Höhe. Es ging gut. Ich brauchte keine Soroche-Pillen. Ich komme gut mit der Höhe klar und gewöhne mich relativ schnell daran. Aber wandern in dieser Höhe ist, zumindest für mich, schon eine Herausforderung.

Die Landschaft ist traumhaft, die indigenen Dörfer wirken einfach, ursprünglich. Diese andere Kultur interessiert mich sehr. Die Menschen sind freundlich und erzählen, wenn man sie fragt. Sie sind stolz auf ihre Kultur. Allerdings muss man Spanisch können, was sie verstehen, obwohl die meisten Quechua sprechen.

Mit noch ein paar anderen Touristen besuchen wir ein Dorf, in dem eine kleine Community Indigenas lebt. Eine ältere Frau und ein Mann zeigen uns, wie sie Landwirtschaft betreiben. Während sie sprechen, stellen sich zwei Touristen in geringem Abstand vor sie und ziehen ihre Teleobjektive aus und „schießen sie damit ab". Genauso sieht es aus und so wirkt es. Ohne zu fragen und jeder merkt, wie unangenehm es besonders der Frau ist. Sie schaut auf den Boden und zittert. Die Respektlosigkeit der Postkolonialmenschen ist doch unglaublich. Mir reicht es und ich spreche diese Touristen an und sage meine Meinung dazu. Es kommt nur ein läppisches „das ist doch normal".

Ich weiß mal wieder, warum ich alleine reise. Ich wollte nicht in einer Gruppe mit solchen Touristen sein.

Ich treffe eine Schweizerin und eine Italienerin im Hostel und wir tauschen uns aus über die große Salzwüste, Salar de Uyuni, ein Wunder in Bolivien. Sie waren schon dort und es ist nicht so einfach hinzukommen. Man kann es nur mit einer Tour mit Jeep machen und muss auch die Unterkunft organisieren lassen. Neben den fantastischen Landschaften, durch die man auf diesem mehrtägigen Ausflug reist, ist es dort bitterkalt, Minusgrade nachts und eine Heizung in einer Unterkunft gibt es wohl nicht.

Am nächsten Tag weitere Umzüge, Musik, volle Straßen und überall wird irgendetwas gebrutzelt. Ich habe Hunger. Es gibt einen Wurststand und es riecht so gut da. Ich sage mir, nein, auf der Straße so eine Wurst, das sollte man in Bolivien nicht machen – aber mich überwältigt der Appetit und die Wurst, die allerdings sehr fettig ist, schmeckt prima. Schon lange habe ich nicht so eine gute Wurst gegessen.

Aber jeder Fehler auf so einer Reise rächt sich unmittelbar. Nachts geht es los mit Darmkrämpfen, es ist furchtbar, es dauert drei Tage. Es ist nicht unbedingt, dass das Fleisch nicht durchgegrillt ist oder schlecht. Es sind auch die speziellen Gewürze und das Fett, die unser Darm nicht kennt und nicht verträgt. Wenn man so eine Darmgeschichte hat, sieht man nur noch Dreck überall. Unglaublich, wie Krankheit die Wahrnehmung beeinflusst. Es soll mir eine Lehre sein.

Für die Salzwüste kaufe ich ein zweites Paar Handschuhe und eine zweite dicke Mütze und dann noch ein super dickes Thermohemd auf dem Kleidermarkt. Ich will es anprobieren, aber die Verkäuferin ist absolut sicher, dass es passt – und sie hat recht.

Es gibt hier alles.

Mit dem Bus geht es weiter, drei Stunden nach Potosi auf 4.070 Meter Höhe, durch eine spektakuläre Landschaft.

In meinem Hostel lerne ich ein nettes deutsches Paar kennen. Abends kochen wir zusammen Spaghetti und machen es uns gemütlich. Es wird hier richtig kalt und da hat keiner Lust essen zu gehen. Also gibt es das Standardgericht. Ich habe aber gar nicht gewusst, was man so aus Spaghetti alles machen kann. Zuhause esse ich sie nie. Und die beiden können es richtig gut.

Es gibt hier riesige Unterschiede zwischen Tages- und Nachttemperaturen, bis zu 25 Grad. Tags kann es sehr warm werden und nachts friert es. Man nennt das Tageszeiten-Klima, zuzurechnen den sogenannten Kalttropen.

Das Hostel hat eine große Küche für alle, ist etwas abgewohnt, hat aber eine Heizung und einen Safe. Für mich neu. Da wenige Gäste da sind, habe ich mir ein Zimmer aussuchen können. Die Katze heißt Thomas und ist hier der Chef. Sie schafft es immer wieder auf mein Bett und immer wieder trage ich sie dann zur Rezeption. Ich habe doch Angst vor Flöhen.

Potosi liegt am Cerro Rico, das heißt reicher Berg. Schon die Inka haben hier Silber abgebaut. Von den Silber- und Zinnvorkommen, die im 17. Jahrhundert die Stadt so reich gemacht haben, leben die Einwohner heute noch. Das Silber war die Hauptquelle des spanischen Silbers, mit dem sie ihre Münzen prägten. 1572 wurde die Casa Real de la Moneda, die königliche Münze, gebaut, die zu besichtigen heute noch viel über die Geschichte Potosis erzählt. Die indigenen Zwangsarbeiter, die vielfach nicht aus dem Hochgebirge stammten, kamen zu Tausenden in den Minen zu Tode. Die Hochgebirgssteppe um Potosi ist eine unwirtliche Lebensumgebung.

Die wunderschönen Kolonialhäuser im Zentrum der Stadt stammen aus dem 17. und 18. Jahrhundert und gehören zum UNESCO-Weltkulturerbe. Verlässt man das Zentrum, wird es ärmlich. Die Häuser sind dann in Adobe-Bauweise erstellt.

Besonders in Bolivien habe ich viele Häuser gesehen, die aus Adobe-Ziegeln gebaut sind. Die Bewohner formen Lehmziegel, meist mit der Hand, und lassen sie dann an der Luft trocknen. Das ist nicht teuer und insbesondere in den Dörfern findet man diesen Baustoff überall. Dieser hält nicht so lange.

Auch heute noch leben die Menschen vom Bergbau. Etwas anderes ist in dieser Landschaft und dieser Höhe nicht zu erwirtschaften. Das kann man gut vom Flugzeug aus erkennen. Die Stadt liegt inmitten einer kargen Steppe. Abgebaut werden Zinn, Kupfer und Silber unter nach wie vor schwierigsten und unsicheren Arbeitsbedingungen. Obwohl Kinderarbeit in Bolivien offiziell verboten ist, arbeiten viele Kinder in den Minen.

Stadttouren mache ich mit und ohne Führungen. Es lohnt sich absolut, die Prachthäuser und Kirchen zu besichtigen.

Im Klosterkonvent Santa Teresa leben heute noch fünf Nonnen. Ich bekomme eine zweieinhalbstündige Einzelführung. Es gibt unglaubliche Goldschätze und Kunstwerke in diesen Kirchen.

Treppensteigen auf die Kirchtürme geht nur sehr langsam. Da spüre ich die Höhe und komme mir vor wie eine alte Oma. Man kann bis zu den Glockentürmen aufsteigen in einer unglaublichen, nicht ungefährlichen Kletteraktion. Abgesichert ist hier gar nichts. Das geht alles auf eigene Verantwortung. Und dann steht man neben so einer Glocke, da, wo die Tauben wohnen, und hat einen grandiosen Blick bei blauem Himmel auf die Stadt und die vielen weißen Häuser. Dieses Bild werde ich wohl niemals wieder vergessen.

Auch vom Mirador des Konventes San Francisco gibt es so einen fantastischen Blick auf diese schöne Stadt, die vielen Kirchen und den Silber-Berg.

Abends habe ich an einem Gottesdienst teilgenommen, es sind viele Kinder in der Kirche. Sie dürfen während des Gottesdienstes schreien und toben und herumlaufen und spielen, da stört sich keiner dran. Kinder gehören hier zum Leben. Bei uns ist das doch sehr anders.

Katholizismus in Südamerika, das ist ein eigenes Kapitel. Oft habe ich Gläubige in den Kirchen gesehen, kniend vor bluttriefenden Jesusfiguren, vor sich geißelnden Abbildern.

Immer habe ich den Eindruck, dass diese Menschen jedwede Selbstverantwortung aufgeben, in einer Art Hilflosigkeit verfangen sind und in Erwartungshaltung, in Abhängigkeit von den Versprechungen der katholischen Kirche.

Ich finde das grausig, schrecklich, ein Bild des Leidens ohne Ende, der Schuld des Menschen. Ich werde nie einen Zugang zu diesen Bildern von Dauerleiden und Schuld finden und ich will es auch gar nicht und es macht mich gar wütend, dass man die Menschen in eine solche Verfassung missioniert hat.

Das Hostel ist nicht so mein Fall, ein älterer Mann macht das Frühstück.

Ich gehe zur Küche und frage, ob er Salz hat. Da schreit er mich an, ich solle die Küche verlassen in einem Ton, wie sie vielleicht hier ihre Hunde anschreien. Das reicht mir jetzt und ohne zu überlegen schreie ich zurück, dass er so nicht mit mir zu reden hat. Irgendwie hat es das Fass für mich zum Überlaufen gebracht.

Dem Mann fiel bildlich der Kinnladen runter. Das hat er wohl auch noch nicht erlebt von einer Touristin oder überhaupt von einer Frau.

Die folgenden Tage hat er sich nicht mehr blicken lassen und eine Frau, wahrscheinlich seine sehr nette Ehefrau, hat das Frühstück gemacht. Ich habe das Gefühl, dass man sich nicht alles bieten lassen muss in Südamerika und habe mit deutlichen Ansagen gute Erfahrungen gemacht, denke aber, dass junge Frauen da eher vorsichtiger sein müssten. Gekränkte Machos werden schnell gewalttätig.

Und am nächsten Tag wechsle ich das Zimmer, nachdem die Heizung versagt hat und es horrend kalt in der Nacht war. Draußen waren Minusgrade und da haben auch die dicken Decken nicht gereicht.

In Richtung Minen laufe ich allein. Ich habe mich nicht für eine Tour in die Minen entscheiden können, weil das sehr eng und nicht ungefährlich ist. Es gibt keine Sicherheit dort. Die jungen Leute stört das nicht, aber ich möchte doch dieses Risiko nicht eingehen. Bei jeder Tour bringt man den Minenarbeitern in der Regel ein Geschenk mit, das aus Dynamit besteht, damit sie wieder ein Stück sprengen können, und Cocablätter, die sie ständig bei ihrer Arbeit kauen, um das überhaupt durchhalten zu können.

Je mehr ich mich dem Berg nähere, desto ärmlicher wird die Gegend. Ich habe das Gefühl, ich muss hier besonders aufmerksam sein. Ich kann die Schächte sehen und dort steht auch ein großes Denkmal für die Minenarbeiter. Sie haben hier ihren eigenen Kosmos, besonders auch ihre eigenen Märkte, auf denen man alles, was man für die Minen braucht, kaufen kann, besonders eben auch Dynamit und Cocablätter.

Minenarbeit ist eine elend harte Tätigkeit. Die Lebenserwartung ist gering und viele werden früh krank.

Dann habe ich meine Tour zur großen Salzwüste, Salar de Uyuni gebucht.

SALAR DE UYUNI

Der Expresso de 11 Julio, so heißt die Busgesellschaft, bringt mich von Potosi nach Uyuni.

Im Hostel in Potosi sagt man mir heute Morgen, Frühstück gäbe es später, weil heute Samstag ist und man solle ruhig sein, weil die Bolivianer länger schlafen. Das ist Südamerika. Mein Bus fährt aber um 9 Uhr. Wahrscheinlich dann auch später, weil heute Samstag ist. Es ist wie es ist.

Alle haben gesagt, dass es in Uyuni so kalt ist. Ich ziehe gleich mein Thermohemd an. Wieder geht es durch eine traumhafte Landschaft. Meinen kleinen Koffer haben sie in den bolivianischen Bussen ziemlich malträtiert, aber der Ausblick auf die Natur entschädigt für alles, unvergleichlich – und das Beste sind die Busfahrten. Ein Fensterplatz und es ist wie in einem Naturfilm. Nachteil: In bolivianischen Bussen gibt es häufig keine Toilette. Da muss alles gut geplant sein, weil ja auch in den kurzen Pausen vor dem Weiterfahren nicht durchgezählt wird, ob alle da sind. So wurden Touristen schon beim Stopp vergessen. Also, an solchen Tagen erst mal nichts trinken.

Vier Stunden dauert die Fahrt.

Uyuni ist eine trockene Staubstadt ohne Grün auf 3.675 Meter Höhe. Mittendrin ein super sauberes, großes tolles Hotelzimmer. Unglaublich. Ein Stilbruch sondergleichen, aber ich genieße es. Die Leute sind außerdem so freundlich.

Ich habe meine Tour in den Salar bezahlt und noch einiges eingekauft: Fünf Liter Wasser soll jeder mitnehmen, Desinfektionsgel für die Hände. Wir fahren in einem geländegängigen Fahrzeug in die Salzwüste, fünf Touristen. Es gibt dort nichts zu kaufen. Zwei Übernachtungen in Herbergen in der Kälte, wohl ohne Heizung.

Pickup ist morgen früh. Ich bin sehr gespannt, auch auf die anderen Mitreisenden. Man kann zu den Salzwüsten nur mit einer gebuchten Tour fahren. Von denen gibt es viele im Angebot in Uyuni, viele Agenturen, gute und schlechte. Man muss fragen nach Erfahrungen von anderen, um etwas Geeignetes zu finden.

Das eine Kriterium ist das Auto, das in einem guten Zustand sein muss. Man soll es sich vorher ansehen – bloß verstehe ich von Autos nun gar nichts. Ich kann nur nach dem Reifenprofil schauen. Das andere Kriterium ist das absolute Alkoholverbot für den Fahrer. In früheren Zeiten haben die Fahrer wohl getrunken und dann wurde es gefährlich. In diesem unwirtlichen Gelände und in den Salzwüsten ist doch eine gute Fahrkunst Voraussetzung. Es gibt keine Straßen, man fährt quer durchs Gelände.

Ich nehme nur das Nötigste mit, die warmen Sachen. Der Rest bleibt die drei Tage im Hotel.

Der Salar de Uyuni ist die größte Salzwüste der Erde. Sie liegt auf einer Höhe von 3.663 Metern. Früher war hier ein See und als der austrocknete, blieb das Salz zurück. Das Weiß erstreckt sich fast über 11.000 Quadratkilometer mit einer Länge von etwa 150 Kilometer und einer Breite von etwa 135 Kilometer. Das alles sieht aus wie Schnee. Den Anblick kennen wir, den von Salz nicht, aber es ist auch schneeweiß.

Der Führer sagt, hier lagern zehn Milliarden Tonnen Salz. Unvorstellbar. Ein sehr kleiner Teil davon wird abgebaut.

Der Salzsee von Uyuni beherbergt eines der weltweit größten Lithiumvorkommen. Das ist ein großer Reichtum für Bolivien, allerdings ist der Abbau sehr schwierig und auch umweltschädlich, weil er viel Wasser verbraucht. Und das ist auf dieser Höhe Mangelware und für das Überleben der indigenen Völker lebensnotwendig. Aus diesem Grund gibt es Widerstand gegen geplante Projekte zur Bergung dieses wirtschaftlich so bedeutenden Schatzes.

Obwohl in dieser unwirtlichen Mondlandschaft kaum Leben möglich ist, haben sich zahlreiche Flamingos angesiedelt.

Außer mir sitzen noch vier sehr junge Asiaten im Wagen, zwei aus Hongkong und zwei aus Taiwan, zwei Frauen und zwei Männer. Keiner spricht englisch oder spanisch, sie unterhalten sich auf Mandarin. Das ist blöd für mich und schränkt den Kontakt ein.

Die Landschaften sind so berührend, man kann es gar nicht glauben, was man da sieht, alles weiß, es sieht aus wie Schnee, wie ein riesiger Eissee, aber es ist alles Salz. Man kann es gut befahren. Als wir aussteigen und ich mich einmal um mich selbst drehe, ist alles nur weiß, der weiße Horizont geht in den blauen Himmel über. So etwas sehe ich zum ersten Mal und kann es deswegen in keinerlei gewohntes Muster einordnen.

Dann stoppt der Fahrer: drei Stunden Pause zum Fotografieren. Warum das? Wir brauchen doch nicht drei Stunden, um Fotos zu machen, um Weiß zu fotografieren. Doch – die jungen Leute brauchen das. Ich traue meinen Augen nicht. Der Fahrer packt Spielzeug aus. Kleine Dinosaurier aus Plastik und sonstige Teile. Die Asiaten positionieren sich und der Fahrer macht surreale Fotos. Mit dem Hintergrund nur Weiß ist vieles möglich. Ich fasse es nicht. Auch hier geht es wieder um Ego-Fotografie und Selfie-Wahn. Ich bin stinksauer. Ich will die Natur sehen. Für die Asiaten ist dies der Höhepunkt der Tour: die Inszenierung des Selbst, mit Verkleidung und ohne, und ich weiß nicht was und mit Dinosauriern auf den Händen.

Ich teile dem Fahrer mit, dass ich jetzt in die Wüste wandere und er mich nach zwei Stunden wieder abholen kann.

Keiner versteht, warum ich dieses Fotografieren nicht geil finde.

Und dann gehe ich ins Weiß. Ganz allein und alles weiß, nur Weiß, bis zum Horizont und niemand mehr da. Ich drehe mich um mich selber und alles ist nur weiß. Es gibt kein oben, kein unten, keinerlei Orientierung. Und dann die Stille, es ist absolut still, kein Mensch außer mir, kein Tier, keine Wolke am Himmel, kein Wind, Sonne ja. Kein Geräusch.

Wo bin ich? Auch die Zeit verschwindet. Nirwana. Auch die Leere im Kopf, im Weiß verschwinden die Gedanken, sie ziehen durch meinen Kopf durch ins Weiß hinein und ich komme in einen meditativen Zustand, während ich langsam laufe, ohne Richtung, ohne Ziel. Was mir in Deutschland mit den Übungen zur Zen-Meditation immer nur schwerlich gelungen ist, passiert hier einfach.

Das Ich verlieren, im Hier und Jetzt sein, diese Selbstverständlichkeit. In unmittelbarer Berührung mit der Natur – eine Verschmelzung. Die absolute Stille im absoluten Weiß. Wenn ich mich verliere und die Zeit verliere und den Kontext verliere, absolut keine Distanz mehr habe. Was ist das? Alles oder Nirwana? Ein unglaubliches Erlebnis. Das wollte ich doch: – zeitlos sein. Das ist es.

Das nehme ich mit, nachdem mich tatsächlich nach etwa drei Stunden der Fahrer wieder aufliest. Gott sei Dank hupt er nicht, sondern bringt mich freundlich respektvoll durch leise Ansprache wieder in die Realität zurück. Und bin ich froh, dass er mich gefunden hat. Ich hätte das Auto nicht mehr gefunden.

Es ist bitter kalt. Das Licht ist gleißend. Mir schmerzen die Augen und fangen an zu brennen trotz guter Sonnenbrille. Ich reibe mich noch einmal mit Sonnencreme Schutzfaktor 50 ein. Man spürt die Gefahr der Sonne auf der Haut.

Die Fahrt führt über 5.000 Meter Höhe. Ich vertrage das ganz gut, obwohl ich beim Laufen ins Schnaufen komme.

Mittags erreichen wir ein Salzhotel. Alles ist aus Salz gemacht. Der ganze Bau und die Einrichtung, alles weiß. Wir sitzen an Salztischen auf Salzstühlen und essen das, was der Fahrer mitgebracht hat und uns zubereitet. Es schmeckt gut und ist gesund: Salat, Brot, Avocados, Früchte und Säfte.

Ich bin etwas durchgefroren.

Nach dem Essen besichtigen wir einen Eisenbahn-Friedhof. Seit der Einführung der Eisenbahn in Bolivien wurden alle ausgemusterten Züge hier gelagert. Erneut Selfie-Wahn mit ein bisschen Eisenbahn im Hintergrund.

Die Insel Incahuasi „Haus des Inka" auf 3.653 Meter liegt mitten auf dem Salar. Hier wachsen riesige Kakteen, die bis zu zwölf Meter hoch werden. Felsformationen werfen auf dem Weiß geheimnisvolle Schatten.

In der Unterkunft abends kommen wir erst im Dunkeln an. Ich habe ein Einzelzimmer. Das ist gut. Wir haben dicke Schlafsäcke mitgebracht und es gibt eine sehr schwere Wolldecke oben drüber. Trotzdem trage ich alle meine Kleider im Schlafsack und so geht es einigermaßen bei Minusgraden durch die Nacht. Das „Rausschälen" morgens und die Katzenwäsche mit Eiswasser sind ungemütlich, aber danach bin ich wach und brauche viel Kaffee zum Aufwärmen.

Wir sind früh aufgestanden und die Fahrt geht weiter durch die Wüstenlandschaft, über die Berge. Wir besuchen kleine Dörfer, Pueblos, sehen viele Lamas und erreichen vier Lagunen, jede in einer anderen Farbe, bedingt durch die unterschiedlichen Minerale. Überall Flamingos, die durch die Lagunen ziehen. Vier verschiedene Sorten von Andenflamingos gibt es. Es sind so friedliche Bilder. Auch Vincunas kreuzen. Eine erkennbare Straße findet sich meist nicht. Wenn wir Pause machen, kommen die Füchse. Sie erhoffen sich einen Happen Fressbares, zum Beispiel ein vom Essen übrig gebliebenes Hühnerbein.

Weiter geht es an unterschiedlichen Stein- und Lavaformationen und Vulkanen vorbei.

Dann kommt wieder eine kalte Nacht, aber reichhaltiges Essen zum Abend und sogar Rotwein. Davon kann ich bestimmt gut schlafen.

Morgens ist extrem frühes Aufstehen angesagt, um bei Sonnenaufgang das Dampfen der Geysire zu erleben. Grandios – ein Filmszenario.

Dann kommen noch mehr Geysire und heiße Quellen, in denen man baden kann. Viele steigen ins heiße Wasser. Ich kann mich nicht entschließen. Nach Verlassen des wärmenden Nass ist es dann doch bitterkalt. Und ich bin gerade so schön warm in meinen Thermosachen.

In der Reserva Nacional der Fauna Eduardo Avaroa, ein Naturschutzgebiet, erwarten uns weitere unglaublich schöne Lagunen. Alles wie aus einem Hochglanzprospekt, aber, so würde ich behaupten, noch schöner. So schön, das kann man nicht einmal mit einer Fotobearbeitung erreichen.

Der Blick über die Lagunen, die Berge, auf dieser Höhe und dann der Blick in den Himmel, das ruft in mir eine ungeheuer starke Sehnsucht hervor – aber wonach?

Vielleicht nach der Verschmelzung mit dieser Natur. Das wäre der Tod, verbunden mit dem Gefühl eines unendlichen Friedens, der Ruhe und einem eigenartigen Zustand der Geborgenheit. „Erde zu Erde", das ist es irgendwie, es ist eine Art Glücksgefühl, ein Ende jeder Art von Leiden. Ist das ein religiöses Gefühl? Ich weiß es nicht, aber ich möchte es behalten und mich immer wieder daran erinnern können.

Dann geht es zurück in die verstaubte Stadt Uyuni in mein Hotel. Ich habe ein anderes Zimmer, es ist riesig. Ich schlafe mich so richtig aus nach einer ewig langen heißen Dusche.

Eine grandiose Reise ins Weiß.

LA PAZ

Von Uyuni fliege ich nach La Paz. Das Flugzeug hat Verspätung, aber die wolkenfreie Aussicht ist dann so beeindruckend, dass alle anderen Unwegsamkeiten vergessen sind. Nicht mal eine Stunde dauert der Flug. Der Anflug ist grandios, so wie sie liegt, in diesem Kessel zwischen den hohen Bergen und den tausenden Häusern an den Berghängen. Vom Flugzeug aus hat man diesen Blick auf den Huayna Potosi, den Sechstausender, Hausberg von La Paz, mit seiner imposanten Eiskappe. Die Stadt liegt auf der Hochebene der Anden in einer Höhe von 3.200 bis 4.100 Metern.

Bis 1985 war El Alto ein Stadtteil von La Paz. Die inzwischen eigenständige Stadt El Alto, in deren Hintergrund der schneebedeckte 6.438 Meter hohe Berg Illimani aufragt, ist die ärmere Gegend im Hochland. Hier findet jeden Donnerstag und Sonntag der größte Freiluftmarkt der Welt statt. Auf einer Fläche von fünf Quadratkilometern bietet der Markt alles, was man sich nur vorstellen kann. In El Alto habe ich gesehen, wie Menschen die Lebensmittelabfalltonnen umkippen und in dem ausgeleerten Matsch nach Essbarem suchen. Ein schrecklicher Anblick.

La Paz selbst liegt in einem Talkessel mit einem geschützteren Klima. Über La Paz heißt es immer: Es liegt so hoch, es ist so arm, es ist so gefährlich. Vielleicht stimmt das alles, aber für mich ist La Paz die verrückteste Stadt, die ich erlebt habe: fantastisch, aufregend, freundlich. Ich habe mich absolut in diese Stadt verliebt mit all ihren Widersprüchen und in diese Stadt würde ich immer zurückkehren. Ich war drei Mal dort, habe es als Ausgangspunkt zum Amazonasgebiet genommen, bin zurückgekehrt, bin zum Titicacasee gefahren, bin zurückgekehrt und bin dann nach Chile weitergereist. Und jedes Mal habe ich mehrere Tage in La Paz verbracht und immer neue, aber auch vertraute Plätze aufgesucht.

Das fantastischste an La Paz aber ist die Seilbahn, Teleférico. Die Gondelbahnen verbinden La Paz mit El Alto. Gebaut von einem Österreicher Unternehmen, führen sie, wenn man will, den ganzen Tag auf verschiedenen Routen von einem Stadtteil zum anderen hoch über La Paz, sodass man immer diesen wunderschönen Blick hat, von einem Berg zum anderen, ins Tal schauend und die unendlich vielen Häuschen an den Berghängen, auch Armenviertel, direkt unter sich, auf die Balkone der Häuser blickend, auf die Märkte und die wuselige Innenstadt. Die Höhenunterschiede in La Paz zwischen den weiter talabwärts gelegenen südlichen Stadtteilen mit vielen Villen und dem Stadtrand am oberen Ende des Talkessels betragen fast 1.000 Meter. Das führt zu diesen spektakulären Ausblicken von der Seilbahn aus. Es gibt verschieden farbige Linien in unterschiedliche Richtungen. An vielen Endstationen kann man in einem Café sitzen und von dort den Blick hinunter ins Zentrum genießen. Ein einmaliges Erlebnis.

Je höher die Lage, desto ärmer die Bewohner und desto rauher und kälter das Klima.

Aber auch zu Fuß die Stadt zu erobern, ist aufregend, allerdings auch anstrengend. Es geht die Straßen und Sträßlein rauf und runter und ich komme kräftig ins Schnaufen bei dieser Höhenlage. Alles geht nur noch in Zeitlupe.

Im Vergleich zu anderen südamerikanischen Großstädten wie Santiago de Chile oder Buenos Aires merkt man, dass in diesem Land etwa 50 Prozent der Bevölkerung Indigene sind.

Verkauft wird auch in dieser Großstadt vieles auf der Straße. Meist indigene Frauen sitzen dort und haben ein kleines Sortiment, das sie anbieten. Man bekommt alles! Insbesondere alles, was man für das tägliche Leben braucht: Niveacreme, Schnürsenkel, Streichhölzer, Lebensmittel, Süßigkeiten, Getränke, Batterien und vieles mehr. Das ist wie ein einziger großer Markt. Ich suche ein Metermaß. Ich brauche bloß zu fragen, eine der Frauen hat so etwas, sie haben alles. Außerdem gibt es hier unglaublich leckere verschiedene Brötchen.

Immer sind unzählige Menschen unterwegs: jeden Tag Demonstrationen, Musikkapellen, Fiestas, Indigene, Touristen, Bettler, Kinder, Spinner, Hunde, Geschäftsleute und so weiter.

Bolivianische Tänze kann man nicht nur bei den zahlreichen Folklore-Umzügen sehen, sondern auch im Teatro Municipal oder in der Casa de la Cultura.

Ich wohne in einem Boutique-Hotel, einem wunderschönen Kolonialhaus in der Altstadt, mitten im historischen Zentrum und kann die Sehenswürdigkeiten prima zu Fuß erreichen.

Es ist ein netter kleiner Familienbetrieb. Mein Zimmer, ein großer hoher Raum, ist ausgesprochen geschmackvoll bestückt mit alten Erbstücken aus der Kolonialzeit und viel Kunst an den Wänden. Und so fühle ich mich sofort wohl hier. Es hat einen kleinen Heizkörper. Der Traveller als solcher freut sich auch deshalb über so etwas, weil er in dieser Kälte seine Sachen trocknen kann, die sonst nicht trocken werden. Das ist zwar nicht erlaubt, wenn ich aber daneben sitze, dann habe ich es mir gestattet. So etwas ist ungeheuer wichtig auf so einer Reise.

Die Heizung habe ich immer an und genieße diesen Komfort. Hier auf dieser Höhe ist es ziemlich kalt, besonders nachts.

Die meiste Zeit bin ich der einzige Gast und bekomme ein individuelles Frühstück von einem älteren Herrn zubereitet. Jeden Morgen fragt er mich, was ich möchte. Die Auswahl ist groß: Früchte, frische Säfte, verschiedene Brötchen, Schinken, Käse, Eier in jeder Form, Kuchen, den gibt es in Südamerika immer, Kaffee, Tee, Milch. Und alles bereitet er selbst liebevoll vor, er schält und schneidet das Obst und verziert das Rührei mit Tomatenstückchen. Den Kaffee gießt er selbst nach und fragt zwischendrin, ob ich zufrieden bin.

Ich erzähle ihm von Deutschland. Er ist neugierig und manchmal setzt er sich dann beim Frühstück dazu und trinkt auch eine Tasse Kaffee. Eine sehr angenehme Gesellschaft und ich kann ihn alles über Bolivien fragen und erfahre viel mehr als in jedem Reiseführer steht. So dauert das Frühstück hier oft länger.

In La Paz habe ich mich immer sicher gefühlt. Natürlich gibt es Ecken, in die man nicht gehen sollte. In El Alto zum Beispiel und natürlich gehe ich nicht nachts im Dunkeln irgendwo hin. Aber das vermisse ich auch nicht.

Meist bin ich abends todmüde und gehe früh schlafen. Ich stehe dann auch früh auf und genieße den Morgen immer besonders. Da ist so eine Stadt nochmal völlig anders als abends. Ganz früh sind die Straßen noch nicht überfüllt und es ist so etwas Wunderbares, wenn so eine Millionenstadt langsam erwacht.

Von La Paz möchte ich zwei sternförmige Abstecher machen: in den Urwald nach Rurrenabaque fliegen, zurückkehren und dann nach Copacabana zum Titicacasee und auch zurückkehren. Die Abstecher sollen jeweils ein paar Wochen dauern. Das werde ich heute organisieren.

Das Gepäck kann ich in diesem Hotel lassen und brauche nur das, was ich wirklich benötige, mitnehmen.

Fast jeden Tag besuche ich ein Museum. Im archäologischen Museum informiere ich mich über die Tiwanaku-Kultur, eine Prä-Inka-Kultur, die rund um den Titicaca-See in der Zeit von

1500 v. Chr. bis 1200 n. Chr. existierte. Die Ruinen von Tiwanaku sind ganz in der Nähe, nur eine kleine Busfahrt entfernt. Sie zählen zu den wichtigsten archäologischen Stätten Boliviens und gehören seit dem Jahr 2000 zum Weltkulturerbe der UNESCO. Einzigartig ist die Steinbearbeitung und die besondere Architektur. Beim Besuch lerne ich Monika kennen. Sie ist auch in meiner kleinen Gruppe. Wir haben noch einen Führer dabei. Sie ist Deutsche, sie arbeitet ein Jahr lang im Amazonasgebiet von Bolivien als Lehrerin bei der Organisation Eirene. Sie unterrichtet Englisch. Sie hat gerade Urlaub und besucht La Paz. Es ist interessant, was sie macht, wir verstehen uns gut und wenn ich ins Amazonasgebiet reise, ganz in die Nähe von ihrem Einsatzort, wollen wir uns dort wieder treffen. An der geführten Tour nehmen noch zwei Brasilianer, zwei Iren und zwei US-Amerikaner teil.

Diese geführten Touren sind meist international bestückt. Deutsche treffe ich hier sonst fast überhaupt nicht.

Auf der Fahrt können wir den schneebedeckten Mount Potosi sehen. Manche Traveller besteigen ihn.

Am nächsten Tag geht es zum Mercado de las Brujas, dem sogenannten Hexenmarkt. Hier gibt es neben Schmuck, Textilien, Kunsthandwerk oder Musikinstrumenten, zum Beispiel aus Gürteltierpanzer gefertigte Mandolinen, in vielen verwinkelten kleinen Gässchen Kräuter, Figuren, Lamaembryos und vieles andere Kuriose, das die Aymara in ihren Ritualen und Zeremonien verwenden, um Pachamama zu opfern und zu huldigen. Dann decke ich mich noch mit Cocablättern gegen die Höhenkrankheit ein.

Auch hier wird eine Free-Walking-Tour angeboten. Treffpunkt ist um 10 Uhr an dem Platz, an dem die Gefängnisstadt San Pedro liegt, mitten in der Altstadt. Ein junger engagierter Guide führt uns. Er erzählt, dieses Gefängnis ist einmalig auf der Welt. Verurteilte Verbrecher werden hier eingesperrt, in einer eigenen Stadt, und versorgen sich selbst. Es gibt Läden, Wohnungen, Restaurants, Friseure, Wäschereien, alles, was es auch in einer normalen Stadt gibt, und es herrscht eine strenge Hierarchie. Die stärksten, wohl auch bedrohlichsten und betuchtesten Insassen haben die Macht. Es findet reger Drogenhandel statt. Die Familien können zu Besuch kommen. Der Staat mischt sich nicht ein. Wer kein Geld hat, hat Pech gehabt und wird natürlich für die verschiedensten Handlangerdienste ausgenutzt. Gesponsert wird einiges unter anderem durch Coca Cola. Dies bedeutet, dass nur Coca Cola getrunken werden darf, erzählt uns der junge Mann..

Vor ein paar Jahren war ein europäischer Häftling dort eingesperrt. Er hat sich sein Geld durch Führungen von Touristen verdient. Dies war dann aber so beliebt und gefragt, dass die Behörden es verboten haben. Es ist dies das verrückteste Gefängnis, von dem ich je gehört habe, so wie ich auch diese ganze Stadt als völlig crazy erlebe.

Die Bewohner von La Paz sind ausgesprochen freundlich und hilfsbereit und ich habe sie als sehr offen gegenüber Fremden erlebt.

Aber natürlich ist diese Stadt immer voller Menschen, laut, und es herrscht viel Verkehr. Das ist nicht ungefährlich für Fußgänger. Auch hier haben sie keine Rechte. Es wird für alles und gegen alles gehupt. Es gibt kaum ausreichende Bürgersteige.

Fährt man etwas in die Randgebiete, so fallen die Cholet-Gebäude des berühmten indigenen Architekten Freddy Mamani auf. Er gehört zu den Aymara und viele seiner Kunden auch. Die Aymara leben als Bauern und Viehzüchter in den Hochanden Boliviens, Perus und Chiles. Die Häuser sind von ihrer Kultur inspiriert, sie sind so bunt wie die Stoffe und Stickereien der Trachten oder die Ornamente wie Schmetterlinge, Schlangen und Kondore, die in den Mythen der Aymara eine wichtige Rolle spielen.

Manchmal erinnern die Häuser an die Bauten von Friedensreich Hundertwasser. Man nennt das neoandine Architektur.

Die Franziskanerkirche liegt am gleichnamigen Platz. Angeschlossen sind ein Museum und ein Kloster. Die barocke Gestaltung verbindet spanischen Stil mit indigenen Elementen.

Ich bekomme wie in jedem Museum und in jeder Kirche eine Privatführung. Die ist im Eintrittspreis enthalten und ich habe das Gefühl, die Menschen freuen sich, dass man Interesse an ihrem Land und an ihrer Kultur hat. Von oben habe ich einen traumhaften Blick auf die Altstadt.

So viel Prunk und Gold wie in den Kirchen der Franziskaner – übrigens in ganz Südamerika – habe ich kaum gesehen. Irgendwie passt dieser protzende Reichtum nicht zu einem Mönchsorden und in Südamerika schon gar nicht.

Diese ganze Missionierungsgeschichte stört mich immer wieder. Bei mir bleibt das nachhaltige Gefühl der Unanständigkeit.

Auf dem Platz gibt es ein kleines Restaurant und ich probiere Lama. Es ist sehr zart und schmeckt ausgezeichnet. Dazu gibt es Maniok.

Als ich wieder zur Hauptstraße komme, findet eine große Schülerdemonstration „Friday for future" statt. Wow, auch in Bolivien. Das berührt mich sehr. Ich laufe mit, ermutige und lobe die Kinder.

Bei der Einreise nach Bolivien gibt es an der Grenze erst einmal ein Touristenvisum für einen Monat. Das will ich heute verlängern und marschiere zur Immigration, aber, so sagt man mir, das sei noch zu früh, schließlich gelte es noch eineinhalb Wochen. Es wird erst kurz vor Ablauf verlängert. Das soll einer verstehen. Vier Tage vor Ablauf versuche ich es noch einmal, wieder die gleiche Antwort. Maximal zwei Tage vor Ablauf kann man es um nochmals zwei Monate verlängern.

Ich bin verärgert. Dann denke ich: naja, typisch deutsch oder typisch Ich, alles im Voraus und auf Nummer sicher gehen, aber das funktioniert eben in Südamerika nicht. Also werde ich wohl noch ein drittes Mal zu dieser blöden Immigration gehen müssen, aber erst einen Tag vor Ablauf.

Am letzten Abend melde ich mich zusammen mit einer anderen Frau aus einem Hostel für eine Cholita-Show in El Alto an. Wir werden mit dem Bus abgeholt und nach der Veranstaltung wieder zurückgebracht.

Um 20 Uhr geht es los. Es ist kalt. In einem großen Zelt findet sich eine beleuchtete Bühne in der Mitte wie für einen Boxkampf. Die Zuschauer sitzen drum herum. Nach lauter Musik und langer Ansage findet tatsächlich im Ring ein Kampf zwischen zwei Cholitas statt. Eine Art Ringkampf, bei dem es hart zur Sache geht zwischen indigenen Frauen in ihrer traditionellen Kleidung. Die indigenen Frauen tragen übrigens auf der Straße nach einer in den 1920er-Jahren aus Europa nach Südamerika importierten Mode Hüte. Die wurden ursprünglich für Männer entworfen.

Dies ist nun eine Kampfsport-Schau zwischen zwei Frauen. Zuschauer sind fast nur Touristen. Es wird geworfen, geschlagen, getreten, geschrien, an den Haaren gezogen. Die männlichen Touristen sind entsetzlich. Sie brüllen und verlangen nach mehr Aggression, sie geraten völlig außer Rand und Band. Wann sehen Männer schon mal, wie Frauen sich gegenseitig würgen, schlagen, treten.

Mir wird ganz schlecht, was da bei sogenannten zivilisierten Menschen, Männern, losgetreten wird, unglaublich. Es ist mir peinlich und ich finde es widerlich. Ich weiß, dass das Show ist, aber wie kann man mit dieser Aggression Show machen. Naja, Boxkämpfe sind genauso und die finde ich genauso schrecklich. Meine Begleiterin empfindet das auch so. Wir denken, hier wird Frauenfeindlichkeit angestachelt. Übrigens sehen das ein paar andere Besucherinnen auch so. Viele Frauen verlassen die Veranstaltung vorzeitig und warten draußen, bis es vorbei ist und der Bus wieder zurückfährt.

Obwohl doch eigentlich das Ganze in Bolivien als soziales Projekt für Opfer von häuslicher Gewalt begonnen hat. Beim Ringen sollten die Frauen ihre angestaute Wut frei ablassen können. Frau gegen Frau, aber zusammen gegen den Machismo. Die Gewalt und Erniedrigung seitens einer stark männlich geprägten Gesellschaft ist der wahre Feind und der wird mit allen Mitteln bekämpft.

Die Cholitas verdienen Geld damit und diese Kämpfe sind inzwischen Tradition. Ein Bolivianer hat mir erzählt, es sei geradezu Teil einer Emanzipation der Frauen, nämlich dass sie auch kämpfen können und dürfen. Ich habe das nun ganz anders erlebt. So unterschiedlich sind Kulturen und die durch sie geprägten Wahrnehmungen. Es gibt in Bolivien sehr viel Gewalt gegen Frauen, wie in ganz Südamerika.

Jedenfalls war dieser Abend nichts für mich.

Am letzten Tag mache ich noch eine Tour zum Valle de la Luna, dem Mondtal, so genannt, weil es aus tausenden Felsen, Felsspalten, Erdhügeln und kraterähnlichen Formationen besteht. Eine eindrucksvolle Landschaft. Die Türme und Pyramiden sind graubraun bis rötlich und fast ohne Bewuchs.

Danach geht es noch weiter zum Chacaltaya, einem zweigipfeligen Berg auf 5.300 Meter Höhe.

Der Bus ist miserabel und jeder Notsitz besetzt. Die anderen sind Brasilianer. Die Führerin ist mir unsympathisch, sie hat keine Beziehung zu der Gruppe. Dann hat der Bus auch noch eine Panne und wir müssen auf einen neuen warten. Auf den Chacaltaya laufe ich nicht mit. Das ist mir zu hoch. Ich warte am Bus und habe schöne Kontakte zu Tieren, Füchsen und Vögeln.

Bei der Rückkehr sind drei junge Brasilianer schwer höhenkrank. Die Leute, aber auch der Veranstalter, sind irgendwie unvernünftig. Auf so einer Reise muss man auf sich selber aufpassen, was einige nicht tun.

Morgen fliege ich ins Amazonasgebiet nach Rurrenabaque.

Aber ich freue mich schon auf die Rückkehr nach La Paz. Es gibt noch so viel zu sehen hier.

DAS AMAZONASGEBIET – RURRENABAQUE

Die Quellgebiete des Amazonas mit ihrem tropischen Regenwald durchziehen acht Länder: Brasilien, Peru, Venezuela, Ecuador, Bolivien, Guyana, Suriname sowie Französisch-Guyana, bevor der große Fluss im Atlantik mündet. Dieser größte tropische Regenwald ist für seine Artenvielfalt berühmt. Er wird von tausenden Flüssen durchzogen. Etwa 20 Millionen Menschen leben im Amazonasgebiet. Circa 200.000 davon sind Indigene, die 180 verschiedenen ethnischen Gruppen angehören.

Über den Amazonas und seine Bedeutung zwischen Zerstörung und Klimaschutz wurde viel geschrieben und berichtet. Der Amazonas ist auch ein Mythos: grüne Hölle oder Paradies? Die grüne Lunge unserer Erde und ihre schreckliche Zerstörung durch den Menschen. Das hat mich bei meinen drei Besuchen im tropischen Regenwald in Bolivien, Peru und Ecuador sehr beschäftigt und das hat mich verändert. Den Amazonasregenwald zu sehen, das war einer meiner lang gehegten Träume.

Mit einem kleinen Flugzeug geht es von El Alto nach Rurrenabaque. Ich nehme nur das nötigste Gepäck mit und lasse den Rest im Hotel in La Paz. Das Wetter ist fantastisch, der Flug spektakulär. Er dauert 45 Minuten. Die ganze Zeit kann ich wolkenfrei hinunterschauen, zuerst auf La Paz, diese einzigartige Stadt zwischen den Bergen, dem Mount Potosi, den Anden, dann der Dschungel, der Rio Beni, wie er durch den Regenwald mäandert und die kleine Stadt Rurrenabaque direkt am

Fluss. Rurrenabaque ist weltbekannt geworden durch das Buch „Lost in the Jungle" von Yossi Ghinsberg, einem israelischen Traveller, der sich 1982 mit einer kleinen Gruppe im Urwald verirrte und erst nach drei Wochen gefunden wurde. Dieses Buch ist so spannend geschrieben und wurde so berühmt, dass daraufhin tausende von Touristen nach Rurrenabaque kamen, die meisten Backpacker. Heute lebt der Ort davon, aber es ist überwiegend ein Individualtourismus geblieben.

Die kleine Stadt liegt am rechten Ufer des Rio Beni, etwa 40 Kilometer südlich der Provinzhauptstadt Reyes, in der Monika Englisch unterrichtet.

Das Klima ist ganzjährig tropisch heiß und feucht und natürlich ist alles dicht bevölkert von Moskitos.

Noch wusste ich nicht, dass diese Fahrt hierher ein absoluter Höhepunkt meiner Erkundungen werden sollte, wegen der Tiere.

Rurrenabaque ist Ausgangspunkt für Expeditionen in den Madidi-Nationalpark mit seinem Dschungel (Selva), aber auch für Abstecher in die tierreichen Sumpfgebiete, die sogenannten „Pampas". Hier leben mehr geschützte Tierarten als an jedem anderen Ort der Welt.

Das Hotel übertrifft alle meine Erwartungen. Es liegt direkt am Fluss und hat einen riesigen Garten mit vielen Hängematten. In dieser Anlage leben zwei zahme Papageien. Ein paar Tage habe ich immer wieder das Gefühl, es ist laut in dem Hotel. Im Garten Kindergeschrei. Ich gehe hinunter, um nachzusehen, aber es sind die Papageien, die Kinderstimmen nachahmen. Unglaublich.

Ich fange an mit ihnen zu sprechen und bringe ihnen das Wort „Ruhe" bei. Sie lernen das ganz schnell und es ist dermaßen witzig, weil sie ihr Geplapper fortsetzen auf Spanisch und zwischendrin immer wieder das Wort „Ruhe" auftaucht. Ich habe so viel lachen müssen und dann den Hotelangestellten erklärt, was ich da angerichtet habe. Die haben auch gelacht. Das sei jetzt ein deutsches Souvenir. Sie erzählen mir die Geschichte der Vögel. Der Hotelbesitzer hat die Vögel als kleines Kind geschenkt bekommen, ist mit ihnen aufgewachsen und sie haben das ganze Kindergeplappere nachgeahmt und gelernt.

Mein Zimmer lässt keine Wünsche offen. Es hat sogar eine Sitzecke, einen Kühlschrank und einen schönen Balkon, von dem ich auch auf den Fluss blicken kann. Dabei ist es recht preisgünstig.

Am Abend lege ich mich in eine Hängematte und lausche den vielen ungewohnten Geräuschen, den Vögeln zum Beispiel. Als dann noch die Sonne am Rio Beni blutrot (richtig kitschig sieht das aus) untergeht – und das sehe ich von der Hängematte aus, da kommt es mir so unwirklich vor. Doch, doch, man kann ein Stück vom Paradies erleben auf dieser Erde. Dabei gewöhne ich mich an das tropische Klima. In La Paz war es noch sehr kalt. Unglaubliche Temperaturunterschiede nach einer Dreiviertelstunde.

Die Moskitos schicken einen zurück in die Realität, zumindest ins Hotelzimmer, um noch einmal ordentlich mit Mückenschutz nachzulegen. Ich mag das nicht, aber es muss sein. Auch die Einheimischen schützen sich in den Abendstunden.

Es kommen noch zwei Franzosen in den Garten und wir reden über unsere Reiseerfahrungen. Sie haben am Dach des Hotels zwei große Fledermäuse entdeckt, die dort herunterhängen, wahrscheinlich Flughunde, ich muss das nachlesen.

Ich schicke eine Nachricht an Monika. Wir wollen uns hier wieder treffen.

Am nächsten Morgen buche ich zwei fünftägige Touren und Lodges: eine in die Pampa und eine in die Selva. Aber vorher gibt es ein exotisches Frühstück im Garten am Fluss, nachdem mich die beiden Papageien lautstark begrüßt haben und danach schwimme ich noch eine Runde in dem großen Swimmingpool des Hotels. So einen Swimmingpool habe ich schließlich nicht jeden Tag und es ist morgens schon ziemlich heiß. Tagsüber ziehen sich die Moskitos aus der Stadt zurück. Vom Swimmingpool aus kann ich die Kolibris an den Sträuchern beobachten, in allen Farben schwirren sie hier herum, kleine und auch erstaunlich große.

Ich erkunde den Ort und ich muss noch etwas Ausrüstung für die Touren besorgen. Rurrenabaque hat alles, was Traveller brauchen, wenn sie in den Dschungel ziehen.

Kleidung gibt es auf dem Markt auf riesigen Wühltischen. Alles ist Second Hand.

Die Atmosphäre hier ist entspannt. Allein schon das Städtchen ist hübsch, weil es unmittelbar am Fluss liegt. Ich schlendere über den großen Markt und staune über die vielen exotischen Früchte und Pflanzen. Viele kenne ich nicht und ich frage und darf probieren.

Eine Hauptstraße und viele Quersträßchen führen immer wieder zum Rio Beni. Der ist der Orientierungspunkt und man kann am Ufer entlangschlendern, vorbei an vielen Restaurants, Bars und Frauen, die Kunsthandwerk verkaufen. Hier gibt es Besonderes der indigenen Stämme aus dem Urwald, das man nur hier bekommt. Auch ein paar gestrandete Südamerikaner aus anderen Ländern verkaufen ihren Schmuck und halten sich so über Wasser. Man grüßt sich und ich fühle mich sehr sicher hier, einfach wunderbar. Nach ein paar Tagen kennt man sich und trifft sich abends und es ist sofort wie eine Familie, bestehend aus Langzeit-Travellern und Einheimischen. Eine so friedliche Gemeinschaft. Das erinnert mich an El Bolson, die Hippiestadt in Argentinien.

Abends sitze ich am Fluss und beobachte das Leben. Wenn die Indigenen kommen und ihre selbstgemachten Souvenirs anbieten, muss ich mir leider weiterhin den Kauf verbieten.

Es sind ausgefallene schöne Arbeiten dabei. Aber ich möchte nur das absolute Minimum an Gepäck mit mir herumtragen. Das gelingt auch. Mein Gepäck wiegt acht Kilo und das wird sogar von anderen Travellern bewundert und mir fehlt nichts.

Eine gute Waschseife und ansonsten sind das meiste Medikamente. Von denen kann ich nichts reduzieren. Diesbezüglich muss man hier Selbstversorger sein, nachdem ich festgestellt habe, dass es einiges nicht gibt und das ist dann meistens das, was man gerade braucht.

Der Fluss ist gewaltig, mit breiten Uferstreifen, auf denen auch Hütten gebaut sind und an denen Fischerboote liegen. Aber vor allem kann ich schon hier eine Vielfalt von Vögeln direkt aus der Nähe beobachten. Stundenlang könnte ich so dasitzen.

Ich kaufe mir noch eine „mückenschützende" weiße lange Bluse auf dem Second-Hand-Markt für drei Euro und besorge mir Gummistiefel bei einer Agentur.

Es ist hier genauso, wie ich es mir am Amazonas immer vorgestellt habe, nur noch viel schöner. Dann sitze ich abends wieder am Fluss, esse frischen Amazonasfisch und das wieder bei Sonnenuntergang. Wie in einem wunderbaren Film.

Aber natürlich ist es nicht das Paradies. Beim Fischessen kommen drei kleine Mädchen, zerlumpt, offensichtlich sehr arm und offensichtlich sehr hungrig. Da teile ich meinen Fisch und es macht mich traurig. Nicht alle profitieren hier vom Tourismus. Später erfahre ich, dass sie zu einer Familie der Ureinwohner gehören. Sie sind Nomaden, zelten am Fluss und leben vom Fischfang und manchmal auch vom Verkauf selbst geflochtener Armbänder. Sie sind nicht beliebt im Ort, weil sie auch betteln und sie werden diskriminiert.

Ich bin sehr erschöpft. Vielleicht kommt das von dem Klimawechsel, vom ungewohnten Lebenswandel. So gehe ich früh ins Bett und schlafe wieder mal zwölf Stunden durch.

Bevor ich mich in den Dschungel aufmache, treffe ich mich mit Monika. Sie kennt sich hier gut aus, weil sie seit einem Jahr in Reyes lebt. Sie weiß eine Wanderung zu einem kleinen Restaurant im Wald mit Swimmingpool. Man muss einen Berg hinaufsteigen und hat dann einen wunderbaren Blick von oben auf den Dschungel, auf den Fluss. Außerdem möchte sie gerne schwimmen. Das Wandern bei der Hitze ist ziemlich anstrengend. Wir verbringen einen wunderschönen Tag miteinander. Sie kennt sich gut aus mit den Pflanzen und kann mir einiges erklären und erzählt von ihrer Arbeit. Auf meine Bitte hin beschreibt sie mir einen Teil ihrer Tätigkeit in Reyes nach ihrer Rückkehr nach Deutschland:

„In Reyes arbeitete ich im ‚Cedicor' als Mitglied im Programm ‚Dienst für Ältere' von ‚Eirene'. ‚Eirene' ist eine internationale Friedensorganisation. Das ‚Zentrum für Bildung und integrale Entwicklung' (Centro de Educación y Desarrollo Integral) bietet Jugendlichen und Erwachsenen Bildungsangebote außerhalb des normalen Schulwesens. Sie können dort zertifizierte und vom bolivianischen Bildungsministerium anerkannte Abschlüsse in verschiedenen Bildungssparten erlangen. – Ich war sehr neugierig: auf die für mich komplett neue Kultur, auf das Miteinander und den Austausch, auf mich als Zuhörende und Lernende und in welchem Bereich ich mich dann wohl gut einbringen könnte. – Und warum machte ich mich überhaupt auf in ein Gebiet auf der anderen Seite des Globus? Ich wollte Menschen kennenlernen, die „buen vivir" vorleben. Ich wollte weiterhin authentisch als Lehrerin unterrichten und da gehörte für mich nach 7 Jahren an einem Gymnasium wieder einmal ein ‚Tapetenwechsel' mit Zuhören und Selbstlernen dazu ... quasi sozusagen eine Langzeitfortbildung. Ich wollte selbst ‚viele kleine Schritte' im konziliaren Prozess für Frieden, Gerechtigkeit

und Bewahrung der Schöpfung tun. Ob das gelang? Ob ich nicht doch ganz anders geprägt wurde, als ich mir vorgenommen hatte?

Hier ein Auszug aus meinem Tagebuch im Juni 2019 nach 10 Monaten Friedensdienst:

In der Schule war ich im Mai so ausgelastet wie noch nie: Ich unterrichtete zusätzlich zu den normalen Kursen auch noch ein Modul Englisch im Sekretärinnenkurs 1. Lernjahr. Jeden Abend wanderten um 21 h 20 junge Frauen und eine Kollegin in meinen Fachraum und wiederholten bis 22 h ihr Schulenglisch. Es ist – auch dank der Tatsache, dass ich ein ‚Nachtmensch' bin und abends eigentlich eine ganz gute Tagesform habe – gut gelaufen.

Meine drei eigenen Kurse (Englisch Erwachsene, Englisch Kinder, Schwimmkurs) liefen weiterhin kontinuierlich und ich sehe überall kleine Fortschritte.

Die Arbeitszeit im Mai war ein willkommener Ausgleich zu den vielen Leerlaufzeiten im Dezember.

Mit dem Direktor hatte ich mich einmal ausgesprochen, nachdem ich wieder wichtige Informationen nicht oder zu spät mitgeteilt bekommen hatte. Daraufhin lief der Informationsfluss zwei Wochen lang sehr gut. Danach trat wieder Normalzustand ein, z.B.: Am Abend vor einer Gesamtlehrerkonferenz an einem Samstag erfuhr ich um 20:30, dass ich am nächsten Morgen um 8 h anzutreten habe. Ausnahmsweise hatte ich um 8 h15 bereits einen Termin ... Wie ärgerlich! Ich entschuldigte mich also höflich und es machte dann überhaupt nichts aus, dass ich zwei Stunden zu spät kam.

Im Privaten bereicherten einige Höhepunkte und Besonderheiten den Alltag im Mai: Unter anderem ging ich an einem Samstag im Besuchsdienst für die Untersuchungsgefangenen mit. Diese Zeit in der Polizeistation Reyes brachte ernüchternde Eindrücke des so traulich wirkenden Städt-

chens und ich werde nie den Anblick der Frau vergessen, die seit zwei Jahren auf ihren Prozess wartet. – Die meisten der zehn Untersuchungsgefangenen sitzen wegen Verdacht auf Drogenkriminalität oder Gewaltdelikte ein. Die beiden Frauen des Besuchsdienstes hielten eine Bibelarbeit zum biblischen Buch der Offenbarung. Wir sangen einige Lieder. Danach wurde mitgebrachtes Essen verteilt. Alle Männer und eine Frau stürzten sich förmlich auf dieses Essen. Ich erfuhr hinterher, dass das Essen im Gefängnis nie ausreichend sei.

*Eine Bronchitis legte meinen Tatendrang für zwei Wochen aufs Eis. Wahrscheinlich hatte ich mich irgendwo zu lange in der direkten Nähe eines Ventilators aufgehalten. So musste ich nun auch die Bekanntschaft eines Arztes im Krankenhaus machen und bekam zweimal Antibiotikum gespritzt. Gut war, dass ich nicht krankgeschrieben wurde. Hier im Land schleppen sich die Arbeitnehmer*innen auch mit noch stärkeren Krankheiten zur Arbeitsstelle. Das Unterrichten war zwar anstrengend und im Schwimmkurs konnte ich ausnahmsweise nicht mit ins Wasser springen, aber so hatte ich doch ein wenig Ablenkung.*

Sehr dankbar war ich, dass Misael, der Hausmeister, sich während meiner Krankheit täglich erkundigte, wie's mir gehe.

*Bei einem ‚Festival der Tänze' des größten Gymnasiums vor Ort kannte ich dieses Mal bereits aus fast jeder Jahrgangsstufe einige Schüler*innen mit Namen. Ich war von zwei Schülerinnen herzlich privat angesprochen und dazu eingeladen worden.*

Der ‚Día de las madres' – der ‚Muttertag', auf den ich ja schon sehr gespannt war – wurde ausgiebig fünf Tage lang gefeiert.

Oft sitze ich jetzt in meiner freien Zeit bei Nohemy an ihrem Stand vor ihrer Haustür. Dort können Leute vom Moto aus ihre Handys von ihr aufladen lassen. Ihre Mutter

Zuleyma kommt auch oft auf einen Plausch heraus. Sie ist leider zurzeit krank.

Mit dem Einbruch des Winters hier tauchte ein unerwartetes Problem auf: auch in Reyes kann es ‚kalt' werden. Bei einer Temperatur von 17°C würde ich in der BRD die Fenster nur kurz zum Lüften aufmachen. Hier gibt es keine Fensterscheiben zu schließen und ich saß einige Tage zum Arbeiten mit Winterjacke im Bett wie der Poet auf Carl Spitzwegs Gemälde. Falls so ein ‚Winter'einbruch – der glücklicherweise nach meiner Krankheit eintraf – noch öfters kommt, werde ich eventuell den Haushalt noch um transparente Plastikplanen zum Abdecken der Fenster erweitern müssen. Obwohl es mir absolut widerstrebt, Plastik zu kaufen.

In meiner Villa Casita (das ist mein Kosename für mein kleines Häuschen auf dem Schulgrundstück in dem ich wohne) kann ich auf die Liste der Tiere, die hier mit leben, zwei neue Spezies aufschreiben. Ich habe als neue Mitbewohner für kurze Zeit einen Kolibri und ein Fröschlein gehabt. Den Kolibri konnte ich glücklicherweise mit Besenstil und sperrangelweit offener Tür samt Fliegengittertür hinauskomplimentieren. Das Fröschlein verschwand in einer dunklen Ecke auf Nimmerwiedersehen. Ich weiß nicht, ob es noch hier drin ist oder unter der Tür nach draußen durchschlüpfen konnte. Jedenfalls habe ich mir vorgenommen, den Frosch, sollte er mal auf die Bettdecke hüpfen, nicht zu küssen … schließlich bin ich ja schon glücklich verheiratet.

Soweit mein Tagebuchauszug. Ich hatte also ganz anders als erwartet mein Jahr mit ‚Einsatz im Friedensdienst' gefüllt. Es war ein bereicherndes Jahr, das aber nicht nur Sonnenseiten hatte. Es kommt mir wie ein großer Schatz vor. Ich bin dankbar, dass ich oft glücklich sein konnte.

Wahr geworden sind für mich in diesem Jahr die folgenden Worte einer Freundin: ‚Noch träumen können, von sich ab-

sehen können, sich erinnern an Momente der Vergebung, Barmherzigkeit und Liebe, das Warten pflegen und die Geduld – das sind Schritte auf dem Weg des Friedens." (Urte Bejick)

Was ich ja natürlich auch besonders spannend finde, ist die Tatsache, dass Monika mit ihrem Mann, er ist Pfarrer, vor längerer Zeit in Papua Neuguinea gelebt hat. Sie ist unkompliziert und sehr anpassungsfähig. Das muss man sein, wenn man so viel in diesen Ländern lebt. Und sie ist neugierig, interessiert, weiß eine Menge über andere Kulturen und bleibt dabei allgemein kritisch, hinterfragt, was sie sieht. Dies ist alles so wertvoll und ich zähle es deshalb noch einmal auf, weil alle diese Eigenschaften viele junge Traveller, die ich getroffen habe, nicht haben. Sie wollen Spaß und Abenteuer, machen sich aber oft keine Gedanken über die Verhältnisse in diesen Ländern und wissen kaum etwas über die Menschen und die Kulturen, die sie bereisen. Das finde ich beschämend.

In dem kleinen Restaurant mit Swimmingpool treffen wir zwei Backpacker, die gerade aus dem Dschungel kommen und dadurch auffallen, dass sie sich ständig kratzen. Sie sind total zerstochen und berichten von hoch aggressiven Moskitos. Ich frage, ob sie im Dschungel kurze Hosen an hatten. Das hatten sie, wegen der Hitze.

Um 8.45 Uhr fährt das kleine Kanu ab in die Selva, den Beni River hinauf in den Madidi-Nationalpark, drei Stunden bis zur Tacuaral Lodge. Die liegt in der Nähe des Flusses. Wir sind zu dritt, ein junges Pärchen ist noch dabei. Das Kanu hat natürlich Verspätung. Ich hätte mich auch gewundert, wenn hier irgendetwas pünktlich gewesen wäre. Das hätte mich wahrscheinlich geradezu beunruhigt. So kann man sich ändern. Und dann hat sich die Abfahrt auch noch verzögert, weil die jungen Leute kein Bargeld für den Nationalparkeintritt dabei hatten und wir erst noch wieder zum Geldautomaten zurück mussten. Hier kann man gar nichts mit Karte zahlen. Ich hoffe, ich habe alles Notwendige dabei: Moskitonetz, Stiefel, Plastiktüten für das kleine Gepäck und zum Schutz vor Wasser und Regenzeug. Auch hier kann es so regnen, dass es innerhalb von einer Sekunde auf die andere wie aus Eimern vom Himmel schüttet, so dass es gut ist, vorsichtshalber Smartphone und Kamera oder sonstige wichtige Dokumente immer in Plastiktüten zu verstauen.

Als wir ankommen, kommt uns Robertito grunzend entgegen. Es ist das Hauspekari, das der Besitzer als Baby ohne Mutter im Urwald gefunden, mitgenommen und durchgepäppelt hat und das sich jetzt wie ein Hund benimmt. Es ist sehr personenbezogen. Ein Pekari gehört zur Familie der Schweine.

In der Selva gibt es eine reiche Vegetation, aber weniger Tiere.

Ich habe ein schönes eigenes Zimmer in der Lodge, die auf Stelzen gebaut ist, wie alle Urwaldunterkünfte, wegen der Tiere, der Schlangen und ich habe ein dichtes Moskitonetz über dem Bett.

Nach dem ersten Erkundungsgang in die Umgebung gibt es ein traditionelles reichhaltiges Abendessen. Dafür ist ein Koch vor Ort, der alles immer frisch anrichtet.

Das Angebot einer Nachtwanderung mit Taschenlampe durch den Dschungel nehme ich natürlich an. Danach falle ich aber todmüde ins Bett, vor Augen noch die Bilder der nachtaktiven Tiere, die wir gerade gesehen haben: Insekten, Spinnen, eine Schlange und kleine, giftige Frösche. Es ist sehr heiß.

Am nächsten Tag bekommen wir die unterschiedlichsten Pflanzen erklärt. Im Urwald wachsen gigantische Ceiba-Bäume. Die gesamte Flora der Region hat rund 5.000 Pflanzenarten und auch die größte Anzahl verschiedener Vogelarten.

Der Führer bahnt uns einen Weg durch den Dschungel mit der Machete. Wir versuchen im Fluss zu angeln, leider ohne Erfolg. Dafür haben die Sandflöhe Erfolg und laben sich an uns. Ein Sandflohbiss ist deutlich unangenehmer als ein Moskitostich. Er juckt grässlich und lange.

Mit dem Boot geht es dann auf einer längeren Tour nach Caquiahuara, den Tuichi-Fluss hinunter zu den Papageien und ihren Nestern in der Bergwand. Vom Mirador de Caquiahuara kann man spezielle Aras, Sittiche und Papageien beobachten.

Eine völlig andere Tour führt in die Pampa. Schon auf der langen Autofahrt auf unwirtlicher Straße oder man sollte eher sagen unbefestigter Piste – was Busse aber nicht abhält, mit hohem Tempo zu fahren – sehe ich so viele Tiere wie noch nie.

Faultiere hängen in den Bäumen, Pekaris streifen durch die Landschaft am Straßenrand, in Tümpeln ruhen große, furchteinflößende Kaimane. So einfach mal neben dem Bus pinkeln, sollte man hier nicht. Wir halten immer wieder und können es gar nicht glauben, was wir hier alles an Tieren sehen. Drei Ameisenbären wühlen in der Erde. Sie sind gar nicht scheu.

Die Route führt vorbei an Reyes, wo Monika arbeitet, und durch Santa Rosa zum Rio Yacuna, an dem die Lodge liegt. Begrüßt werden wir von rosa Delphinen im Wasser und großen Kaimanen, die sich direkt am Bootsanleger niedergelassen haben. Der Besitzer sagt, sie seien nicht gefährlich, wenn man sie nicht ärgert. Ich habe allerdings großen Respekt, weil ich weiß, dass sie sehr schnell sein können, auch wenn sie so aussehen, als seien sie alle im Tiefschlaf versunken, wenn auch einer mit weit geöffnetem Maul. Auch können sie gut und hoch springen. Ich bin da erst mal vorsichtig. Ich werde gleich abgelenkt von einer Horde gelber Affen, die überhaupt keine Angst vor uns haben und offensichtlich eine diebische Freude daran, sich unmittelbar über unseren Köpfen durch die Bäume zu schwingen. Es sind Kapuzineraffen. Man soll sie nicht füttern, aber Touristen tun es natürlich doch und beschweren sich dann, wenn die Tiere mal ihre Mützen oder Brillen ausleihen.

Viele Touren starten von der Lodge aus. Wir sehen riesige Fledermäuse, eine Anaconda am Fluss, Piranhas und unzählige Vögel.

Bei den Nachtwanderungen muss man sehr vorsichtig sein, wenn man die großen giftigen Spinnen bewundert. Nirgends anfassen. Blattschneideameisen ziehen über die Wege und die ganz großen Ameisen können sehr schmerzhaft beißen und diese Bisse sind richtig gefährlich.

Die Lodge hat eine Lagune. Bei einer Nachtfahrt leuchtet der Führer mit einer Taschenlampe über die Wasseroberfläche. Da leuchten die roten Augen der Kaimane auf. Das sieht unheimlich aus. Mit dem Kanu auf der Lagune ist es ganz ruhig. Ich höre nur die Tierstimmen und allmählich kann ich sie ein bisschen zuordnen. Gar nicht so einfach einzustufen sind die Geräusche, die die Affen von sich geben.

Das Essen in der Lodge ist hervorragend, es gibt traditionelle Gerichte und ich habe großen Appetit, weil es so gut schmeckt. Strom gibt es von 18 bis 22 Uhr mit Hilfe eines Generators. Dann ist Schluss und dunkel und man kann sich auf alle zauberhaften, ungewohnten Urwaldstimmen einstellen. Die Moskitos hier sind doch nicht so schlimm wie befürchtet.

Auf einer Wanderung mit dem Guide Alejandro sehen wir frische Jaguar- und Tapirspuren. Alejandro zeigt uns seine Narben von einem Tapirangriff vor ein paar Jahren, den er nur sehr knapp überlebt hat. Es sind lange Narben am Bauch und am Brustkorb, gruselig.

Er war mit zwei Touristinnen unterwegs im Wald und wurde unvermittelt von dem Tapir angegriffen. Er weiß bis heute nicht genau, warum. Er hat stark geblutet und war schwer verwundet und es hat lange gedauert, bis er mit dem Kanu zu einem Chirurgen in der Stadt gebracht war. Er hat Glück gehabt, sagt er. Seitdem hat er immer seine Machete dabei, die er uns stolz zeigt.

In der Nacht schlafe ich schlecht, zumal ich abends im Zimmer noch eine riesige Wanze entdecke. Man weiß ja nie, welche Tiere gefährlich sind, wenn man sich nicht so auskennt. Die Wanze kann ich erfolgreich aus der Lodge herausmanövrieren. Es ist schon so spät, dass ich niemanden mehr fragen kann und außerdem ist auch der Strom schon abgestellt. Mit einer kleinen Taschenlampe ist man dann doch recht eingeschränkt.

Wenn ich den Alltag in der Lodge beobachte, das Personal familiär, Indigene, die Menschen, die das Essen kochen, die Führer und dazu die Kinder, dann fällt mir auf, dass ich noch nirgends an einem Ort war, wo ich so viel Lachen gehört habe, zu jeder Tageszeit. Ich spreche einen der Führer darauf an, ich möchte ihm eine Rückmeldung geben. Er sagt wie selbstverständlich: „Wir sind glücklich“. Und genau das ist es.

Was ist das? So ist es bei uns nicht. Sie haben wenig Geld, harte Arbeit, keinen Luxus, aber eine andere Kultur, die mit dieser Natur im Einklang ist.

Es ist die Nähe zur Natur, davon bin ich überzeugt, die auch die Bedürfnisse zurechtrückt und die Menschen zum Wesentlichen führt. Das ist keine romantische Verklärung der Urwaldbewohner. Sie sind wirklich glücklich.

Als ich abends im Bett liege, erinnere ich mich, dass ich dieses Lachen doch schon einmal in meinem Leben gehört habe. Das war vor 40 Jahren auf meiner einjährigen Reise nach Südostasien. Damals habe ich eine Zeitlang auf einer kleinen Insel auf den Philippinen gelebt. Wir waren nur fünf Touristen auf der ganzen Insel und haben in einer Hütte der Einheimischen gewohnt. Es gab nichts von dem, was unseren Alltag ausmacht. Man brauchte nichts. Gewaschen hat man sich statt mit Seife mit Sand, die Zähne hat man sich statt mit einer Zahnbürste mit einem aufgesplitterten Ästchen geputzt. Die Leute waren Fischer. Dann haben sie ein bisschen Gemüse angebaut. Sie haben sich selbst versorgt. Sie hatten alle viele

Kinder. Sie waren arm, aber sie hatten alles, was man zum Leben braucht. Sie hatten Frieden, einen Traumstrand, blaues Meer, viel Sonne und vor allem eine intakte Natur, eine Hütte und genug zu essen. Und diese Menschen, die haben auch so viel gelacht.

Am letzten Tag regnet es ununterbrochen. Regen im Regenwald – eine Faszination. Ich liege den ganzen Tag auf dem überdachten Balkon und bewundere das Schauspiel. Alles kein Vergleich mit unserem Regen.

Den kleinen Weg zur Lodge haben die großen Ameisen für sich in Anspruch genommen und darauf eine viel begangene Ameisenstraße gebaut. In diesen Regenwald kann ich richtig abtauchen. In der Lodge gibt es so viele Pampelmusen an den Bäumen. Sie schmecken köstlich.

Als die Zeit im Urwald rum ist, fahre ich mit dem Kanu zurück nach Rurrenabaque nach zwei aufregenden Wochen und werde in meinem Hotel von den beiden Papageien laut schimpfend empfangen. Nachdem sie ausgeschimpft haben, heißt es „Ruhe" und dann halten sie erst einmal ihren Schnabel.

In mein Zimmer hat sich eine Fledermaus verirrt. Sie fliegt immer um das Moskitonetz herum. Ich reiße alle Fenster auf und erst nach einer gefühlten Ewigkeit findet sie den Weg hinaus.

Ich wasche noch meine Kleider aus, die in der Sonne relativ schnell trocknen und nehme dann abends bei einer Pina Colada am Rio Beni Abschied von diesem wunderbaren Ort Rurrenabaque, der Selva und der Pampa.

TITICACASEE

Zurück geht es nach La Paz vom tropisch heißen Amazonasgebiet in nicht einmal einer Stunde in die Kälte der hohen Berge der Anden. Diesen Temperatur- und Klimawechsel vertrage ich gut, aber es ist anstrengend, bis man sich wieder umgewöhnt hat.

Eine Nacht zum Ausruhen, Wäsche waschen und Gepäck sortieren, weil ich morgen früh um sieben Uhr mit dem Bus zum Titicacasee möchte.

Ich werde wieder nur sehr wenig mitnehmen und den Rest im Hotel lassen, obwohl ich überhaupt ja nur sehr wenig habe. Aber mit so einem Handrucksack unterwegs zu sein, vermittelt noch einmal das Gefühl einer ungeheuren Leichtigkeit.

Die Busfahrt nach Copacabana dauert drei Stunden. Bei dem Namen denke ich immer an den Strand von Rio de Janeiro in Brasilien, aber dieses zauberhafte Städtchen am Titicacasee heißt auch Copacabana. Es liegt auf 3.850 Meter Höhe direkt am Ufer des Sees und hat auch ein sogenanntes Tageszeitenklima mit gewaltigen Temperaturunterschieden zwischen Tag und Nacht, größer als die Unterschiede zwischen den einzelnen Monaten.

Copacabana ist ein bedeutender Wallfahrtsort. Hier steht die Schutzheilige des Titicacasees in der Basilika: eine ein Meter hohe Figur der „Dunklen Jungfrau“, Virgen Morena.

Bolivien hat keinen Zugang zum Meer mehr, den hat es im Krieg an Chile verloren, aber da noch die Forderung danach besteht, unterhält das Land auch eine Marine, die hier am Titicacasee ihren Stützpunkt hat.

Um halb sieben Uhr morgens soll der Bus starten, aber als alle sitzen, stellt sich heraus, dass er nicht fahrtüchtig ist. Also muss ein Ersatzbus herbeigeschafft werden, was eine halbe Ewigkeit dauert. Aber dieser Ersatzbus ist dann ein Minibus, viel bequemer als der nur halb besetzte große Bus.

Copacabana liegt wunderschön an dem höchsten und größten See der Welt, dem Titicacasee mit seinen 36 Inseln, kleine und größere, zum Teil bewohnte. Zwei Drittel des Sees gehören zu Peru, ein Drittel zu Bolivien. Der See ist 8.562 Quadratkilometer groß und liegt auf einer Höhe von 3.810 Meter. Vom See aus kann man auf die schneebedeckten Königskordilleren sehen. Die ganze Gegend ist eine archäologische Schatzkammer mit vielen Artefakten aus der Inkakultur.

Berühmt sind die schwimmenden Schilfdörfer, Islas flotantes, die zu Peru gehören.

Das Hotel in Copacabana liegt direkt am See mit einem wunderbaren Blick auf den kleinen Hafen. Warmes Wasser gibt es leider nur zehn Minuten am Tag, aber das reicht auch. Eine Heizung gibt es nur nachts. Wie kalt das hier wirklich ist, merke ich erst in den folgenden Nächten. Nach der Salzwüste in Uyuni ist dies der kälteste Ort meiner Reise.

Wie gut, dass ich in Uyuni so ein Thermohemd gekauft habe.

Tagsüber strahlt die Sonne und es ist eine Urlaubsidylle: der blaue See, kleine Boote am Strand und gemütliche Kneipen – hier gibt es Touristen und eine ausgezeichnete Infrastruktur mit Restaurants und Kneipen. Das gibt es immer dort, wo auch Touristen sind. Die Südamerikaner selbst sitzen nicht an Tischen und trinken ein Bier oder einen Kaffee draußen. Ich mache es gerne und schaue den Leuten zu. Somit hat der Tourismus auch sein Gutes und hier genieße ich abends direkt am See bei einem Cocktail die fantastischen Sonnenuntergänge. Am Abend draußen sitzen oder überhaupt in einer Bar oder in einem Restaurant kann ich aus Sicherheitsgründen immer nur dann, wenn auch andere Touristen da sind oder ich in Begleitung bin. Dann sind die Bewohner dieses Bild gewohnt und haben es als andere Kultur akzeptiert.

Ein erster Rundgang führt mich zum See, zur Kathedrale, zur Franziskanerkirche – auch hier fällt der unglaubliche Reichtum – Gold überall – auf. Auf dem Markt decke ich mich mit Nüssen und Feigen ein – ein wunderbarer Reiseproviant – bis zu dem Augenblick, an dem ich einem Jungen, der im Bus neben mir sitzt, eine Feige anbiete und er mir mit großen fragenden Augen die vielen Maden darin zeigt. Ich habe nie reingeschaut in die Feigen und es ist mir total peinlich. Seitdem habe ich nie wieder Feigen gekauft – die ich doch so gerne esse. Und nun öffne ich alles Essbare und inspiziere es genau, bevor ich hineinbeiße.

Abends finde ich mich in einer Strandbar wieder, zusammen mit einem Italiener und einer Französin beim Cocktail und Musik von Bob Marley und wir diskutieren, ob nun hier der Pisco Sour oder die Pina Colada besser ist. Dazu muss man natürlich beides probiert haben. Mein Hotel ist glücklicherweise nicht weit entfernt.

Den besten Pisco Sour gibt es für mich aber in Peru.

Nachts hat es gefroren und sie stellen die Heizung an, nur nachts. Trotzdem brauche ich drei Zusatzdecken, damit ich warm bin.

Wanderungen strengen noch an und gehen nur in Zeitlupe. Das hängt mit der Höhe zusammen.

Am Folgetag ist ein Teil der Hauptstraße mit Tüchern als Sichtschutz abgesperrt. Ein Bereich so groß wie ein halbes Fußballfeld. Ziemlich viele Leute halten sich dort auf und es gibt eine Art Eingang, bewacht von fünf Frauen, die auf Bierkästen sitzen und auch um sie herum sind eine Menge Bierkästen gestapelt. Neugierig, wie ich bin, gehe ich hin und frage nach, was das hier ist. Die Frauen sind freundlich, eine Fiesta, ein

Jubiläum, eine Art Nachbarschaftsjubiläum der Anwohner. Ob ich hineinschauen darf? Ja, aber nur, wenn ich eine Flasche Bier – sozusagen als Eintrittskarte – für sechs Dollar kaufe.

Eine merkwürdige Eintrittskarte, aber natürlich kaufe ich ein Bier. Die leere Flasche müsste ich zurückbringen. Ich verspreche es und darf hinter die Tücher eintreten.

Es findet sich ein großer Platz, am Ende eine Bühne mit Musikern. Sie spielen traditionelle Musik. Ein paar Leute tanzen. Alles Indigene in ihrer fantastischen Tracht. Sie haben sich herausgeputzt und wirken sehr vergnügt und lachen. Um den ganzen Platz herum sind Stühle aufgestellt. Nun weiß ich nicht recht, mich richtig zu verhalten und setze mich, nachdem ich gefragt habe, auf einen der Stühle, rechts und links jeweils eine ältere Frau, und beobachte das Geschehen.

Jeder, der eintritt, hat eine Flasche Bier in der Hand, nimmt einen Schluck und spuckt ihn auf den Boden. Das ist eine Verehrung von Pachamama. Danach kann das Bier getrunken werden. Die Flaschen werden herumgereicht und so reiche auch ich meine geöffnete Flasche meiner Nachbarin zur Linken. Damit ist das Eis gebrochen. Sie strahlt mich an, nimmt sogleich einen kräftigen Schluck und gibt mir ihren Plastikbecher, der ebenfalls mit Bier gefüllt ist. Ich nehme auch einen Schluck, einen kleinen, um einen klaren Kopf zu behalten, da ich vermute, dass man hier noch öfter einen Schluck nehmen muss.

Ich komme mit den Frauen ins Gespräch. Sie fragen, woher ich komme und sind recht neugierig und ungeheuer gastfreundlich. Ich bin die einzige Fremde, die einzige Touristin. Es kommen auch Männer, meist ältere, die mich erfreut begrüßen. Ein paar Menschen haben schon ganz gut dem Alkohol zugesprochen, nicht nur die Männer.

Am Eingang steht ein älteres Paar, übermäßig geschmückt mit Stofftieren, die ihnen umgehängt werden zur Begrüßung, als Geschenk, Tiere des Landes, wie ein Jaguar, ein Affe, ein

Papagei. Sie begrüßen jeden der kommt und jedes Mal wird von ihnen und dem Gast ein Schluck Bier Pachamama zu Ehren auf den Boden gespuckt. Und die meisten Gäste bringen Stofftiere und hängen sie diesem Paar um. Ich frage, ob ich Fotos machen dürfe; selbstverständlich darf ich das. Sie alle scheinen stolz und erfreut, dass ich mich interessiere, dass ich mit ihnen trinke und fotografiere. Sie setzen sich in Pose.

Ich bin irgendwie so glücklich, dabei sein zu dürfen, auch wenn ich letztlich nicht wirklich verstehe, was hier vor sich geht, aber die Freude dieser Menschen, die Offenheit, das Vertrauen mir gegenüber, die Musik, alles ist so ansteckend. Dann werde ich von einem älteren Mann zum Tanzen aufgefordert. Ich kann auf keinen Fall ablehnen und lasse mich durch die Musik führen. Allerdings nach dem zweiten Tanz komme ich so aus der Puste: die Höhe und die körperliche Anstrengung. Ich muss meinem Tanzpartner vermitteln, dass ich einfach nicht mehr kann und zu viel schnaufen muss. Gott sei Dank versteht er es und akzeptiert es. Dann sitze ich noch eine ganze Weile dort und beobachte das Geschehen. Insgesamt bin ich wohl vier Stunden auf diesem Fest. Als ich mich verabschiede, merke ich, dass ich einiges an Bier getrunken habe, erreiche mein Hotel und falle zufrieden und glücklich in einen langen Tiefschlaf.

Ich liebe Bolivien und seine Menschen.

Am nächsten Tag bringt mich ein Boot zu einer Isla Flotante, einer schwimmenden Insel mit einem Restaurant und ich genieße eine frische Forelle, Trucha, das Standardgericht am Titicacasee.

Vor langer Zeit hat man hier Forellen ausgesetzt. Davon leben heute viele Fischer. Sie haben sich rasend schnell vermehrt, aber sie haben alle endemischen Fische aus dem See vertrieben und ihnen die Nahrung weggefressen. Heute gibt es nur noch Forellen.

In meiner Abendkneipe treffe ich zwei Kolumbianer, die von ihrem Land schwärmen. Sie sind nicht die Ersten, die erzählen, das schönste Land in Südamerika sei Kolumbien, wegen der Menschen, ihrer Kultur und der Natur. Auch von vielen Travellern habe ich das gehört, so dass ich immer wieder denke, dort auch noch hinzufahren.

Ich habe mir am Stadtrand in dem großen Stadion ein Fußballspiel angesehen. Fußball begeistert in ganz Südamerika die Menschen. Beim Spiel treffen sich Familien, Kinder laufen herum, es wird Picknick gemacht und neben dem Spielfeld grasen Schweine. Es wirkt alles sehr chaotisch, aber die Stimmung ist ausgezeichnet.

Hier habe ich Maren wieder getroffen, abends trinken wir etwas zusammen und erzählen uns, wie es uns in der Zwischenzeit ergangen ist.

Manche Reisende treffe ich immer wieder, auch Langzeitreisende, mit oder ohne Verabredung. Das ist schön und spannend.

Am letzten Tag wandere ich am Ufer entlang. Ein kleiner Weg, etwas auf der Höhe, führt aus Copacabana heraus. Ich habe einen herrlichen Blick auf die Stadt von hier oben.

Nach einer halben Stunde sehe ich unten Frauen ihre Wäsche im See waschen und dann einen großen Platz, wie es aussieht mit etwa zwanzig kleinen Steinaltären im Halbkreis. Es muss ein heiliger Platz sein. Am Rande sitzt ein Mann auf dem Boden und schnitzt an einem Stück Holz. Ich gehe zu ihm runter, ja, ich setze mich einfach neben ihn ins Gras und grüße ihn und sage ihm, dass ich hier fremd bin und dass ich aus Deutschland komme. Und nach einer Weile frage ich ihn, was er hier macht. Ich bin neugierig. Schweigen zunächst, er schnitzt weiter und dann frage ich, ob das Altäre sind. Er scheint sich zu freuen über die Frage und erzählt: Ja, hier hat vor zwei Tagen ein Fest zu Ehren von Pachamama stattgefunden. Auf den Altären bringt man Gaben, Blumen, Nahrung,

Früchte, Wurzeln und vor allem auch Bier dar. Das Bier wird getrunken, nachdem man die ersten Schlucke auf den Boden geprustet hat, zu Ehren von Pachamama. Schließlich gibt sie Essen und Trinken und bekommt auch immer von allem etwas. Dann wird der Rest des Bieres getrunken, es wird Musik gemacht und gefeiert. Vielleicht ein bisschen ähnlich, wie ich es bei dem Fest vor zwei Tagen erlebt habe. Ich unterhalte mich längere Zeit mit ihm. Er lebt hier und hat die Aufgabe, sich um den Platz zu kümmern. Er ist sehr interessiert, woher ich komme und wie es in Deutschland ist, wie das Wetter ist, wie die Leute wohnen, wie viel sie verdienen, was Lebensmittel kosten, wie viele Kinder man in Deutschland hat und ob alle Arbeit haben.

Auch die einfachen Menschen haben hier großes Interesse. Das ist mir schon so oft aufgefallen. Ich verabschiede mich und er wünscht mir eine gute Weiterreise.

Es ist immer gut, wenn ich gleich sage, ich bin Touristin. Ich bin hier nur eine Besucherin, ein Gast.

Dann schaue ich noch in dem auffälligen Hotel La Cupula vorbei. Es ist ein bisschen wie im Stil von Hundertwasser gebaut, sehr imposant, wunderschön, wie ich finde auch passend, phantasievoll, mit vielen Zimmern zum Vermieten, mit Terrassen, Balkonen, Hängematten und Lamas. Maren wohnt hier und zeigt mir ihr Zimmer. Das Hotel gehört einem Deutschen, der mich zum Kaffee einlädt. Er lebt hier seit 24 Jahren. Die Unterkünfte sind günstig und auch bei den Einheimischen ist er wohl sehr beliebt. Er ist erst einmal Arbeitgeber für sie, aber er engagiert sich auch sozial. Auch eine Möglichkeit zu leben. Dies ist ein wunderbarer Ort. Später mache ich mir Gedanken, wie es wohl wäre, eine solche Entscheidung zu treffen.

Am Abend höre ich noch einmal Bob Marley in einem kleinen Restaurant. Sie lieben diese Musik hier und ich tue es auch. Immer wenn ich das höre, bekomme ich starkes Fernweh, obwohl ich ja schon in der Ferne bin. Ich könnte mein Leben lang unterwegs sein. Ich weiß auch nicht genau, was das ist. Es muss mit einem Gefühl der Sehnsucht und der Freiheit zu tun habe, die diese Musik immer wieder in mir auslöst.

Am nächsten Tag fahre ich mit dem Boot zur Isla del Sol. Die Insel ist 14,3 km^2 groß.

Auf der bolivianischen Seite des Titicacasees liegen die heiligen Inseln Isla del Sol (Sonneninsel) und Isla de la Luna (Mondinsel). Sie spielten in der Mythologie der Inka eine sehr große Rolle. Es gibt einen Inkatempel, die Treppe des Inka und den Inkabrunnen zu besichtigen. Ich habe gehört, dass man nur im Süden dieser herrlichen Insel wandern kann, weil die communities untereinander verfeindet sind und die im Norden lebenden Völker ihr Territorium abgesperrt haben. Man wird sehen. Die Insel hat ein südliches Flair, obwohl es sehr kalt ist. Es gibt keine Autos, nur Esel, kleine Pfade und viele Treppen. Das bringt eine große Ruhe hierher.

Ich bin nur mit kleinem Rucksack unterwegs, obwohl ich doch einige Tage bleiben möchte. Die Insel ist bergig und zu meiner Cabana Ecologica muss ich ein ganzes Stück hochlaufen, was mich erheblich aus der Puste bringt. Alles wird auf kleinen Pfaden erwandert oder mit dem Esel transportiert.

Meine Hütte ist schön, groß und eiskalt. Die Vermieterin und ihr Mann wohnen in einer Nachbarhütte und es gibt noch ein kleines Restaurant, in dem dann das Frühstück serviert wird. Ich habe einen traumhaften Blick auf den See und die Berge dahinter. Wenn ich die Tür öffne, eine riesige Grasfläche mit Filomena. Das ist der Hausesel, der mich die kommenden Tage begleiten wird.

Als Erstes besorge ich mir alle Decken, die die Vermieterin rausrückt. Ich bin der einzige Gast, es gibt kaum Touristen, es ist nicht die Zeit, es ist zu kalt. Und überhaupt sind die meisten hier nur Tagestouristen.

Ich richte mich, wie bei den meisten Unterkünften hier, erst einmal ein. Ich frage nach einem Glas, besorge mir noch einen Stuhl von draußen und auch einen kleinen Tisch, bastele mir etwas mit Stöckchen, wo ich meine Jacke aufhängen kann. An Aufhänger denken die meisten Vermieter nicht.

Praktisches Denken, was so ein Gast wohl braucht, das gibt es hier oft nicht, aber wenn man nach Dingen fragt, erhält man sie immer. Das gilt meist für Handtücher, Kissen, Decken, Haken, Stuhl, Seife.

Unglaublich, diese Kälte nachts. Leider kommt auch nur kaltes Wasser. Überlebenstraining.

Wenn man es schafft, warm zu werden, nachts unter fünf Decken und es draußen so bitterkalt ist, dann hat das etwas sehr Archaisches. Wenn ich wirklich warm bin in so einer Situation, dann liebe ich diesen Zustand über alles und könnte ewig in ihm verharren. Es ist dann wie in einer warmen Höhle, ausgesprochen wohlig und schützend vor der feindlichen Außenkälte. In so einer Lage habe ich immer die schönsten Träume. Wahrscheinlich das kindliche Zurücksehnen nach der embryonalen Geborgenheit im Uterus.

Die Insel ist ein Traum, so viel Ruhe, wenige Einheimische, denen ich auf meiner ersten Wanderung begegne und alle grüßen freundlich. Mittags brennen mir die Augen von der Sonne trotz guter Sonnenbrille, aber die Sonnenstrahlen sind hier so kräftig, wegen der Höhe, dass man sich nur schwer schützen kann. Der Himmel ist den ganzen Tag blau.

Als ich zurückkomme, haben sie es irgendwie hingekriegt, dass ich heißes Wasser habe und ich gehe sofort unter die Dusche. Der Esel gibt einige Kommentare ab. Er hat seinen Standort ein wenig verändert. Ich mag ihn. Ein freundliches Tier. Er scheint nachts nicht zu frieren.

Ein paar Schritte entfernt gibt es noch ein kleines Restaurant und ich gönne mir wieder Titicaca-Forelle.

Die Tagestouristen sind wieder abgefahren. Wenn nachmittags das letzte Boot zurück nach Copacabana abgelegt hat, habe ich die Insel für mich allein, mit den Indigenen und dem Esel Filomena. Ich sitze auf der Terrasse mit dem Blick auf die schneebedeckten Anden, bei strahlendem Sonnenschein bis zum Sonnenuntergang. Dann zieht die Kälte in alle Glieder.

Am nächsten Tag brennen meine Augen so stark. Die Sonne hier ist wirklich extrem. Ich habe wie eine Augenentzündung oder wie ein Sonnenbrand in den Augen, falls es so was gibt, und will heute gar nicht viel rausgehen deswegen. Ich versuche es mit Augentropfen.

Am Tag erzähle ich mit meiner Vermieterin. Sie ist schon älter und was Vermietung an Touristen betrifft völlig unprofessionell. Es braucht etwas, bis ich das verstanden habe. Ich sage ihr, was Touristen so brauchen. Sie hat an nichts gedacht, ist aber ganz neugierig und sehr bereit. Ein Stuhl in dem großen Zimmer oder etwas zum Ablegen oder einen Becher zum Zähneputzen oder zum Trinken oder, dass man dann nach drei Tagen vielleicht doch mal den Müll leert und eine weitere Rolle Toilettenpapier bringt. Ihr Mann baut weitere Touristenhütten und ich schaue ihm zu. Er formt die Ziegel aus Lehm, Adobeziegel, die lässt er dann in der Sonne trocknen und damit baut er die Hütten.

Nachdem ich mich gut an die Höhe gewöhnt habe, steige ich auf den Berg zum Aussichtspunkt: Ein herrlicher Blick über die Insel, die man als Tourist eigentlich überall bewandern kann. Gegen Touristen haben die Einheimischen nichts, sie haben nur untereinander Fehden.

Ich fahre mit einem Boot auf die Isla de la Luna, die Mondinsel. Dort gibt es eine große Inkaruine. Bevor es losgeht, regt sich ein Spanier lautstark auf, weil es nur sehr wenige Rettungswesten gibt. Er hat ja Recht, aber das ist eben Südamerika. Mit unseren Maßstäben können wir da nicht kommen.

Er wird richtig aggressiv und dann steigt er schließlich aus und fährt nicht mit, wüst schimpfend auf Bolivien. Das Ganze verzögert die Abfahrt um eine gute Stunde.

Nachdem dies wohl mein letzter so kalter Ort ist und ich wegen Uyuni Handschuhe und Mütze in doppelter Ausführung habe, schenke ich dem Vermieter eine Mütze und ein Paar Handschuhe, als ich abfahre. Das freut ihn riesig, weil man hier nichts kaufen kann.

Dazu müsste man die Insel verlassen.

Auf der Rückfahrt nach Copacabana ist das Schiff überladen. Das ist nicht ungefährlich, weil dieser See auch nicht ohne Tücken ist. Ich habe dann auch noch Probleme, weil der Schiffsbesitzer meint, ich wolle ihm einen zerrissenen Zehner-Schein andrehen. Beschädigte Geldnoten nehmen die Bolivianer und die meisten anderen Südamerikaner gar nicht. Aber irgendjemand hat mir ja auch diesen Schein angedreht. Mit den Touristen können sie es ja machen. Es ist nichts zu machen, ich muss ihm einen anderen Schein geben, sonst nimmt er mich nicht mit. Seit dem Tag habe ich auch jeden Schein, den ich – egal wo – bekommen habe, zweimal umgedreht und tatsächlich einige Scheine zurückgewiesen.

Am nächsten Tag geht es mit dem Bus zurück nach La Paz.

Mein letzter Tag in Bolivien. Ich nehme Abschied von La Paz. Die Stadt ist voll, laut, chaotisch, aber ich liebe sie. Ich schlendere durch die Straßen und lasse alles noch einmal auf mich wirken.

CHILES NORDEN
ARICA, IQUIQUE

Von La Paz nach Arica im äußersten Norden von Chile ist es eine elend lange Busfahrt und ich komme erst abends um zehn Uhr in der Dunkelheit an. So lange Fahrten mag ich nicht, weil ich auch im Bus nicht schlafen kann. Man muss schon immer ein Auge auf seine Sachen haben und die Toiletten im Bus, wenn es denn welche gibt, sind oft eine Katastrophe: eng, nicht sauber und Glück hat man, wenn man die Tür abschließen kann. Ich muss eine Vertrauen erweckende Person ausspäen, in der Regel eine Frau, und sie bitten, nach meinem Gepäck zu schauen, während ich auf der Toilette bin. Eigentlich ist in dem zurückgelassenen Gepäck überhaupt nichts Wertvolles, weil ich das natürlich am Körper trage, aber das weiß ja der potenzielle Dieb nicht. Es gibt immer noch genug Touristen, die leichtsinnig, unangemessen vertrauensselig oder einfach nur dumm alle Wertsachen in den Rucksack stecken. Auf der Toilette ist es dann immer ein extremer Balanceakt bei dem Fahrstil der südamerikanischen Busfahrer.

Zu meiner Freude lösen sich aber alle Befürchtungen in Luft auf und es wird eine meiner schönsten Busfahrten: nicht so anstrengend, nette Mitfahrer, aber vor allem eine Landschaft nur zum Staunen, wie man sie eben auch nur auf einer Busfahrt sehen kann oder einer Autofahrt, aber so niemals vom Flugzeug aus.

Über die schneebedeckten Anden, vorbei an Lagunen mit Flamingos, Vicunjas, durch die Steppe in Richtung chilenischer Wüste nach Arica. Die Stadt liegt direkt am Pazifik.

Ein völlig relaxter Übergang an der Grenze von Bolivien nach Chile, keine Drogenkontrollen. Der Bus kommt erst um 22 Uhr an, fährt somit eine ganze Zeit im Dunkeln, weshalb ich dann leider nichts mehr sehen kann. Die Straße ist nicht besonders gut.

Das Hotelzimmer in Arica ist klein, hat aber alles, was der Mensch braucht. Arica liegt nur wenige Kilometer von der peruanischen Grenze entfernt. Die Stadt ist ziemlich schräg, aber irgendwie gefällt sie mir. Es ist keine Touristenstadt. Drumherum ist nur Wüste. Das ist es, was ich weiß.

Nach einem reichhaltigen, großartigen Frühstück mache ich mich am nächsten Tag auf, die Stadt zu erkunden. Ich muss auch einiges erledigen, jedenfalls erst mal wieder zu chilenischem Geld kommen. Es ist kühl und der Himmel bedeckt. Es gibt praktisch kein Grün in dieser Wüste. Leben möchte ich hier nicht. Die Stadt wirkt so künstlich auf mich.

Ich erklimme den Stadtberg, Morro de Arica, um mir einen Überblick von oben zu verschaffen. Das Bergsteigen von Meereshöhe auf 260 Meter fällt mir leicht. Ich bin wie beschwingt nach den 4.000 Metern in La Paz. Das macht wohl dieser Wahnsinnshöhenunterschied. Wenn man an einem Tag von 4.000 Meter, an die man sich ja schon gewöhnt hat, wieder auf Null reist. Schon andere haben berichtet, dass sie da richtig euphorisch geworden sind.

Eine schöne Aussicht von oben, ich blicke auf den großen Hafen, die Strände und kann sogar von hier die hohen Wellen und die Brandung sehen, die die Surfer so lieben. Hier steht eine riesige Christusstatue und es gibt ein Militärmuseum. Militärische Geschichte, Kriege, Unabhängigkeitskämpfe spielen immer wieder eine enorme Rolle in allen südamerikanischen Ländern.

Die Innenstadt hat zwei Bauten von Jean Eiffel zu bieten: die Catedral San Marco, entstanden vor dem Bau des Eiffelturms in Paris, aus angemaltem gestanztem Gusseisen, die 1875 errichtet wurde – die Chilenen sind sehr stolz darauf – und das Zollgebäude der Stadt.

Faszinierend ist das Museo Colon mit Mumien der Kultur Chinchorro. Sie wurden zufällig bei einem Hausbau entdeckt und dann wurde dieser Hausbau gestoppt und ein Museum genau an die Stelle, an der man sie gefunden hat, gebaut, sodass sie heute an ihrem ursprünglichen Platz zu sehen sind. Sie haben sich hervorragend erhalten in der Wüste, weil es so trocken ist, was der Konservierung zugute kommt.

Von 8000 v. Chr. bis 2000 v. Chr. lebte das Volk der Chinchorro im Tal von Arica, im Norden Chiles und im Süden Perus. Sie waren Jäger und Sammler und ernährten sich hauptsächlich vom Fischfang.

Die Chinchorro-Mumien sind die ältesten Beispiele für künstlich mumifizierte menschliche Überreste, die bis zu zweitausend Jahre vor den ägyptischen Mumien begraben wurden.

Ich fahre in das Valle de Azapa zum Museo archaeologico San Miguel de Azapa. Dieses Museum beherbergt weitere Mumien. In der Nähe liegt ein Friedhof, der als der älteste der Welt bezeichnet wird. Gräber aus der Kolonialzeit sind noch erhalten, aber schon während der Chinchorro-Kultur wurden dort Menschen bestattet.

Abends merke ich, wie ungeheuer erschöpft ich bin. Ich bin wie besoffen, kann mich kaum noch auf den Beinen halten, hole mir was zu trinken und gehe sehr früh ins Bett. Dann schlafe ich viele Stunden. Das machen diese Höhen- und Temperaturunterschiede. Andere haben es auch berichtet. Also mindestens zwei Tage Nichtstun stehen an und schlafen, schlafen, schlafen.

Als ich wieder fit bin, plane ich eine Strandwanderung. Es soll dort einen Platz geben, an dem man wunderbar Vögel beobachten kann. Am Anfang sind dort ein paar Surfer, dann kommt aber nichts mehr. Es ist niemand mehr zu sehen, nur noch eine Straße parallel zum Strand. Ein paar Männer laufen herum. Plötzlich habe ich ein komisches, unsicheres Gefühl, das mir sagt, hier allein rumlaufen ist nicht gut.

Ich gehe zur Straße und halte ein Sammeltaxi an.

Diese meine Gefühle, auf die kann ich mich immer verlassen. Es ist selten, dass sie mich irgendwie warnen, aber wenn sie es tun, folge ich ihnen sofort. Später erfahre ich, dass es in der Tat nicht ungefährlich ist, allein an diesem Strand zu laufen. Sogar die Touristeninformation hätte mir dringend abgeraten, wenn ich sie gefragt hätte.

Die Alternative ist der Hafen und hier finde ich meinen Traum – wie an allen Häfen der pazifischen Küste in Chile: Tiere, Tiere, Tiere; Seehunde, Robben, Pelikane, Seevögel aller Art, Fischmarkt, Katzen, Hunde. All denen könnte ich tagelang zuschauen.

Es gibt frischen Fisch und Ceviche; das ist eine Fischzubereitung aus kleingeschnittenem rohem Fisch verschiedener Sorten, mariniert in einem Sud aus Zwiebeln, Limettensaft und diversen Kräutern und Gewürzen, Salz und Chilis. Ceviche hat man schon in präkolumbianischer Zeit gekannt. Ich liebe das über alles, obwohl manche warnen vor dem Genuss von rohem Fisch wegen möglicher Parasiten. Aber es schmeckt besonders in Chile so gut, dass ich nicht widerstehen kann. In einem kleinen Strandcafé, einem Surfer-Treffpunkt, trinke ich einen Cappuccino, höre Musik und beobachte die Wellenreiter.

Und dann noch eine Hafenrundfahrt. Die gibt es auch an jedem chilenischen Hafen. Sie ist billig und eine gute Möglichkeit, Einheimische kennenzulernen. Hier trifft man immer viele chilenische Familien an.

Abends, in meinem Hotel, habe ich plötzlich eine merkwürdige Angst, nach Deutschland zurückzukehren. Ich weiß gar nicht genau, was das ist, ich habe die ganze Zeit nicht an Deutschland gedacht. Vieles dort gefällt mir nicht und vielleicht ist es die Befürchtung, dass sich dort nichts verändert hat. Natürlich hat sich nichts geändert. Diese preußische Kultur, die ist doch auch sehr einengend, beschneidend und anti-kreativ. Ich mag sie nicht, obwohl ich natürlich auch so bin, aber seitdem ich unterwegs bin, hat sich doch eine große Ambivalenz eingeschlichen gegenüber Regeln, Ordnung, Disziplin, Pflicht, Fleiß, Zuverlässigkeit und Leistungsstreben. Das ist zwar alles gut und schön und hilfreich auch, aber das Leben ist nicht so.

Weiter geht es im Norden nach Iquique – das Miami von Chile – ich bin gespannt. Das sind fünf Stunden. Also von ganz oben auf der Landkarte in Richtung Süden wieder in Richtung Santiago de Chile.

Die Busfahrt kam mir gefühlt länger als fünf Stunden vor: Wüste, Wüste, Wüste. Alles Atacama-Wüste. Keinerlei Grün. Wenn man aus dem Fenster schaut, bekommt man Durst. Iquique liegt auch am Pazifik. Nix Miami – obwohl ich Miami nicht kenne, aber mein Ersteindruck ist schrecklich: dreckig, eklig, arm, laut, ungemütlich, unsicher, teuer.

Das Hotel befindet sich mitten in der Stadt, es wirkt wie eine Absteige und es ist laut. Die ganze Stadt liegt im Nebel und drum herum ist Wüste, natürlich auch kein Grün. Der Nebel wirkt wie Smog auf mich. Man sieht keinen Himmel. Am nächsten Tag auch nicht. Wie soll ich das überstehen?

Ich esse etwas, aber das Essen ist kalt und die Touristeninfo hat aus unbekannten Gründen langfristig geschlossen.

Die chilenischen Männer hier im Hotel sind sehr machomäßig drauf. Beim Frühstück grüßen sie nicht, die Blicke, die Mimik, die Gestik, alles spricht für sich.

Heute bin ich der einzige Gast in dieser Absteige. Das Frühstück ist sehr bescheiden. Ich gehe auch hier zum Hafen. Am Hafen ist es immer spannend. Große Seehunde belagern die

Fischer und hoffen auf den Abfall. Nebenan kommt ein Boot mit Seeigeln. Sie nehmen sie aus. Es gibt sie in Suppen und Seafood-Eintöpfen. Schmecken ganz gut. Hier surfen sie auch, faszinierend hohe Wellen.

Ich esse ein köstliches frisches Ceviche.

Eine Straße in Iquique ist wie aus einer anderen Welt, die Peatoneal baquedano. Sie ist gesäumt von kolonialen Holzhäusern und es gibt auch Möglichkeiten, draußen zu sitzen. Es ist nämlich tagsüber ziemlich warm. Als ich dann noch ein ansprechendes Eiscafé entdecke mit köstlichem Eis, bin ich mit der Stadt wieder einigermaßen versöhnt, aber Miami ist es nun wirklich nicht.

Hier im Norden gibt es auch viel Armut und die Städte an der Küste sind keine Touristenorte. Sie haben nur wenig Attraktives in diesem Sinne, dafür sind sie aber nicht minder interessant, wenn man Chile kennenlernen will.

Ich bin immer wieder überrascht von diesen Städten in der Wüste. Für mich wäre das irgendwie trostlos. Ich brauche die Vegetation für mein Leben.

Für morgen habe ich einen Ganztagesausflug mit Einheimischen in einer kleineren Gruppe arrangieren können. Die Chilenen lieben diese Ausflüge. Es geht in einem Minibus mit Kind und Kegel los und es gibt immer ein traditionelles preisgünstiges, reichhaltiges Mittagessen, gar nicht touristisch, nur chilenisch. Das ist, was ich liebe. Den ganzen Tag Kontakt zu den Einheimischen, nur spanisch sprechen und viel über Land und Leute und Sitten lernen.

Die Chilenen sind sehr aufgeschlossen gegenüber Fremden und auch neugierig.

Es geht in mehrere Oasendörfer, nachdem wir von der riesigen Düne, die zu Iquique gehört, auf den Pazifik gesehen haben. Diese einzigartige Düne, Cerro El Dragón, ist ein imposanter Sandberg der Atacama-Küstenwüste, der eine Höhe von 230 Metern erreicht, vier Kilometer lang und einen Kilometer breit ist. Unter anderem besuchen wir die nach dem Salpeterabbau verlassenen Geisterstädte Humberstone und Santa Laura etwa 50 Kilometer östlich der Stadt. Sie gehören zum Weltkulturerbe der UNESCO. Es ist noch alles recht gut erhalten, aber es lebt hier niemand mehr. Wir bekommen eine Führung von einem Mann, der hier noch gearbeitet hat.

Die Santa-Laura-Salpeterwerke mussten 1960 die Tore schließen, Humberstone wurde 1961 geschlossen und ist seitdem dem Verfall ausgesetzt.

Bereits 1889 gehörten die Humberstone-Werke zu den größten Salpeterwerken in Chile, aber Anfang der 1920er-Jahre brach der Salpetermarkt nach der Einführung der in Deutschland entwickelten Ammoniak-Synthese ein.

Unser Führer kann uns eindrucksvoll berichten, wie es war, vor allem wie schwierig, mühsam und entbehrungsreich, diese Arbeit in der Wüste zu tun.

Es gibt auch fruchtbare Oasenstädte mit Wasser und Obstanbau und sogar mit Thermalquellen. Kleine süße Mangos wachsen hier. Unglaublich, und drum herum nur Wüste.

Bevor ich ins Hotel gehe, trinke ich noch einen Pisco Sour. Der haut allerdings sehr rein, sodass ich dann froh bin, das Hotel erreicht zu haben. Ich fühle mich hier nicht so sicher und die Stadt gefällt mir nicht besonders.

Dieses sogenannte Hotel, in dem ich untergekommen bin, wirkt auf mich wie ein leerstehendes Kaufhaus. In der ersten Etage werden Hotelzimmer vermietet. Alle liegen zu einem Rundbalkon oder -gang hinaus. Ich bin jetzt die Einzige, die hier wohnt, und es ist nach wie vor abends sehr laut. Diese Unterkunft, die man eigentlich nicht als Hotel bezeichnen kann, liegt mitten in der Einkaufszone, in der sich nachts komische Typen herumtreiben.

Am letzten Tag besichtige ich noch das große Kriegssegelschiff, die Esmaralda, also den Nachbau davon. Das Schiff ist ein Museum und man erfährt eine Menge über den Krieg 1879 und den Kapitän Arturo Prat.

Danach gönne ich mir einen richtig guten, frischen Fisch am Hafen. Ich bin dann froh, das Hotel zu verlassen. So ein schlechtes Hotel hatte ich noch nicht.

Nach San Pedro de Atacama fahre ich im Nachtbus. Es ist auch eine weite Strecke, aber anders geht es nicht.

SAN PEDRO DE ATACAMA

Die Busfahrt von Iquique nach San Pedro de Atacama ist extrem chaotisch. Ich muss zweimal die Busse wechseln, da sie defekt sind und das ist natürlich mit langen Wartezeiten verbunden. Die gebuchten Plätze, „Cama", das ist eine Art Liegestuhl im Bus, sehr bequem, auf dem man einigermaßen schlafen kann und viel Platz hat – stehen dann nicht mehr zur Verfügung. Aber letztlich: Ich bin angekommen.

Die Wüstenlandschaft, die man durchquert, ist beeindruckend. Die Atacama-Wüste ist die höchst gelegene Wüste der Erde. San Pedro de Atacama: eine Touristenoase mitten in der Wüste Chiles. Ein nettes Städtchen, gemacht für Touristen. Es gibt 300 Agenturen, die Ausflüge vermitteln, und gefühlt 1.000 Souvenirläden. Zu meiner Zeit im Juli waren nicht viele Touristen da –Gott sei Dank.

Die für den Tourismus geschaffene Infrastruktur hat dann auch mal viele Vorteile, wenn man so lange durch andere Gegenden in Südamerika reist. Das heißt, hier ist es sauber, es gibt gutes Essen, ein bisschen teurer natürlich, aber „keimfrei". Es gibt viele Hostels, in denen man mit anderen Travellern neueste Informationen austauschen kann, es gibt Cafés, in denen man draußen sitzen kann, Geldautomaten, Wäschereien, gutes Bier und alle Bequemlichkeiten, auf die man sonst in der Regel verzichten muss. Außerdem ist so ein Ort in gewisser Weise viel sicherer, weil man auf so vieles trifft, was einem vertraut ist. Die Menschen sind an die Fremden gewöhnt.

Ein paar Tage Touristen, das kann ich ganz gut aushalten, aber dann reicht es mir auch. Ich bin überhaupt kein Gruppenmensch und dann sehne ich mich wieder danach, spanisch statt englisch oder deutsch zu sprechen.

Ich buche meine Touren, ohne die es hier nicht geht, im Sammelpack. Abends esse ich eine Cazuela, preisgünstige traditionelle Suppe mit Gemüse und Fleisch, meist Hühnchen, heiß und lecker. Eigentlich ist das eine Art Eintopf.

Meine Casa liegt etwas am Rand und hat keinen Touristendurchlauf. Der spielt sich eigentlich nur auf einem Weg – ohne Autos – im Zentrum ab. Und dieser Weg ist ziemlich lang und ganz nett, gesäumt von Geschäften, Restaurants, aber auch netten Plätzen. Der Bankautomat befindet sich in der Apotheke. Sowieso ist es eher ruhig hier, kaum Autos, mehr Minibusse für die Touren. Wohl alle Einwohner leben irgendwie vom Tourismus. Mein Zimmer ist hübsch, groß, hell, allerdings ohne eigenes Bad und ohne Frühstück. Es sind kaum Gäste da, ein paar Dauerbewohner aus Australien, die sich hier erst mal niedergelassen haben und meistens im Innenhof sitzen und an ihren Tablets arbeiten. Sie interessieren sich für die Sterne und sind immer wieder zu den verschiedenen Sternwarten unterwegs. Sie haben fantastische Fotos durch die Teleskope gemacht. Und es sind sehr ruhige Gäste. Es gibt eine Küche und das Frühstück selbst zu machen, ist auch mal ganz schön, zumal es einige Märkte mit frischem Obst gibt. Es ist teurer hier, weil alles angeliefert werden muss.

Nachts ist es doch sehr kalt, aber die Decken in Südamerika sind so warm, dass es reicht.

Ich möchte mir schon mal ein Ticket zur Weiterfahrt nach Antofagasta kaufen bei TUR Bus, einer großen Busgesellschaft in Chile, aber denen haben sie das Büro am Terminal geschlossen und auch die Einfahrt ins Terminal untersagt, weil sie keine Steuern zahlen. Da muss ich mir dann später was anderes einfallen lassen oder herausfinden, wo sie nun ihre Tickets verkaufen und wo die Busse abfahren.

Viele andere Dinge klappen dann im Lauf der folgenden Tage auch nicht wirklich. Die Dusche ist entweder eiskalt oder heiß, ein Zwischending gibt es gar nicht. Es ist wie das Wetter hier, das ist auch entweder heiß oder sehr kalt. Also entweder Sommerkleidung oder Winterwäsche. Meine schwarze Regenjacke ist für alles gut. Sie war damals spottbillig, ist aber einfach ideal. Keine Funktionskleidung und schön sieht sie auch nicht aus, aber ich liebe sie. Sie ist zu groß und ich kann alles drunter ziehen, wenn ich es brauche. Auf so einer Unternehmung zählt nur, dass die wenigen Dinge, die man mit sich trägt, bequem und praktisch sind.

Dem Hostelbesitzer muss ich dreimal sagen, dass das Bad nach meinem Duschen jedes Mal überschwemmt ist. Und dass es doch bitte auch mal geputzt werden müsste und auch der Mülleimer bitte geleert werden sollte. Nach dem dritten Mal abends macht er es. Er ist nicht böse auf mich. Er ist jetzt sogar viel freundlicher. So ist das aber in Südamerika. Jedenfalls meine Erfahrung. Man muss oft sagen, wenn man etwas möchte, eigentlich Selbstverständlichkeiten, dann passiert es auch, von selber nicht.

Ich frage noch mal bei der Agentur wegen meiner Touren. Der Mann, der dort heute sitzt, schläft. Ich wecke ihn, schließlich hat er Dienst in dem Laden und ich mag nicht warten, bis er seinen Schlaf beendet hat. Er ist lustlos und hat nicht viel Interesse an seinen Kunden. Scheinbar gibt es genug Touristen. Da haben sie es nicht nötig, sich freundlich zu kümmern.

Die Sonne brennt tagsüber vom Himmel und mir brennen die Augen davon. Also nochmal mehr schützen, immer wieder Sonnencreme und die Mütze tief ins Gesicht ziehen. Mit Sonnenbrille laufe ich hier sowieso fast ausschließlich herum. Sie ist eines der absolut unverzichtbaren Teile.

San Pedro de Atacama liegt auf dem trockenen Hochplateau der Anden auf einer Höhe von 2.408 Metern. Dies ist eine der trockensten Landschaften der Erde mit Wüsten, Salzpfannen, Vulkanen, Geysiren und heißen Quellen.

Meine erste Wüstentour in einem kleinen Bus mit netten Leuten führt durch diese unglaubliche Landschaft zu mehreren Lagunen, Laguna Cejar und zu den Ojos de Salar. Das sind tiefe, wassergefüllte Löcher. Manche Lagunen trocknen jedes Jahr ganz aus und wenn dann Regen kommt, füllen sie sich wieder. Der Führer ist nett, an einem Ojo de Salar sind wir zum Sonnenuntergang über der Atacama-Wüste und bekommen einen Pisco Sour, der diesen unglaublichen Anblick noch einmal verstärkt.

Das Valle de la Luna im nahe gelegenen Nationalreservat Los Flamencos ist eine mondähnliche Senke mit außergewöhnlichen Felsformationen, einer riesigen Sanddüne und unterschiedlich rosa und rot gefärbten Bergen, ein berauschendes Farbenspiel. Eine bizarre Landschaft, geformt durch Sonne, Wind und extreme Temperaturwechsel.

Ich habe eine nette Frau aus Österreich kennengelernt. Wir treffen uns immer abends in einer Bar oder einem Restaurant. Sie ist auch für ein paar Monate allein unterwegs.

Heute beschleicht mich das erste Mal ein kleines Heimweh und wieder Angst vor der Rückkehr. Eine eigenartige Ambivalenz stiftet da Unruhe in mir: Heimweh – Fernweh. Mir hat mal jemand gesagt, Sehnsucht sei Fernweh der Seele. Diese Sehnsucht, dieses Fernweh habe ich immer, obwohl ich doch jetzt schon in der Ferne bin. Und hier fühle ich mich wohl. Ich möchte das nicht beenden, ich möchte weiter unterwegs bleiben. Das Leben ist doch ein Unterwegs-Sein. Das ist irgendwie ein guter Zustand für mich. In diesem Zustand finde ich Ruhe. Es ist weder Flucht noch Unruhe – wie manche sagen. Für mich ist es einfach gut. Unterwegssein ist ja auch ein Symbol für Leben, lebendig sein.

Naja, da kann man viel drüber nachdenken. Ich glaube, es muss jeder sein Leben so führen, wie es ihm gut tut und das des anderen respektieren.

Kein Wunder, dass hierher so viele Touristen kommen. Das muss man einfach gesehen haben, den Himmel über der Wüste, einmalig. Wenn man sich für Sterne interessiert, muss man hierher fahren. Deswegen gibt es hier die größten Sternwarten und Teleskope. Zur „Astrotour" werde ich abends um 21 Uhr abgeholt. Weil die Atacama-Wüste meist einen wolkenlosen Himmel, trockene Luft und kein Streulicht hat, stehen hier einige der weltweit renommiertesten Observatorien in Chile.

Die Kälte kriecht durch die Kleiderschichten.

Sie erklären den Sternenhimmel und wenn man Jupiter oder Saturn durch das Fernrohr sieht, so unmittelbar vor sich, so nah, und die Planeten beobachtet, wie sie durch die Galaxie kreisen, dann ist es wie ein Fenster zum Universum.

Bei der Führung kommen wir zwangsläufig ins Philosophieren über schwarze Löcher, Unendlichkeit, Leben und Tod und alle werden sehr nachdenklich.

Für mich endet so etwas immer damit, dass ich das Gefühl habe, ich weiß, dass ich nichts weiß. Und deswegen freue ich mich darüber, dass es mir so oft gelingt, mich unmittelbar im Hier und Jetzt zu fühlen und zu sein; diese Selbstverständlichkeit und damit verbunden die Selbstvergessenheit zu erreichen, wie es nur Kindern normalerweise gelingt.

Einen Zustand der Selbstvergessenheit zu erlangen, ist für mich das Höchste und Beste, was mir gelingen kann. Sein statt Wissen. Nicht immer reflektieren, nachdenken, sich bewusst sein, alles zu anstrengend, nur da sein.

Eines wird mir gerade auf dieser Reise immer wieder deutlich: Man kann nicht alles verstehen und man kann nicht alles einfühlen oder nachvollziehen und das muss man auch nicht. Es reicht, wenn man das Andere akzeptiert nach dem Motto: Es ist wie es ist und das ist gut so. Was für eine Entlastung.

Wenn es ist wie es ist und ich weiß, dass ich nichts weiß, brauche ich nur noch zu leben.

Auf einer Tour ins Valle Arcoiris, dem Regenbogental, zu Matancilla und den Petroglyphen treffe ich Daniel, den Kolumbianer wieder. Wir haben uns in Bolivien kennengelernt. Er schwärmt immer so von Kolumbien, dass mein Entschluss, dort auch hinzureisen nach jedem Treffen mit ihm stärker wird. Man kann auch gut im November dorthin reisen.

Auf dieser Tour durch die Berglandschaft sehen wir faszinierende Petroglyphen, Felszeichnungen der alten Kulturen. Aber hier restaurieren sie diese, sie zeichnen sie nach, wenn sie verblichen sind. Das ist überhaupt kein Tabu, das ist selbstverständlich. Ich war anfangs geschockt. So anders sind manche Einstellungen und Sichtweisen gegenüber alten Kulturen.

Viele Touristen scheint das nicht zu stören, so kann man das besser auf die Fotos bekommen und die Einheimischen verdienen ihr Geld schließlich mit dem Tourismus.

Das Wetter ist schwierig. Es kann hier innerhalb von wenigen Minuten von heiß zu kalt wechseln. Sehr anstrengend für den Körper und ein ungemütliches Gefühl zwischen Frieren und Schwitzen, ständigem Kleiderwechsel. Eine wohlige Temperatur scheint manchmal unerreichbar.

Ein Ausflug zu den Lagunas altiplanas auf 4.300 Meter Höhe präsentiert noch einmal die ganze Bandbreite dieser Wüste mit Lagunen, Bergen, Tälern, Flamingos, Vicunjas, Füchsen, Oasen, einmaligen Sternenhimmeln und einem tollen Licht zu jeder Tageszeit. Blauer Himmel und strahlender Sonnenschein bei Eiseskälte. Ein Geysirfeld auf 4.300 Meter Höhe. Morgens vor Sonnenaufgang steigen die Fontänen bis zehn

Meter hoch, wenn der Temperaturunterschied zwischen 80 Grad heißem Wasser und minus zehn Grad kalter Luft am größten ist. Faszinierend.

Endlich habe ich herausgefunden, wo ich mein Busticket kaufen kann. Die Busgesellschaft ist jetzt am Stadtrand stationiert. Dort fahren auch die Busse ab. Steuern bezahlen sie weiterhin nicht. Aber dies ist der einzige Bus, der nicht nachts fährt.

Weiter geht es dann in Richtung Santiago nach zwei Wochen Wüste und Touristenkomfort.

ANTOFAGASTA, COPIAPO, LA SERENA

Nichts als Wüste. Von San Pedro de Atacama geht es mit dem Bus nach Antofagasta an die Pazifikküste. Diese Atacama erscheint mir riesig. Küste in Chile heißt wieder leckeren frischen Fisch essen, meist auf dem Markt.

Die Wüstenstadt Antofagasta liegt am Rande der Atacama. Bis nach Santiago sind es noch etwa 1.400 Kilometer. Früher wurde hier im Hafen Salpeter verschifft. Heute wird insbesondere Kupfer und Nitrat exportiert.

Mein Zimmer im Hostel ist groß, hell und wird zeitweise noch von zwei Katzen mitbewohnt, sofern man ihnen Zutritt gewährt. Ansonsten liegen sie vor der Tür und bewachen alles. Katzen sind immer gut, ich liebe Katzen und dort wo sie sind, fühle ich mich in der Regel sofort wohl.

Diese Stadt besteht aus hässlichen grauen Häusern, gemischt mit verfallender alter Pracht, nicht so besonders sauber. Macht einen Eindruck von Armut. Aber der Hafen ist interessant. Es herrscht ein reges Treiben. Fischer kommen und gehen mit ihren Booten, rauhe Typen. Sie bringen viele verschiedene, teils sehr große Fische, Krebse, Muscheln und um ihre Verkaufsstände haben sich ein paar fette Hunde angesammelt. Ein seltenes Bild, meist sind die frei laufenden Hunde hier eher abgemagert.

In solchen Ländern fressen Hunde alles, nicht nur Fischreste, nein, auch entsorgte Pommes frites, Kuchen, Brötchen und was man sonst noch so als Hund im Müll findet. Wahrscheinlich leiden sie alle unter Diabetes. Sind arme Tiere.

Die Touristeninformation hat offen und die Damen sind ausgesprochen nett, obwohl es hier so gut wie keine Touristen um diese Zeit gibt. Sie scheinen sich über mich und meine Fragen zu freuen und nach der Beratung wird von mir ein Foto gemacht, Werbung für die Tourist-Info in Antofagasta auf Instagram. Ich hasse das, aber was tut man nicht alles, wenn man so gut beraten wird und dazu auch noch einen Kaffee bekommt.

Es gibt ein paar Museen, ein historisches und ein Kunstmuseum mit einer interessanten Fotoausstellung mit dem Titel: „Die Sicht auf das Leben vom Tode aus". Das ist eine ungemein interessante Perspektive, anregend vor allem. Überhaupt kann man jede Sache aus unterschiedlichen Perspektiven betrachten. Das ist wohl die Basis von unterschiedlichen Kulturen. Und alles ist nicht falsch. Als ich nach dem Museumsbesuch in einem Café sitze, stelle ich mir vor, ich bin schon tot und schaue auf mein Leben zurück. Was war da, was habe ich daraus gemacht, in was für einer Zeit habe ich gelebt, was war Schicksal und was habe ich wirklich selbst beeinflusst, gesteuert. Wie bin ich da in der Welt gewesen? Wie haben mich denn wohl die anderen gesehen. War ich ein liebenswürdiger Mensch oder schwierig für andere. Welche Beziehungen habe ich gehabt und was habe ich zu diesen Beziehungen beigetragen? Es fallen mir tausend Fragen ein. Aus dieser Perspektive, durch diese Sichtweise bekomme ich plötzlich ein unheimlich klares Bild von mir. Und dann bin ich so froh, dass ich noch nicht tot bin. Das heißt, ich kann noch ganz viel machen, besser machen, auch für mich machen und für andere mehr machen. Fantastisch, diese Vorstellungen. Das beschäftigt mich noch ein paar Tage, diese Fotoausstellung. Kunst ist doch etwas Wunderbares.

Der Himmel ist bedeckt und es ist kalt. Ich laufe mehrere Kilometer an der Küste entlang zu den Ruinas Huanchaca.

Diese Ruinen sind sehr imposant, dabei sind es die Überreste einer Silbergießerei vom Anfang des 19. Jahrhunderts. Angeschlossen ist ein modernes Museum über die Geschichte des Universums.

Venezolanische Flüchtlinge und Obdachlose campieren am Strand. Es ist ein großes Elend bei dieser Kälte. In jedem provisorischen Zelt gibt es auch kleine Kinder. Auch Hundehütten gibt es hier, zum Teil Pappkartons, und einige Hunde tragen total verdreckte Wärmemäntelchen. Auch in der Stadt ist die Armut augenfällig. Auch hier viele Obdachlose.

Ich fahre nach Copiapo weiter. Es sind sieben Stunden mit dem Bus. Wüste, Wüste, Wüste. Von hier aus kann man den Parque Nacional Pan de Azucar erreichen. Aber das sind noch einmal 180 km. Das ist mir jetzt zu weit.

Der Bus ist fast leer, ein Doppeldeckerbus. Ich sitze in der ersten Etage oben ganz vorne und habe vier Plätze für mich und einen traumhaften Blick. Wir fahren eine weite Strecke direkt an der Küste entlang. Ich liebe den Pazifik. Die Brandung ist beeindruckend, auch vom Bus aus sieht man das. Im Meer viele weiß aussehende Felsen. Das ist Vogelkot, Guano, pastöse Exkremente von Seevögeln wie Pinguine oder Kormorane.

Schon die Inka nutzten den Guano zur Steigerung des Ertrags in der Landwirtschaft. 1806 brachte Alexander von Humboldt die ersten Guano-Proben mit nach Europa. Sie waren als stickstoff- und phosphorsäurehaltiges Düngemittel lange Zeit ein hochbegehrtes Exportgut aus Südamerika.

Ich sehe tausende von Vögeln am Wasser, aber keine Menschen und schon gar keine Touristen. Hier ist Wüste und Meer und es ist alles immer noch Atacama-Wüste.

Copiapo ist auch eine Oase. Von hier sind es noch 800 Kilometer nach Santiago.

Ich lande in einem kleinen Bungalow, etwas gammelig, aber es ist alles da, was ich brauche. In den anderen Bungalows wohnen nur Männer, sie arbeiten wohl hier und es ist bitterkalt nachts, aber es gibt eine Heizdecke im Bett und die funktioniert prima.

Gutes Licht und Heizdecke lassen mich im Bett bleiben und ausruhen. Endlich komme ich mal zum Lesen. Die Stadt hat wirklich nichts, was mich irgendwie interessiert, außer einem sehr guten Bäcker um die Ecke.

Am nächsten Tag ist Feiertag, was ich nicht wusste. Ich verliere hier völlig den Überblick über Wochentage und Zeiten. Ein Fischgeschäft hat offen und ich kaufe leckere Ceviche. Außer einem Regionalmuseum ist alles zu. Also gehe ich mal dieses Museum besichtigen. Das ist dann doch sehr interessant, da es viele Informationen über die Gegend gibt, die in keinem Reiseführer stehen. Außerdem haben sie die Kapsel ausgestellt, mit der 2010 die 33 Bergarbeiter gerettet wurden, die in der San-José-Kupfermine verschüttet waren. Diese Mine liegt 45 Kilometer von Copiapo entfernt. Das wurde damals weltweit im Fernsehen übertragen. Daran kann ich mich auch noch gut erinnern. Alle haben mitgezittert und die Rettung verfolgt. Die Bergleute waren 700 Meter unter Tage eingeschlossen. Schon früher war es in dieser Grube zu Unfällen gekommen. Die Eingeschlossenen wurden nach über zwei Wochen völliger Abgeschiedenheit mit ersten Rettungsbohrungen erreicht. Nach 69 Tagen gelang es, mit einer international viel beachteten Rettungsaktion alle eingeschlossenen Bergleute zu befreien. Immer eine Person wurde in dieser Kapsel nach oben gezogen.

Weiter geht es nach La Serena. Das soll eine hübsche Stadt sein. Ich möchte dort länger bleiben. Die Busfahrt dauert etwa fünf Stunden. Am Terminal in Copiapo erfahre ich erst einmal, dass der Bus eine Panne hat und irgendwo in der Wüste liegen geblieben ist. Na gut, Südamerika. Ich hole mir einen Kaffee und lasse mich im Busbahnhof nieder.

Eine Stunde später kommt ein anderer Bus. Der ist bis auf einen Platz voll. Den einen Platz hinten neben einer Frau mit zwei Kindern auf dem Schoss bekomme ich. Draußen ist es neblig, alle Fenster sind beschlagen. Die ganze Zeit sieht man gar nichts. Schade, aber es ist auch alles Wüste. Die Busfahrt kommt mir ewig vor und es ist kein Vergnügen. Es ist eng und laut, aber die beiden Kinder sind nett und nehmen Kontakt auf. Da habe ich auch noch ein paar Karamellos in der Tasche für solche Fälle.

Der Ersteindruck von La Serena ist angenehm, hübsch, sauber, der Reiseführer warnt vor Taxibetrügern, aber mich kann man nach dieser langen Zeit nicht mehr betrügen, zumal ich immer, bevor ich mich in ein Taxi setze, vorher die Preise zu dem Zielort in Erfahrung bringe.

Viele Kolonialbauten machen den Charme der Stadt aus. Durch den Fluss gedeiht hier eine üppige Vegetation inmitten der Wüste – eine richtige Oase.

Kleine Märkte, gemütliche Einkaufsstraßen und mehrere Museen gruppieren sich um die Plaza de Armas mit ihrer Kathedrale und weiteren Kirchen. Außerdem gibt es schöne weiße Strände, auch zum Baden, wenn denn das Wetter es zulässt. In der Umgebung kann man weitere reizvolle Täler besuchen.

Mein Hotel ist ein alter Kolonialbau mit riesigen Zimmern, einer wunderschönen geschmackvollen Inneneinrichtung, fast alles aus Holz, und gehört einer netten Besitzerin. Sie ist Französin und lebt schon lange in Chile. Nachdem ihr chilenischer Mann gestorben ist, bewirtschaftet sie dieses Haus alleine. Sie fühlt sich wohl hier. Das kann ich nachvollziehen. Auch eine Lebensmöglichkeit. Das Hotel steht unter Denkmalschutz. Die Fassade ist etwas abgebröckelt, aber innen ist alles neu und intakt. Mein Zimmer hat eine Heizung. Das ist auf meiner Reise ein unglaublicher Luxus. Entsprechend französisch angehaucht ist dann auch das Frühstück mit selbstgebackenem

Brot, selbstgemachter Marmelade und sonstigen Leckereien. Mal etwas ganz anderes und ich genieße es und lobe es, was sie sehr freut. Es ist wirklich etwas Besonderes und sie sagt, dass die Chilenen, die bei ihr wohnen, das gar nicht so würdigen können und sich manchmal sogar beschweren, dass sie nicht das klassische chilenische Frühstück: Obst, Rührei, Brot und Joghurt bekommen. Auch freut sie sich sehr, dass mir die geschmackvolle Einrichtung so gut gefällt. Das ist eindeutig europäischer Geschmack und europäische Kultur. Die Chilenen haben eine ganz andere Ästhetik.

Man kann schöne Touren von hier machen. Eine Ganztagestour mit zehn weiteren Chilenen führt mit dem Boot zunächst zu einer kleinen Insel im wilden Atlantik. Die Wellen sind hoch und ich bin froh, eine Reisepille geschluckt zu haben. Ich habe noch nie so viele Delfine gesehen. Die Gegend hier ist bekannt dafür. Es gibt außerdem eine Menge Vögel, ein paar Pinguine, Humboldt-Pinguine, und ich sehe das erste Mal einen Seeotter. An der Küste tummeln sich bräsig Lobos Marinos, Seelöwen.

Nach einem fantastischen Fischessen geht es mit dem Bus weiter am Meer entlang, vorbei an Guanaco-Herden, Füchsen und vielen unterschiedlichen Kakteensorten. Dies ist eine Art Zwischenwüste am äußeren Rand der Atacama, wo sich bereits die Vegetation ändert, bis es dann wieder grüner wird in Richtung Santiago de Chile nach Süden.

Am nächsten Tag bummele ich durch La Serena und besuche ein Museum. Diese ganze Küste wurde immer wieder von schweren Erdbeben und auch Tsunamis getroffen. Eindrucksvoll finde ich in allen Museen dieser Region Figuren und Ausstellungsstücke in Vitrinen, die umgefallen, umgekippt und auch beschädigt sind. Sie sind niemals wieder aufgerichtet oder repariert worden. Merkwürdig, an so etwas kann ich die Wucht der Erdbeben unmittelbar fühlen. Warum die

Menschen die Figuren nicht reparieren oder zumindest wieder aufrichten, ist mir verschlossen geblieben. Ich glaube nicht, dass es am Mangel von Personal liegt. Es hat für mich etwas Symbolisches, eine Art, mit diesen Naturkatastrophen zu leben. Eine Art Erinnerung vielleicht, wie in etwa eine Grabstätte.

In der gesamten Atacama-Wüste kann man in diesen Sternenhimmel schauen, deswegen mache ich abends noch einmal eine Sternentour mit. Um 21 Uhr geht es los in einer kleinen Gruppe zu dem Observatorio Turistico Cerro Maya. Der Führer bietet uns ein halb philosophisches, esoterisches, wissenschaftliches Sternegucken. Unglaublich, was man am Himmel alles sieht von hier aus. Ich verstehe nicht viel von Astronomie, aber das Universum, die schwarzen Löcher, die Unendlichkeit oder auch nicht, für die einen faszinierend, für die anderen beängstigend.Ich gehe ins Bett wieder mit dem Gefühl: Ich weiß gar nichts.

Mit dem örtlichen Bus geht es in die Nachbarstadt von La Serena nach Coquimbo. Dort gibt es einen Hafen mit unglaublich vielen Seelöwen und tausenden von Vögeln. Diese Atmosphäre habe ich so nur am Pazifik in Chile erlebt und ich liebe es, das tierische Geschehen stundenlang zu beobachten. Dann esse ich eine Paella Marina auf dem Fischmarkt. Köstlich. Wie an fast jedem Hafen schließe ich noch eine Hafenrundfahrt an. Die ist aber gar nicht nach meinem Geschmack. Das Publikum sind chilenische Familien, die Animation und laute Musik lieben. Trotzdem interessant.

Mein letzter Tagesausflug von La Serena mit dem Bus führt mich ins Valle de Elqui, vor den Kordilleren und zu verschiedenen indigenen Dörfern. Wir sind nur eine kleine Gruppe, vier chilenische Touristen sind noch dabei. Die Chilenen sind auch sehr reisefreudig und erkunden gerne ihr Land an

Wochenenden oder in den Ferien. Es ist Superwetter. Das Tal ist eine Gegend für Naturliebhaber. Weinberge und kleine Dörfer zeichnen die Route aus. Ein Stopp in Vicuña, der Geburtsstadt der Literaturnobelpreisträgerin Gabriela Mistral. In einem aufwendig gestalteten Museum werden ihr Lebensweg und ihr Werk ausgestellt.

In diesem Tal wachsen die besten Pisco-Trauben. Wir besichtigen eine Destillerie und können den Traubenschnaps verkosten. Eine besondere Zubereitung ist der berühmte Pisco Sour, dessen Erfindung sowohl die Peruaner als auch die Chilenen für sich beanspruchen. Ich liebe Pisco Sour in Südamerika, in Deutschland schmeckt er mir nicht. Das ist ja meistens so, wenn man für eine Spezialität im Ausland schwärmt. Den aus Peru finde ich allerdings viel besser als den in Chile. Aber das darf man nicht laut sagen. Die Konkurrenz ist ernst und scharf und bei dem Thema verstehen sowohl die Peruaner als auch die Chilenen keinen Spaß. Rechts und links der Straße sieht man die Weinstöcke. Sie sind anders gebunden als bei uns in Süddeutschland. In dieser Gegend wohnen viele reiche Leute, man sieht es an den Häusern. Es werden Südfrüchte und kleine Avocados angebaut, die man aber kochen muss.

Allgemein habe ich das Gefühl, dass Chile bei den landschaftlichen Höhepunkten mit Argentinien nicht so mithalten kann. Allerdings ist der Pazifik spannender, aufregender als der Atlantik. Die Wellen sind imposanter und die Tierwelt reicher.

Am letzten Tag beobachte ich noch die Surfer und die Hunde am Strand, bevor ich mich nach Santiago aufmache, um mich von Chile zu verabschieden.

Sechs Stunden dauert die Fahrt nach Santiago de Chile. Im Bus sitzt ein kleiner Junge neben mir, vielleicht sechs Jahre alt. Wir unterhalten uns die ganze Zeit. Er verbessert mein Spanisch und ich bringe ihm ein paar Worte Deutsch bei. Er kann es sich gut merken und scheint sehr stolz darauf zu sein. Mit einem „Auf Wiedersehen“ seinerseits verabschieden wir uns am Busterminal.

In Santiago kenne ich mich nun schon aus und übernachte natürlich wieder im aufregendsten Hostel von Südamerika, im Plaza de Armas Hostel.

Drei Tage bin ich noch hier, erledige einiges, kaufe noch etwas ein, bummele durch die Stadt und sitze abends auf der Plaza de Armas bei einem Gläschen Wein und beobachte all diese verrückten Menschen. In der Nacht höre ich Schreie. Offensichtlich kommt es zu aggressiven Auseinandersetzungen auf der Plaza.

Am letzten Tag früh morgens laufe ich zum Central Market. Da liegen Leute auf der Straße, an der Ecke neben einem Marktstand eine fast nackte Frau, offensichtlich absolut hilflos, schlafend oder betrunken oder ohnmächtig, absolut entwürdigend der Anblick. Daneben stehen oder laufen Menschen, keinen kümmert es. All das ist auch Alltag, immer wieder, in Chile, in Südamerika.

Am 31. Juli fliege ich nach Lima, morgens um 5 Uhr.

PERU
LIMA

Den Süden Perus kenne ich schon, Cusco, Arecipa, Colca Canon und die Nasza-Linien. Zu viele Touristen dort. Der Besuch von Machu Picchu vor vier Jahren war für mich ein Horror. Die Magie dieses fantastischen Ortes war nicht mehr zu spüren, weil sich die Menschen auf die Füße traten, aber vor allem einige Gruppen aus Asien sich extrem laut und expansiv verhielten, unfähig, der Stille dieses Wunders nachzuspüren und, so konnte man meinen, lediglich Interesse an Selfies und Gruppenfotos hatten.

Beim Einchecken in Santiago fragt mich die Dame der Avianca-Fluglinie nach meinem Ausreiseticket aus Peru. Ich zeige mich verwundert und erkläre ihr, dass ich das noch nicht habe, da ich gedenke, drei Monate zu bleiben und dann mit dem Bus nach Ecuador weiterzufahren. Dies lässt sie aber nicht gelten. Ich müsse jetzt ein Ausreiseticket vorweisen, sonst könne ich nicht einchecken. Ich erkläre ihr, dass ich kein Ausreiseticket brauche und man ein Busticket sowieso nicht drei Monate im Voraus kaufen kann. Ich bin verärgert und schiebe dies Verhalten auf ihre Unerfahrenheit und fordere sie auf, ihren Chef zu holen und sich zu informieren. Aber alle meine Argumente nützen gar nichts. Sie lässt sich in keiner Weise von mir beeindrucken und teilt mir mit, dass ich nicht mitgenommen werde, wenn ich ihr kein Ausreiseticket präsentieren kann. Ich kann nichts machen.

Also muss ich innerhalb von zehn Minuten – die Zeit drängt nämlich – ein Ausreiseticket kaufen und mir eine völlig neue

Route überlegen. Ich erwerbe dann ein Ticket von Lima nach Guayaquil in Ecuador bei einer anderen Fluglinie. Aber natürlich ist das unter diesen Bedingungen ziemlich teuer. Hätte ich Zeit gehabt, hätte ich es billiger bekommen.

Dies ist das einzige Mal in dem ganzen Jahr, an dem ich mich – wie man sagt – „schwarz geärgert" habe. Für mein restliches chilenisches Geld habe ich aus Frust dann eine Menge Schokolade gekauft, für mich und die Kinder in Peru.

In Lima angekommen, frage ich die Dame bei der Immigration: „Wollen Sie jetzt mein Ausreiseticket sehen?", woraufhin sie mich erstaunt anschaut: „Das benötigen Sie nicht."

Zwei Tage verbringe ich dann mit Beschwerden in verschiedenen Büros der Avianca und dem Versuch, das Ticket zurückzugeben. Auch mein Vorhalt, dass ja wohl nicht die Fluggesellschaft, sondern die Einwanderungsbehörde die Gesetze zur Immigration macht, fruchtet nichts bei dieser Fluggesellschaft. Alles ohne Erfolg. Mit Logik kommt man nicht weiter, Südamerikaner können außerdem sehr stur sein.

Nach zwei Tagen hat sich mein Ärger gelegt und ich beschließe: Gut, dann fliege ich eben nach Ecuador. Leider muss ich dann ja aber von Nordperu nach Lima zurück.

Ich war schon einmal in Lima vor ein paar Jahren und habe es nicht in so guter Erinnerung. Insbesondere die Altstadt fand ich nicht so reizvoll wie die in anderen großen Städten Südamerikas, obwohl sie wegen einiger prächtiger Kolonialbauten 1991 zum UNESCO-Weltkulturerbe erklärt wurde. Ich habe mich damals auch nicht so sicher gefühlt und jetzt deswegen ein Hotel in Miraflores, dem modernen Zentrum am Meer, genommen. Alle sagen, dass es hier sicherer ist. Bis man allerdings aber von dort in der Altstadt ist, dauert es eine ganze Weile mit der Bahn.

Die Pension ist schön, nahe am Meer, und der Vermieter ist sehr hilfsbereit. Er hat mich auch vom Flughafen abgeholt.

Das hatte ich vorher vereinbart. Das Haus wird familiär geführt. Es gibt noch die Ehefrau, einen Sohn von zehn Jahren und die Mutter des Vermieters. Die hat das Sagen. Eine eher unangenehme Frau, scheint mir recht kontrollierend und ist extrem sparsam mit dem Kaffee zum Frühstück. Sie beschäftigt eine venezolanische Flüchtlingsfrau, die nicht nur die Betten macht und putzt, sondern dieser Mutter auch die Haare färbt und die Fußnägel schneidet und ich bin sicher, das alles für einen Hungerlohn. So ist das überall. Die Not von anderen wird eben manchmal schamlos ausgenutzt.

Diese Flüchtlinge haben hier keine Rechte und keine Wahl und wahrscheinlich ist dieser Job noch besser, als auf der Straße zwischen den Autos Wasser zu verkaufen.

Peru und Kolumbien haben die meisten Flüchtlinge. Und doch hilft die meist selbst bettelarme Bevölkerung in Peru diesen Menschen viel.

Ich habe das Gefühl, hier gibt es kaum Fremdenhass und ich schäme mich wirklich, wenn ich daran denke, wie in Deutschland manche Leute über Flüchtlinge denken. Und wenn man hier reist, wird es nochmals klar: In Deutschland leben wir in einem Paradies.

Ich höre hier ungewöhnlich viele Sicherheitswarnungen: Diebstähle, Überfälle, Betrügereien. Das schränkt meine Ausflugslust etwas ein.

Ich habe mich wieder mit Maren verabredet. Es ist so, als ob wir uns schon ewig kennen würden. Beziehungen, die auf so einer Reise entstehen, sind etwas völlig anderes, als wenn man zuhause jemanden Neues kennenlernt. Wir sind uns so vertraut und haben wahrscheinlich beide das Gefühl, dass uns sehr viel vereint, obwohl sie meine Tochter sein könnte. Maren geht es gut, sie will in einer Woche zurück nach Deutschland und dann nach Südkorea. Wir sprechen über ihre neuen Reisepläne. Sie sind entstanden, als sie auf dieser Reise viele

Traveller aus Südkorea getroffen hat. Aber das ist ja nun eine so völlig andere Kultur und sie kann ihre Sprache nicht. Aber Maren hat keine Bedenken. Sie will bloß noch nicht wieder arbeiten und sie hat noch ein bisschen Geld. Sie liebt das Reisen und verstehen kann ich sie gut. Wir machen zusammen eine Stadttour durch Miraflores und gehen dann etwas essen. Es gibt ein paar nette Orte hier, zum Beispiel am Wasser die Shopping Mall mit Geschäften und kleinen Restaurants. Von denen aus kann man die Surfer im Pazifik beobachten. Oder auch ein interessantes Museum und schöne Häuser – in Miraflores wohnen eher die Reichen. Die Küste ist durch viel Sicherheitspersonal gut geschützt. Dann besichtigen wir noch eine Schokoladenfabrik zusammen und einige Läden mit Artesania, Souvenirs. Maren kann jetzt schon Souvenirs kaufen, da sie bald zurückfliegt. Ich muss es mir noch verbieten, weil das nur Platz wegnimmt in meinem Gepäck. Die schönsten handwerklichen Arbeiten der indigenen Bevölkerung findet man in Peru.

Ich habe Glück und finde eine gute Reiseagentur mit zwei freundlichen und sehr hilfsbereiten Damen, die mich gut beraten. Ich buche einen Flug von Lima nach Iquitos ins Amazonasgebiet Perus und auch gleich den Rückflug. Der Amazonas ist mein nächstes Ziel und ich bin sehr gespannt, ob sich der peruanische Teil vom bolivianischen Regenwald unterscheidet.

Am nächsten Tag steht eine Free-Walking-Stadttour durch die Altstadt auf meinem Plan. Ich habe dann aber kein Interesse mehr, mich noch länger in dieser Stadt aufzuhalten. Ich weiß auch nicht genau, woran das liegt. Vielleicht an der Sicherheitslage oder auch die Wahrnehmung, dass mich hier einige Taxifahrer und ein Touristenführer übers Ohr hauen wollten.

Am nächsten Tag fliege ich nach Iquitos. Ich nehme nur wenige Sachen mit und lasse das meiste in der Pension.

IQUITOS

Beim Flug von Lima nach Iquitos habe ich leider keinen Fensterplatz. Angekommen, schlägt mir eine tropisch feuchte Hitze entgegen. Der Flughafen liegt etwa sieben Kilometer außerhalb der Stadt. Iquitos wurde um 1750 als Mission der Jesuiten gegründet. Es ist die größte Stadt im tropischen Regenwald Perus, die man nur mit dem Flugzeug oder dem Boot erreichen kann. Die Flugzeit beträgt knapp drei Stunden und die Bootstour vier bis sieben Tage. Straßenverbindungen gibt es ausschließlich in einem inselartig vom Urwald eingeschlossenen Gebiet. 1981 drehte Werner Herzog hier seinen Film Fitzcarraldo mit Klaus Kinski in der Hauptrolle, der die typische Urwaldatmosphäre gut einfängt. Diesen Film kann man im Museum in Iquitos auf Spanisch anschauen.

Die Stadt hat ein paar alte Prunkvillen aus der Kolonialzeit und eine Mischung aus modernen Häusern. Die Plaza de Armas ist das Zentrum und dann gibt es noch die „Casa de Fierro" oder auch Eisenhaus genannt, das von dem bekannten französischen Ingenieur Gustave Eiffel entworfen wurde. Um die Metallplatten, aus denen das Haus gefertigt ist, nach Iquitos zu schaffen, mussten tausende Indios die Teile quer durch den Amazonaswald tragen.

Der Hafen am Itaya Fluss versorgt die Stadt mit den meisten Waren. Hier herrscht immer geschäftiges Treiben. Die Stadt liegt zwischen den Flüssen Rio Itaya im Süden und Rio Nanay im Norden, die dort in den Amazonas münden.

Zwischen 1870 und 1900 boomte der Kautschukhandel und Iquitos wurde schnell zum Zentrum des weltweiten Handels bis zu dem Zeitpunkt, als die Kautschukpflanze auch in Südostasien angebaut wurde.

Die Situation der indigenen Einwohner, Nachfahren der Indio-Stämme, der Ureinwohner am Amazonas, ist durch Bodenexploration, Waldrodung, Schmuggel und Grenzkonflikte mit Ecuador und auch durch den Tourismus schwierig

Sie haben eine nette Touristeninformation hier und ich kann mich mit allem versorgen: Stadtplan, Landkarten, Reiseagenturen, Ausflugsmöglichkeiten, Infos über Öffnungszeiten und öffentliche Verkehrsmittel. Hier erfährt man auch ganz aktuell die politische Lage, die Wetterkonditionen, Straßenzustände und so manche andere Besonderheit, die in keinem Reiseführer steht. Sich dort auf ein längeres Gespräch einzulassen, ist immer günstig. Die Mitarbeiter freuen sich in der Regel über das Interesse und ich habe es außer in den Großstädten zu meiner Reisezeit nie erlebt, dass da besonders viel Betrieb ist. Meistens ist auch in der Nebensaison geöffnet und man kann ganz individuelle Fragen stellen, zum Beispiel wo man irgendetwas Besonderes einkaufen kann, aber vor allem auch Preise abfragen, z. B. für Taxis. So bin ich immer gut gewappnet. Auch frage ich jedes Mal, in welche Gegenden ich nicht allein gehen sollte, wie die Sicherheitslage ist. Man ist offen und hat mir auch bestimmte Straßen oder Regionen im Stadtplan eingezeichnet, die ich nicht betreten soll, weil sie gefährlich sind. Oder ich frage, ob ich in bestimmte Lokale abends allein gehen kann. Die Angestellten, meist Frauen, können einem das genau sagen.

Vom Flughafen fahre ich mit dem Tuk Tuk ins Hotel. Es ist das erste Mal, dass ich in Südamerika Tuk Tuks sehe. Das sind hier offene Autorikschas. Taxis gibt es fast gar nicht.

Es ist in der Stadt voll, laut, aber spannend und erinnert mich an Asien, wohl wegen dem Gewusel und den Tuk Tuks. Es ist sehr heiß. Diese Temperaturwechsel sind heftig. Ich bin todmüde und gehe früh ins Bett. Das erste Mal mache ich die Klimaanlage an und ich bin froh, dass das Zimmer eine hat.

Frühstück gibt es draußen, direkt am Fluss. Traumhaft, so habe ich es mir immer vorgestellt. Ich beobachte das geschäftige Treiben. Hier spielt sich alles draußen ab. Dann mache ich mich auf zum Belén-Markt, mit dem Tuk Tuk. Ich bin mehrfach gewarnt worden vor Diebstahl, aber ich habe jetzt so viel Reiseerfahrung, dass ich nicht glaube, dass mich noch jemand beklauen kann. Barrio de Belén ist das Armenviertel der Stadt und besteht aus auf Stelzen gebauten Hütten. Dieser Markt ist riesig, es wird alles verkauft und man kann alles essen und ich brauche starke Nerven. Sie verkaufen geschlachtete Kaimane und Schildkröten, Schildkröteneier und Suri-Maden vom Holzspieß und viele Tiere, die unter Artenschutz stehen. Das ist zwar offiziell verboten, aber jeder schaut weg.

Der Peruaner sagt immer, wenn man ihm vorhält, dass es geschützte Tiere sind, die vom akuten Aussterben bedroht sind: Das ist hier Costumbre, also Tradition, und dagegen helfen weder Argumente noch Gesetze. Andere Argumente, die der Peruaner immer wieder parat hat, sind zum Beispiel die mit Stolz hervorgebrachte These: In Peru ist alles möglich. Dies ist das Argument für die Rechtfertigung von jedem unvernünftigen Verhalten. Das habe ich ein paarmal besonders auch von Reiseführern gehört, wenn ich mich kritisch zu Naturzerstörung geäußert habe. Nach dem Besuch des Marktes will ich sofort Vegetarierin werden.

Es gibt einen Gang auf dem Markt mit einer ungewöhnlichen Auswahl an Naturmedizin und Heilmitteln aus dem Urwald, die zum Kauf angeboten wird. Ich bestaune die verschiedenen zum Teil sehr großen Fische, die sie aus dem Amazonas holen. Fischgerichte, Paiche oder den Piranha gibt es in vielen Variationen. Kochbananen und Maniok als Beilage. Man bekommt auch – meist gegrillt – Alligatoren.

Dann feixe ich mit kleinen Kindern. Es ist ein netter Kontakt. Ich muss unbedingt wieder Karamellos holen.

Der untere Teil des Marktes liegt näher am Fluss, vorbei geht es an mehreren Friseuren. Friseur heißt: ein Tisch, ein Stuhl, draußen und jemand, der die Haare schneidet. Überall in Südamerika gibt es Straßen mit immer wieder den gleichen Angeboten, zum Beispiel eine Straße nur mit Friseurständen oder eine Straße nur mit Computergeschäften.

Sofort sprechen mich zwei Friseure an, ich solle da nicht auf den unteren Markt gehen, das sei gefährlich wegen Überfällen. Ich bedanke mich, das ist einfach nett von den Leuten. Ich kehre um und nehme mir am nächsten Tag einen einheimischen Führer zu meiner Sicherheit. Der Markt direkt am Fluss ist chaotischer, natürlich auch weniger sauber. Der ganze Dreck fliegt bei dem Wind durch die Gegend. Hier gibt es wohl auch Drogenhandel, aber vor allem enorm viel Armut. Die Leute, die da auf dem Boden sitzen, sind schäbig gekleidet, zerrissene Sachen, sie betteln mich an und man sieht es ihnen an, dass sie weder ein Dach über dem Kopf haben noch ausreichend Essen.

Dann bin ich auch froh, als ich da wieder draußen bin, hätte es aber nicht missen wollen, das zu sehen. Das ist eben auch Südamerika, Peru.

Auf dem Rückweg hole ich mir ein riesiges Glas frisch gepressten Ananassaft – köstlich. Sie verkaufen ihn an der Straße und haben ihre Pressen auf einem kleinen Holzwagen. Ein bisschen ähnlich wie sie Zuckerrohr auspressen und direkt als Saft verkaufen. Der ist mir aber zu süß.

Zurück am Fluss besuche ein Museum der Indigenen. Es befindet sich in einer alten Villa und informiert ausführlich mit vielen Fotos über die Amazonas-Stämme.

Die wunderschönen alten Kolonialhäuser hier haben so einen maroden Charme. Direkt am Amazonas kann man wunderbar sitzen, auch abends. Ich liebe diesen Fluss.

Aber hier gibt es eben auch die Armut, das Elend der Menschen und die unvorstellbare Umweltzerstörung. Alles ist miteinander verbunden.

Und nochmals wird es so klar: Der einzige Feind dieser Erde ist der Mensch. Und ich glaube, es wird ihm gelingen, sie zu vernichten.

Hier am Amazonas hat sich so langsam ein Pessimismus in mir breitgemacht, eingeschlichen, begründet und verstärkt. Ich bin normal kein pessimistischer Mensch, aber wenn man länger in diesem Wunder Regenwald ist, wird man immer hilfloser und glaubt nicht mehr an die Rettung der Welt. Ob es Bolivien, Peru, Ecuador, Brasilien oder andere Gebiete sind, in die dieses riesige Einflussgebiet des Amazonas mündet, es ist überall mehr oder weniger das Gleiche – die Vernichtung unserer Lebensgrundlagen auf der Erde durch uns. Und das kann man hier sehen und eben auch, wie diese Artenvielfalt vernichtet wird.

Ich werde sehr traurig an diesem Abend, ahne noch nicht, was ich noch erleben werde in diesem Punkt.

Hier wird Ayahuasca angeboten, Rituale mit dieser Droge aus dem Urwald. Das ist eine Mischung verschiedener Substanzen, die Halluzinogene enthalten. Eine Art Heilung durch Indigene für Indigene durch Pflanzen. Aber hier wollen es auch Menschen anderer Kulturen probieren, viele US-Amerikaner, Fremde, Touristen, alles Menschen, die aus einer ganz anderen Kultur kommen und meist keinen Bezug zu Heilkräutern und dieser Art von Ritualen haben. Es ist Mode geworden, die Einheimischen verdienen gut daran und es ist gefährlich. Die Einnahme kann schwere Nebenwirkungen haben. Man muss auch eine bestimmte Diät einhalten ein paar Tage vorher. Manches darf man nicht essen, weil es sich nicht verträgt. Dafür gibt es zwei Ayahuasca-Restaurants, die diese Diät anbieten. Ich finde das Ganze irgendwie unverantwortlich, wenn

Menschen starke Drogen nehmen aus Abenteuerlust, die so gefährlich sind.

Ich frage eine Touristin, warum sie das macht. Die Antwort ist: „Es ist die Möglichkeit, das Hirn von Scheiße zu befreien, die einen ständig beschäftigt und nicht gut tut."

Das klingt natürlich verführerisch. Wenn es denn gelänge. Manche Menschen werden auch psychotisch. Dann wäre die Scheiße durch dieses Ritual wohl überhaupt erst ins Hirn hineingekommen.

Am nächsten Tag wechsle ich das Zimmer. Die Zimmer sind schön, aber meines war direkt neben einem Lüftungsschacht. Das war mir zu laut. Zum Frühstück gibt es heißen Maisbrei mit großen schwarzen Oliven. Absolut lecker.

Eine Bootsfahrt auf dem Amazonas und dem Fluss Nanay, der unweit des nördlichen Stadtrands in den Amazonas mündet, führt mich in einige Dörfer und zu verschiedenen Amazonas-Indianerstämmen. Ich habe mich vorher erkundigt, wohin ich fahren kann. Es sind Stämme, die Fremde empfangen und ihnen ihr Dorf zeigen und erklären, wie sie leben. Man gibt dann eine kleine Spende oder man kann auch den Frauen etwas von den selbst hergestellten Bastarbeiten oder Freundschaftsarmbändern abkaufen. Darüber freuen sie sich immer sehr. Ich habe schon viele von diesen Armbändchen. Man kann sie immer anlassen, Tag und Nacht, alles damit machen, sie gehen nicht kaputt, so stabil und fest geknüpft sind sie. Außerdem wiegen sie nichts und sind wunderbare Geschenke.

Dann geht es in eine Amazonas-Lodge direkt im Urwald. Von hier aus lerne ich auf einer Wanderung mit einem Amazonas Indianer die Bedeutung und Wirkung der ganzen Heilpflanzen kennen. Die Menschen brauchen in den meisten Fällen keinen Arzt und es gibt hier auch oft keinen in der Nähe. Die Heiler können mit ihren Pflanzen so viel tun.

Wenn jemand krank ist, führt der erste Weg sowieso erst mal zu einem Heiler.

Viele Tiere begegnen mir, zwei Faultiere im Baum, und riesige Fische. Die größten Süßwasserfische in Südamerika, die Arapaima, leben im Amazonas und können über zwei Meter lang werden und ein Gewicht von über 130 Kilo erreichen.

Manche Stämme haben ein gezähmtes Faultier, das die Kinder auf dem Arm mit sich herumtragen und die Touristen finden es süß, nehmen es auch auf den Arm und machen ihre Fotos damit. Das ist schlimm, weil es für die Tiere ein irrer Stress ist und sie nicht schlafen können und sie nur halb so alt werden wie normal. Aber das kann man den Einheimischen nicht beibringen und manchmal bekommen oder verlangen sie Geld für die Fotos.

So gibt es viele Sachen, die mir unheimlich weh tun, die ich manchmal einfach nicht ertragen kann und die mich so viel Überwindung kosten, sie zu akzeptieren.

In einem der kleinen Dörfer esse ich gebratenen Amazonasfisch mit kleinen Kartoffeln. Es gibt frischen Ananassaft dazu und danach süßen Kaffee. Vor den vielen Moskitos muss man sich gut schützen.

Ich habe heute schon das zweite Mal meine Kappe irgendwo liegen lassen. So ärgerlich. Ohne Kappe geht hier gar nichts.

Ins CREA fahre ich mit dem Taxi. Das CREA ist eine Tieraufzuchtstation, insbesondere für Seekühe. Diese Taxifahrer versuchen ständig, mich zu betrügen oder halten sich nicht an Absprachen. Sie wissen nicht, dass ich die Preise kenne. Es ist einfach ärgerlich. So ausgeprägt wie in Peru habe ich das in keinem der anderen Länder erlebt. Das betrifft auch Hotels und Markteinkäufe. Schade.

Die Seekühe sind geschützte Tiere und fressen eine bestimmte Algenart im Amazonas, die sich dort rasend schnell vermehrt und den Sauerstoff nimmt und somit extrem schädlich ist. Die Ureinwohner aber schlachten diese Seekühe und verstehen und akzeptieren nicht, was für eine Bedeutung sie für den Erhalt der Natur haben.

Hier mangelt es sehr oft an Bildung und das andere Problem ist Costumbre, Tradition, die über allem steht – selbst über der Zerstörung der Natur. Wenn es Seekuhbabys gibt, deren Mutter umgebracht wurde, so können sie in diese Auffangstation gebracht werden und hier werden sie drei Jahre mit der Flasche mit einer Spezialmilch hochgepäppelt. Diese Milch kommt von einer Spende aus den USA und kostet pro Tag 40 Dollar. Freiwillige Helfer füttern diese Babys, die dann, wenn sie allein überleben können, in ein geschütztes Gebiet wieder ausgesetzt werden; wobei sie dann trotzdem oft noch wieder gefangen werden von den Ureinwohnern. Ich habe mir diese Bilanz einmal vergegenwärtigt. Das kann man nun kaum glauben: dieser Aufwand und diese Kosten im Vergleich zu den Zerstörungen an anderer Stelle. Das hat mich ungeheuer beeindruckt und lange nachdenklich gemacht.

Das Rescue-Center macht gute Arbeit. Aber ob sie die Kühe oder den Amazonas oder die Welt retten – sicher nicht. Traurig.

Ich habe mit meiner Freundin Antje per Whatsapp über die Vernichtung des Regenwaldes diskutiert. Sie hat in Deutschland diesen Appell geschrieben:

APPELL ZUR RETTUNG DER WELT

Ring the bells that still can ring.
Forget your perfect offering.
There is a crack in everything.
That's how the light gets in.
LEONARD COHEN

Wir brauchen keinen neuen Menschen. Wir brauchen keinen neuen Himmel. Wir brauchen keine Propheten, keine Paradiese und keine Orthodoxien.

Was wir brauchen, ist Empörung über das nicht Hinnehmbare.

Nicht hinnehmbar ist die Zerstörung des Planeten, seiner Ressourcen, des organischen Lebens in all seiner Vielfalt. Alle Arten von Pflanzen und Tieren, selbst Homo Sapiens, haben dasselbe Recht, hier zu sein.

Nicht hinnehmbar ist das namenlose Leid, das globalisierte, postindustrielle Produktionslogiken auf den Märkten der Nahrungs- und Kleidungserzeugung, der Rohstoffgewinnung und der Energiesysteme bei allen Spezies dieser Erde erzeugen.

Nicht hinnehmbar ist es, wenn das reichste Prozent der Weltbevölkerung über die Hälfte des globalen Vermögens besitzt, also mehr als die übrigen 99%. Die 40 reichsten Deutschen verfügen über ebenso viel Vermögen wie die ärmere Hälfte der hiesigen Bevölkerung. Neun Zehntel der Dollarmilliardäre sind männlich.

Nicht hinnehmbar ist die neue Form der globalen Armut. Die Verschuldung ist zum Normalzustand in den gegenwärtigen Gesellschaften geworden. Die Schuldknechtschaft ist zurückgekehrt. Schuld wird zum andauernden Lebensgefühl der neuen Unfreien, die ohne Hoffnung darauf sind, sich jemals freikaufen zu können. Wer keine Chance hat sich zu entschulden, wird depressiv.

*Nicht hinnehmbar ist das Ersticken echter Kommunikation und Meinungsbildung in der digitalen Flut ununterscheidbarer Informationspartikel, von Mediensystemen verfasster Wahrheiten und demagogischer Meinungsäußerungen. Während sie wie Hypnotisierte auf die Leerformen glatter Oberflächen schauen, bleibt im digitalen Netz das Bewusstsein seiner Nutzer*innen kleben wie im Netz der Spinne.*

Nicht hinnehmbar ist der kalte Blick auf den Körper. In Zeiten des „Quantified Self" wird der Körper zum digitalen Datensatz, vermessbar, normierbar und vor allem optimierungsbedürftig. Er wird zum Produkt, für dessen Qualität jede und jeder zur Verantwortung gezogen werden. Wer im falschen Körper wohnt und nichts dagegen tut, hat schlechte Karten beim Spiel um gesellschaftliche Anerkennung.

Nicht hinnehmbar ist das Verschwinden der Schönheit. Sie wird ersetzt vom reibungslos Angenehmen, von der Ästhetik der „likes" und der Selfies. Diese erschöpft sich in der Konsumierbarkeit des bloßen Gefallens. Hier gibt es kein Erschrecken mehr in der Begegnung, nichts bleibt rätselhaft, nichts tut mehr weh, nichts widersteht der Aneignung. Im kulinarischen Wohlgefallen genieße ich nur noch mich selbst. Schönheit dagegen taugt nicht zum narzisstischen Genuss. Sie schmerzt, weil sie fragil ist und verwundbar, weil sie die Ahnung ihres Verlusts in sich birgt.

Nicht hinnehmbar ist die Erosion der Liebe. In der Logik der unbegrenzten Wahlfreiheit gerinnt Liebe zum Projekt der Leistungssubjekte, werden der Körper zur Ware und sein Sexappeal zum Kapital. Im Vergleichen der Angebote verschwindet der Andere. Aus dem unverfügbaren Du wird ein konsumierbares Es. Aber die Liebe lässt sich nicht herstellen und besitzen. Sie tritt mir entgegen als Ereignis, das mich enteignet. Sie braucht das Fremdsein des Anderen und mein Staunen über ihn. Weil ich ihn nie besitze, ersehne ich ihn unendlich.

Was wir brauchen, ist Empörung über das nicht Hinnehmbare. Und noch etwas brauchen wir. Wir brauchen die Sehnsucht der Liebe mit ihrer Fantasie für das Dazwischen der Liebenden.

Politische Aktion hat grenzenlose Kraft, wenn sie erotisch wird, wenn sie aus dem Begehren einer anderen, gerechteren

Welt erwächst, einer Welt, die wir noch nicht kennen, so wie wir den geliebten Menschen nie kennen. Was wir brauchen dafür ist allein die Fantasie der Liebe.

Meine Freundin Elke schreibt am 9. August aus Iquitos, Peru: „Ich werde in einem Hilfsprogramm zwei verwaiste Seekuhbabys eine Woche mit Spezialmilch füttern. Sie retten den Amazonas vor Veralgung. Die Milch kostet pro Tier pro Tag 40 US Dollars und kommt aus USA. Sie trinken drei Jahre. Sie sind vom Aussterben bedroht."

Ich antworte ihr, dass ich an einem Appell zur Rettung der Welt schreibe und dass ich Appelle schwierig finde. Sie antwortet ein paar Tage später: „Davor darf man heute nicht mehr zurückschrecken. ... Angesichts der Lage gibt es weder Kitsch noch Größenwahn. Ich bin weiter in Iquitos. Du könntest ein Sehkuhbaby sprechen lassen. Danke."

Also fangen wir an. Da wo wir sind. Mit denen, die bei uns sind.

Am Abend gehe ich noch in ein Bootsmuseum. Es zeigt die ganze Geschichte des Amazonas und seiner Ureinwohner.

Aber dann zieht es mich noch einmal zum Hafen. Dieser Hafen ist ein Umschlagplatz für alles Mögliche und hat eine große Bedeutung für die Versorgung der Region und die Verschiffung aller möglichen Waren auf dem Amazonas. Ich könnte stunden-, tagelang hier sitzen und einfach zuschauen, was sich da abspielt.

Ein Boot bringt mich in 20 Minuten zu einer Schmetterlingsfarm. Die Buntheit und Vielfalt der Regenwaldschmetterlinge des Amazonas können hier bewundert werden. Ebenso ihre Entwicklung, die Raupen. Da die Schmetterlinge gefüttert werden, kann ich sie ganz aus der Nähe betrachten. Unglaublich, die Kunst der Natur. Als das Boot anlegt, geht es einen Berg hoch. Da stehen ein paar Hütten und die Indigenen schauen mich neugierig an. Ich lächele zu ihnen herüber und frage mich, ob ich hier richtig bin. Kein Weg, kein Schild. Oben eine Dorfstraße und mehrere Hütten, ein kleiner Markt, viele Kinder und noch mehr neugierige Blicke. Ich frage einen Mann nach der Butterfly-Farm. Er ist so freundlich und bringt mich hin. Das ist ein weiter Weg durch das ganze Dorf. Schön ist es hier. Dann führt nochmal ein längerer Pfad in den Urwald, bis ich schließlich die Farm erreiche. Schon auf dem Weg fallen mir ganz viele bunte Schmetterlinge auf. Auf der Farm treffe ich einen jungen Mann aus Karlsruhe. Er macht mir eine Führung. Er ist Volunteer hier und begeistert von dieser Arbeit. Er lebt mitten im Dschungel unter einfachsten Bedingungen, spricht inzwischen nach drei Monaten fließend spanisch und ist ein wandelndes Lexikon für Schmetterlinge. Ich finde das toll. Jeder junge Mensch sollte so etwas nach der Schule machen dürfen.

Da diese Farm mitten im Dschungel liegt, gibt es hier auch diese wunderbare Vegetation und noch viele andere Tiere zu bestaunen, natürlich auch viele Moskitos.

Bevor ich mit dem „collectivo"-Schiff zurückfahre, eine Art Bus auf dem Wasser, genehmige ich mir am Fluss einen Amazonasfisch und trinke eine Kokosmilch. Die Frauen stehen am Ufer und garen die Fische in Bananenblättern. Sie kosten ein paar Cent nur, allerdings kann ich den Fisch kaum essen, da er unendlich viele Gräten hat. Ich weiß gar nicht, wie die das hier machen und habe Angst, dass ich so eine Gräte in den falschen Hals bekomme. Man darf nie vergessen, dass man bei einem medizinischen Notfall hier ziemlich aufgeschmissen ist. Deshalb bin ich immer vorsichtig.

Eine halbe Stunde fahre ich abends auf dem Amazonas wieder nach Iquitos. Das ist eine traumhafte Amazonasfahrt bei Sonnenuntergang mit nur wenigen Leuten an Bord. Ein normales Transportboot.

Nachts habe ich furchtbare Alpträume: Ich träume von Tierelend und Klimawandel. Der Mensch bringt das ganze Elend und die Vernichtung in diese wunderschöne Welt. Damit meine ich diese Natur und was sie hervorbringt. Schon auch Naturkatastrophen, aber kein Vergleich mit dem, was der Mensch anrichtet.

Das Naturressort Quistococha ist wie ein Naturpark mit vielen einheimischen Tieren. Weil die Frau an der Kasse offensichtlich meint, ich sei alt, bezahle ich keinen Eintritt. Einen Ausweis will sie nicht sehen. Ich weiß nicht recht, ob ich mich jetzt darüber freuen soll, habe dann aber nicht widersprochen.

Es ist ein toller Tag. Ich habe im Restaurant dieses Ressorts wunderbar gegessen. Das ganze Restaurant befindet sich im Freien und draußen wird auch gegrillt und ich kann mir den Fisch aussuchen. Einen großen frischen Amazonasfisch praktisch ohne Gräten mit Maniok und Kokosmilch. Dazu einen frisch gepressten Ananassaft.

Ich habe viel Kontakt mit den einheimischen Besuchern und amüsiere mich köstlich über eine Schildkröte, die auf ein im Wasser ruhendes Wasserschwein gekrabbelt ist, um sich auf selbigem zu sonnen. Als sie abrutscht, versucht sie es mit Erfolg ein zweites Mal und das Wasserschwein lässt sie gewähren. Diese Wasserschweine können zum Ausruhen stundenlang im Wasser liegen und dösen.

Auf der Rückfahrt ist die Straße durch eine große Baustelle blockiert. Sie haben die ganze Straße aufgerissen. So muss man aussteigen, über die Baustelle klettern und auf der anderen Seite ein anderes Tuk Tuk nehmen. Wenn so etwas, natürlich unangekündigt, passiert, sind die Peruaner Meister darin, das zu organisieren, so dass alles seinen Lauf nehmen kann, meist mit sehr ungewöhnlichen Methoden. Das Überklettern der Baustelle ist keineswegs ungefährlich – würde der Deutsche sagen. Aber alle tun es, mit Kind und Kegel und Tieren und sogar Motorrädern, die notfalls getragen werden. Bei uns wäre so etwas völlig undenkbar.

Ich besuche noch ein kleines Dorf. Es gibt dort eine Lupuna, ein Riesenbaum: drei Meter im Durchmesser und 80 Meter hoch. Er ist mehrere hundert Jahre alt. Zu dem Baum muss ich mich führen lassen, da ich ihn allein nicht finden würde. Ein Junge bietet sich an und ich sage ihm zu, nachdem ich einen kleinen Preis ausgehandelt habe und er freut sich riesig über diesen Verdienst, zumal im Moment hier fast gar keine Touristen sind.

Leider halten sie in dem Dorf einen Babyaffen. Sie schießen die Mutter ab, nehmen das kleine Äffchen als Haustier. Es ist gruselig, aber wenn man es anspricht, verstehen sie es nicht und es folgt die Standardantwort: Das ist costumbre (Tradition). Es gibt kein Mitgefühl mit den Tieren und kein moralisches Gewissen. Sie haben eine andere Beziehung zu Tieren. Wenn ich es anspreche, wissen sie nicht, wovon ich rede. Das Schlimmste aber ist, dass die Touristen das unterstützen, indem sie die kleinen Äffchen süß finden und immer wieder Fotos mit sich und Affe machen. Selfies. Damit unterstützen sie dieses Verhalten der Eingeborenen.

An meinem letzten Abend sitze ich am Amazonas und esse eine Kokossuppe – köstlich – und danach gibt es noch einen Pisco Sour, einen peruanischen, den besten.

Nach zwei Wochen fliege ich zurück nach Lima.

PERUS NORDEN, HUARAZ

Am Flughafen in Lima warte ich eine Stunde auf den vorbestellten Shuttle meines Vermieters. Derweil lerne ich ein schwules Pärchen aus Deutschland kennen, die ausgewandert sind und ein Hostel im Herzen Costa Ricas eröffnet haben. Sie zeigen mir Fotos. Wunderschön, inmitten der Natur – auch eine Lebensmöglichkeit. Ich drücke ihnen die Daumen, dass sie dort gut Fuß fassen können und verspreche, Werbung dafür zu machen. Sie sind sehr engagiert und versuchen, alles ein bisschen alternativ und ökologisch anzubieten.

Zurück in Lima bleibe ich noch einen Tag, bevor ich den Bus in den Norden Perus nach Huaraz nehme. Morgens um halb zehn geht es los.

Am letzten Tag in Lima besuche ich noch einmal das Museo Arqueológico Rafael Larco Herrera, kurz Museum Larco genannt. Hier war ich vor fünf Jahren mit meiner Freundin und es hat mich total fasziniert. Es liegt etwas außerhalb und ich lasse mich mit dem Taxi bringen. Das Museumsgebäude ist ein in der Zeit von Perus Vizekönigtum gebautes, großes Anwesen, das auf den Überresten einer Pyramide aus dem 7. Jahrhundert steht. Es beherbergt eine Sammlung präkolumbischer Kunst in 13 Sälen, die geografisch und chronologisch geordnet sind. Zu dem Museum gehören ein fantastischer Garten mit seltenen Pflanzen und eines der schönsten Restaurants mit Außenbereich, die ich in Südamerika gesehen habe. Die Ausstellung heute ist ganz anders gestaltet als damals, sodass sie mir wie neu vorkommt.

Die Busfahrt nach Huaraz am nächsten Tag dauert fast neun Stunden, aber die komfortablen Busse in Peru sind sehr bequem. Man hat ausreichend Platz und auf den längeren Strecken gibt es wie im Flugzeug Mahlzeiten. Auch die Toiletten sind in der Regel sauber.

Die erste Strecke von Lima durch die Wüste nach Norden lässt einen Blick auf die Vorstädte von Lima zu: grauenhaft, schmutzig, Müll über Müll auf der Straße, Plastik, Armut, deprimierend, Hunde, die nach Nahrung suchen, abgemagert, ein Bild des Jammers.

Die Beziehung zum Müll hat mich schon immer fasziniert und was sie über Menschen aussagt.

Es gibt in Südamerika keine Tonnen, die man verschließen kann, die Hunde ernähren sich großenteils vom Müll vor den Häusern, an den Straßenrändern. Was wäre mit den Hunden in Südamerika, wenn es diesen Müll nicht mehr gäbe, zumindest in den Ländern, in denen das Hundeproblem bisher nicht gelöst ist, wie Peru und Chile.

Und dann sieht man die Hunde auch nachts in Kartons schlafen, meist vor Supermärkten von Einwohnern hingestellt, gegen die Kälte. Man sieht Hunde vor Restaurants, von denen sie manchmal nach Schließung Reste bekommen. Man sieht aber auch gekaufte Hunde, meist Welpen oder exotische Hunde, die von ihren Besitzern, reichere Leute und deren Kindern wie Spielzeug benutzt werden. Die Frage ist immer, was mit den Welpen geschieht, wenn sie groß sind. Ich habe Männer gesehen, die Hunde an der Leine herumführen und sie offensichtlich als Machtobjekt missbrauchen. Wenn sie nicht aufs Wort gehorchen, gibt es Tritte, aber keine Hundeschule.

Diese Geschichten mit den Hunden hat mir so viel ausgemacht, dass ich am Anfang meiner Reise einmal das Gefühl hatte, ich kann das nicht ertragen und kehre nach Hause zurück. Dann habe ich mich aber zwangsläufig damit auseinandergesetzt. Natürlich stehen die Hunde symbolisch für das ganze Leid, das man aushalten muss, das man auch ansehen muss, wie ich meine, und das es natürlich nicht nur in Südamerika gibt.

Erst in Richtung Kordilleren, weg vom Meer, hinauf auf die Höhe, wird es wieder grün, Berge und hübsche Dörfer, eine traumhafte Landschaft mit Blick auf die Sechstausender.

Ich komme erst im Dunkeln an.

Huaraz liegt etwas fern von der Küste auf 3.000 Meter Höhe in den Anden, 350 Kilometer nördlich von Lima. Man hat einen fantastischen Blick auf die angrenzende Hochgebirgsregion Cordillera Blanca mit Perus höchstem Berg Huascaran mit 6.768 Metern.

Huaraz hat eine wechselhafte, von Katastrophen geprägte neuere Geschichte hinter sich. Am 31. Mai 1970 wurde die Stadt durch ein Erdbeben, bei dem schätzungsweise 10.000 Menschen ums Leben kamen, schwer zerstört. Fast die gesamte alte Architektur wurde dabei vernichtet. Aber alles wurde vollständig neu aufgebaut. Im 20. Jahrhundert wurde die Stadt vier Mal von verheerenden Lawinen überrollt, die sich in der Cordillera Blanca gelöst hatten.

Im Hostel treffe ich Elli aus Köln. Wir verstehen uns sofort gut. Sie ist aber nur vier Wochen unterwegs, eine Bergsteigerin und damit in Huaraz genau richtig. Wir müssen uns beide erst etwas an die Höhe gewöhnen. Das heißt, langsam machen.

Bei körperlicher Anstrengung, also eigentlich schon beim normalen Gehen, wird es mir am ersten Tag ein bisschen schwindelig. Am nächsten Tag hat sich das dann erledigt.

Diesen Schwindeltag nutze ich, um mal alles auszuwaschen, was hier gut geht, weil es auch im Waschbecken heißes Wasser gibt. Das ist in der Regel nämlich nicht der Fall. Meist gibt nur die Dusche heißes Wasser und außerdem haben sie eine Heizung, auf der ich die Wäsche rasch trocknen kann. Ich habe da so meine Methoden. Entweder ich hänge sie über einen Stuhl direkt davor oder lege sie direkt auf die Heizung, obwohl das ja verboten ist, aber wenn man dabei ist, geht es wohl.

Kein Hostelbesitzer sieht es gerne oder es ist auch verboten, im Zimmer Wäsche auszuwaschen. Das machen aber alle. Man darf sich bloß nicht erwischen lassen.

Ich habe einmal in Bolivien meine Sachen in eine der vielen Wäschereien dort gegeben. Meistens fehlt dann etwas oder man bekommt Wäsche von anderen Leuten zurück. Das ist nur nervig und eh man das dann wieder geklärt hat, vergehen Tage.

In Huaraz gibt es einige Touristen und auch die entsprechende Infrastruktur. Es sind meistens junge Leute aus der ganzen Welt, die Trekking oder Bergsteigen machen wollen.

Darauf sind die Anbieter spezialisiert und es kann alle mögliche Ausrüstung inklusive Führer dafür ausgeliehen werden, auch Sauerstoffgeräte.

Zunächst einmal besuche ich das Museum de Ancash mit beeindruckenden Steinskulpturen der Recuay-Kultur. Dargestellt sind zum Beispiel Abbilder von Kriegern.

Auf der Plaza de Armas ist gerade eine große Demonstration. Ich weiß nicht, worum es geht, aber das Polizeiaufgebot ist enorm. Überall Uniformierte mit Schutzschilden. So etwas sieht man ständig, viel in Peru, aber auch in anderen südamerikanischen Städten. Sehr viele Demonstrationen, für oder gegen die unterschiedlichsten Forderungen, meist sozialer Art, nach Gerechtigkeit, gegen Unterdrückung und Diskriminierung von Indigenen oder für Frauenrechte.

Das Ganze ist immer nicht so Vertrauen erweckend, weil es doch hin und wieder eskaliert und dann wird es auch gefährlich. Es interessiert mich. Oft ist es klüger, dann diese Orte zu verlassen. Unsere Erfahrung mit Demonstrationen und den Regeln ist doch eine ganz andere und deswegen können wir die Lage hier meist nicht einschätzen.

Die Umgebung des Gästehauses, in dem ich untergekommen bin, ist wunderschön. Einige, auch ältere Gebäude umrahmen einen Platz ohne Autos mit netten Kneipen und Restaurants, in denen man draußen sitzen kann, und da es tagsüber relativ warm ist, geht das auch. Diese gemütliche Struktur ist den Touristen zu verdanken und für sie gemacht. Wo es Touristen gibt, gibt es dann auch Kaffee, Cappuccino, Latte macchiato und diese Dinge, die normalerweise nicht so zu Peru gehören. Aber natürlich sind das dann auch Touristenpreise, die man dafür bezahlt. In einem dieser gemütlichen Restaurants treffe ich mich abends wieder mit Elli zu einem indischen Curry.

Ein Tagesausflug mit einer kleinen Gruppe führt mich nach Chavin auf 3.180 Meter Höhe, den Paso Cahuin auf 4.516 Meter, die Ciudad de Recuay, die Laguna de Querococha und zu einem weiteren Museum mit auch wieder beeindruckenden alten Steinskulpturen. Chavin ist eine große archäologische Anlage mit astronomischer Kultstätte. Bei den alten Tempeln sind sie noch am Ausgraben und wir dürfen dabei zuschauen. Spannend. Früher wollte ich mal Archäologin werden. Stattdessen habe ich dann eine Psychoanalyse gemacht. Das ist wahrscheinlich ziemlich ähnlich. Was anstrengender ist, weiß ich nicht.

Auf dem Hin- und auf dem Rückweg sind wir mit dem Bus an einer ehemaligen, nur noch wenig bearbeiteten Goldmine vorbeigefahren. Gesehen habe ich zuerst hübsche kleine Berge, die aber alle umzäunt waren. Auf meine Frage, warum man diese Berge einzäunt, erzählt uns der Führer die Geschichte.

Dies sind alles Schlackenberge vom Goldabbau, ungefähr sechs Stück – aber richtig große Berge und die sind alle mit Quecksilber massiv verseucht, da man große Mengen Quecksilber benötigt, um ein kleines bisschen Gold auszuwaschen. Es ist strengstens verboten, diese Berge auch nur zu berühren.

Aber diese Berge finden sich am Rande eines Dorfes in einer traumhaften Andenlandschaft, durch die ein romantischer großer Fluss fließt. Der Fluss ist verseucht und die ganzen Ländereien sind verseucht und das Trinkwasser ist verseucht und die Menschen sind krank. Alle haben schwere Haut- und Lungenkrankheiten und natürlich trinkt das Vieh aus dem Fluss und die Menschen waschen sich darin und ihre Wäsche und kochen damit. Sie haben sonst kein Wasser.

Das ist unglaublich und es geschieht nichts dagegen. Ich bin total geschockt.

Im Parque Nacional Huascarin sind mir zu viele Touristen. Viele einheimische Touristen auch, viele Kinder, laute Musik, alle machen Picknick. Zu viel Rummel.

Beim Besuch des Campo Santo de Jungay schließe ich mich einer Führung an. 1970 wurde die Stadt innerhalb von wenigen Sekunden durch ein Erdbeben total vernichtet. Hier muss man erklärt bekommen, was sich abgespielt hat. Der Führer ist ein ehemaliger Bewohner dieser Stadt, der seine ganze Familie damals verloren hat. Er zeigt Fotos, wie es vor 1970 aussah. Es gab damals dort schon viele Touristen wegen der wunderbaren Lage, der ausgebauten Infrastruktur und der vielen Möglichkeiten, Ausflüge, Wanderungen, Bergbesteigungen und Trekkingtouren zu machen. Es war eine reiche Stadt für peruanische Verhältnisse. Die Überlebenden haben heute aus dem ganzen Stadtgebiet eine Erinnerungsstätte gemacht. Es gibt noch ein paar Palmen, die überlebt haben, und es wurden viele Blumen angepflanzt. Ein Gang durch das Gelände ist unheimlich berührend. Von der Kathedrale sieht man nur noch ein paar schräge Steine.

Ein ehemals voll besetzter Bus ragt zusammengedrückt, geschmolzen, aus dem Boden. Sieben Sekunden hat es gedauert, dann war diese Stadt vernichtet, dem Erdboden gleichgemacht.

Mit Elli und einer Amerikanerin treffe ich mich abends auf der Plaza auf ein Bier. Es ist schön, wenn man seine Reiseerlebnisse des Tages austauscht. Die beiden haben die Berge erklommen. Für mich wäre das zu anstrengend, aber ihre Erlebnisse dabei interessieren mich sehr. Wäre ich noch jünger, würde ich vielleicht auch Berge besteigen.

Bevor ich mich an den Pastoruri mit seinen 5.240 Metern Höhe heranwage, will ich nochmal einen ruhigen Erholungstag einschieben, der leider erst Mal Stress pur ist.

Ich habe einen Ausflug in einer kleinen Gruppe zu ein paar Wasserfällen gebucht. Dazu muss ich allerdings recht früh aufstehen. Als ich aufwache, habe ich vier Flohstiche. Das ist eines der wenigen Dinge, die mich echt fertigmachen können, weil ich so extrem reagiere: dicke Pusteln und langfristiger ausgeprägter Juckreiz und dann muss man diese Terrorviecher ja auch finden und vernichten.

Dann kommt der Bus mit einer Stunde Verspätung. Es ist ein kleiner Van und ich bin die Erste, die vom Hotel abgeholt wird. Ich steige vorne ein. Der Fahrer, der überhaupt nicht grüßt und keinerlei Erklärung für seine Verspätung über die Lippen bringt, hat laut die Musik aufgedreht. Nach kurzer Fahrt bitte ich ihn, die Musik leiser zu machen oder auszustellen. Das tut er nicht. Aber ich bin der Gast, ich habe bezahlt und es ist kein öffentlicher Bus. Nach fünf Minuten, wir sind noch in der Stadt, reicht es mir. Ich stehe auf, fordere ihn auf, sofort anzuhalten, erkläre ihm, dass ich nicht mitfahre und jetzt aussteige und dass sein Verhalten absolut unangemessen ist und dass ich mich über ihn beschweren werde. Er starrt mich an und öffnet die Bustür. Ich steige aus. Sofort geht es mir wieder gut. Diese Machotypen kann man hier in Südamerika mit einem entsprechenden Auftreten noch richtig überraschen.

Ich schlendere zurück, zunächst in die Agentur, um mich zu beschweren, erfolgreich. Ich bekomme sofort mein Geld zurück und eine dicke Entschuldigung von der Chefin. Zurück im Hostel mache ich mir mir dann einen gemütlichen Tag.

Der letzte Ausflug von Huarez führt mit dem Bus auf 5.000 Meter Höhe auf den Pastoruri. Von dort geht es nochmals höher zur Hütte. Es ist erstens eiskalt und die Höhe macht sich bemerkbar. Sie bieten Pferde für den weiteren Aufstieg und das Pferd leiste ich mir jetzt. Es muss bestimmt nicht so viel schnaufen wie ich. Es geht langsam und gemütlich und der Ausblick ist fantastisch und der Weg auch.

Auch auf dem Rückweg gibt es noch viel von dieser herrlichen Landschaft zu sehen.

Einige Einheimische sind richtig höhenkrank. Ich denke immer, sie müssten doch die Gefahren bei einer Höhe über 5.000 Meter viel besser kennen als ich. Sie haben doch diese Berge hier. Aber nein, sie scheinen manchmal so unglaublich naiv, was das betrifft.

Abends stelle ich dann fest, dass sich einer dieser Floh-Wanzen oder was auch immer für Stiche, das weiß man manchmal nicht in diesen Ländern, böse entzündet hat. Ich habe ein dick geschwollenes, heißes Bein.

Ich versuche ein bestimmtes bei uns gängiges Antibiotikum in einer der vielen Farmazien zu bekommen. Aber das gibt es hier nicht. Also nehme ich die Antibiotika, die ich noch habe. Das ist nicht die optimale Lösung.

Aber am nächsten Tag sitze ich sowieso nur acht Stunden im Bus. Das mag dann gehen.

Es geht weiter nach Trujillo.

TRUJILLO UND CHICLAYO

Mit der Ehrlichkeit ist es in Peru nicht weit her, das erlebe ich schon wieder. Es betrifft Taxifahrer, Verkäufer, Hostelbesitzer und Korruption erlebt man auch im Alltag. Es scheint wie schon in die Wiege gelegt. Es ist offensichtlich ein Teil der Kultur. Was für eine Illusion, wenn wir denken, da müsse mal ein Präsident her, der die Korruption abschafft. Schon Kinder sind so geprägt.

Wie anders überhaupt die Kultur hier ist, können wir uns von zuhause oder von einer kleinen Touristenreise überhaupt nicht vorstellen. Viele Leute meinen es ja gar nicht böse, sie ticken einfach so total anders und manchmal passen zwei Kulturen einfach nicht zusammen. Sie vertragen sich nicht. Ich muss dabei an ein befreundetes Paar denken, er Deutscher, sie Peruanerin. Sie lieben sich bestimmt, aber die Kulturen vertragen sich nicht. Es kann nicht gehen. Und es ging auch nicht, obwohl es so schade war und eigentlich beide wollten, aber die frühen Prägungen sind immer stärker. Kaum jemand, der sich davon lösen kann.

Die Busfahrt nach Trujillo dauert dann doch neun Stunden, aber immerhin gibt es eine Mittagspause und man kann eine leckere Suppe in einem Restaurant essen. Neben mir vorne sitzt ein junges Mädchen, vielleicht 16 Jahre alt. Es scheint, dass sie noch nicht so oft alleine gefahren ist. Sie hängt fast die ganze Zeit an ihrem Handy und erstattet offensichtlich ihrer Mutter Bericht, wie die Fahrt ist, und die Mutter scheint sie zu beruhigen. Die Telefoniererei hört erst auf, als ich sie anspreche und frage, wo sie herkommt und wo sie hin will und ihr von mir erzähle. Das scheint ihr Sicherheit zu geben beim Alleinreisen, obwohl ich inzwischen herausbekommen habe, dass sie bis zum Bus gebracht worden ist und auch vom Bus wieder abgeholt wird. Alleinreisen als Mädchen oder Frau ist etwas so Ungewöhnliches in diesen Ländern. Irgendwie schläft sie dann aber ein und dann ist Ruhe.

Trujillo liegt wieder am Meer und ist die wichtigste Stadt im Norden Perus. In der Nähe gibt es zahlreiche archäologisch interessante Stätten wie Chan Chan. Auch in der Stadt selbst finden sich prachtvolle Häuser aus der Kolonialzeit mit wunderschönen Innenhöfen sowie Baudenkmäler aus der Moche- und Chimúzeit. Die Mochekultur entwickelte sich in Truchillo vom 1. bis zum 8. Jahrhundert und wurde dann von der Chimú-Kultur abgelöst.

Der Küstenort Huanchaco ist bei Surfern beliebt. Ich bummele zunächst mal so durch die Stadt und nehme später an einer geführten Tour teil: Palacio Iturregui, Casa de la Emancipacion, Plaza de Armas und einige interessante Museen.

Bei der Touristenpolizei versorge ich mich mit einem Packen Infos. Sie fragen mich erstaunt, ob ich allein reise. Bei der Metro, einem großen Supermarkt, kaufe ich mir eine Flasche süßen chilenischen Wein, late harvest, für die Abende im Hotel.

Ich habe weitere Stiche bekommen, aber die Entzündung ist besser. Bei dem Verlauf der Stiche muss man sie abends zählen, um den Überblick zu behalten und herauszukriegen, wann der Bösewicht verschwunden ist und es bleibt einem nichts anderes übrig, als alles wieder auszuwaschen, möglichst heiß, bevor man das Hotel wechselt. Die Wäscheprozedur habe ich in Huaraz gemacht und jetzt bin ich mal gespannt.

Ich wollte das Antibiotikum nachkaufen, aber das gibt es nicht. Die medizinische Versorgung lässt doch zu wünschen übrig. Ich hatte nur noch die Hälfte der Packung. Also muss das eben reichen. Ich bin in Peru.

Der Morgen ist neblig und ich bekomme das Frühstück aufs Zimmer. Das hatte ich auch noch nicht, aber sie haben keinen Frühstücksraum. Dafür ist mein Zimmer groß mit Tisch und Stühlen und das Frühstück ist gut.

Auf den Straßen dieser Stadt wird immer gehupt: wenn man rechts rum will, wenn man links rum will, wenn man anhält, wenn man weiterfährt, wenn ein anderes Auto kommt, einfach weil man da ist, immer hupen. Scheinbar macht es den Fahrern Spaß oder sie reagieren sich irgendwie ab oder – wie der Peruaner sagen würde – es ist Costumbre (Tradition). Die Stadt ist letztlich furchtbar laut, wahnsinnig viel Verkehr. Gut, das gibt es, aber dass jeder Fahrer ununterbrochen hupt, das ist absolut unerträglich.

Für einen Europäer, für mich ist es einfach nur ätzend, laut, eine einzige Belästigung. Ich frage nach bei mehreren Leuten. Es scheint sie nicht zu stören. Sie verstehen meine Frage gar nicht. Es ist normal.

Ich habe keinen neuen Stich und das Bein wird besser – Gott sei Dank.

Hier gibt es viel Elend, viele Venezolaner hier, viele Kinder leben auf der Straße. Bei diesem Elend denke ich das erste Mal darüber nach, ob und wann ich wieder zurück nach Deutschland fahre. Dann habe ich auch das Gefühl, dass sich eine gewisse Reisemüdigkeit einschleicht nach zehn Monaten Unterwegssein.

Ich bin aber auch so voller Eindrücke. Das wird lange brauchen, bis ich das richtig sozusagen verdaut habe. Diese vielen Bilder, Erlebnisse, Begegnungen erschöpfen auch.

Am nächsten Morgen plane ich eine Ganztagestour. Bevor ich losfahre, gehe ich nochmal in mein Zimmer, weil ich meine Mütze vergessen habe, da sitzt das Zimmermädchen auf meinem Klo und strahlt mich an. Sie musste mal. Peru – andere Länder, andere Sitten.

Es gibt übrigens auch fast nirgends einen Safe im Zimmer. Ich musste mich erst daran gewöhnen, aber dann muss man vertrauen. Es wird in den Hostels nicht geklaut. Höchstens von Mittouristen.

Eine Ganztagestour führt mich nach Chan Chan. Das ist absolut beeindruckend. Chan Chan war die Hauptstadt des präkolumbischen Chimú-Reiches. Sie ist auf einer Fläche von 28 km^2 erbaut, nur aus Lehm, Adobe. Chan Chan konnte von den Inkas mit militärischer Gewalt nicht besiegt werden. Als die Spanier aber das Inkareich eroberten, wurde die Stadt von ihnen zerstört und von der Chimú-Kultur blieb nicht viel übrig. Zu sehen sind aber noch die Ruinen mit zum Teil eindrucksvollen Wandverzierungen aus Adobe. 1986 wurde Chan Chan zum UNESCO-Weltkulturerbe erklärt.

Nach der Besichtigung macht die kleine Reisegruppe in Huanchaco am Meer Mittagspause in einem gemütlichen Fischrestaurant. Die Küche ist bekannt für den guten frischen Fisch. Die anderen Gäste sind alle aus Peru und wir können uns gut unterhalten und haben viel Spaß. Vom Balkon des Restaurants sieht man am Strand auf die Caballitos de Totora, kleine Schilfboote, mit denen die Fischer seit Jahrtausenden aufs Meer fahren und fischen. Sie sind typisch für diese Region.

Eine längere Strandwanderung breche ich ab. Etwas außerhalb des Ortes campieren zu viele venezolanische Flüchtlinge. Es scheint mir nicht möglich, als Tourist an diesem Elend vorbeizuflanieren. Und leider ist es auch nicht ungefährlich. Immer wieder kommt mir der Gedanke, wie gut es uns in Deutschland geht.

Vieles, was ich in Südamerika sehe, tut so wahnsinnig weh: die Zerstörung des Amazonas-Regenwaldes, das Elend von Menschen und Hunden, der Umgang mit Tieren, die Flüchtlinge aus Venezuela und die Diskriminierung der indigenen Bevölkerung.

Auch die anderen archäologischen Stätten, die nicht minder beeindruckend sind, besuche ich in den nächsten Tagen.

Huaca del Sol und Huaca de la Luna sind die Sonnen- und Mondtempel. Die Huaca del Sol ist eine Pyramide, die im Moche-Tal in der Nähe von Trujillo von den Moche erbaut wurde. Die Anlage war ursprünglich 340 × 220 Meter groß und 41 Meter hoch und befindet sich auf einer 18 Meter hohen Stufenterrasse. Sie ist das größte massive Bauwerk des kontinentalen Amerikas. Die Spanier hatten nach Goldfunden einen Großteil des Gebäudes auf der Suche nach weiterem Gold zerstört. Sie ist, wie alle anderen auch, aus Lehmziegeln. Sie ist vor allem durch ihre farbigen Wandmalereien, Friese und Reliefs bekannt. Die zeigen die Hauptgottheit „Aiapaec“ und andere Götter als anthropomorphe Wesen sowie mythische Szenen und Zeremonien. Sie sind noch relativ gut erhalten.

Ein Tempel wurde damals über den anderen gebaut. Das kann man noch gut sehen.

Im Museum Huacas de Moche zeigen sie sehr gut erhaltene und auch restaurierte Keramiken. Die sind einzigartig.

Vor der Kolonialzeit gab es in Peru ein reges Leben.

Auf dieser Anlage gibt es die für Peru typischen haarlosen Nackthunde. Sie können sich so elegant bewegen. Vier dieser Spezies leben auf dem Gelände.

Wenn man sie sieht, denkt man zunächst, sie haben ihr Fell verloren oder sind krank, aber es ist eine spezifische Rasse, die es nur in Peru gibt.

Die vielen archäologischen Stätten im Norden Perus sind hier die Hauptattraktionen und daran kann man viel über die vergangenen Zeiten lernen. Zunehmend erkennen das auch die Peruaner selbst und graben diese Stätten aus, konservieren sie und machen sie nicht nur den Touristen zugänglich, sondern auch den Schulklassen. Es ist so wichtig, dass die Bewohner über ihre Geschichte lernen. Das ist das Allerwichtigste, um einen Stolz auf die eigene Kultur und Vergangenheit zu entwickeln und der Diskriminierung von Ursprungsvölkern vorzubeugen.

Am nächsten Tag geht es mit einer kleinen organisierten Tour nach El Brujo und Museo de la Dama de Cao. Der archäologische Komplex El Brujo im Chicama-Tal liegt nördlich von Trujillo. Auch eine Ausgrabungsstätte aus der Moche-Periode. El Brujo war seit der Vor-Keramik-Zeit bewohnt. Auch dieser Komplex ist vollständig aus Lehmziegeln gebaut und reichlich dekoriert. Die bunten Fresken stellen Krieger, Gefangene, Priester und menschliche Opfer dar. Die Anlage wurde bekannt durch die Señora de Cao. Das ist eine Mumie, die 2006 in einem Grab entdeckt wurde. Sie wird im Museum der Stätte aufbewahrt. Sie ist in 22 Schichten Stoff aus Baumwolle gewickelt. Deren Gewicht zusammen erreicht knapp 100 Kilo. Darin finden sich 23 Ketten aus Gold, Silber und Kupfer, Edelsteine und Grabopfer aus Stoff oder Metall sowie Kupferplatten bis hin zu Goldfäden und vieles mehr. Ihr Gesicht, ihre Arme und ihre Füße sind mit Schlangen, Spinnen und geografischen Zeichnungen tätowiert. Eine weibliche Herrscherin.

Vielleicht war die Señora de Cao die mächtigste Frau der Geschichte der Moche- und Anden-Kultur. Diese Entdeckung ist eine Sensation, weil man bis dahin immer dachte, nur Männer konnten Herrscher oder Könige der damaligen Völker sein.

Manche Tage in der Stadt sind auch schwierig. Es gibt lange Zeiten, da ist nur Nebel, man sieht nichts. Ein Straßenhändler hat schon wieder versucht, mich zu betrügen. Der Busfahrer lacht darüber. Ich bin nur genervt von diesem Verhalten. So wie in Peru habe ich das in den anderen Ländern nicht erlebt, dass sie einem ständig die falschen Preise nennen, aber auch einen belügen.

Nachmittags gehe ich in ein kleines Café, das eine Venezolanerin führt. Es gibt hier wunderbaren gesüßten Milchkaffee mit Baiser. Ich bin schon die anderen Tage auch hier gewesen. Die Frau erzählt gerne ihre Geschichte. Wie so viele venezolanische Frauen hat sie ihre Familie verlassen, um in einem anderen südamerikanischen Land Geld zu verdienen, das sie nach Hause schickt, damit die Familie überleben kann. Interessanterweise sind es oft Frauen, die das tun, und natürlich hat sie eine schier unerträgliche Sehnsucht nach ihren Kindern, die bei ihrer Mutter leben. Sie sind neun und fünf Jahre alt. Diese Frauen sind sehr kontaktfreudig und schaffen es irgendwie, Fuß zu fassen, offensichtlich leichter als die Männer. Sie verdient für ihre Verhältnisse gut mit dem Café und hat irgendwie immer gute Laune. Es ist angenehm, hier zu sitzen und die vorbeiziehenden Leute zu beobachten. Das Café ist nach außen offen, keine Fensterscheiben, keine Türen.

Zurück im Hotel habe ich heute keinen Zimmerservice bekommen, vielleicht, weil ich gestern gemeckert habe, weil die Dame bei mir aufs Klo gegangen ist. Aber das ist mir auch gerade recht so.

Ich hatte mir noch eine Inka Cola sin Azucar, ohne Zucker, mitgenommen, um das mal zu probieren: grässlich.

Im Fernsehen berichten sie über das Nicht-Einhalten von Menschenrechten in Ecuador und dass in Brasilien der Regenwald brennt. Herr Bolsonaro, der Präsident von Brasilien sagt: Der Amazonas-Regenwald sei nicht die Lunge der Welt, das sei eine völlig falsche Behauptung. So steht es hier in der Zeitung.

Chiclayo liegt noch etwas nördlicher, umgeben von Wüste und weiteren archäologischen Sensationen. Die Stadt ist Schwerpunkt für die Verarbeitung von Zuckerrohr.

Auch in Chiclayo ist die Armut unübersehbar: dreckige bettelnde Kinder auf der Straße, venezolanische Flüchtlinge, die oft vor den Kirchen campieren und betteln.

Auch hier hat man Spuren der Moche-Kultur gefunden und ist bei Ausgrabungen auf faszinierende Funde und Erkenntnisse gestoßen.

In der Nähe liegen die Museen Sipan und Brünig sowie das Museo nacional Sican und die Orte Lambayeque, Sipan, Ferrenafe und Tucume.

Der Bus, der mich nach Chiclayo bringen soll, hat eine Stunde Verspätung – lohnt sich nicht mehr, sich über diese Dinge zu ärgern.

Dann geht es raus aus Trujillo durch die Wüste. Die Landschaft hier im Norden Perus an der Küste ist unattraktiv. Die Schönheiten und Wunder findet man in den archäologischen Stätten mit ihren Ausgrabungen und ihren spannenden Geschichten.

Es ist neblig. In den Randbezirken von Chiclayo sieht man unendlich viel Dreck und Müll. Eine Müllabfuhr scheint es hier nun überhaupt nicht mehr zu geben. Es wird alles vor die Häuser und an die Straßenränder geschmissen. Ekelhaft ist das und sicher auch nicht gut für die Gesundheit. Wenn man nachfragt, ob es die Menschen nicht stört, der ganze Dreck, gibt es die Standardantwort: Costumbre (Tradition). Ein richtiges Bedauern über diese Zustände oder ein Leiden daran kann ich nicht heraushören. Es ist eben irgendwie normal.

Mein Bauch sagt mir, dass es hier nicht sicher ist. Die Touristeninformation hat geschlossen.

Nach wie vor versuchen mich hier Busfahrer, Verkäufer, Taxifahrer und Hostelbesitzer zu betrügen. Auch das ist wohl Costumbre und führt bei mir dazu, dass ich die Peruaner – in Peru ist es besonders ausgeprägt – nicht sonderlich mag.

Natürlich gibt es auch andere und alles Erlebte ist subjektiv. Aber das ist meine Erfahrung hier.

Meine erste Tour bringt mich zu den Pyramiden von Tucúme und zum Museo Nacional de Sicán. Es sind noch zwei nette peruanische Familien dabei und wir fahren in einem Minibus mit einem sehr freundlichen und bemühten Führer. Sein Spanisch verstehe ich gut. Er spricht meinetwegen langsam.

Die Pyramiden von Túcume sind ein riesiges archäologisches Gelände, Relikte des Moche-Volkes, Tempel aus Adobeziegeln und als Höhepunkt die größte bekannte Ansammlung von Pyramiden aus ungebrannten Lehmziegeln aus präkolumbischer Zeit. 26 große Pyramiden.

Die Archäologen gehen davon aus, dass die Pyramiden um 1100 n. Chr. für religiöse Rituale erbaut wurden, als die Sican sich nach dem Niedergang der Moche-Kultur um 700 n. Chr. im Lambayeque-Tal ansiedelten.

Die Sicán-Kultur (früher meist Lambayeque-Kultur genannt) war eine blühende Kultur im Zeitraum von ca. 700 bis 1375 n. Chr., zwischen dem Ende der Moche-Kultur und dem Höhepunkt des Chimu-Imperiums. Es handelt sich um eine Prä-Inka-Zivilisation. Die Sicán-Kultur fertigte die schönste Goldschmiedekunst des antiken Peru an. Besonders beeindruckend sind die goldenen Begräbnismasken.

Das königliche Grab des Lord of Sipán-Museums ist ein archäologisches Museum, das 2002 eröffnet wurde und das Grab des Herrn von Sipán beherbergt. Diese Entdeckung 1987 war ein wichtiger Meilenstein in der Archäologie des Kontinents, denn zum ersten Mal wurde die Pracht und Majestät des einzigen bis dahin gefundenen Herrschers des alten Peru offenbart. Das Museum zeigt weitere Gräber und Tempel mit unglaublichen und erhaltenen Beigaben: Keramiken, Gold- und Kupferschmuck und Insignien, vergleichbar der Inkakunst, nur viel älter, fast noch schöner.

Nach der Besichtigung gibt es für die kleine Gruppe ein Mittagessen in einem Restaurant in der Nähe: einen großen Fisch im eigenen Sud in einem Bananenblatt geschmort mit Maniok und Reis und danach einen Pisco Sour. Die vier Mitreisenden, alles Peruaner, sind nett und neugierig und wir können uns während der ganzen Fahrt gut unterhalten. Sie sind sehr interessiert in ihrer eigenen alten Kultur und auch stolz darauf. Früher haben sie gedacht, vor den Inkas gab es gar keine andere Kultur in ihrem Land und es ist noch nicht so lange her, dass sie sich mit ihren wirklich alten Kulturen beschäftigen.

Das Zimmermädchen schafft es, meine wenigen Sachen, die im Zimmer liegen, konsequent in den Schrank zu räumen, einschließlich Kulturbeutel und Handtüchern. Den Sinn versteht kein Mensch. Ich habe sie zweimal gebeten, das nicht zu tun. Hoffnungslos. Wahrscheinlich Costumbre.

Ein paar Grundregeln aus dem Gastgewerbe sind hier gänzlich unbekannt. Man kann nur staunen, wie kreativ die Menschen sind, für uns unverständliche Dinge zu tun oder für uns sinnlose Regeln aufzustellen. Ich kann nur ein Minimum von dem verstehen, was sich hier in Südamerika abspielt, wenn man hinschaut und sich außerhalb der internationalen Hotelwelt und Reisegruppen bewegt.

Den Tag darauf geht es mit derselben Truppe zum Museo Tumbas Reales de Sipan und zum Museo Arqueológico Nacional Brüning.

Der Bus verlässt wieder Chiclayo durch diese radikal verdreckten Straßen. Ich muss das wiederholen, weil es wirklich so unglaublich ist – dass die Menschen das scheinbar nicht stört.

Mittags gibt es Cabrito (Lamm) mit Yuca, Linsen und Reis. Ein traditionelles Gericht, lecker. Und wieder einen Pisco zum Nachtisch.

Dann folgt der Besuch des Museum Brüning. Hans Heinrich Brüning kam 1875 als Schiffsingenieur nach Peru, musterte dort ab, verdiente seinen Lebensunterhalt mit der Wartung und Weiterentwicklung landwirtschaftlicher Maschinen und begann, das Land zu bereisen und die Lebensweise der örtlichen

Bevölkerung durch mehr als 2.000 Fotografien zu dokumentieren. Die alten Kulturen im Norden Perus beschäftigten ihn. In der Nähe des Dorfes Túcume entdeckte er die Überreste der Lambayeque-Kultur, die Pyramiden von Túcume. In Lambayeque ist das Archäologische Museum Brüning (Museo Arqueológico Nacional Hans Heinrich Brüning de Lambayeque, meist in der Kurzform: Museo Brüning) nach ihm benannt. Das Museum enthält wertvolle Textilien und Keramiken der Chimu und Vicus, eine weitere präkolumbianische Kultur, sowie faszinierende weitere Artefakte, Gräber und Mumien.

Spät abends erst kommen wir zurück.

Mit drei Damen, Mutter und zwei Töchtern aus Arequipa, geht es am nächsten Tag ans Meer. Der Busfahrer schafft es ununterbrochen zu reden, den ganzen Tag. Er erzählt seine gesamte Lebens- und Familiengeschichte, seine Wohnverhältnisse, allen Tratsch über seine Nachbarschaft und dann wird die Politik Perus aufs Korn genommen. Ich frage mich immer, wann er mal Luft holt. Ich verstehe fast alles. Anfangs haben die Peruanerinnen noch geantwortet oder einen Dialog versucht, darauf ist er gar nicht eingegangen. Dann haben wir ihn reden lassen und alle abgeschaltet.

Der Nachmittag ist ziemlich entspannt. Wir besuchen verschiedene Strände. Einer schlimmer als der andere, alle ziemlich vermüllt. Wieder Fischerboote aus Schilf, Fisch gegessen voller Gräten, Artesania-Stände abgeklappert, ziemlich kitschiges Zeug, und am Schluss steht noch die Besichtigung einer Straußenfarm auf dem Programm. Als ich sehe, wie die Tiere dort behandelt werden und die meisten krank aussehen, suche ich das Weite und warte draußen auf die anderen. Dann geht es zurück. Auch solche Tage gibt es immer wieder mal.

Chiclayo ist wohl die schrecklichste Stadt, die ich in Südamerika erlebt habe: Krach, Dreck, Verkehr, Anmache, Bettler,

Autofahrer jagen Fußgänger. Hier wäre ich tatsächlich fast umgefahren worden von einem dieser elend rücksichtslosen Autofahrer. Mit einem Sprung, laut fluchend, kann ich mich gerade noch an eine Hauswand retten. Also nochmal mehr aufpassen. Der Verkehr, ich sagte es schon, ist eine der größten Gefahren für Südamerika-Reisende und das besonders in Peru.

Am letzten Tag in Chiclayo, vielleicht auch mit beeinflusst durch diese unangenehmen Erfahrungen, habe ich im Internet meinen Rückflug nach Deutschland gebucht, von Quito in Ecuador nach Frankfurt im November, also in knapp vier Monaten. Diese Entscheidung ist über die Wochen nun gut ausgereift.

Vielleicht ist einiges zusammengekommen. Südamerika ist auch der Versuch der Leute, einen zu betrügen, Korruption, bittere Armut und ordinärer Reichtum, Anmache, Krach, Gestank, Bettelei, Flüchtlingselend, Umweltzerstörung, Tierelend, Dummheit aus mangelnder Bildung heraus, das will ich nicht verschweigen, neben allem Schönen, Faszinierenden, Liebenswerten, und schon gar nicht will ich behaupten, dass es bei uns so viel besser ist, es ist anders. In mancher Beziehung muss man aber sagen, dass es uns unverschämt gut geht. Viele von uns jammern auf hohem Niveau. Sie sollten reisen. Aber nicht in einer Ballermann-Pauschalgruppe.

Von Chiclayo fliege ich zurück nach Lima, weil ich ja von dort dann mein Ticket nach Guayaquil in Ecuador habe.

Mein letzter Tag in Lima. Ich nehme nochmal ein Taxi und habe mit dem Fahrer den Preis ausgehandelt. Als er losgefahren ist, meint er, es sei doch teurer. Ich sage nichts und als ich am Hotel mit meinem Gepäck ausgestiegen bin, zahle ich den ausgemachten Preis und sage ihm, dass ich sein Verhalten schäbig finde und gehe. Das kann einem doch so ein Land ein bisschen verleiden. Schade, die Menschen tun sich keinen Gefallen und man kann nicht entschuldigen, sie seien eben so arm. In anderen Ländern, wie zum Beispiel Bolivien, verhalten sich die Menschen auch nicht so.

Abschied nehme ich am Malecon in Lima, Abschied von Peru mit dem Blick auf den Pazifik. Sie haben dort ein schönes Restaurant.

Am nächsten Tag geht es nach Ecuador, mein letztes Land in Südamerika, auf das ich mich besonders freue. Drei Monate habe ich Zeit und dort befindet sich das Paradies dieser Erde, die Galapagosinseln.

Das Flugticket beinhaltet nur ein Handgepäck – ärgerlich. Da muss ich noch nachzahlen.

Als ich in Lima durch die Gepäckkontrolle will, bemerke ich, das ich einen Boarding-Pass nach Sao Paulo bekommen habe. Es dauert ewig, bis ich den wieder umgetauscht habe und es wird dann auch zeitlich etwas knapp, aber es gelingt. Ich bin in Südamerika und da läuft das alles so – immer Überraschungen.

Endlich sitze ich im Flieger nach Guayaquil in Ecuador.

ECUADOR
GUAYAQUIL

Ecuador ist ein kleines Land zwischen Peru und Kolumbien und liegt am Äquator, wie der Name schon sagt. Es hat alle Klimazonen zu bieten. Man kann an einem Tag das Land durchqueren von der Küste über die Anden in das Amazonasgebiet, das man hier Oriente nennt. Dabei durchläuft man enorme Höhen- und Temperaturunterschiede. So ist es möglich, von einer Temperatur von fünf Grad an der Küste durch Minusgrade in den Anden ins Oriente mit 30 Grad Hitze zu gelangen. Wie gesagt, an einem Tag. Das ist unglaublich. Und dann gehören noch die Galapagosinseln mit dem ungewöhnlichen Tierreichtum zu Ecuador. Die Lage am Äquator macht die Landschaft über 3.000 Meter noch grün, wo in anderen Ländern schon kaum noch etwas wächst. Auch die Kultur in Ecuador ist spannend, weil neben Bolivien auch hier noch viele Indigenas leben, etwa 40 Prozent der Bevölkerung. Die Menschen sind auffallend klein. Ecuador ist sauber. Ich wundere mich, dass es kaum Straßenhunde gibt. Wie haben sie das in den Griff bekommen? Der frühere Regierungsschef Correa hat viel für die sozialen Verhältnisse getan.

Am 30. August komme ich in Guayaquil an. Eine Stadt, von der ich nicht so viel Gutes gehört habe. Unattraktiv und gefährlich soll sie sein, diese Küstenstadt.

Ich bekomme ein 90-Tage-Visum für Ecuador und möchte mindestens drei bis vier Wochen auf die Galapagosinseln, ein großer Traum von mir.

Sehr viel Verkehr in der Stadt und es ist heiß. Mein Hostel ist eine halbe Stunde entfernt vom Malecon, der Küstenpromenade. Ich muss etwas essen und gehe zum Chifa, einem Chinesen. Davon gibt es in jeder Groß- und auch Kleinstadt welche. Sie sind in der Regel gut und billig und man kann nicht viel falsch machen. Menschen, denen ich begegne, ein Taxifahrer, zwei ältere Ecuadorianer auf einer Bank und mein Hostelbesitzer sagen mir, dass man hier vorsichtig sein muss, es werde viel geraubt. Das gibt mir natürlich nicht so ein gutes Gefühl. Viele Bettler begegnen mir, auch ein paar Junkies oder Betrunkene, ich weiß es nicht, und sehr viele venezolanische Flüchtlinge, die auf der Straße sitzen und auch betteln.

Flüchtlinge aus Venezuela verkaufen an Autos Essen, Süßigkeiten, Getränke und Wasser am Malecon in Guayaquil. Dies Wasser ist manchmal aus dem Hahn nachgefüllt. Das Wasser in Ecuador darf man auf keinen Fall trinken. Es muss immer vorher desinfiziert werden.

Venezolanische Frauen, die in Familien in der Pflege oder im Haushalt oder Hotels Arbeit finden, werden oft ausgenutzt. Meist sind sie alleine da und es ist schwierig für sie, ein Zimmer zu finden. Wenn sie in einer Unterkunft, einer billigen, wohnen, in der sonst nur Männer leben, ist es nicht ungefährlich für sie wegen sexueller Übergriffe. Das hat mir eine Venezolanerin erzählt. Hier wohnen Frauen normalerweise nicht allein. Junge Väter sieht man mit ihren kleinen Kindern oder auch mit der ganzen Familie am Straßenrand betteln. Sie nutzen das Mitleid mit den Kindern, aber wenn sie sich unbeobachtet fühlen, gehen sie oft nicht gut mit ihnen um, das habe ich selbst gesehen. Mit Betteln verdienen sie mehr, als wenn sie arbeiten würden, sagt mir ein Ecuadorianer. Die Einheimischen geben ihnen viel.

Am Malecon sind am Wochenende eine Menge Menschen unterwegs, Familien auch. Diese Meerespromenade erstreckt sich ein paar Kilometer lang, ist zur Straße hin abgesperrt mit gut bewachten Durchgängen und wird nachts zugeschlossen. Überhaupt wimmelt es hier von Sicherheitskräften.

Der Malecon ist auch eine Art Vergnügungsviertel, viele Bänke, Restaurants, Parks, Kinderspielplätze und ein Museum. Der Blick aufs Meer ist schön, man ist hier sicher. Mein Weg vom Hostel dorthin führt auf der Hauptstraße, die auch Haupteinkaufsstraße ist, entlang, durch das ganze Elend dieser Stadt. Niemals würde ich hier im Dunkeln durchgehen.

In der Touristeninformation erfahre ich, welche Straßen sicher sind und welche Gegenden ich meiden sollte. Das sind eine ganze Menge.

Sie haben ein tolles Museum am Ende des Malecon, Museo Archeologico und Arte Contemporani. Eine Ausstellung, die sich mit Umweltkatastrophen im Amazonasgebiet beschäftigt. Familien mit kleinen Kindern haben keinerlei Respekt vor der Kunst, sie fassen alles an und die Kinder spielen mit den Exponaten. Die Aufpasser interessiert das nicht.

Dies alles ist eben total anders hier. Natürlich gibt es bei uns auch Menschen, die vor nichts Respekt haben.

Und dann gibt es einen Iguana-Park, einen Park mit Leguanen, in dem die Tiere schon immer leben. Es sind eine Menge. Sie sind langsam und sitzen auf den Wegen, den Bäumen und im Gras. Leider haben die meisten Menschen auch hier keinen Respekt. Sie halten die Kamera direkt vor die Tiere, drapieren sie für ein Foto, fassen sie an und amüsieren sich. Ich kann so etwas nicht ertragen. Überall stehen Schilder, man solle die Tiere weder anfassen noch füttern. Keinen, außer ein paar Backpackern, interessiert das. Dann gibt es einen Teich mit Schildkröten. Die meisten Tiere sind ziemlich krank. Sie haben Wunden und Geschwüre. Der Umgang mit Tieren in Südamerika ist zum Teil grauenhaft. Ich hoffe nur, dass das auf den Galapagosinseln anders ist.

Am nächsten Tag möchte ich die Free-Walking-Tour mitmachen. Sie beginnt am Iguana-Park und sie beginnt damit, dass die junge Führerin erklärt, dass die Tiere hier schon immer leben und dass wir sie ruhig anfassen können, sie seien zahm. Dabei steht sie genau vor dem Schild: Tiere nicht anfassen und nicht füttern. Ich kläre sie über die Folgen für die Tiere auf, wenn jeder sie anfasst. Ich glaube, sie weiß nicht, wovon ich spreche und sagt nur dazu: Ja, das machen aber alle. Ich verlasse die Gruppe. Diese Ignoranz bleibt für mich unfassbar und daran will ich mich auch nicht gewöhnen. Das ist ein Teil von Südamerika, nicht nur von Ecuador.

Ich habe den Eindruck, dass ich für die Leute hier als ältere, blonde Allein-Touristin sehr fremd bin und dass sie verunsichert sind. Selbst beim Chinesen werde ich ständig angestarrt. Ich fühle mich unsicher.

Das Städtische Museum hat sonntags geschlossen und montags geöffnet.

Am Malecon kaufe ich zwei Zugfahrkarten für historische Züge auf traumhaften Andenstrecken im Voraus für das Städtchen Alausi und Riobamba. Cerro Santa Ana und Las Penas sind Künstlerviertel, renovierte, wunderschöne bunte alte Häuser. Die schönste Ecke von Guayaquil. Alles ist überwacht. Ich bin hier allein und fühle mich trotz der Überwachung nicht so sicher. Hier wäre es mir lieber, wenn es auch noch andere Touristen gäbe. Es ist schwül. Dafür ist Guayaquil auch bekannt. Nachts habe ich Alpträume von Überfällen, das erste Mal. Angst ist ein schlechter Reisebegleiter. Noch ahne ich nicht, dass Ecuador mein aufregendstes, faszinierendstes und am meisten geliebtes Land werden wird.

Am nächsten Tag fliege ich auf die Galapagosinseln. Der Taxifahrer zum Flughafen will mich noch übers Ohr hauen, das gelingt ihm aber nicht. Ich kenne die Preise und alle Tricks. Da ist er dann bei mir an der falschen Adresse.

GALAPAGOSINSELN
SANTA CRUZ

Gut drei Wochen habe ich für die Galapagosinseln eingeplant und Hotels auf drei Inseln reserviert: Santa Cruz, Isabela und San Cristobal. Es hat geheißen, man müsse diese Reservierung beim Check-in nachweisen, genauso wie den gebuchten Rückflug. Aber grundsätzlich kann man so lange bleiben, wie man möchte. Die Unterkünfte sind auch nicht teurer als auf dem ecuadorianischen Festland, wenn man sie selbst bucht. Viele denken, man müsse alles in einer Gruppe machen, pauschal buchen oder es ginge nur mit einer Kreuzfahrt. Das stimmt nicht.

Nur fünf Inseln sind bewohnt: San Cristobal, Floreana, Isabela, Santa Cruz und Baltra, der Militärstützpunkt. Die Lebensmittel sind teurer auf den Inseln – das ist eigentlich klar, weil vieles importiert werden muss. Der Flug ist auch nicht so billig und man kommt nur mit dem Flugzeug hin.

Aber ich habe so viel selbst dort organisiert. Einige Standpunkte allerdings sind nur mit einer gebuchten Schiffstour zu besuchen. Die sind dann teurer.

Also bin ich ziemlich frei in meinen Planungen und werde sehen, wie es wird.

Beim Einchecken werde ich gefragt, ob ich Hotels reserviert habe. Ich bejahe. Das reicht. Beweise wollen sie nicht sehen. Nach dem Rückflugdatum werde ich gefragt, aber auch das Ticket muss ich nicht vorweisen. Viel wichtiger ist, dass man keinerlei Nahrungsmittel mitnimmt, zum Schutz der Umwelt und der Tiere dort.

Auf dem Hinflug wird das Flugzeug mit Insassen desinfiziert. Sie besprühen alles, besonders die Gepäckfächer und an der Kontrolle die Schuhe. Wenn auf diesen abgelegenen Inseln irgendwelche Keime eingeschleppt werden, gegen die die Tiere nicht immun sind, besteht eine große Gefahr für sie.

Der Flug ist möglich von Quito oder Guayaquil.

Baltra ist eine kleine Flughafeninsel vor der Hauptinsel Santa Cruz. Landschaft, Tiere, Flughafen, ein Teil wird militärisch genutzt.

Beim Anflug sieht man sie, die Inseln. Das Wasser ist hellblau, heute ist das Meer ruhig. Das alles sieht aus wie ein Paradies aus einem Hochglanzprospekt.

Der Bus bringt uns zur Fähre, die nach Santa Cruz übersetzt und von dort ist es eine Stunde Busfahrt in die Hauptstadt Puerto Aurora quer über die Insel. Da werden wir am Hafen abgesetzt. Und dort sitzen sie, die Seelöwen, ganz entspannt, am Wasser, auf den Wegen und sie liegen auf den Bänken. Unglaublich.

Puerto Aurora ist die Hauptstadt von Santa Cruz. Ein angenehmes Städtchen, ruhig, friedlich. Es gibt keine Kriminalität auf den Galapagosinseln. Ein Verbrecher könnte ja nirgends hin fliehen.

Dies sind die Inseln der Tiere. Die Menschen sind hier nur Gast. Und es gibt strenge Regeln: Zwei Meter Abstand zu jedem Tier ist Pflicht. Die Tiere halten diesen Abstand nicht immer ein, sie sind neugierig und haben keine Angst vor Menschen, die ihnen hier nichts tun. Wenn sie ihn nicht einhalten, muss man sich etwas entfernen auf wieder zwei Meter Abstand. Man darf natürlich kein Tier anfassen oder gar füttern. Die Darwinfinken bedienen sich selbst am Frühstückstisch. Die Tiere haben das Sagen und das wird in der Regel respektiert. Dies ist der einzige Ort auf der Welt, in dem die Tiere in dieser Weise akzeptiert werden.

Mein Hotel: Hostal la Mirada del Solitario George liegt etwa zehn Minuten zu Fuß vom Hafen und den Schiffsanlegestellen entfernt. Ich fahre mit dem Taxi. Das Zimmer ist groß, ein riesiges Bett, da passen vier Schläfer rein und die Leute, eine Familie, sind sehr freundlich. Sie sind Zeugen Jehovas, was ich erst wieder etwas später merke. Das bedeutet in der Regel ausgesprochen freundliche, fürsorgliche – ein bisschen kontrollierende – Menschen und eine super saubere Unterkunft.

So ist meine Erfahrung immer wieder mit den von Zeugen Jehovas geführten Unterkünften. Manchmal gibt es einen Bibelspruch zum Frühstück, das kann mich aber nicht missionieren. Das etwas kontrollierende – sie fragen immer, wohin ich gehe und machen sich Sorgen, wenn es einmal spät wird –, das würde mich zuhause stören, aber hier nicht, im Gegenteil, hier fühle ich mich immer besonders sicher. In diesen Häusern könnte man wohl sein Geld auf dem Tisch liegen lassen und es würde niemals etwas gestohlen werden.

Nachmittags noch gehe ich ins Touristenoffice. Der Mann dort ist nicht hilfreich und seine Informationen auch nicht. Ein despektierlicher Machotyp, mit dem ich nicht kann.

Es ist hier alles so sauber, es gibt kein Plastik. Die Bewohner haben ein unglaubliches Umweltbewusstsein. Ich gehe zurück mit der Erkenntnis: Geht doch.

Es ist sehr schwül und nieselt etwas.

Am ersten Tag führt mich mein Weg in das Charles-Darwin-Zentrum und ich nehme an einer Führung teil. Charles Darwin war ein britischer Naturforscher und hat über die Entstehung der Arten wesentliche Beiträge zur Evolutionstheorie geleistet. Während seiner Reisen durch die Welt von 1831 bis 1836 hielt er sich fünf Wochen auf den Galapagosinseln auf. Hier kann man sich gut einen Überblick verschaffen über ihre Geschichte.

Das Charles-Darwin-Zentrum wurde 1959 gegründet und verfolgt das Ziel, die Forschung und den Schutz der Galapagosinseln voranzutreiben. Es ist sowohl ein Forschungs- als auch ein Informationszentrum für Besucher. Ich lerne über die Besiedlung der Inseln, deren Artenvielfalt sowie über die aktuellen Probleme. Eine Schildkrötenaufzuchtstation und ein wunderschöner Strand gehören dazu. Am Strand sitzen kleine Iguanas, Leguane, in der Farbe der Lava. Auch im Resort selbst gibt es verschiedene Iguanas zu bestaunen, außerdem die fantastische Flora der Inseln und viele Darwin-Finken.

Die Tiere der Inseln sind bedroht durch eingeführte Tiere wie zum Beispiel Ratten, Schlangen, Fliegen, Katzen und Hunde. Man bemüht sich hier um den Erhalt der ursprünglichen Populationen.

Höhepunkt des Zentrums ist Lonesome George. Nach ihm ist auch mein Hostel benannt: „La Mirada del Solitario George". Eine Riesenschildkröte, die letzte ihrer Art, mit 120 Jahren gestorben. Was ist es, wenn das letzte Lebewesen einer Rasse 20 Jahre alleine lebt, keinen Partner mehr hat, sich nicht mehr fortpflanzen kann und dann stirbt, ausstirbt. In Zeiten des Klimawandels mit der rasanten Verminderung der Artenvielfalt.

Die Zoologische Gesellschaft Frankfurt, die seit mehr als 30 Jahren die Charles Darwin Foundation und ihre Arbeit auf Galapagos fördert, unter anderem das Programm zur Zucht und Wiederansiedlung von Riesenschildkröten, schreibt in einem Artikel zum Tode von „Lonesome George" im Jahre 2012 unter anderem: *„Als ‚Lonesome George', der einsamste Schildkrötenmann der Welt, ist er berühmt geworden. Während Charles Darwins historischer Reise zu den Galápagosinseln im Jahr 1835 existierten noch alle 15 Unterarten der Galápagos-Riesenschildkröte. Vier davon galten bisher als ausgestorben – die der Inseln Santiago, Santa Fé, Fernandina und Floreana. Als man George 1972 auf der Insel Pinta fand, galt die Pinta-Riesenschildkröte Chelonoidis abingdoni eigentlich schon als ausgestorben. George war als einziger*

Vertreter übrig. Um die Unterart erhalten zu können, wurden über die letzten Jahre auf Galápagos verschiedenste Anstrengungen unternommen. George teilte sich sein Gehege 15 Jahre lang mit zwei weiblichen Wolf-Riesenschildkröten von der Insel Isabela; beide legten zwar Eier, diese waren jedoch nicht befruchtet. Weitere Versuche, George mit Espagnola-Riesenschildkröten zu verpaaren, schlugen ebenfalls fehl.

‚George war ein Mahnmal, wie wir Menschen nicht mit der Natur und unseren Mitgeschöpfen umgehen dürfen', sagt Geschäftsführer Dr. Christof Schenck. ‚Wir Menschen haben ihn und seine Artgenossen letztendlich ausgerottet.' George galt als ein Sinnbild für den Schutz der bedrohten Tierarten auf unserem Planeten.

Die Pinta-Riesenschildkröte ist nicht etwa einem langen Evolutionsprozess zum Opfer gefallen und irgendwann ausgestorben. Sie wurde ausgerottet. Von unseren Vorfahren. Die Piraten und Seefahrer des 19. Jahrhunderts hatten Tausende von Riesenschildkröten geschlachtet oder als lebenden Proviant mit an Bord genommen.

‚Wir schauen vorwurfsvoll auf die Seefahrer von vor 200 Jahren zurück – doch im Moment läuft überall auf unserer Erde ein ähnliches Szenario ab: In Afrika wurden allein 2011 Zehntausende von Elefanten erlegt, Hunderte von Nashörnern wegen ihrer Hörner gewildert. Wir werden in die Geschichte eingehen als die Generation, die zugelassen hat, dass Arten in einem vorher ungekannten Ausmaß von unserer Erde verschwinden. Für die Pinta-Riesenschildkröte ist es zu spät. Für viele andere Arten jedoch gibt es noch eine Chance, sie auch in die Zukunft zu retten. Dazu brauchen wir große Wildnisgebiete, vor allem aber Gebiete, die unter Schutz stehen und deren Schutz auch umgesetzt wird', sagt Schenck.

Das Aussterben einer Rasse ist so traurig. Lonesome George ist präpariert und in einem Kühlraum wie in einem Mausoleum

zu sehen. Immer nur drei Personen dürfen diesen Raum betreten. Da kommen mir die Tränen, das ist so symbolisch. Das Aussterben der Arten ist normal, aber traurig, und wenn es von Menschen verursacht ist, finde ich es böse.
Nach dem Besuch des Charles-Darwin-Zentrums lasse ich mich am Meer auf einer der schönen Holzbänke nieder. Ich glaube, diese Inseln sind mein Paradies. Es dauert nicht lange, da robbt sich eine große Seelöwen-Dame die Bank hoch und legt sich neben mich, um ein Schläfchen zu machen. Das ist zu witzig. Da sie in keiner Weise den zwei Meter Abstand einhält, überlasse ich ihr die Bank. Kein Tier auf diesen Inseln hat Angst vor den Menschen, kein Tier ist scheu, auch die Vögel nicht. Sie fliegen nicht weg und es ist nicht erlaubt, irgendein Tier zu verscheuchen. An so manchem Restauranttisch im Freien bedienen sich die Darwin-Finken ungeniert. Die Menschen hier lassen sie gewähren, weil sie Geld damit verdienen. Den Tieren gehören die Inseln.

Am nächsten Tag mache ich mich auf zur Tortuga Bay, einem Bilderbuch-Strand mit Mangroven und vielen Iguanas. Eine schöne Wanderung.

Der Weg ist zwar anstrengend, aber man trifft so viele Tiere unterwegs, besonders Vögel und Meeresleguane. Immer wieder bleibe ich stehen und beobachte sie. Auch die Vegetation ist einmalig: Große Kaktusbäume bilden einen Wald. Ihre Früchte sind eine Lieblingsspeise der Iguanas. Autos gibt es fast gar nicht. Nach sechs Kilometern Laufen in dieser Schwüle bin ich ziemlich erschöpft und lasse mich für eine längere Mittagspause in der Bucht nieder. Die Tiere bringen mich immer wieder zum Lachen. Die Darwin-Finken sitzen am Tresen in den Bars oder auch mal auf den Rändern der Biergläser. Wenn es Krümel gibt, werden sie weggeputzt. So viel gelacht und geschmunzelt habe ich, glaube ich, noch nie.

Zurück fährt mich ein Wassertaxi.

Am Strand bin ich ohne Schuhe gelaufen und habe abends einen bemerkenswerten Sonnenbrand auf den Fußrücken. Man muss doch wahnsinnig aufpassen mit dieser Sonne hier.

Am Hafen gibt es eine große Auswahl netter Restaurants, in denen man abends draußen sitzen kann. Ich bestelle einen großen Teller leckerer Krabben und trinke ein Bier und fühle mich so gut hier.

Es sind nicht viele Touristen da, was ich sehr genieße. Es scheint Nebensaison zu sein im September. Eigentlich kann man die Inseln das ganze Jahr bereisen.

Für Santa Cruz habe ich eine günstige Tour gebucht. Einige Wege kann man nur mit Führer gehen. Wir fahren zu den Grietas, das sind tiefe Spalten im Lavaboden, die sich mit einer Mischung aus See- und Regenwasser gefüllt haben. Das Wasser hier ist kristallklar und hervorragend zum Schwimmen und Schnorcheln.

Die Bahia Franklin Bay ist der nächste Stopp. Hier gibt es Meeresschildkröten.

Der Canal de Amor ist türkisfarben zwischen Gebirgsfelsen eingebettet. Küstenvögel und Riffhaie bevölkern Land und Wasser. Diese Haie lassen sich sehr gut vom Ufer aus beobachten. Das Wasser ist flach und sie ruhen dort in kleinen Gruppen aus. Kleine Haie kann man im Wasser auch vom Boot aus sehen. Sie sind hier nicht gefährlich. Sie begleiten die Schnorchler beim Schwimmen. Und die Landschaft ist wunderschön, überall Wanderwege. Einige darf man auch nur mit Führer betreten und natürlich niemals diese Wege verlassen. Daneben am Boden brüten die Vögel oder sonnen sich die Leguane. Die Tiere flüchten ja nicht, wenn Menschen kommen. Es ist die Verantwortung des Menschen, nicht auf sie zu treten.

Mit dem Schnellboot geht es weiter zu einer Salzlagune.

Das erste Mal sehe ich die berühmten Blaufußtölpel. Seinen Namen verdankt dieser Vogel seinen blauen Füßen und seiner scheinbaren Ungeschicklichkeit. Der Blaufußtölpel ist allerdings ein gewandter Flieger und Taucher beim Beutefang. Die Tiere sind geschützt und die Galapagosinseln sind bekannt für die größte Population.

Mitten auf der Straße läuft eine riesige Landschildkröte. Sie hat immer Vorfahrt.

Eine weitere Tour führt mich auf die kleine Insel Seymor Norte. Da komme ich alleine nicht hin. Diese Tour ist richtig teuer, 160 Dollar, mal sehen, ob sich das lohnt.

Es hat sich gelohnt, zumal ich wahrscheinlich nie wieder in meinem Leben hierher komme und bei dem, was die Galapagosinseln zu bieten haben, da sollte man nicht sparen. Die Tour enthält das Schnorcheln mit der gesamten Ausrüstung, auch dem Taucheranzug, weil es für manche im Meer doch schon ein bisschen kalt ist, wie für mich auch. Außerdem gibt es auf dem Schiff ein gutes Mittagessen: Thunfisch.

Das Schiff ist wie ein kleines Kreuzfahrtschiff, neu, komfortabel und schnell. Die Schiffe hier müssen gut sein, da das Meer auch immer wieder stürmisch ist. Ich habe hier riesige Wellen gesehen. Bei so einem Schiffsausflug ist vorher eine Reisepille auch keine schlechte Idee, damit es einem nicht den ganzen teuren Tag verdirbt, zumindest bei einer entsprechenden Wetteransage. Aber bei Sturm finden die Ausflüge mit den Schiffen nicht statt.

Auf Seymor Norte führt ein Rundgang auf vorgeschriebenen Wegen direkt an den Nestern von Tölpeln und Fregattvögeln vorbei. Die männlichen Fregattvögel plustern in der Paarungszeit ihren knallroten Kropf auf Fußballgröße auf, um den Damen zu gefallen. Diese Aktion dauert 20 Minuten, bis die imponierende Form erreicht ist. Man kann das genau beobachten, weil man ziemlich nah dran ist. Auch die Tölpel, es gibt verschiedene Arten, präsentieren sich unmittelbar. Sie haben ihre Nester auch auf dem Weg gebaut. In den Nestern sind ein oder zwei Junge, noch in weißem Flaum. Meist überlebt nur eines. Wenn sie auf dem Weg sitzen, müssen wir sehr vorsichtig drum herum laufen. Wenn die Blaufußtölpel in der Balz sind, fängt das Männchen an zu tanzen, indem es immer abwechselnd die blauen Füße hebt. Gefällt das dem Weibchen, nachdem es sich das eine ganze Weile angeschaut hat, dann beginnt es mit zu tanzen. Das können wir unmittelbar vor unserer Nase beobachten. Es ist ein einmaliges Schauspiel.

Dann sehe ich hier noch große Landechsen.

Das Meer ist so blau, das kann man gar nicht glauben, und die Strände sind ein Traum. Sie sind belagert mit Lobos, Seelöwen, junge und ganz junge, höchstens ein paar Tage alt, die bei ihrer Mutter trinken; die ganz kleinen sind sehr dünn, man kann die Rippen sehen. Sie haben noch kein Fett angesetzt.

Weiter geht es noch zu anderen Stränden, Trocken- und Nasslandungen. Bei der Nasslandung muss man die Schuhe ausziehen, die Hosen hochkrempeln und durch das Meer zum Strand waten.

Nach dem Schiffsausflug bin ich erschöpft und lasse es langsam angehen. Meine Augen brennen von der Sonne und leider sind die Fotos nicht so gut geworden, wie es in der Realität ausgesehen hat. Dieses Paradies kann man nicht fotografieren. Man kann es abbilden, aber das Erlebnis nicht festhalten oder rüberbringen. Wahrscheinlich sind die Lichtverhältnisse schwierig, und die Berührung im Herzen, die kann man eben nicht fotografieren. Also bleibt das mein privates Erlebnis. Das werde ich mit ins Grab nehmen. Hierher werde ich im Geiste noch einmal reisen, wenn ich meine letzten Atemzüge mache. Das klingt so pathetisch, aber gerade so empfinde ich es in diesem Moment.

Etwas herumzulaufen am Wasser und die Tiere zu beobachten, macht mich richtig glücklich. Ich will zu einem Strand bummeln und weiter zu einem Aussichtspunkt.

Mit dem Taxiboot fahre ich zum Playa Alemanes, schaue den Seelöwen zu, wie sie mit ihren Jungen kuscheln und trinke auf dem Rückweg in einem deutschen Restaurant am Meer einen kalten Mokka. Wenn ich an den Besitzer denke, ja, das ist auch eine Art zu leben.

Maren hat geschrieben. Sie ist jetzt in Südkorea. Es gefällt ihr, aber das Alleinreisen ist offensichtlich deutlich schwieriger, wenn man die Sprache nicht spricht und die Schrift nicht lesen kann. An Weihnachten will sie nach Deutschland zurückkehren.

Heute gehe ich nur ein bisschen zum Hafen. Ich bin erschöpft und habe etwas Durchfall. Schonung ist angesagt.

Als ich an dem kleinen Fischmarkt vorbeikomme, bin ich wie gefesselt. Dort verkaufen sie frischen Fisch und nehmen ihn aus, ein paar Männer und Frauen, Fischer, aber was meine Blicke fesselt sind die Tiere dort. Neben den Fischern unmittelbar liegen und stehen Seelöwen und erwarten ihren Anteil. Aber nicht nur Seelöwen, nein, auch große braune Pelikane und Iguanas, kleine und große, Seemöwen und weitere Vögel. Auf den Stangen über dem Fischstand sitzen aufgeplusterte Fregattvögel und warten auf den Moment, an dem sie sich auf einen Tisch stürzen können, um ein großes Stück Thunfisch zu ergattern, das gerade einmal kurz nicht festgehalten wird. Alle Tiere bekommen ihren Anteil. Kein Tier wird verscheucht.

Wenn der große Seelöwe, der neben dem Fischer steht und den Kopf auf die Steinplatte reckt, wohl meint, benachteiligt zu sein, dann stupst er den Fischer an.

Ich stehe mit offenem Mund da und amüsiere mich. Die Fischer haben ein geradezu liebevolles Verhältnis zu diesen Tieren.

Unter dem Tisch steht eine große Abfalltüte, die gerade ein Seelöwe ausgekippt hat und sich den Inhalt mit einem Pelikan teilt, zwei Iguanas und mehreren Möwen. Die Fischer lassen sie gewähren. Das ist nun wirklich ein Paradies. Die Touristen, die da sind – ich weiß nicht wie viele Fotos sie machen. Auf den Galapagosinseln reichen die Speicherkarten nie. Ich stehe und sitze bald drei Stunden da und schaue mir dieses Schauspiel an, das ist für mich das Spannendste, was ich je gesehen habe.

Dieser Umgang mit Tieren, mein Gott, das gibt es sonst nirgends. Mich rührt das dermaßen an, dass mir die Tränen kommen.

Auf Santa Cruz gibt es traditionelle Farmen wie El Chato oder El Rancho Primicias mit Riesenschildkröten, die man in freier Natur beobachten kann, und außerdem bekommt man einen tollen Eindruck von der vielfältigen Flora. Schon auf der Hinfahrt begegnen uns die Riesenschildkröten auf der kleinen unbefestigten Zufahrtsstraße. Es sind urig-archaische Tiere. Sie haben hier keine Feinde.

Aber der Mensch ist der gefährlichste Feind für die gesamte Schöpfung, weil nur er in der Lage ist, sie zu zerstören und das auch tut. Ich schäme mich, ein Mensch zu sein.

Es regnet. Die großen Schildkröten schlammen in kleinen Teichen. Sie brauchen das zum Temperaturausgleich, weil sie nicht abschwitzen können.

Los Gmelos sind zwei Kratertunnel aus eingestürzten Vulkanen. Die Galapagosinseln sind vulkanischen Ursprungs und Los Tuneles ist ein gewaltiger Lavatunnel, durch den man hindurchgehen kann.

Auf der Rückfahrt mit dem Bus halten wir an. Ich schaue aus dem Fenster auf die unbefestigte Straße und traue meinen Augen nicht. Mitten auf der nicht allzu breiten Straße laufen zwei riesige Schildkröten nebeneinander. Immer wieder lassen sie sich nieder und scheinen eine längere Pause zu machen. Dann erheben sie sich wieder und wandern weiter. Der Bus kommt nicht an ihnen vorbei. Das gibt fast zwei Stunden Wartezeit, bis die beiden sich entschließen, nach rechts in den Wald abzubiegen. So ist das auf Galapagos.

Ich erkunde am Schluss auf Santa Cruz, was ich noch nicht gesehen habe: Columpio magico ist auch eine Farm in einer wunderschönen Landschaft. Und dann umwandere ich den Berg Cerro mesa und sehe viele große Schildkröten auf dem Weg.

Wieder muss ich schallend lachen. Ich muss mal ins Gebüsch gehen. Als es hinter mir raschelt und eine offensichtlich neugierige Schildkröte sich mir nähert. Sie ist größer als ich in der Hocke. Ich entschuldige mich bei ihr für mein ungebührliches Verhalten. Schließlich ist es ihre Insel.

Am Mirador oben auf dem Cerro hat man einen wunderbaren Blick über die ganze Insel und die Küste. Es gibt nur wenige Dörfer, wenige Einwohner und viel Grün.

Garrapatero playa ist ein Paradiesstrand mit einer Lagune, Flamingos und Wasserechsen am Strand. Sie sind ein bisschen hässlich, sie wechseln ihre Haut und sehen wie abgeschuppt aus, aber sie schauen so stolz.

Überhaupt finde ich, dass alle Tiere hier so stolz aussehen. Diese Iguanas am Strand oder auch anderswo liegen wie Diskussionsgruppen beieinander oder auch aufeinander, immer in enger Gemeinschaft, wie ein Volk.

So viele Eindrücke. Abends besorge ich mir das Bootsticket für die Insel Isabel und packe um, weil ich nur ein kleines Gepäck mitnehme. Den Rest lasse ich hier im Hostel. Um später noch auf die Insel San Cristobal zu kommen, muss ich erst wieder nach Santa Cruz zurück. Eine Direktverbindung von Isabela nach San Cristobal gibt es nicht.

ISABELA

Die Bootsfahrt zur Insel Isabela ist heftig, hohe Wellen und das zweieinhalb Stunden lang. Ich bin heilfroh, dass ich eine Reisepille genommen habe. Einige Traveller sind richtig seekrank. Das Boot fährt schon morgens früh um halb sieben.

Ich habe ein schönes Hotel, ruhig, und das Zimmer ist riesig mit drei komfortablen breiten Betten. Viel Platz liebe ich. Es sind kaum Touristen da. Das liebe ich auch. Also alles gut.

Für fünf Dollar bekomme ich am Mittag eine Hühnersuppe mit Reis und Krabben und ein Getränk in einem einheimischen Lokal, nicht auf Touristen ausgerichtet. Es schmeckt köstlich. Ein Getränk ist in Südamerika beim Mittagessen immer dabei. Oft ist es ein süßer kalter Tee.

Diese Insel scheint anders. Das Begrüßungskomitee an Seelöwen am Bootsanleger ist noch etwas größer als auf Santa Cruz.

Ich bin angeschlagen und habe mir wohl einen Magen-Darm-Infekt geholt. Also ist erst einmal Erholung angesagt. Ich werde einen Heilschlaf machen.

Das Wasser kann man in Ecuador und auch auf den Galapagosinseln nicht trinken. Das tue ich auch nicht, aber ich putze mir jetzt auch die Zähne mit desinfiziertem Wasser. Das wird vom Hotel bereitgestellt.

Am zweiten Tag wandere ich zu einem der großen Vulkane, für die die Insel bekannt ist. Nach einer Busanfahrt, bei der ich schon einiges von der Insel sehe, geht es eine Stunde den Berg hoch. Es ist neblig, nass und kalt hier. Dann erreiche ich den Vulkan Sierra Negra. Sein Krater ist bewachsen und er hat einen Durchmesser von neun Kilometern, riesig. Der letzte Ausbruch war 2018.

Alle Galapagosinseln sind praktisch die Spitzen von Vulkanen. Isabela wuchs aus bis zu sechs ursprünglich separaten Vulkaninseln durch ausströmende Lava zu einer Insel zusammen.

Mit einer Größe von 4.588 km² und einer Länge von 120 Kilometern ist Isabela die größte der Galapagosinseln und fast fünfmal so groß wie die zweitgrößte Insel Santa Cruz.

Hier leben etwa 2.200 Menschen, die meisten in der Hauptstadt Puerto Villamil.

Ich habe 14 Stunden geschlafen, unglaublich. Offensichtlich braucht mein Körper das. So langsam fühle ich mich besser.

Mein nächstes Ziel ist eine Schildkrötenaufzuchtstation. Der wunderbare Weg dorthin führt auf einem Holzsteg durch Lagunen. Auf den Holzstegen und auch auf dem Geländer liegen große und kleine Iguanas und viele Vögel bevölkern die Gegend. So viele Tiere und so viele Schildkröten. Diese archaischen Tiere. Der einzige Feind, den sie haben, ist der Mensch – wie bei so vielen Tieren.

Mit einer netten kleinen Gruppe fahre ich nach Los Tuneles, ein Lavatunnel im Paradiesmeer, ideal zum Schnorcheln. Aber auch schon vom Boot aus kann man große Wasserschildkröten beobachten. Zwei schwimmen nebeneinander her. Es sind verschiedene Rassen, eine ist so groß wie ein Autoreifen. Das Wasser ist nicht so tief hier.

Dann geht es mit dem Schnellboot zu weiteren Stränden und schönen Plätzen an verschiedenen Stellen der Insel. Beim Schwimmen kommen die noch jungen Robben sofort ins Wasser und wollen mit uns spielen. Sie schwimmen unter einem durch, tauchen plötzlich direkt vor einem auf, versuchen eine Art Wettschwimmen oder verfolgen die Schwimmer. Beim Schnorcheln habe ich unerwartet große Robbenaugen vor meiner Nase. Ich pruste vor Lachen und verschlucke mich.

Unglaublich ist das. Sie kommen ganz nah, aber berühren die Menschen nie. Da kann man in Echtzeit sehen, was ein guter Schwimmer ist.

Das Boot ist tatsächlich sehr speedy, die Wellen hoch und es knallt jedes Mal wieder von der Wellenspitze auf den Grund des Wassers. Der Kapitän behauptet, wenn man schnell fährt, ist das Knallen nicht so schlimm. Ich verstehe davon nichts, aber irgendwie glaube ich ihm nicht. Für den Rücken ist das eine Tortur und man muss versuchen, es durch Aufstützen abzufedern und eine Reisepille habe ich auch genommen. Ohne geht nichts mehr. Einmal in Argentinien hatte ich keine genommen. Das Meer war gar nicht so wild, aber mir war trotzdem schlecht.

Zum Lunch gibt es an Bord frischen Fisch, Reis und Kartoffeln. Das Wetter ist heute ein Traum, nur Sonnenschein.

Ich lerne einen jungen Mann aus Hannover kennen. Er ist ständig dabei, mich zu bewundern, weil ich alleine als Frau reise und weil ich schon so alt bin. Abends treffe ich ihn am Strand wieder und wir gehen in eine Strandkneipe zur happy hour. Zwei Pina Colada scheinen meinen Bauch zu heilen.

Zum Frühstück gibt es ein köstlich süßes Brötchen mit Banane.

Ich habe eine Tour zu den Tintoreras gebucht, das sind kleine Basaltinseln, die vor Puerto Villamil liegen. Ihren Namen haben die Inseln von den Weißspitzenhaien, die auf Spanisch Tintoreras heißen und sich gerne in großer Zahl in einem natürlichen Kanal sammeln, wo man sie von Land im seichten Wasser ausmachen kann. Türkisklares Wasser, weiße Strände, schwarze und weiße Lava. Kein Müll, kein Plastik, alles ein Traum, wie in einem Film. Hier kann ich neben den Weißspitzenhaien Galapagospinguine, Mantarochen, Wasserschildkröten, riesige Babyleguane, säugende Seelöwen und Galapagoslobos mit einem runden Kopf beobachten. Ich kann gar nicht genug davon bekommen. Man braucht sich nur hinzusetzen und zu schauen, was die Natur an Wundern vorhält. Wie lange wird es das noch geben? Auch der Golfstrom ändert seine Temperatur durch den Klimawandel und schon jetzt ist eine Reduzierung der Leguane zu erkennen.

Aber man muss sagen: oh ja, die Menschen sind offensichtlich in der Lage, die Natur zu schützen. Warum machen sie es nur hier? Und wie lange noch – nur, solange sie damit viel Geld verdienen. Geld, die Wirtschaft, das ist der grausame Diktator dieser Welt – das ist der Mensch, wir alle. Natürlich ist der Klimawandel nicht aufzuhalten. Natürlich ist es zu spät. Wider alle Prophezeiungen der Utopisten. Diese Welt wird untergehen. Wir werden die Lebensgrundlage für uns und unsere Kinder vernichten.

Auf einer langen Strandwanderung zu Lagunen und kleinen Lavahöhlen treffe ich niemanden, bin allein mit der Natur und den Tieren und bin so dankbar, dass ich das hier erleben darf. Mit diesen Bildern kann man sterben, mit den Bildern vom Paradies. Am Wasser stehen die Mangroven und darunter ruhen sich die Iguanas aus. Wenn sie Hunger haben, laufen sie ins Wasser. Sie ernähren sich von Algen. Diese Meerechse ist eine endemisch auf den Galapagosinseln vorkommende Leguanart. Sie lebt auf allen Inseln, meist an Felsküsten, aber auch in Mangrovenbeständen. Unter den heute lebenden Echsen ist die Meerechse die einzige Art, die ihre Nahrung im Meer sucht. Sie sind sehr gute Schwimmer. Wenn sie so durchs Wasser ziehen, sehen sie aus wie kleine Drachen.

Ein Touristenpärchen kommt zum Strand und geht schwimmen. Als sie aus dem Wasser kommen, liegt ein großer Seelöwe auf ihrem Handtuch. Das hat ihm offensichtlich auch gefallen. Alle müssen lachen. Es sieht einfach zu witzig aus. Sie legen sich daneben. Das Handtuch dürfen sie ihm schließlich nicht wegziehen. Dieses Bild: – Seelöwe auf großem Badetuch und

Mensch im Sand – werde ich nicht vergessen. Nach einer halben Stunde trollt sich das Tier. Das Handtuch hat ein neues Parfum.

Es ist sehr schwül heute. Die Sonne ist unglaublich stark, auch wenn es manchmal gar nicht so heiß ist.

Abends bestaune ich den Sonnenuntergang bei Caipirinha und unterhalte mich mit zwei Kolumbianern.

Es gibt eine Tanzveranstaltung draußen am Meer. Bewohner in Trachten führen traditionelle Tänze auf. Dann sammeln sie für die Umwelt und einen vernünftigen Tourismus. Diese gute Umwelt fällt nicht vom Himmel. Ich frage die Einheimischen. Sie müssen immer dafür kämpfen, dass hier nicht riesige Hotels gebaut werden und alles von Touristen überschwemmt wird. Das wäre das Ende dieser Idylle.

Die Inselbewohner, die nicht vom Tourismus profitieren, sind meistens arm.

Natürlich gibt es auch Touristen, die sich nicht an die Regeln halten, insbesondere an die Abstandsregel und daran, dass sie vorgezeichnete Wege nicht verlassen dürfen, um die Pflanzen und Tiere zu schützen und ihnen ihre Ruhe, gerade bei der Brut zu lassen. Leider sind das meistens die Touristen aus Südamerika und aus Ecuador besonders. Sie haben nicht die Hochachtung vor ihren eigenen Werten. Es ist wohl ein Bildungsproblem. Ein paar Mal habe ich solche Touristen bei Touren auf diese Regeln hingewiesen. Sie haben mich meist erstaunt angesehen und den Sinn nicht verstanden. Das wurde deutlich.

Ich habe das Gefühl, dass viele der Führer, ohne die man ja oft nicht laufen darf, nicht auf das Einhalten der Regeln achten und diese Touristen nicht darauf hinweisen. Wenn man sie nach dem Grund fragt, kommt die Standardantwort: „Costumbre“ oder „Es sind Ecuadorianer“. Als ob sich nur Nicht-Ecuadorianer an die Regeln halten müssten. Manchmal sagen sie auch nichts, weil sie befürchten, dann weniger Trinkgeld zu bekommen. Das ist schon wieder irgendwie korrupt. Ja, so ist das.

Die Iguanas helfen sich da selbst. Sie fressen Pflanzen aus dem Meer und nehmen dabei auch einiges an Wasser auf. Das Salz müssen sie wieder ausscheiden und sie spucken es aus, manchmal in hohem Bogen.

So habe ich einige Touristen beobachtet, die mit ihren Kameras oder Smartphones ganz nah an die Tiere heran sind, um eine Großaufnahme zu machen und dann hat die Kamera eine große Portion Salzwasser abbekommen. Sehr ärgerlich für die Touristen, aber eine gewisse Schadenfreude habe ich mir nicht verkneifen können.

SAN CRISTOBAL UND DER ABSCHIED VOM PARADIES

Um nach San Cristobal zu gelangen, muss man zuerst von Isabela mit dem Boot zurück nach Santa Cruz. Morgens um halb sechs geht es schon los und mittags um halb zwei legt dann das Schiff nach San Cristobal ab. Diese Fahrt ist ein einziger Wellenhorror. Ich wundere mich, dass sie überhaupt losgefahren sind. Trotz Reisepille ist es außergewöhnlich. Mir ist nicht schlecht, aber ich muss mich festhalten. Gott sei Dank sind nur sehr wenige Passagiere auf dem Boot, so dass sich alle hinlegen können. Das ist die beste Methode. Wir liegen auf dem Boden zur Rückenschonung und um nicht zu stürzen. Nur so ist es machbar. Aber natürlich ist das auch interessant. So eine zweieinhalbstündige Bootsfahrt habe ich noch nicht erlebt. Als wir da so auf dem offenen Schiffsboden hin und her und gegeneinander rutschen, auch die Einheimischen, da haben wir viel gelacht. Das ist ein witziges Bild und es hat auch viel Spaß gemacht. Wie in einem außergewöhnlichen Karussell. Angst – ja, aber ich habe mir immer gesagt, diese Bootsführer machen das wahrscheinlich schon ihr Leben lang, so ein Meer gibt es oft hier – und dann wissen sie, was sie tun. Das hat mich beruhigt. Ob das so stimmt, darf mich dann nicht weiter interessieren.

Es ist ja immer alles nur subjektiv und manchmal ist es erforderlich, ein gnadenloses Vertrauen aufzubringen, unabhängig von jedweder Realität oder Vernunft. Das trifft hier für so manches zu und im Leben vielleicht auch.

San Cristobal ist die östlichste der Galapagosinseln. Puerto Baquerizo Moreno, der Hauptort, ist eine gemütliche kleine Hafenstadt mit noch relativ wenigen Touristen.

Im Hinterland wird auf kleinen Farmen Obst, Gemüse und sogar organischer Kaffee angebaut. Diese Insel ist auch noch mal wieder ganz anders. Bei Ankunft werden wir von einer großen Kompanie Seelöwen im Halbschlaf beäugt. Sie liegen quer auf dem Landesteg. Es ist etwas schwierig, an Land zu gehen deswegen, aber einer hat dann offensichtlich doch ein Einsehen und räumt einen Weg frei. Danke.

Das Hotel ist in Ordnung, leider ohne Frühstück. Kaffee gibt es umsonst und auch desinfiziertes Wasser.

Ich muss mich erst einmal wieder in die Reihe kriegen nach dieser Schiffsfahrt und kaufe nur noch etwas ein. Milch und Joghurt kosten das Doppelte bis Dreifache wie bei uns. Milch gibt es nicht so viel, obwohl sie hier ein paar Kühe haben, aber ohne Milch kann ich nirgends existieren.

Am ersten Tag bummele ich ein bisschen herum, ohne Plan. In meiner Straße gibt es einen hervorragenden Bäcker, den ich in den Folgetagen täglich aufsuchen werde. Man kennt sich hier schnell und kommt sofort ins Gespräch. Die Bewohner sind auffallend nett, grüßen, lächeln, ob alt, ob Kinder, fremdenfreundlich, und ich habe das Gefühl, sie leben in Frieden mit sich und den Touristen.

Am Strand säugen die Seelöwen ihre Jungen direkt neben mir. Die gewaltigen Machos, so sagen die Einheimischen zu den Männchen, können sehr laut sein und jagen manchmal den Weibchen hinterher, die nicht begeistert zu sein scheinen. Diese Machos können auch aggressiv sein und man sollte nochmal einen etwas größeren Abstand zu ihnen halten. Sie sind auch oft im Meer am Ufer, aber im Wasser liegend, anzutreffen.

Ich habe den Eindruck, hier gibt es noch mehr Tiere als auf den anderen Inseln.

Die Probleme Südamerikas: große Armut, Kriminalität, Korruption scheint es hier nicht zu geben, obwohl ich das natürlich nicht weiß, das mit der Korruption, aber es wirkt hier wie ein anderer Kontinent. Auf mich jedenfalls überhaupt wie eine Art Paradies. Das machen die Tiere und diese traumhafte Landschaft.

Im Centro de Interpretation erhalte ich eine gute Einführung in die Flora und Fauna. Auch hier gibt es nochmal Bilder und Erzählungen zur Geschichte der Inseln und ihrer Entstehung.

Am Meer kann ich schön sitzen: Sonnenuntergang bei Caipirinha, was braucht der Mensch sonst noch? Es ist sehr warm bis in die Abendstunden.

Am nächsten Morgen nieselt es leicht. Eine Wanderung zur Loberia, dem Seelöwenstrand, das sind ungefähr zehn Kilometer. Ab Mittag strahlt die Sonne. Ein wunderbarer Küstenweg. So viele Vögel, die Braunpelikane, die für Galapagos so typisch sind, nisten auf den Felsen. Als ich etwas hochklettere, sehe ich direkt in ihre Nester mit den Jungen drin. Die Vögel stören sich nicht an den Menschen, sofern diese die Abstandsregeln einhalten. Auch den Blaufußtölpeln kann ich von hier beim Fischen zusehen. Viele sehr große Iguanas liegen auf dem Weg oder auf den Felsen am Meer.

Als ich den Strand wieder verlassen habe, treffe ich einen Arbeiter an der Straße. Er nimmt mich mit seinem Motorrad zurück in die Stadt. Das erspart mir die zehn Kilometer Rückweg zu Fuß.

Der Besitzer des Dolphin-Hauses, in dem ich wohne, vermittelt mir für den übernächsten Tag eine der teuren Touren, die ich alleine nicht machen kann.

Am Abend hole ich mir lecker aussehende Fleischspieße, Hähnchenherzen vom Grill. Mal sehen, ob mir das bekommt. Zum Abschluss noch ein Bier am Meer. Es gibt hier kaum Touristen.

Der Hostelbesitzer hat mich zu einem Tagesausflug zusammen mit seinem tauben Bruder und dessen Freundin eingeladen. Sie ist auch taub. Leider kann ich die Taubstummensprache nicht. Es dauert eine Weile, bis ich mich in eine Kommunikation mit den beiden eingefunden habe und meine Unsicherheit abgelegt habe, aber dann geht es mit Mimik, Händen und in den Sand zeichnen. Ich freue mich sehr, dass sie mich gefragt haben, ob ich mitkomme. Diese privaten Ausflüge bringen mir immer sehr viel Erkenntnis über ein Land, weil sie primär mal nicht für Touristen gemacht sind und ich gut in Kontakt zu den Einheimischen komme. Als Erstes fahren wir nach Progreso zur Casa del Ceibo, ein Baumhaus in einem riesigen Baum. Der Ceibo gehört zur Familie der Malvengewächse und kann zwei bis fünfzig Meter hoch werden.

El Progreso ist einer der ältesten Orte auf den Galapagosinseln. Von dort geht es weiter zur El Junco, einer Süßwasserlagune im südwestlichen Teil der Insel im Hochland. Das ist eine Kraterlagune. Ein Rundweg bietet Aussichten von 700 Metern Höhe auf die Insel bis hinunter zum tiefblauen Pazifik. Hier können Bahama-Enten, Teichhühner und Fregattvögel beobachtet werden. Außerdem ist die Lagune umgeben von endemischen Baumfarnen und Miconia-Pflanzen und stellt eine der wenigen dauerhaften Süßwasserquellen des Archipels dar.

Allerdings fängt es dann an zu regnen und Nebel zieht auf, so dass ich nicht mehr allzuviel sehen kann.

Wir fahren zur Schildkrötenaufzuchtstation La Galapaguera, wo man die kleinen und die Riesenschildkröten beobachten kann. Es braucht Jahrzehnte, bis aus den kleinen die gigantischen geworden sind. Zur Fütterung kommen sie von allen Seiten aus dem großflächigen Gelände, verschiedene Rassen.

Das Reservat wurde vom Galapagos-Park in Zusammenarbeit mit Wissenschaftlern der Charles-Darwin-Station entwickelt. Bei der Führung erfahren wir, dass es Reisende gab, die Schildkröteneier und kleine Schildkröten, Pflanzen und Samen und alles Mögliche gestohlen haben. Jetzt wird streng kontrolliert. Eine Riesenschildkröte von den Galapagosinseln als Haustier. Die Egoismen der Menschen sind unerschöpflich.

Eine kleine Wanderung führt in 30 Minuten rund eineinhalb Kilometer von Puerto Baquerizo Moreno auf den Fregattvogelfelsen „Cerro Tijeretas". Nachdem ich über eine Reihe Treppen dessen Gipfel erreicht habe, werde ich mit einer spektakulären Aussicht über die Bucht auf der einen Seite und den Hafen auf der anderen belohnt.

Hier können Prachtfregattvögel und Bindenfregattvögel beobachtet werden, die in den umliegenden Büschen nisten und elegant über die Bucht gleiten.

In meiner Strandbar zum Sonnenuntergang treffe ich heute ein paar nette Kanadier und wir trinken einen Absacker zusammen. Es wird dann doch später.

Am nächsten Tag muss ich unbedingt ausschlafen.

Mir geht viel durch den Kopf. Die Erlebnisse auf Galapagos haben etwas so Archaisches, Intensives, die Begegnung mit den Tieren erlebe ich als so existentiell, dass ich jede Nacht – wie mir scheint – bunte aufregende Träume habe.

Es geht um Leben, Tod, Klima und die Welt, sicher ausgelöst durch diesen tiefen Kontakt zur Natur, zu genau dieser Natur, zu den Tieren, die den Menschen vertrauen, deren Überleben von ihnen abhängig ist. Es überkommt mich immer wieder eine tiefe Traurigkeit, wenn ich höre, wie gerade der Regenwald in Brasilien verbrennt, wie wieder Tiere ausgerottet werden, wie Plastik die Welt überschwemmt und wie jedes Aufbegehren – wie die Bewegung „Friday for future" – wahrscheinlich nichts verändern wird. Das Einzige, was zählt, ist die Wirtschaft, das Geld, die Gier und die Macht. Dann kommt erst diese Wut in mir auf und dann der Pessimismus. Dann hasse ich die Menschen. Aber nun gut, sie werden untergehen wie die zerstörte Natur. – Als ich darüber nach meiner Rückkehr mit meinem Freund Klaus gesprochen habe, hat er mir Folgendes dazu geschrieben:

Gedanken über unsere Welt

Die „Welt" ist ein weiter Begriff, der das Universum, unser Sonnensystem, die Erde, die Natur, die Tiere, die Pflanzen und den Menschen beinhaltet. Alle Aspekte dieser Welten sind miteinander verflochten und bedingen einander. Ich sehe unsere Welt in einem großen zeitlichen Zusammenhang von Beginn des Universums bis heute und versuche deutlich zu machen, dass Veränderungen die Grundlage vom Leben überhaupt sind. Während unsere Welt vom Untergang bedroht ist, beginnen andere Welten zu entstehen und setzen den unaufhörlichen Kreislauf der Dinge fort.

„Die Welt wird untergehen!", hören und lesen wir immer wieder.

Die Geschichte der Menschheit ist jeher von Aufschwung und Vernichtung geprägt. Kulturen sind entstanden und wieder verschwunden. Verschiedene Gesellschaftsformen wurden ausprobiert, keine hat sich für ewige Zeit gehalten. Immer haben sich Menschen um Ressourcen gestritten, immer sind diese Kämpfe brutal ausgetragen worden. Immer gab es Sieger und Verlierer.

Die Bevölkerungsexplosion, die soziale Ungleichheit auf der Welt, die Ausbeutung der Ressourcen, die Vergiftung der Erde, das Ändern unserer Atmosphäre, die Vernichtung von Ackerland, die Verschmutzung der Meere und weltweite Kriege werden zum Ende der Menschheit führen. Gier, Hass und Neid sind Triebfedern der Menschen. Nur mit Mühe sind Regeln eingeführt worden, die aber nur schwer befolgt werden. Verbrechen sind an der Tagesordnung, Verbrecher stehen an der Spitze von Staaten. Menschen sind egoistisch, der Neoliberalismus und die Ausbeutung der Massen, die Konzentration von extremem Reichtum auf wenige ist der heutige Stand.

Die Erde ist unbedeutend.

Die Erde befindet sich in einem kleinen Sonnensystem am Rande einer Galaxie unter vielen Millionen von Sonnensystemen, die wiederum zusammen mit weiteren Millionen von anderen Galaxien das Universum bilden.

Das Universum expandiert seit dem Urknall. Die Galaxien und Sonnensysteme mit ihren Planeten bewegen sich voneinander weg, und zwar mit immer schneller werdender Geschwindigkeit. Die Kräfte, die die Galaxien im Innern zusammenhalten und die die Galaxien auseinandertreiben, sind unbekannt. Astronomen und Physiker sprechen von der unbekannten dunklen Masse und der unbekannten dunklen Energie. Unsere Wissenschaft kann aktuell nur etwa 5% der gewöhnlichen Masse und Energie des Universums beschreiben und physikalisch erklären.

Vor diesem Hintergrund ist die Erde so unbedeutend wie ein Sandkorn am Strand. Dem Universum, unserer Galaxie und unserem Sonnensystem ist es gleichgültig, was mit der Erde passiert.

Die Welt ist schon immer kosmischen Katastrophen ausgesetzt.

Das erste Ereignis war in der Frühzeit des Sonnensystems, als die junge Erde mit einem marsgroßen Planeten zusammenstieß, aus dessen Trümmern sich der Mond bildete. Die letzte kosmische Verheerung war der ca. 15 km große Asteroid, der die Erde vor rund 66 Millionen Jahren traf und die Dinosaurier ausrottete. Schon mindestens fünfmal in der Erdgeschichte ist die Welt untergegangen, gab es ein Massenaussterben von Leben. In Abständen von etwa 100 Millionen von Jahren gab es verschiedene Gründe dafür. Mal war es der Vulkanismus, dann wieder Einschläge von Himmelskörpern, die zu Klimaveränderungen und einer Versauerung der Ozeane geführt haben. Dann gab es eine Vereisung der Erde. Immer wurden dabei ca. 60 % bis 90 % aller Lebensformen ausgelöscht. Immer wieder haben sich neue Lebensformen den Platz zurückerobert und hat sich das Leben erholt. Auch in Zukunft werden uns große Katastrophen treffen, die sämtliches Leben auf der Erde auslöschen können.

Die Erde wird untergehen.

Der Mond verursacht die Gezeitenreibung, durch die die Tage immer länger werden. Vor 400 Millionen Jahren dauerte eine Drehung der Erde nur rund 22 Stunden. Aufgrund der Gezeitenreibung wird auch der Erdkern erhitzt. Durch die Gezeitenreibung entfernt sich der Mond immer mehr von der Erde (etwa drei bis vier Zentimeter pro Jahr) und verliert somit seine stabilisierende Funktion auf die Erde. Die Gezeiten werden schwach und schwächer, und ohne Mond wird die Erde immer mehr torkeln und ihre stabile Achse verlieren. Die Erde wird abkühlen, die Erddrehung nimmt ab und die Tektonik wird aufhören. Nach ca. 5 Milliarden Jahren wird die Sonne ihren Brennstoff soweit verbraucht haben, dass aus ihr ein roter Riese wird und die sterbende Erde zum Glühen bringt. Im Endstadium wird die Sonne ihre äußere Hülle abstoßen und zu einem weißen Zwerg kollabieren. Aus dem abgestoßenen Sonnenstaub entwickeln sich in Äonen neue Sonnensysteme und vielleicht neues Leben.

Die Erde wandelt sich immer wieder.

Die Erde ist einem ständigen Wandel unterworfen. Die Erdoberfläche ändert sich, Kontinente entstehen und vergehen. Gebirge werden aufgeworfen, Vulkane brechen aus und zerstören große Gebiete. Supervulkane zerstören ganze Kontinente und vergiften die Atmosphäre. Erdbeben und Tsu-

namis sind eine weitere Folge der Tektonik und verursachen große Zerstörungen. Das Wetter ist unberechenbar, Überflutungen wechseln sich mit Dürren ab, Tornados und Hurrikane vernichten weite Teile der Erdoberfläche. Die Erosion nagt ständig an den Gebirgen und ebnet alles ein. Manche Änderungen kommen plötzlich und brutal, andere ziehen sich über Millionen Jahre hinweg.

Der Wandel der Erde ist der Motor der Evolution.

Der Mond gibt uns Ebbe und Flut. Ebbe und Flut ändern den Küstenverlauf jeden Tag. Jeder Wechsel zwingt die Flora und Fauna an den Küsten ins Wasser oder ins Trockene. Für die Lebewesen der Küsten sind die Gezeiten ein täglicher Untergang.

Sommer und Winter, Ebbe und Flut zwingen die Lebewesen zu ständigen Anpassungen an das Klima und die Umgebung und werden deshalb zu einem Motor der Evolution.

Vulkane erschaffen neues fruchtbares Land, das woanders von der Erosion in das Meer gespült wird. Der ständige Wandel durch die Änderungen der Erdoberfläche bedeutet auch immer wieder den Untergang von Lebensformen, die sich auf geänderte Bedingungen nicht rechtzeitig einstellen können und den Beginn von neuem Leben, das die freigewordene Nische besetzen kann.

Etwa 99,9 % aller Lebensformen, die je auf der Erde existiert haben, sind ausgestorben. Die Welt ist für fast alle diese Lebensformen somit schon untergegangen. Das Aussterben ist Normalität. Durch den Tod anderer, z. B. der Saurier, konnten sich die Säugetiere und damit der Mensch erst entwickeln.

Andere Lebensformen werden unseren Platz irgendwann einnehmen und es ist der Evolution egal, ob dies Bakterien, Moose, Flechten oder komplexere Tiere sein werden. Dieser Kreislauf wird sich bis zum Lebensende der Sonne und damit der Erde fortsetzen.

Sollten wir es nicht schaffen, unsere Eingriffe in die Umwelt einzudämmen, ist das für die Menschheit katastrophal. Unsere Zivilisation wird dann untergehen. Für die Existenz der anderen Welten macht das aber nichts aus. Die Erde, das Leben und das gesamte Universum werden auch ohne den Menschen noch lange weiter existieren. Andere Lebensformen werden kommen und vergehen und sich solange ablösen, bis unsere Sonne erloschen ist.

Jonathan Franzen, der sich seit vielen Jahren mit Themen des Umweltschutzes beschäftigt, schreibt in seinem Büchlein: *„Wann hören wir auf, uns etwas vorzumachen? Wir müssen der Wahrheit ins Gesicht sehen: das Spiel ist aus, wir werden den Klimawandel nicht mehr kontrollieren, die Katastrophe nicht verhindern können – alles zu spät, nachdem 30 Jahre vergeblich versucht wurde, die globale Erwärmung zu reduzieren. ‚Es gibt unendlich viel Hoffnung', sagt Franz Kafka, ‚nur nicht für uns.' Wenn wir akzeptieren, dass das Unheil eintreten wird, müssen wir das Beste draus machen. Aber diese Akzeptanz – können wir das? Oder geben wir uns einem Trugschluss hin, leugnen wir wissenschaftliche Realitäten und werden damit immer frustrierter?"*

Im Internet habe ich gelesen, dass die Amazonasroute in Ecuador, im Oriente, durch Streik gesperrt ist. Ich bin gespannt, wie sich das entwickelt. Streiks können in Südamerika lange dauern und dann fährt kein Bus mehr. Aber ich habe noch viel Zeit. Außerdem macht es nur Sinn, das vor Ort zu recherchieren.

Die letzte teure Bootstour zur Isla Lobos war ein Reinfall, das Essen schlecht und der Kapitän unfreundlich. Die kleine Insel ist nach den vielen Seelöwen, die hier leben, benannt. Isla

Lobos liegt eine einstündige Bootsfahrt von Puerto Baquerizo Moreno entfernt an der Nordwest-Spitze der Insel San Cristobal und ist durch einen schmalen Kanal von dieser getrennt.

Ich habe wohl die Höhepunkte von Galapagos gesehen.

Die Rückfahrt nach Santa Cruz verläuft in ruhigen Gewässern, zurück ins Hostal La Mirada del Solitario George.

Der letzte Tag. Ich bin richtig traurig. Wenn es für mich ein Paradies auf Erden gibt, dann sind es die Galapagosinseln.

Mittags esse ich eine Suppe am Fischmarkt und bummele dann die Küste entlang und nehme Abschied von den Blue Boobies, von den braunen Pelikanen, von den Seelöwen mit ihren Jungen, den Iguanas, den großen und den kleinen, den Fregattvögeln, den roten Krabben, den Land- und den Wasserschildkröten, den Reihern und den Inselbewohnern.

Viele Stunden sitze ich an dem kleinen Hafen und schaue. Man kann hier stundenlang, tagelang schauen, nur schauen, die Bewohner der Inseln beobachten – die Tiere.

Und dann kommen sie – die Touristen, alt, jung, Rucksackreisende und Betuchte, die sicherlich eine Kreuzfahrt gebucht haben. Ich mag keine Touristen – aber ich bin selber Touristin. Wenn sie in größeren Haufen die Welt belästigen, sind sie schrecklich – aber eigentlich sind sie nicht böse, sie wollen nur die Welt erobern und als Foto mitnehmen.

Heute haben sie ja keine Kanonen mehr für ihre Eroberungsfeldzüge, heute schießen sie mit Kameras – aber manche dieser Fotoapparate sehen aus wie Kanonen, insbesondere bei den Galapagostouristen. Beute machen.

Die Busse vom Flughafen halten am Hafen. Dann öffnen sich die Bustüren und sie steigen aus, die Neuankömmlinge, hektisch, gestresst, schnell ins Hotel, wie ist das Zimmer, Gepäck beisammen. – Und dann – Stopp!

Tiere, Seelöwen, direkt am Bus, am Hafen, Iguanas, die haben sie noch nie gesehen. Die laufen alle nicht weg, Wahnsinn, ganz viele sind es. Fotos, schnell, bevor sie vielleicht doch verschwinden. Wenn man das zuhause zeigt, das glaubt einem kein Mensch. Koffer runter, Rucksack runter, die Gelegenheit, Fotos, Tele, Smartphone, Videos. Ich und der Seelöwe. Ich und die Meeresechse. Ich auf Galapagos, so viele Tiere. Das Zoom wird ausgefahren. So nah war man noch nie an einem Tier dran, alles fotografiert, im Kasten, stundenlang, weil sie nicht weglaufen, die Tiere. Jetzt kann es dann langsam weitergehen, umdrehen. Oh Gott, noch mehr Tiere, sie bewegen sich. Alles ist abfotografiert, jetzt darf man schauen und man schaut und man lächelt.

Ruhe kehrt ein, der Reisestress ist verflogen, das Hotel ist vergessen, die Zeit ist stehen geblieben.

Ankunft auf Galapagos. Danke an diese Bewohner. Dieses Wunder vollbringen die Tiere.

Es gibt eine Cocktailbar am Strand. Dort werde ich eine Pina Colada zum Abschied trinken. Sie haben kleine runde Tische und sehr bequeme Sessel. Als ich ankomme, gibt es leider keinen Platz mehr. Alle Sessel sind von Seelöwen besetzt. Die Gäste sitzen auf dem Boden. Der Cocktail schmeckt wunderbar. Was mögen diese Seelöwen über uns Menschen wohl denken.

Neben dem Hostal arbeitet ein Bildhauer. Ich habe ihn fast jeden Tag bei dem ersten Aufenthalt hier besucht. Sein Atelier, ein großer Raum, aber das meiste im Freien, haben mich fasziniert. So viel Holz, er macht nur Holzskulpturen, eine Katze als Mitbewohnerin, riesige Schildkröten mit der Kettensäge, alle sind Lonesome George. Er ist nett. Ich darf mich dort aufhalten, solange ich will. Einfach nur dasitzen und ihm zuschauen. Ein für mich wunderbarer Ort, auch eine Art zu leben.

Ich denke über meine zwei Langzeitreisen nach. Die erste Reise nach dem Studium: ein Jahr Südostasien allein, Angst, Mut, ein schönes Jahr, Abenteuer, Freiheit und Unsterblichkeit, die Welt gehört mir. Und was die Welt betrifft: grenzenloser

Optimismus. Dann 40 Jahre Überleben. Jetzt die zweite Reise nach der Arbeit in der Rente, mit 65 Jahren: ein Jahr Südamerika allein – alles hinter mir lassen, zurücklassen, verlassen – Neuanfang – welcher? Weniger Angst, mehr Gebrechlichkeit, alt geworden, älter. Abenteuer und Freiheit ja, aber keine Unsterblichkeit mehr, der Tod, die Endlichkeit reist mit, die Vorsicht auch. Und was die Welt betrifft, das Überleben der Welt: Pessimismus und Resignation, ja, Hoffnungslosigkeit?

Jetzt auf Galapagos, Lonesome George und der Bildhauer, dem es so gut gelingt, die gesamte Symbolik dieser letzten Riesenschildkröte ihrer Art in Holz zu bannen. In Lonesome George habe ich mich verliebt. Aber warum? Er lässt mich nicht mehr los.

Nein, meine Schildkröten habe ich entsorgt, das Kapitel ist beendet, abgeschlossen. Eine gewaltige Schildkrötensammlung habe ich gehabt. Meine einzige Sammlung. Von jeder Reise habe ich eine mitgebracht, aus Holz, aus Stein, aus Plastik, aus Papier, aus Metall. Sammelzwang. Als kleines Kind habe ich von meinen Eltern eine echte geschenkt bekommen, eine griechische Landschildkröte. Meine Kinderärztin hat zu meiner Mutter gesagt: Kaufen Sie dem Kind eine Schildkröte, dann wird es ruhiger. So eine Schildkröte ist ein Symbol für Ruhe, Gelassenheit, Schutz, Geborgenheit, ein guter Panzer.

Und diese Schildkröte habe ich geliebt ohne Grenzen. Ich habe eine Bindung zu diesem Tier hergestellt, über die sich vielleicht so mancher gewundert haben mag, aber Kinder entwickeln zu Tieren solche starken Bindungen, in die sie alles, aber auch alle Bedürfnisse uneingeschränkt hineinprojizieren dürfen, ohne dass sie das irgendjemandem erklären müssen. Und dann habe ich das Schildkrötenkapitel irgendwann vor ein paar Jahren beendet mit dem Gefühl, nun ist die Kindheit aber wirklich vorbei und man kann nicht alles aufheben. Man muss auch mal loslassen und Akten schließen. Und nun? Wieder eine Schildkröte, die mich nicht loslässt. Ich habe meine letzten Tage auf den Galapagosinseln jeden Tag bei dem Bildhauer gesessen und mit mir gerungen – nein – Lonesome George ist ausgestorben. Aber er lebt mehr als je zuvor. Seine Spuren beunruhigen die Bewohner von Galapagos, die Touristen. Sie machen die Menschen traurig. Aber ich habe abgeschlossen mit diesen Tieren, die aus einer anderen Welt zu kommen scheinen, die so gelassen und so langsam sind, die so alt werden und niemandem etwas tun.

Dann der Traum – in meiner letzten Nacht in diesem Paradies. Geträumt habe ich von Lonesome George. Es war, als ob er mir etwas gesagt hat: Nein, Du kannst Deine Geschichte nicht entsorgen. Wir können nicht die Akten unserer Vergangenheit schließen, wir alle nicht, sie sind ein Teil von uns. Wir sind auch unsere Vergangenheit. Es ist meine Geschichte. Die Schildkröte ist ein Teil davon.

Und in letzter Sekunde vor meiner Abfahrt renne ich zu dem Bildhauer, in der Hoffnung, ihn anzutreffen. Ja, er ist in seinem Atelier. Und ich kaufe diese wunderbare Holzskulptur von Lonesome George und nehme sie mit und bin glücklich und nehme meine ganze Geschichte damit an und fühle mich vollständig und ich habe es alles endlich begriffen. Vielleicht geht hier der Sinn dieser Reise in Erfüllung.

Mein erstes Andenken. Sie füllt meinen ganzen Rucksack.

Vielleicht war es kein Zufall, dass meine Unterkunft hier Hostal La Mirada del Solitario Lonesome George heißt. La Mirada heißt der Blick.

Nach ausgiebigen Gepäckkontrollen geht der kleine Flieger am nächsten Tag zurück nach Guayaquil. Eine andere Welt: laut, dreckig, soviel Armut, massenhaft Verkehr und ein unsicheres Gefühl. Ich habe noch einen halben Tag. Es ist wieder schwül in dieser Stadt. Am letzten Abend esse ich wieder bei meinem Chinesen. Dann geht es weiter nach Cuenca.

CUENCA

In einem kleinen Bus geht es von der Küste in die Anden nach Cuenca. Wir sind nur drei Fahrgäste. Ich darf auf Anfrage vorne neben dem Fahrer sitzen.

Ecuador ist klein. Die Fahrtzeiten relativ kurz und kein Vergleich mit den tagelangen Busfahrten durch Argentinien. So erlebe ich innerhalb weniger Stunden eine radikale Veränderung von Klima und Landschaft, beeindruckend.

Cuenca liegt 2.560 Meter hoch. Eigentlich heißt die Stadt Santa Ana de los Ríos de Cuenca. Das historische Zentrum ist UNESCO-Welterbe. Es ist ein wunderschöner Platz mit alten Häusern. Der Parque Calderón bildet das Zentrum mit der neuen Kathedrale von Salamanca mit blauer Kuppel und der alten Kathedrale aus dem 16. Jahrhundert.

Das Museo y Parque Arqueológico Pumapungo umfasst Ruinen und zeigt Artefakte der Inka-Stadt Tomebamba.

Abends sitze ich im Café Austria und genieße einen Nizzasalat, mal was anderes. Der österreichische Betreiber hat guten Rotwein auf seiner Karte. Der ist allerdings ziemlich teuer. Als Österreicher mit einem Café, das überwiegend von europäischen Touristen besucht wird, in Cuenca sein Geld zu verdienen, ist auch eine Art zu leben, denn die Stadt ist wirklich zauberhaft und Ecuadorianer sind sehr freundliche Menschen. Die Europäer zieht es in das Café wegen der diversen göttlichen Kaffeezubereitungen. Hier komme ich noch ein paar Mal her.

Ich habe so großes Glück, dass ich zum richtigen Zeitpunkt am richtigen Ort geboren wurde und dass ich so reisen kann. Das ist nicht mein Verdienst. Dafür bin ich sehr dankbar –

es ist ein großes Glück und das Glück im Leben ist so ganz ungerecht verteilt auf dieser Erde. So vielen Menschen geht es eben nicht so. Damit muss man auch zurechtkommen und es sich klar machen und dass man es eben nicht ändern kann und dass auch keiner Schuld daran ist, dass es so ist wie es ist.

Auch das Gästehaus ist wunderschön, große Zimmer, ein romantischer Innenhof mit Hängematten und ein gutes Frühstück. Das Frühstück beurteile ich meistens danach, ob es gesund ist. Brot, Eier, Joghurt und Früchte sind gut für mich, manchmal gibt es nur Süßes und Kuchen. Das ist keine Basis für den Tag. Im Haus hängt viel Kunst an den Wänden, es gibt Holzskulpturen im Hof und Kunsthandwerk auf den Regalen, überhaupt ist alles sehr nach meinem Geschmack eingerichtet. Ich fühle mich schnell wohl.

Am zweiten Tag entdecke ich neben der Tür in den Garten ein kleines Bild, das mich fesselt: naive Kunst, gemalt eine Szene aus dem Alltag, bunt, fein, dargestellt sind die Mythen der Indigenas und Pachamama. Ich bin fasziniert und frage den Gästehausbetreiber Franz, ob er den Künstler kennt und woher das Bild stammt.

Ja, den Künstler kennt er, er entstammt einer kleinen Community, die an der Laguna Quilotoa lebt. Er war schon ein paar Mal hier in Cuenca und hat einmal eine Ausstellung im Gästehaus gemacht.

Dieses Bild lässt mich nicht mehr los. Ich muss unbedingt den Künstler kennenlernen. Ich frage, ob ich das Bild kaufen kann. Nein, das geht nicht, es ist ein Geschenk an die Besitzerin des Gästehauses, aber Franz kann den Künstler anrufen und fragen, ob er mit mehreren Werken kommt, wenn ich Kaufinteresse habe. Ich bejahe das und bin sehr aufgeregt. Der Künstler heißt José und will tatsächlich am Montag mit dem Bus kommen. Das ist eine Tagesreise. Montag ist mein letzter Tag in Cuenca. Ich freue mich riesig.

In dieser Stadt fühle ich mich absolut sicher – kein Vergleich mit Guayaquil und die Landschaft drum herum ist traumhaft. Ich unternehme viel, besichtige Kirchen, Villen, Museen, Klöster, Inkapfade, wandere in den Anden auf 4.000 Metern Höhe. Mit der Höhe komme ich gut zurecht. Auf 3.500 Meter ist die Landschaft grün – ungewöhnlich die Vegetation. Das hat mit dem Klima in Äquatorlage zu tun.

Hier gibt es viel zu entdecken. Eindrucksvoll finde ich das Museo de las Artes Populares de America, untergebracht in einer fantastischen Villa. Gezeigt werden zum Beispiel viele traditionelle Masken. Nicht minder spannend ist das in dem alten Kloster Monasterio de la Inmaculada Concepcion untergebrachte Museo de la Conceptas. Diese Stadt gefällt mir.

Heute geht es mit dem Bus nach Ingapirca zur bedeutendsten Inka-Fundstätte Ecuadors. Sie liegt 3.200 Meter hoch und ist nicht nur eine Burg oder Festung, sondern auch eine Kultstätte mit einem Sonnentempel.

Die Inka kamen erst später zu der heutigen Ruinenstätte und verliehen Ingapirca das Aussehen, welches sie sich größtenteils bewahrt hat. Die Stätte ist sorgfältig restauriert. Das Interessanteste daran ist aber ein Beieinander zweier verschiedener Kulturen, weil Ingapirca nicht von den Inka selbst als Erstes errichtet wurde, sondern von einem kleinen einheimischen Volk, das unter dem Namen Cañari bekannt war. An der unterschiedlichen Bearbeitung der Steine kann man beide Varianten noch sehen. So etwas habe ich noch nirgends gesehen.

Dann besuche ich den Cajas Nationalpark, Seen und Nebelwälder. Noch nie habe ich in dieser Höhe so viele Blumen, Bäume, Moose, Farne und so viele Orchideen gesehen. Die vegetarische Artenvielfalt ist einmalig. Mit einem Pärchen aus England gehe ich wandern. Freundlicherweise warten sie immer auf mich, wenn es bergauf geht. Bei 4.000 Meter komme ich nur langsam voran. Das Wetter ist traumhaft, warm. Abends in meinem Gästehaus sitze ich noch mit einer Italienerin im Garten. Sie war schon im Oriente in Ecuador und kann mir ein paar gute Tipps geben und auch ein paar Amazonas Lodges empfehlen.

Ein Ecuadorianer, der mit seiner Frau und seinem Kind einen Sonntagsausflug in verschiedene Dörfer in der Umgebung macht, nimmt mich mit nach Gualaceo und Chordeleg. Wir besuchen verschiedene Handwerksbetriebe und Märkte. Diese hübschen Dörfer sind für ihre Handwerkskünste im ländlichen Ecuador bekannt. Hier werden Silberschmuck, Keramikwaren und Textilien hergestellt und auf den Märkten angeboten. Der Ort San Bartolomé ist berühmt für seine Gitarrenbauer.

Auf Fahrten mit Einheimischen lerne ich immer am meisten. Die Menschen auf dem Lande sind nicht arm. Sie können von ihrer Landwirtschaft und ihren Handwerken bescheiden, aber gut leben.

Das ecuadorianische Spanisch verstehe ich ausgezeichnet, so dass ich mich inzwischen mit jedem unterhalten kann, obwohl mein erster Satz, wenn ich jemanden anspreche, immer noch lautet: „Ich spreche nur ein bisschen spanisch." Das bewirkt, dass die Menschen an meine Sprachkenntnisse keine großen Erwartungen haben, verständnisvoll sind, wenn ich etwas nicht verstehe oder nachfrage und vor allem meistens dann auch langsam und deutlich sprechen.

Die Ecuadorianer, gerade auch auf dem Land, sind nicht nur gastfreundlich, sondern auch neugierig. Natürlich ist weiterhin die erste Frage immer: Esta sola? Reisen Sie alleine? Aber dann fragen sie, wo ich herkomme, wie das Wetter da ist, wie viel die Leute verdienen, wie die Preise sind, ob es auch Berge wie die Anden gibt und so weiter und ich versuche, ein Bild von Deutschland und Europa zu zeichnen. Die meisten Dorfbewohner wissen so gut wie nichts darüber.

Mein letzter Tag in Cuenca. Ich bleibe im Gästehaus und warte auf José. Jeden Morgen piept das gleiche Vogelpärchen sehr laut, sehr intensiv und lange. Das ist mein Wecker. Es ist immer der gleiche Sound. Warmes Wasser gibt es heute nicht, da das Gas leer ist. Heute soll der Künstler kommen. Die Lagune, an der er lebt, ist in Ecuador und bei Reisenden bekannt wegen ihrer Schönheit. Sie ist ein malerischer Kratersee des Vulkans Quilotoa auf 3.800 Meter Höhe. Außerdem befindet sich in der Nähe der mit 5.897 Meter zweithöchste Berg Ecuadors, der Cotopaxi. Das ist einer der höchsten aktiven Vulkane der Erde.

Morgens um sechs Uhr wollte José da sein. Aber – Südamerika – wer daran glaubt, liegt falsch. Ich warte den ganzen Tag und habe keine Ahnung, ob er nun kommt oder nicht. Natürlich ärgert mich das dann doch immer noch, obwohl ich ja meine, Warten inzwischen gelernt zu haben, aber so ganz kommt man dann doch nicht aus seiner Haut – aus seiner Kultur heraus.

Abends um 20 Uhr, nachdem ich mehrfach Franz gebeten habe, einen Kontakt zu José zu probieren, ihn anzurufen, erfahre ich endlich, dass es auf der Fahrt einen Bergrutsch gegeben hat und dass der Bus sechs Stunden warten musste, bis die Straße wieder frei war und dass er jetzt über Riobamba fahren muss. Alles ziemlich normal für Südamerika. Naja – kurz und gut: Nach Mitternacht kommt José. Ein kleiner freundlicher Mann, schon älter, mit einem riesigen Koffer und bringt Bilder und Masken.

Ich bin sehr aufgeregt. Meine Müdigkeit verschwindet sofort und wir schauen viele Stunden seine Bilder an. Ich frage ihn aus über seine Biografie, seine Maltechniken, wie er zum Malen gekommen ist und alles Mögliche. Er erzählt, dass er 1961 geboren wurde und mit 18 Jahren angefangen hat zu malen. Eine Ausbildung hat er nicht. Er hat sich alles selbst beigebracht und es war nicht nur eine Leidenschaft, es sei wie eine Berufung gewesen. Er habe das Gefühl gehabt, er müsse seine Kultur, seine Mythen, Pachamama und die Traditionen seines Volkes ausdrücken, ins Bild setzen, damit weitergeben an seine Kinder, an andere Generationen. Aber auch die Landschaft, zu der die Indigenen eine ganz besondere Beziehung haben, ihre Lebensgrundlage, die Natur, auch das muss er malen. Er malt für sich und seine Familie. Seit 38 Jahren ist er verheiratet und hat acht Kinder und 14 Enkelkinder, außerdem fünf Schafe, drei Pferde, viele Hühner und zwei Lamas. Er malt in einem separaten Raum. So wie er erzählt, kommt es mir fast vor, als habe dieses Malen etwas Religiöses. Früher hat er mit Öl gemalt, aber die Farben sind so giftig. Heute nimmt er Acrylfarben und er malt auf Schafshaut. Es ist so spannend.

Ich sage ihm, dass ich die Bilder gerne ausstellen würde in einem Museum für naive Kunst, dass das aber sehr schwierig sein würde. Davon wäre er natürlich begeistert. Ich kaufe ihm neun kleine Bilder ab. Die kann und will ich aber nicht transportieren. Mehr als acht Kilo in einem kleinen Ziehkoffer kommt für mich nicht infrage. Und ich habe jetzt aber ja zusätzlich Lonesome George zu transportieren.

Aber Franz sagt, er habe schon öfter Bilder nach Europa geschickt, er würde das für mich machen. In Ecuador gibt es auch den Paketdienst DHL. Ich bin begeistert und lasse ihm 50 Dollar da.

Morgen muss ich weiterfahren. Ich habe schon mein Busticket nach Alausi.

EINGESCHLOSSEN IN ALAUSI

Fünf Stunden dauert die Busfahrt von Cuenca nach Alausi. Die Landschaft ist spektakulär. Der Bus ist nicht voll, viel Platz, nette Leute, keine Touristen. Ich muss immer noch an meine Begegnung mit José letzte Nacht denken. Ich glaube, ich werde ihn besuchen in Quilotoa. Er hat mich eingeladen.

Alausi ist eine kleine Andenstadt auf 2.360 Meter Höhe in der Provinz Chimborazo. Touristen kommen hierher wegen der historischen Eisenbahnstrecke zur Teufelsnase, Nariz del Diabolo. Die Fahrt mit dem Zug über einzigartige Spitzenkehren in den Anden ist außergewöhnlich.

Mein Zugticket habe ich schon in Guayaquil gekauft und mich hier für zwei Nächte in einem schönen Gästehaus einquartiert. Freilich weiß ich, als ich ankomme noch nicht, dass ich niemals mit diesem Zug fahren werde, dass ich mehr als zwei Wochen in Alausi ausharren muss und dies mein eindrucksvollster Ort in Ecuador sein wird.

Mein Zimmer im Gästehaus ist groß, hell, mit Balkon und Fernseher ausgestattet. Vom Balkon sieht man auf die Berge rundherum und auf ein Flachdach des Nachbarn mit einem Pudelmischling. Hunde bewohnen häufig diese Flachdächer. Er bellt mich an und wagt sich ein bisschen weit über den Dachrand hinaus. Ich spreche mit ihm und erkläre, wer ich bin auf Deutsch. Dann hört er auf zu kläffen bei erhaltener Neugier. Ich habe sogar einen Stuhl auf dem kleinen Austritt – Urlaubsstimmung bei Sonnenschein. Und ich bin wieder mal der einzige Gast.

Ich finde einen Fahrer, der mich morgen ein Stück fährt, die Berge hinauf durch ein paar Dörfer zu einer großen Kondorplastik, die die Indigenen auf eine Bergspitze gebaut haben. Daneben haben sie eine Hütte errichtet, um Touristen anzulocken und etwas zu verkaufen: Getränke und Handarbeiten. Die Touristen kommen ja wegen der Eisenbahn sowieso. Alausi ist eine Hochburg der Indigenen.

Auf der Rückfahrt kommen wir durch einige indigene Siedlungen. Die Bewohner sind scheu, aber der Fahrer kennt sie und ich habe die Möglichkeit zu sehen, wie sie leben. Ich begrüße sie auf Spanisch, nach etwas Zeit sind sie freundlich, wohl auch, als sie merken, dass ich nicht alles fotografiere und mich wirklich interessiere für ihr Leben. Mit einem Einheimischen kann man diesen Zugang finden, aber es sind keine Touristendörfer und ich kann ihre Zurückhaltung nur allzu gut verstehen. Sie verdienen ein bisschen an dieser historischen Eisenbahn, derentwegen die Touristen hierher kommen. Dadurch können sie auch ihr Handwerk verkaufen, die Hostels ihre Zimmer vermieten und die Menschen gehen in den kleinen Restaurants essen. Es gibt aber nur wenig Hostels und wenig Restaurants. Die werden von den Bewohnern der Stadt Alausi betrieben. Das sind meistens Mestizen. Die vielen Indigenen wohnen in kleinen Pueblos, Ansiedlungen in den Bergen um Alausi herum, in Gehöften und kommen nur zum Einkaufen oder zu Versammlungen in das Städtchen. Dass sie in den Bergen ihre Ruhe haben und nicht von Touristen belästigt werden wollen, ist nachvollziehbar. Als Einzeltourist hat man da viel mehr Möglichkeiten als in einer Gruppe. Die Touristengruppen verhalten sich oft respektlos, machen ständig Fotos und sind nicht informiert über die fremden Kulturen. Das gilt nicht für alle, aber für viele. So ist jedenfalls meine Beobachtung.

Abends um 18 Uhr zieht der Nebel in den Ort und es wird bitterkalt. Das meiste spielt sich in der Hauptstraße, einer breiten, in der Mitte durch einen Grünstreifen und Bänke geteilten Dorfstraße ab. Hier versammelt sich auch abends alles. Autoverkehr gibt es kaum. Da sind ein paar Geschäfte, ein Markt mit Markthalle und ein kleiner Park mit dem Mirador San Pedro und seiner großen Statue, die auf den Ort blickt. Und dann natürlich der Bahnhof und die alten Züge. Sehr romantisch, schön restauriert, und direkt daneben ein gutes Restaurant.

Ich gehe zum Chifa, dem Chinesen, zum Essen. Dort treffe ich ein Touristenpaar in meinem Alter, aber wir kommen nicht ins Gespräch. Zu dem Zeitpunkt ahne ich nicht, dass dies einmal gute Freunde in der Not werden würden.

Als ich am nächsten Tag von meiner Tageswanderung zurückkomme, erfahre ich, dass im Land ein Generalstreik ausgerufen wurde wegen einer Erhöhung der Benzinpreise. Aber das ist nur der letzte Tropfen auf den heißen Stein, er ist der Endpunkt einer Reihe gravierender Probleme in Ecuador, sozialer und wirtschaftlicher Probleme, Korruption und das Auseinanderklaffen von arm und reich und vieles mehr. Probleme, die mehr oder weniger in jedem südamerikanischen Land anzutreffen sind. Jetzt streiken die Indigenen.

Noch am gleichen Tag gehe ich in das Büro des kleinen Bahnhofs und erkundige mich wegen der Zugfahrt. Für morgen habe ich mein Ticket.

Nein, da geht nichts mehr, es wird gestreikt, die Zugfahrt ist gestrichen.

Riesenenttäuschung. Was nun? Abwarten. Es kann länger dauern. Dann werde ich weiterfahren, im nächsten Ort, in Riobamba gibt es auch eine Fahrt mit einer historischen Eisenbahn. Auch dafür habe ich schon ein Ticket in vier Tagen. Übermorgen reise ich ab – dachte ich!

Mir war im Traum nicht bewusst, was es heißt, wenn sie in Ecuador einen Generalstreik ausrufen.

Erst allmählich dämmert es mir. Die Straßen sind gesperrt, blockiert, innerhalb von zwei Tagen alle Straßen – in ganz Ecuador. Es geht nichts mehr – im ganzen Land.

Jede auch noch so kleine Straße ist dicht, blockiert durch Erdanhäufungen, gefällte Bäume, verbrannte Lastwagen und Dauerwachen durch die Indigenen, die niemanden, aber auch niemanden durchlassen. Auch keine Krankenwagen.

Die Geschäfte sind geschlossen, der Markt ist geschlossen, die Restaurants sind geschlossen. Es dauert, bis ich begreife, was das bedeutet.

Auf der Dorfstraße suche ich nach anderen Touristen, um mich zu besprechen. In meinem Gästehaus gibt es nur einen jungen Mann aus dem Dorf, der auf Wunsch das Zimmer reinigt und mir morgens Frühstück macht. In den nächsten Tagen frage ich ihn immer nach der Lage aus. Er ist sehr nett, aber immer nur eine Stunde pro Tag da, manchmal kürzer, und ansonsten bin ich der einzige Gast und das bleibt auch so. Angemeldete Gäste in drei Tagen können natürlich nicht kommen. Reisen ist absolut unmöglich. Das Gästehaus gehört einem US-Amerikaner, der in New York lebt. Ich telefoniere mit ihm über Whatsapp. Ja, ich kann natürlich so lange bleiben wie ich möchte oder muss. Alle anderen potentiellen Gäste haben jetzt sowieso storniert. Kein Problem. Ich kann alles nutzen, die Küche, das Wohnzimmer mit dem riesigen Fernseher. Ich habe alles für mich. Dem jungen Mann sage ich, er brauche nicht mehr zu kommen, ich könne mir mein Frühstück auch selbst machen. Er freut sich darüber und hinterlässt mir einen vollen Kühlschrank.

Auf der Hauptstraße treffe ich das Paar vom Chinesen wieder. Sie sind Slowaken und wir können uns auf Englisch verständigen.

Dann gibt es noch vier Israelis, zwei Paare, die in Kürze eine Galapagoskreuzfahrt für 8.000 Dollar gebucht haben.

Einen jungen Chinesen, der zwei Dörfer weiter arbeitet und von allen am wenigsten Frustrationstoleranz hat, und einen kleinen dünnen Franzosen, der philosophisch drauf ist und durch die Welt reist. Er ist schon älter. Er erfindet Spiele. Spiele mit Stöckchen und Täfelchen und bringt sie sowohl Einheimischen als auch anderen Touristen bei. Man sieht ihn jeden Tag, wenn die Sonne scheint, draußen auf einer der Bänke sitzen und spielen, immer wieder mit anderen. Die Einwohner mögen es, insbesondere die Männer. Das Ganze wirkt sehr entspannt und er hat eine besondere Art des Reisens und Lebens. Er ist wirklich zeitlos. Ohne Stress und ohne Geld, immer gut gelaunt und zufrieden und ein Spieler. Er fasziniert mich und seine Spiele sind die nächsten Wochen des Eingeschlossen-Seins ein Segen. Spiele sind der direkte Weg in die Selbstvergessenheit. Kinder spielen und lehren uns leben.

Dann gibt es noch ein junges Pärchen, sie ist Türkin und er Spanier. Sie sind mit ihrem Campingbus auch schon über ein Jahr in der Welt unterwegs. Jetzt ist der Bus kaputt und sie sind hier gestrandet und fahren können sie sowieso nicht mehr. Sie haben einen großen Hund dabei, irgendwo auf der Reise als Welpen aufgegabelt, und jeden Tag sieht man sie mit ihm Gassi gehen. Wir lernen uns in der Not schnell kennen und bilden eine Gruppe, die sich immer in der Eckkneipe trifft.

Sind die Indigenas aus ihren Dörfern in der Stadt, ist absolut alles geschlossen. In keinem Restaurant brennt Licht und die Nicht-Indigenen flüstern. Es wird von ihnen, sie sind in der Minderzahl, sind aber Besitzer der Geschäfte, Bäckereien und Restaurants, erwartet, dass sie sich am Generalstreik beteiligen. Ansonsten droht ihnen ein Demolieren ihrer Geschäfte. Mehrmals täglich ziehen Indigene, besonders die Frauen, mit Stöcken durch das Dorf und kontrollieren, ob alle streiken.

Sind die Indigenen wieder in ihre Dörfer verschwunden, wissen wir, wie man, meist hintenherum, durch einen Garten oder eine Garage in die Bäckerei kommt, an welcher Tür man klopfen muss, um eingelassen zu werden, um Milch zu kaufen. So ist es auch mit anderen Lebensmitteln, selbst die Markthalle wird nur zu bestimmten Zeiten auf ein Klopfsignal hin geöffnet.

Die Nachbarskinder meines Gästehauses haben Kontakt zu mir aufgenommen. Immer, wenn ich komme oder das Haus verlasse, rufen sie „hallo" und winken. Es sind mindestens fünf Kinder und mit der Zeit bringe ich ihnen ein paar englische Wörter bei. Das freut sie riesig und sie üben sie fleißig. Ebenso begrüßt mich auf meinem Balkon täglich der Pudelmischling vom Dach des Nachbarhauses. Den Namen vergesse ich immer wieder, weil er so merkwürdig ist. So stellt sich eine Art Zuhause-Gefühl ein. Mit dem Besitzer habe ich einen sehr niedrigen Übernachtungspreis ausgehandelt. Er ist wohl froh, dass überhaupt jemand im Haus ist in diesen Zeiten und erklärt mir jedes Mal, wie leid ihm das Ganze tut, aber das sei eben Ecuador, immer alles unsicher.

Die politische Lage spitzt sich zu. In den größeren Städten gibt es gewaltsame Auseinandersetzungen und Vandalismus. Der Notstand wird für 60 Tage ausgerufen.

Wir Touristen treffen uns jetzt jeden Morgen. Alle müssen ihre weiteren Buchungen stornieren. Es ist überhaupt nicht abzusehen, wann sich die Lage wieder normalisieren wird und es sieht nicht so aus, als ob das in absehbarer Zeit geschehen könnte.

Nun wird allen allmählich mulmig. Die Israelis bangen um ihre Kreuzfahrt und erfahren, dass sie das Geld nicht zurückbekommen, wenn sie die Reise nicht antreten.

Die Stimmung kippt. Angst macht sich breit. Ich habe allerdings keine Angst. Ich bin frei, ich muss nicht arbeiten. Ich kann Monate hier sein und finde das alles sehr spannend. So etwas habe ich noch nie erlebt. Die Indigenen haben nichts gegen Touristen. Zu uns sind sie freundlich. Aber raus kommen wir natürlich nicht. Es fährt gar nichts, kein Taxi, kein Bus, kein Flugzeug verlässt das Land.

Inzwischen hat jeder Kontakt mit seiner Botschaft aufgenommen. Das Auswärtige Amt sagt: keine Überlandfahrten. Aber das ist sowieso nicht möglich. Man soll sich mit Vorräten eindecken – Wo kaufen? – und man soll das Hotel nicht verlassen. Das ist gar nicht denkbar, psychologisch nicht machbar.

Ich decke mich mal mit Bargeld ein. Wer weiß, wie lange dieser Bankautomat noch funktioniert und mit Karte kann man hier gar nichts bezahlen. Und tatsächlich, zwei Tage später ist dieser Bankautomat leer und die Bank natürlich auch geschlossen.

In der kleinen Stadt gibt es auch ein paar Polizisten, aber die sieht man fast nie. Wir haben das Gefühl, sie wollen sich auf keinen Fall mit den Indigenen anlegen.

Als die Indigenen eine Veranstaltung auf dem Hauptplatz abhalten wollen, bauen die Polizisten ihnen die Lautsprecher auf. Dann kommen die Indigenen abends aus den umliegenden Dörfern zu Fuß, sehr viele, zum Teil vermummt, mit Stöcken bewaffnet. Das wirkt auf mich dann doch aggressiv und gespannt. Es wird eine lautstarke Veranstaltung, sie schreien Parolen. Die Bewohner lassen sich nicht blicken, sie haben Angst, sie haben sich eingeschlossen. Die Israelis fotografieren und machen Videos. Ich bleibe in weitem Abstand und beobachte das Geschehen mit einem mulmigen Gefühl.

Die Stimmung in der Gruppe kippt im Laufe der Tage weiter. Man fühlt sich hilflos. Keiner weiß, wie es weitergeht. Den israelischen Frauen geht es schlecht. Sie sind phobisch, sie versuchen mit Geld rauszukommen. Sie fragen jeden, ob jemand weiß, wie man die Barrikaden umgehen kann. Sie würden alles zahlen. Sie versuchen über die Botschaft einen Helikopter zu chartern. Jeden Tag glauben sie, es würde klappen.

Aber natürlich wird das nicht gehen und jeden Abend sind sie dann wieder so enttäuscht und können die ganze Nacht nicht schlafen.

Sie leben von dem Prinzip Hoffnung. Das kann aber auch fatal sein, wenn man die Realität dabei aus den Augen verliert. Warten können – das ist hier angesagt. Das ist wohl das Schwierigste. Es ist auch die Hilflosigkeit. Man kann gar nichts tun. Und keiner weiß, wie lange das so geht und wie es überhaupt weitergeht. Kommt es zur Lösung, zur Beruhigung oder zur Eskalation, gar zum Bürgerkrieg. Es ist völlig ungewiss.

Die Israelis tun mir leid. Eine der Frauen schafft es, einen Termin mit dem Polizeichef auszumachen. Wir gehen alle mit. Sie kann gut reden. Sie fordert seine Unterstützung dabei, die Touristen hier ausreisen zu lassen. Sie haben nichts zu tun mit dem Konflikt.

Der Polizeichef ist sehr freundlich und äußert sein vollstes Verständnis, sogar ein Foto mit ihm und uns wird gemacht, zur Erinnerung. Aber es ist klar, dass er nichts machen kann, dass er hier überhaupt keine Macht hat und, wie ich meine, er hat selber Angst.

Es vergeht Tag für Tag. Die psychologische Situation wird immer schwieriger. Der Chinese hat heute mitten auf der Straße laut herumgeschrien, wie er die Ecuadorianer hasst und sie schlecht gemacht. Er ist völlig durchgedreht und wir haben ihn mit Mühe in sein Hostel zurückgeführt. Wir haben ihm klargemacht, er solle die Klappe halten, er würde uns alle durch so einen Auftritt in Gefahr bringen.

Andrej, der Slowake, seine Frau und ich, wir haben eine gute Lösung gefunden: Die beiden sind bergbegeistert und haben beschlossen, jeden Tag in Alausi eine große Trekkingtour zu machen. Diese Stadt liegt in einer traumhaften Landschaft mit wunderbaren Wanderwegen rund um das Dorf und zu den indigenen Siedlungen.

Ich habe mich ihnen angeschlossen. So viel in den Anden gewandert bin ich das ganze Jahr nicht. Wir können über die Barrikaden klettern, in die Dörfer wandern und werden überall freundlich empfangen und bekommen sogar zu trinken angeboten. Zweimal haben wir gefragt, ob sie uns rauslotsen würden aus Alausi, auch gegen Bezahlung. Nein, das tun sie natürlich nicht. Andrej will einen Wanderführer über Alausi schreiben, wenn er zurück ist. In der Slowakei ist er Bergführer. Seitdem ich mitwandere, geht er eher einfache Routen, die ich bewältigen kann, und sie warten auf mich. Die beiden sind total fit. So ein Eingeschlossen-Sein schweißt ungeheuer zusammen.

Nach wie vor treffen wir Touristen uns jeden Abend in der Eckkneipe. Die Besitzerin kocht für uns. Dann reden wir oder spielen Karten oder hören uns die vergeblichen Versuche oder Ideen der Israelis an, hier rauszukommen. Inzwischen ist sogar der sonst so gelassene Franzose leicht genervt.

In den Städten Ecuadors gibt es jetzt Versorgungsengpässe. Wenn hier jemand wirklich krank wird, dann sieht es ganz schlecht aus. Aus dem Dorf kommt niemand raus. Die Israelis haben heute in der Kneipe lautstark gesungen. Das fand ich ziemlich peinlich. Man muss sich hier beschäftigen, den Tag strukturieren, etwas unternehmen, sonst dreht man durch. Das Schlimmste ist, dass keiner weiß, wie sich das entwickelt und vor allem, wie lange das geht.

8. Tag: Ich habe ein paar Stiche, die grässlich jucken. Keine Ahnung, was das ist, Moskitos sicher nicht. Ich nehme es zum Anlass, einen globalen Waschtag zu machen. Alles, aber auch alles wird ausgewaschen. Flöhe bekommt man zum Beispiel nur so los.

In der Touristengruppe entwickelt sich eine Gruppendynamik und es gibt Spannungen. Kein Wunder. Man kann sich hier schlecht aus dem Weg gehen. Das macht es aber nicht leichter. Die Nerven sind dünn, die Geduld am Ende.

Es entwickeln sich Rituale: morgens und abends Austausch mit den anderen Touristen, morgens auf der Bank in der Hauptstraße, abends in der Eckkneipe. Alle Informationen, Hoffnungen, Ängste, Wünsche und neue Ideen, auch die ganze Wut wird durchdiskutiert. Das ist das Beste für die Seele. Ich merke plötzlich, wie wichtig mir diese Mitreisenden sind. Ich weiß gar nicht, wie es wäre, wenn ich die einzige Fremde hier wäre. Dann wäre es, glaube ich, ganz anders. Ein anderes Erleben, eine andere Nähe. Und Nähe ist entscheidend in diesen Tagen, das Teilen ist es, was beruhigt.

Heute ein Gang durchs Dorf, zur Kirche, Bewegung, es ist kalt, Regen. Zum Abend, wie fast jeden Tag, esse ich Camaroni, die schmecken in der Eckkneipe besonders gut. Und natürlich die tägliche Wanderung mit den Slowaken. Danach bin ich geschafft und das ist gut so.

Wir diskutieren über bezahlte Privatfahrten über die Berge, von Sperre zu Sperre. Aber das geht alles nicht. An jeder Sperre müsste man ein neues Auto organisiert haben.

9. Tag: Im Nachbarort ist eine Truppe der Armee einmarschiert. Sie sind mit einem Militärflugzeug gekommen. Die Indigenen haben sie festgesetzt, unglaublich. Und heute ist noch eine deutsche Touristin aus Erfurt angekommen. Sie ist allein mit dem Fahrrad und Zelt unterwegs und hat alles immer über die Barrikaden getragen. Probleme mit den Indigenen hat sie nicht gehabt, aber geholfen haben sie ihr auch nicht. Sie erzählt, sie hätten ihr nur ungläubig dabei zugesehen. Dennoch ist so etwas in dieser angespannten Situation nicht ungefährlich. Die Stimmung auch gegen die Touristen kann kippen. Sie ist völlig fertig und durchnässt, aber auch ein bisschen verrückt. Weiteren Kontakt bekommen wir nicht zu ihr. Daran scheint sie auch kein Interesse zu haben. Sie fragt uns nur nach einer Unterkunft und wo man etwas essen kann. Dem Vorschlag, abends in die Eckkneipe zu kommen um sich auszutauschen, folgt sie nicht. Sie schläft zwei Tage und dann ist sie wieder weg.

Heute Abend gibt es Avocado und Kartoffelsuppe und im Markt gibt es nur noch wenig zu kaufen. Auch hier kann man sich nur zu bestimmten Zeiten hinten reinschleichen. Die Tür wird bewacht, aber die Touristen lassen sie rein.

Im Dorf kennt man sich inzwischen. Die Einwohner grüßen immer freundlich. Einige haben gesagt, es tut ihnen leid für uns und zunehmend komme ich mit meinen Gästehausnachbarn und den Bewohnern der kleinen Straße, die ich jeden Tag ein paar Mal rauf- und runterlaufe, ins Gespräch.

10. Tag: Die Hunde haben mich geweckt, wie jeden Morgen. Es ist kalt. Drei neue Stiche; sobald ich ihnen Aufmerksamkeit schenke, fangen sie alle an zu jucken und es sind 30 – unerträglich, man könnte sich wegkratzen. Das ist eine Möglichkeit, hier verrückt zu werden.

Bett-Tag. Fernsehen im Bett und viel schlafen. Es heißt, der Präsident sei von Quito nach Guayaquil geflohen. Bilder von gewalttätigen Straßenschlachten füllen die Nachrichten.

Meine Freunde zuhause machen sich Sorgen.

Heute wird das Wasser kurzzeitig abgestellt und ich bitte den jungen Mann vom Gästehaus zu kommen und mein Zimmer auszusprühen, weil ich so viele Stiche habe und nun doch befürchte, dass es vielleicht Flöhe sind. Er kennt sich damit aus und überzieht alles mit einer Giftwolke. Ich will gar nicht wissen, was das ist, aber danach habe ich keinen neuen Stich mehr bekommen.

Wir Touristen machen heute eine Gruppenwanderung, eine schöne lange Trekkingtour zur Nariz del Diabolo, der Teufelsnase, zu der ich eigentlich mit der Eisenbahn fahren wollte. Aber man kann auch wandern. Dann gehen wir alle in das Eisenbahnrestaurant. Wir haben bestellt, weil sie ja normal niemanden bedienen dürfen. Die Israelis feiern 35. Hochzeitstag. Bier ist hier genug da und die Chefin produziert ein kreatives Festessen mit Lamm und dem, was noch da ist. Es wird laut. Ich finde, die Israelis haben nicht besonders viel Respekt, weil es offensichtlich ist, dass die Gastwirtin Angst hat, man könne draußen etwas mitbekommen. Die Fenster sind alle abgedunkelt deswegen. Und plötzlich macht sie alle Lichter aus. Wir sollen schweigen. Sie hat Indigene gesehen. Abrupt ist die Feier zu Ende. Es ist Zeit zu gehen. Nach einer Weile schleichen wir uns auf ein Zeichen der Wirtin, deren Mann vorher die Lage geprüft hat, durch den Garten hinaus. Irgendwie eine absurde Situation.

11. Tag: Ich mache mir ein schönes Frühstück mit Rühreiern. Dazu Fernsehen am Großbildschirm. Das Wichtigste am Morgen: die neuen Nachrichten. Frühstück ohne Fernsehen geht jetzt gar nicht mehr. Nichts Neues, alles beim Alten. Heute ist Nationalfeiertag in Ecuador, Unabhängigkeitstag.

Die Stadt ist wie tot, wo sonst an diesem Tag gefeiert wird. Aber ganz früh schon sind viele Indigene mit ihren Stöcken und Macheten durch die Straßen gezogen und alle haben ihre Türen verrammelt. Alle Geschäfte geschlossen, alle Hintertüren ebenfalls und alle geheimen Eingänge auch. Für zwei Tage habe ich noch zu essen.

Den Israelis ist es gelungen, für viel Geld eine Flucht zu organisieren. Von Barrikade zu Barrikade. Über die Barrikaden müssen sie mit ihrem Gepäck laufen, manchmal viele Kilometer, dann wartet wieder ein anderes Auto auf sie. Sie melden sich über Whatsapp. Tatsächlich, es gelingt ihnen, in die nächst größere Stadt zu gelangen. Eine Odyssee.

Andrej und sein Frau wollen es auch probieren. Noch heute Abend wollen sie los. Sie haben nicht so viel Gepäck und verabschieden sich ganz schnell. Ich wünsche ihnen viel Glück und bin tief traurig. Wir haben uns gut verstanden, jetzt bleibe ich allein zurück. Alle wollen hier nur noch raus. Das ist ansteckend. Aber – ich glaube es kaum, abends sind sie wieder da. Es hat nicht geklappt. Das bestellte Auto ist nicht gekommen, sie sind total durchgefroren und erschöpft. Sie sind fix und fertig. Ich tröste sie.

Ein neuer Tag in Alausi (12. Tag): Um halb sechs aufgewacht, Gott sei Dank, gut geschlafen. Eingesperrt in Alausi, einem Bergdorf in den Kordilleren Ecuadors. Angst geht um. Heute Morgen habe ich Brot und Milch bekommen, heimlich, durch die Garage schleichend, dann durch die Hintertür, mich vergewissernd, dass kein Indigener es sieht. Brot und Milch, ein Glückstag. Von der deutschen Botschaft nichts Neues.

13. Tag: Jeden Morgen das Gleiche, niemand auf der Straße, alles tot. Heute öffnet kein Geschäft und auch kein Bäcker und auch kein Markt. Es gibt auch kaum noch etwas. Wie ich so durch die leeren Straßen gehe, denke ich plötzlich: Ja, aber irgendetwas muss ich doch essen. Mein Kühlschrank ist leer. Auch die Eckkneipe ist zu, alles ausgestorben. So muss Krieg sein. Mir wird es jetzt richtig unheimlich.

Ich suche Andrej und seine Frau in ihrem Hostel auf. Sie sitzen mit gepacktem Rucksack auf dem Gang und wollen es wieder versuchen. Sie warten auf den Führer, den sie angerufen haben. Nach zwei Stunden kommt der, aber sie brauchen ein Auto zu den Barrikaden. Das Auto kommt nicht. Mittags geben sie auf. Sie sind jetzt völlig verzweifelt.

Ich gehe ins Gästehaus und schaue Fernsehen und surfe im Internet.

Alle wollen nur noch weg. Ich habe schon ein Rückflugticket von Quito nach Deutschland in zwei Monaten und versuche, das Datum zu ändern, um nun auch möglichst schnell hier raus und wieder nach Hause in sichere Gefilde zu kommen. Aber die Fluggesellschaft macht da nicht mit. Das Umbuchen kostet fast genausoviel wie ein neues Ticket.

Die Machthaber verhandeln mit den Indigenen.

Ich mache eine einschneidende Erfahrung. Ich vergleiche fünf verschiedene Nachrichten über die Lage in Ecuador: die deutschen Nachrichten, einen kritischen Südamerikasender, eine differenzierte deutsche Wochenzeitschrift, die ecuadorianischen Nachrichten und das, was ich selber erlebe.

Ich habe fast das Gefühl, es wird von völlig verschiedenen Ländern berichtet. Dass man den Nachrichten nicht glauben darf, das weiß ich, aber dass so unterschiedlich und tendenziell berichtet wird, davon bin ich doch überrascht, zumal ich selbst nochmal einen völlig anderen Eindruck habe.

Allzu leicht werden die Schuldfragen vorneweg genommen, verfallen wir in eine Schwarz-Weiß-Malerei, allzu leicht wird suggeriert, wer die Bösen und die Guten sind, wer die Linken und die Rechten, die Armen und die Reichen, die Gebildeten und die Dummen, die Entwickelten und die Primitiven sind. Wagt nicht, euch ein Urteil zu bilden über etwas, das ihr nicht selbst gesehen, selbst gehört und selbst gefühlt habt. Und dann ist es auch nur euer eigenes Urteil und die Wahrheit, die eine, gültige, die gibt es nicht. Alle wissen es, aber ich habe es erst hier wirklich begriffen.

Am 14. Tag gibt es unter Mediation ein Verhandlungsergebnis zwischen den Machthabern und den Indigenen. Die Benzinpreiserhöhungen werden zurückgenommen und alles andere wird gemeinsam neu verhandelt. Der Generalstreik wird beendet. Die Geschäfte öffnen, die Menschen strömen auf die Straßen und kaufen ein. Ich wusste gar nicht, dass es so viele Menschen in dem kleinen Alausi gibt. Die Sonne strahlt über den Anden. Das Leben ist erwacht. Ein Glücksgefühl durchströmt meinen Körper; Freude, Kraft, Neugier und Reiselust erfassen mich.

Am nächsten Tag werden die Straßen geräumt und am Folgetag fahren die Busse wieder. Alle Touristen, außer mir, verlassen panikartig die Stadt und auch das Land.

Ich denke mir, warum soll ich jetzt gehen, wenn alles wieder funktioniert. Auch Alausi verlasse ich erst am übernächsten Tag. Ich möchte mich in Ruhe verabschieden von diesem Erlebnis und von dieser wunderbaren Stadt in den Bergen Ecuadors und von ihren liebenswerten Bewohnern, die uns Touristen in der schwierigen Zeit geholfen haben, für uns gekocht haben und uns auch getröstet haben.

Danke!

Und abgesehen davon bin ich vielleicht ab jetzt für viele Wochen der einzige Tourist in Ecuador.

In jedem der folgenden Hostels bin ich dann tatsächlich der einzige Gast. Und das ist wunderschön.

RIOBAMBA, BAÑOS

Es ist eine schöne Busfahrt von Alausi nach Riobamba über die Andenkette in der Mitte von Ecuador. Wenn man eingeschlossen ist, ist alles unerreichbar. Man sieht sie noch, die Straßensperren. Das Material dafür ist nur teilweise weggeräumt, die Erdmassen, die gefällten Bäume, die kaputten Autos. An manchen Stellen ist es eng für den Bus und die Straße ist teilweise nur einstreckig zu befahren. Das ganze Ausmaß dieses Streiks wird jetzt sichtbar. Ich finde es immer noch so beeindruckend, dass man mit so einer Methode ein ganzes Land lahmlegen kann. Ein mächtiges Instrument. Wenn nichts mehr fahren kann, geht nichts mehr. Aber jetzt bin ich so froh, wieder unterwegs sein zu können.

Riobamba, der vollständige Name ist San Pedro de Riobamba, liegt auf 2.750 Meter Höhe auch noch in der Provinz Chimborazo wie der gleichnamige Vulkan Chimborazo mit seinen 6.310 Metern. Auch von anderen schneebedeckten Bergen ist diese Stadt umgeben.

Der Bau einer Eisenbahnstrecke bewirkte zu Beginn des 20. Jahrhunderts einen deutlichen Aufschwung und machte Riobamba zur drittgrößten Stadt des Landes. Zahlreiche Zuwanderer ließen sich als Händler hier nieder.

In der Nähe befindet sich der Sangay Nationalpark, der zum Weltnaturerbe der UNESCO gehört.

Alles ist gut. Ich fühle mich sehr sicher hier. Die Stadt gefällt mir und das Hostel auch. Ich habe ein riesiges Zimmer mit Heizung. Ich werde verwöhnt, vielleicht weil ich der einzige Gast bin. Unter den politischen Unruhen haben die Hostelbesitzer auch sehr zu leiden. Wenn keine Touristen mehr kommen, verlieren sie ihr Einkommen, vielleicht ihre Existenz. Hier lebt man eher von der Hand in den Mund.

Sicherheiten für eine Krise, so wie bei uns, gibt es nicht. Der Hostelbesitzer erzählt mir am nächsten Morgen, als er mir ein Frühstück wie für vier Personen zubereitet, dass alle seine Gäste fluchtartig das Land verlassen haben und er keine Neuanmeldungen hat. Nur Stornierungen. Er muss hier eine Miete zahlen und weiß nicht wie und weiß nicht, wann die Touristen wieder kommen.

Bei einem Stadtbummel entdecke ich die Casa de Cultura. Hier gibt es verschiedene Werkstätten. In einem großen Atelier malen drei Künstler mit Kindern. Ich frage, ob ich zuschauen kann. Sie laden mich ein, auch mitzumalen und ich bekomme einen Cappuccino. Die Kinder sind so aufgeschlossen. Sie gruppieren sich sofort um mich und wir malen den ganzen Nachmittag Gemeinschaftswerke. Es sind Kinder aus einfachen Verhältnissen. Sie sind begabt. Die Malstunden sind kostenlos für sie.

Derweil erzählen die Künstler von ihrem Leben. Sie haben es schwer, Geld zu verdienen. Am meisten werden traditionelle Motive gemalt, manchmal bekommen sie staatliche Aufträge, zum Beispiel für Fiestas oder auch mal für Wandgemälde. Galerien für moderne Kunst gibt es fast gar nicht. So engagieren sie sich sozial oder geben Unterricht. Aber sie wirken zufrieden. Sie jammern nicht. Ich habe viel Freude diesen Nachmittag. Kleine Kinder bis zum siebten Lebensjahr malen alle sehr ähnlich auf der ganzen Welt; in der Phase, wenn sie versuchen, realistisch zu malen, wird das anders. Dann wählen sie Motive aus ihrem jeweiligen Kulturkreis, was sie so umgibt. Das hängt mit der Entwicklung des Gehirns und der altersspezifischen Wahrnehmung zusammen.

Auffällig ist für mich immer wieder die Gastfreundschaft, die Offenheit in Südamerika. Das Unkomplizierte in der Begegnung mit Fremden, eben auch das Vertrauen. Wenn man fragt, bekommt man Antwort. Die Menschen erklären ihr Leben, laden einen ein, sind oft stolz, ihre Umgebung zu zeigen und sind selbst sehr neugierig. Und dabei kennen sie mich nicht. Findet man das bei uns auch? Außerdem lächeln sie immer zurück, wenn man ihnen freundlich begegnet. Mit einem Lächeln kommt man hier immer weiter.

Meistens gehe ich in Städten irgendwo rein, sehe mich um, bin neugierig und frage und zeige mein Interesse. So bin ich schon oft in Museen gelandet, die eigentlich geschlossen sind oder in wunderschönen oder auch nicht so schönen Hinterhöfen und durfte hinsehen, was dort los ist. Auch in manche Villa, Fabrik oder andere Häuser haben sie mich eingelassen. Ich glaube, das wäre bei uns undenkbar. Bei uns ist geschlossen geschlossen und Eintritt verboten ist Eintritt verboten. Da kann man nicht einfach klopfen und Fragen stellen.

Ich besuche viele Museen. Auch das ist sehr anders hier. Eintritt kostet es nirgends. Im Museum für religiöse Kunst mit einer riesigen Sammlung an Kunstschätzen gibt es gerade kein Licht. Da drückt man mir eine Taschenlampe in die Hand und fragt, ob es auch so geht? Noch nie bin ich zwei Stunden mit einer Taschenlampe durch ein Museum gelaufen. Aufsichten gibt es nicht. Aber Kunstschätze ohne Ende. Es geht alles.

Im Naturkundemuseum – kein Eintritt, keine Aufsicht, aber Licht – steht alles durcheinander, Ausstellungsstücke hängen an der Decke oder stapeln sich in dem alten Kolonialhaus: ausgestopfte Tiere, kleine und große, ein Condor hängt von der Decke, auf einem Regal ein Schrumpfkopf und eine „Lederleiche".

Spannend, abenteuerlich, es weckt Kindheitserinnerungen an Träume von mir, wie ich ausziehe, die Welt zu entdecken.

Die Stadt gefällt mir. Wenn ich Durst habe, habe ich mir angewöhnt, Kokosmilch zu trinken. Überall an den Ecken stehen Frauen mit halben Kokosnüssen und Strohhalm drin. Das ist billig, sauber und gesund und unterstützt die Indigenas.

Ich kaufe eine Shigra, eine Umhängetasche aus Agaven- oder Palmen- oder Kaktusfasern. Die sind fein gewoben und ungeheuer stabil. Die Kichwa-Frauen stellen sie her. Kichwa heißen in Ecuador die Quechua.

Hier kann ich endlich meine Eisenbahnfahrt nachholen. Die Eisenbahn mit alter Dampflok startet am alten Bahnhof im Zentrum und fährt dann zunächst mitten durch die Stadt mit lautem Gebimmel und Getöse. Die Menschen freuen sich darüber, stehen am Straßenrand und winken. Insbesondere die kleinen Kinder haben ihren Spaß. Ich winke zurück. Wir fahren bergauf, es wird kalt; jetzt kann ich den Gipfel des Chimborazo sehen – ein mächtiger Berg. Dann rattert die Bahn weiter durch die Landschaft, durch die Felder, die indigenen Dörfer, lautes Hupen, Rinder sind auf den Gleisen und Guanakos fliehen vor dem Ungetüm. Wo immer Menschen zu sehen sind, winken sie uns zu und die Kinder strahlen. So eine Eisenbahn übt doch auf der ganzen Welt auf viele Menschen eine Faszination aus. In den Dörfern gibt es Haltestellen. Wir werden geführt und erfahren über das Leben der Menschen auf dem Land und die Landwirtschaft, die Tierhaltung und wie sie wohnen. In der Mittagspause gibt es Hühnersuppe und Artesania, Kunsthandwerk.

In einem kleinen Dorf erklärt ein indigenes Paar, wie sie die Felder ernten. Die beiden sind nicht mehr ganz so jung, sie tragen ihre typische Kleidung und ich merke, dass es ihnen nicht so leicht fällt, sich den Touristen zu präsentieren. Sie verdienen ein bisschen Geld damit.

Dann kommt ein junges Paar mit Kameras und sie ziehen die fetten Objektive aus und halten sie unmittelbar vor die

Gesichter dieser Menschen ohne zu fragen, ob denen das recht ist, dass sie fotografiert werden. Ich weiß, dass das vielen Indigenen Angst macht. Das hat auch etwas mit ihrem Glauben zu tun. Es ist wie Abschießen mit Objektiven. Da kann ich mich nicht mehr zurückhalten und kommentiere das entsprechend. Die junge Frau geht darauf nicht ein und äußert schnippisch: Das ist doch normal, das halten die aus. Nein, das ist es nicht und ich schäme mich für diese Besucher.

Am nächsten Tag organisiere ich mir einen Fahrer, der mich zu mehreren Lagunen fährt.

Es ist noch ein junger Mann dabei, ein Tourismus-Praktikant. Er studiert Tourismus. Das finde ich interessant und ich versuche, mit ihm ins Gespräch zu kommen. Englisch spricht er überhaupt nicht und ansonsten ist er wortkarg und die meiste Zeit auf der Fahrt schläft er. Merkwürdige Einstellung. Ich hätte ihm doch viel erzählen können.

Es geht bergauf zu mehreren Lagunen, Lagunas de Atillo. Wieder eine der vielen Traumstraßen. Die Lagunen liegen im Sangay Nationalpark.

Morgens liegt noch Nebel über den Bergen, der sich dann auflöst, Bilder wie im Film. Es ist kalt und hoch. Dann fahren wir weiter nach Macas ins Oriente, ins Amazonasgebiet.

Ecuador ist so klein, dass man an einem Tag von der Küste bei fünf Grad in die Anden auf eine Höhe von 5.000 Meter bei Minusgraden und dann ins Oriente, Amazonasgebiet, bei 34 Grad fahren kann. Das ist in keinem anderen Land dieser Erde sonst möglich. Und immer muss man für alle Wetter alle Kleidung dabei haben – immer eine Zwiebel sein. Vergisst man das, rächt es sich bitter.

Es ist unglaublich, aber vor Macas fallen die Anden steil ab, wie ein Riff, zum Amazonasgebiet hinunter. Man kann von oben auf den Regenwald, einen Nebelwald, sehen – wie aus einem Flugzeug aufs Oriente schauen. Faszinierend.

Dann geht es steil runter nach Macas und alle 100 Meter wird es wärmer. Ich entledige mich einer Jacke nach der anderen und steige in Macas in den Tropen aus. 34 Grad und extrem hohe Luftfeuchtigkeit. Vor einer halben Stunde hatte ich noch eine Daunenjacke, Mütze, Schal und Handschuhe an. Macas ist eine hübsche kleine Stadt und es gibt eine Eisdiele, wie sich das in den Tropen gehört, die ich gleich mal ausprobiere.

Erst gegen Abend bin ich wieder zurück.

Ich habe erfahren, dass der Bildertransport nach Deutschland mit dem Paketversender nicht klappt. Das ist viel zu teuer. Wie komme ich jetzt an meine Bilder? Ich habe keine Lust, sie zu transportieren. Das würde meine Reisefreiheit erheblich einschränken. Ich schicke eine Mail an José und frage, ob er sie mir nach Baños, meinem nächsten Ort, bringen kann. Das ist nicht so weit von seinem Wohnort entfernt.

Die 50 Dollar, die ich Franz gegeben habe, sehe ich nie wieder.

Zum Chimborazo, das ist mein nächster Ausflug, geht es wieder mit einem Fahrer. Gruppentouren gibt es nicht, es gibt keine Touristen und die Fahrer freuen sich, wenn sie Arbeit haben und sind auch nicht so viel teurer. Und meistens erzählen sie genausoviel und spannend wie ein Touristenführer.

Der Chimborazo ist ein inaktiver Vulkan und der höchste Berg in Ecuador. Der obere Teil ist vergletschert. Man kann ihn besteigen, aber dann muss man nachts starten, weil es sonst mit dem Abstieg zu lange dauert und das sicherer ist. Es ist wohl nicht so einfach. Wir können mit dem Auto bis zur Basisstation fahren. Dort ist eine kleine Hütte. Ich treffe auf ein paar mutige Bergsteiger und esse eine Suppe. Leider ist das Wetter so, dass ich den Gipfel von hier nicht sehen kann. Alles liegt in den Wolken und es ist bitterkalt, Minusgrade, es schneit und hagelt, ungemütlich. Ein bisschen steige ich hoch zu einem Aussichtspunkt, vorbei an einem Gräberfeld, gruselig. Hier ist ein Grabstein für jeden Bergsteiger, der an diesem Berg gescheitert und zu Tode gekommen ist, und das sind nicht wenige. Nach kurzer Zeit bin ich so durchgefroren, dass ich zurück möchte.

Auf der Rückfahrt sehen wir viele Vicunjas. Sie kommen gut mit der Kälte zurecht.

Am letzten Abend schenke ich dem Hostelbesitzer ein Pfund Bio-Kaffee, den ich in einem Pueblo gekauft habe. Er ist so wahnsinnig nett gewesen und hat mich immer als einzigen Gast beim Frühstück mit verschiedenen warmen Frühstückskreationen verwöhnt. Er ist ein Meisterkoch. Frühstück hier war immer wie in einem Sterne-Restaurant. Er freut sich und ich wünsche ihm bald wieder viele Gäste.

Weiterfahrt nach Baños. Eigentlich heißt der Ort Baños de Agua Santa. Er liegt 1.820 Meter hoch und ist ein wichtiger Wallfahrtsort und ein Touristenzentrum. Es gibt heiße Quellen, die die Becken von drei Thermalbädern speisen.

Baños liegt am Scheidepunkt zwischen Anden und Amazonien am Fuße des mächtigen Tungurahua-Vulkans mit 5.016 Meter Höhe, ein traumhaftes Wandergebiet.

Mein Hostel befindet sich direkt an der Puente de San Francisco, der Brücke über den Río Pastaza, umgeben von hohen Bergen. Diesen wunderbaren Blick habe ich auf dem kleinen Balkon morgens beim Frühstück. Da kann ich auch beobachten, wie Touristen hunderte Meter tief von der Brücke springen, angeleint natürlich, Bungee Jumping. Spaßtourismus, davon gibt es viel: Schweben über dem Fluss, Schaukeln über den Berghängen, Rafting, Canyoning. Alles nichts für mich. Baños ist auch eine Stadt für Abenteuer-Touristen. Davon leben die Menschen hier und vom Trekking der Besucher, von der traumhaften Lage und den fantastischen Ausblicken.

In der Stadt gibt es außerdem eine ganze Straße mit Massageangeboten, ein Laden neben dem anderen. Das ist eher etwas für mich. Ich probiere eine Ölmassage, 60 Minuten, spottbillig. Die Frau ist nett und macht es gut und es tut so gut. Ich komme wieder.

Aber kalt ist es hier. Am nächsten Tag gießt es in Strömen. Wo normalerweise viele Touristen sind, gibt es auch gute Cafés und Restaurants. Sie haben ein Museum und eine Kirche und einen schönen großen Markt. Ich kaufe Avocados, Papayas und noch ein paar unbekannte Früchte, die ich probieren will. Und wo es Touristen gibt, gibt es auch Bierkneipen für den Abend. Hier fühle ich mich absolut sicher. Jetzt gibt es wegen des Streiks allerdings so gut wie keine Touristen.

Ich warte auf José, der mir meine Bilder hierherbringen will. Er hat einen Sohn, der hier ein Hostel betreibt. Den suche ich auf und frage ihn, wann José kommt. Die Antwort ist schwammig, aber ich erfahre, dass eine Tochter von José hier auch einen Massagesalon hat und ein anderer Sohn ein kleines Restaurant. Bei so viel familiären Beziehungen bin ich dann guter Hoffnung, dass er auch kommt.

Auf einer langen Tageswanderung nach Bella Vista um den Ort herum besuche ich mehrere kleine Communities von Indigenen. Ich verlaufe mich und habe etwas Mühe, zurückzufinden, aber die Umgebung ist so schön. Da kann ich gut den ganzen Tag herumlaufen, vorbei an Zuckerrohrplantagen, herrliche Panorama-Blicke über die Stadt und das Umland.

Ich möchte mal die heißen Bäder ausprobieren. Das Beste sollen die Piscinas de la Virgen sein. Ich habe schon den Eintritt bezahlt, aber als ich drinnen bin, mache ich doch wieder kehrt. Ich habe das Gefühl, es geht nicht besonders hygienisch hier vor sich und meine größte Angst auf der Reise ist doch, dass ich mir irgendeine Krankheit einfange und dann bin ich aufgeschmissen. Es ist mir zwar etwas unangenehm, dass ich wieder gehe, zumal die Dame an der Kasse das natürlich mitbekommt und mir das Schwimmbad anpreist und gar nicht versteht, warum ich wieder gehen will. Aber das ist jetzt eben mal so. Wenn ich mich nicht wohlfühle, möchte ich die Dinge auch nicht tun. Das ist mein Bauchgefühl und das ist mein bester und wichtigster Ratgeber, nach dem ich mich immer richte. Stattdessen gehe ich dann nochmal zu meiner Masseurin. Danach gibt es eine Forelle. Die guten Restaurants kenne ich inzwischen.

Und dann probiere ich eine der klassischen Touristenfahrten für junge Leute. In einem offenen Bus mit elend lauter Musik und Geschrei der Mädels – Einheimische und Südamerikaner. Spaßtourismus, es geht in die Berge zu fünf Wasserfällen. An jedem gibt es eine Bespaßung. Ich weiß gar nicht wie man es nennt, aber man kann an einem Seil in großer Höhe über den Fluss, über die Schlucht schweben, natürlich auch mit großem Gebrüll und Geschrei. Sieht irgendwie gefährlich aus. Naja, ich bin zu alt, aber den Jungen macht es Spaß. Es ist wie auf dem Jahrmarkt. Nun gut, einmal muss ich das gesehen haben, obwohl mir schon beim Zusehen der Rücken weh tut.

Lieber wandere ich zum Mirador de Virgin am Nachmittag. Da geht es ziemlich den Berg hoch und das strengt mich erstaunlich an, aber der Blick über Baños und die Berge entschädigt für alles und ich habe viel Zeit. Anschließend besuche ich mal ein Restaurant, das im Reiseführer empfohlen wird: Chefsalat mit Rotwein. Tatsächlich köstlich und üppig.

Die Verwandtschaft von José kontaktiere ich mehrere Male mit dem Versuch herauszufinden, ob und wann er denn nun kommt. Langsam werde ich sauer, weil ich nicht weiter planen kann und unbedingt meine Bilder haben will. Schließlich habe ich sie bezahlt.

Am 4. Tag frühmorgens kommt José mit Frau und Schwiegersohn in mein Hostel und bringt die Bilder. Ich bin erleichtert und versöhnt. Ich lerne seine Frau kennen, eine kleine Person in Tracht. Er lädt mich abends in das Restaurant seines

Sohnes ein und ich erfahre noch einmal viel über sein Dorf und das Leben dort.

Die Bilder muss ich nun gut verpacken. Aber in der Stadt gibt es geeignetes Papier und Klebeband. Leider gibt das eine Extratasche, die ich ab jetzt mit mir herumtragen muss, aber es sind ja nicht mehr so viele Wochen.

Für die Weiterfahrt kaufe ich noch eine Flasche Guavelikör von einer Indigenen. Den hatte ich auf einer meiner Touren probiert. Er ist lecker.

In Bolivien gibt es seit ein paar Tagen auch politische Unruhen und in Chile seit heute ebenfalls, und zwar schwere Ausschreitungen. Der ganze Kontinent ist zurzeit instabil. Und Argentinien ist immer noch gebeutelt von einer schwindelerregenden Inflation.

Das macht kein so gutes Gefühl und das wird sich auch in Kürze nicht beruhigen. So bin ich froh, dass ich mich nun doch entschieden habe, nicht mehr nach Kolumbien weiterzureisen, was ich eigentlich vorhatte. Nach Ecuador wird es heimgehen. Die Entscheidung ist jetzt klar. Ich brauche ein Land, in dem ich mich wieder sicher fühle. Ich verschenke den neu gekauften Lonely-Planet-Führer über Kolumbien. Schade.

Nun sind es nur noch vier Wochen bis zur Rückkehr. Das wird mir jetzt bewusst. Ein komisches Gefühl beschleicht mich. So eine Rückkehr nach über einem Jahr wird wohl auch nicht so einfach – ich ahne es und denke an Maren.

Maren habe ich kennengelernt in Potosi während einer Führung durch die Casa real de la Moneda. Ich kam zu spät und sie hat mir erklärt, was die Führerin über das erste Ausstellungsstück erzählt hat. Sie ist jung, freundlich, ruhig, zurückhaltend, bescheiden, neugierig. Wir haben einen Kaffee zusammen getrunken und im selben Hostel gewohnt. Ich habe sie sofort gemocht. Sie hat später eine Bergbesteigung gemacht und ich habe ihr meine Mütze geschenkt. Sie hatte wenig Geld und war auch schon ein Jahr unterwegs. Sie hatte einen Job bei einer Bank und dann einfach die Nase voll von dieser Arbeit. Mit etwas Erspartem hat sie sich dann von der Familie verabschiedet und ist losgezogen. Wir haben uns noch ein paar Mal später getroffen, uns verabredet und zusammen gegessen und uns erzählt, was wir zwischendrin erlebt haben und uns Tipps gegeben. Sie ist einen Monat vor mir nach Deutschland zurückgekehrt und es ist ihr schwer gefallen. Sie war aufgeregt. Sie hatte sich auf ihre Familie und ihre Freunde gefreut. Und dann habe ich noch ihre letzte Woche miterlebt, das Souvenir – Einkaufen. Ich habe sie gebeten, mir unbedingt zu schreiben, wie es war, das Zurückkommen.

Und sie hat es mir geschrieben. Sie hat ihre Freunde getroffen und ihre Familie und zuhause hatte sich wenig geändert und alle haben, wie immer, von ihrem Alltagsstress erzählt, von ihrer Arbeit, davon, dass sie keine Zeit haben und funktionieren wie ein Roboter. Nach kurzer Zeit hatte sie das Gefühl: Hier gehöre ich nicht her, ich stehe völlig außerhalb. Das ist nicht meine Welt und nach vier Wochen ist sie wieder losgezogen, hat ihre Papiere geregelt, den Rucksack gepackt und ist nach Südkorea gereist. Daran muss ich jetzt denken. Ob es mir auch so ergehen wird? Ich finde das etwas beängstigend und kann mir überhaupt nicht vorstellen, wie es sein wird, nach Hause zurückzukehren.

Alle halbe Stunde fährt ein Bus nach Puyo, mein nächstes Ziel in Richtung Oriente. Der Busbahnhof befindet sich direkt vor meiner Tür.

Und ich freue mich auf Amazonien in Ecuador.

ORIENTE ECUADOR, PUYO

Puyo ist der Eintritt ins Amazonasgebiet von Ecuador. Das wird hier Oriente genannt. Es breitet sich am Fuße der östlichen Andenkette aus. Die Region ist etwa 100.000 km^2 groß und äußerst dünn besiedelt. Großflächige Monokulturen, Tee- und Zuckerrohrplantagen, afrikanische Ölpalmen, Viehzucht und vor allem die Erdölförderung sind die wichtigsten Wirtschaftszweige dieser Region und bescherten ihr einen Bevölkerungszuwachs sowie die Zerstörung eines erheblichen Teils des Regenwaldes.

Ich fahre mit dem Bus durch diese so faszinierende Landschaft bis zur Abbruchkante der Kordilleren in den Tropenwald in der Ebene. Entsprechend schnell verändern sich Temperature und Luftfeuchtigkeit. Im Regenwald regnet es jetzt – und häufig.

Die Stadt Puyo ist laut, sehr viel Verkehr und einige Betonbauten, aber sie liegt am Rio Puyo am Rande des Amazonasbeckens und ist von tropischem Regenwald umgeben. Ein guter Standpunkt für verschiedene Touren in diesen Urwald.

Meine wunderbare Posada mit großem Zimmer und Balkon wirkt hier in dieser Umgebung fehl am Platz. Es ist eine Villa, geführt von Mutter und Sohn und drei kleinen weißen Pudeln. Pudel gibt es hier häufig. Die drei bestimmen den Alltag, allerdings für nachts haben sie ein nicht so kleines Häuschen draußen mit je einem eigenen Hundebettchen und einer Glastür, durch die sie rausschauen können. Diese Hunde-Villa liegt direkt vor meinem Balkon, so, dass ich die Tierchen gut beobachten kann und sie mich auch, was sie auch tun. Aber sie verhalten sich sehr respektvoll mir gegenüber und bellen nicht. Diese Posada liegt direkt am Rio Puyo, der in den großen Rio Pastaza fließt. Am Fluss toben Affen, große Vögel verweilen in den Bäumen und die sind eindeutig tropisch. Flora und Fauna – Regenwald – ich liebe das und könnte stundenlang jede Pflanze und jedes Blatt bestaunen.

Die Hausmutter interessiert sich sehr dafür, wer ich bin und warum ich hier herumreise – ich bin ja schon älter, aber vor allem, warum ich allein reise, – Esta sola? – wo mein Mann und meine Kinder sind. Sie macht mir einen frischen Papayasaft. Wir sitzen in diesem Tropengarten und sie fragt mir Löcher in den Bauch. Das darf sie dann auch machen und so erfahre ich einiges über Puyo und ihr Leben hier.

Allerdings geht das warme Wasser nicht. Ich bin wieder der einzige Gast. Ich kann im Nachbarzimmer duschen.

Im ethnografisch-archäologischen Museum sitzen sie gerade beim Mittagsessen und alles ist dunkel. Öffnungszeiten gibt es nicht. Aber man macht mir ein kleines Licht und ich kann im Halbdunkel die Ausstellung ansehen, die wirklich interessant ist und wertvolle uralte Artefakte beherbergt.

Die ganze Touristenlogistik ist ein einziges Chaos. Wenn man etwas möchte, muss man hingehen und mit den Leuten sprechen und dann geht alles. Organisation ansonsten ist irgendwie nicht angesagt oder unbekannt. So geht es mit den Einrichtungen, den Transportmitteln und den Gaststätten.

Derzeit sind aufgrund der Streiks auch überhaupt keine Touristen hier.

Wenn man einen Wunsch äußert, wird er immer irgendwie erfüllt. So habe ich eigentlich geschlossene Museen besucht, bin mit irgendeinem Verkehrsmittel dahin gekommen, wo ich hin wollte und habe in Restaurants gegessen, die außer

Betrieb waren, oder in Hostels geschlafen, die Ferien hatten. Es geht und das ist faszinierend und anders als bei uns. Man muss sich nur ein bisschen auskennen, wie das funktioniert, man muss Spanisch können, die Leute ansprechen und aber natürlich Zeit mitbringen.

Abends sitze ich auf meinem Balkon, die Amazonasvögel singen um die Wette und setzen sich auf das Geländer ohne Furcht. Es ist unglaublich, paradiesisch. Bis es dunkel wird beobachte ich eine riesige Heuschrecke, länger als meine Hand, die sich offensichtlich auch auf diesem Balkon wohlfühlt.

Am nächsten Morgen gießt es, typischer Tropenregen, heftig und kurz. Also wenn es regnet, ist es, wie wenn jemand eimerweise das Wasser vom Himmel schüttet. Sofort sind auch alle meist unbefestigten Straßen überschwemmt.

Das Frühstück wird im sehr großen, wertvoll eingerichteten, etwas konservativ kolonialistischen Wohnzimmer serviert. Als Erstes werde ich gefragt, ob ich etwas dagegen hätte, wenn die drei Pudel auch dabei sein dürften. Sie sind meinetwegen noch in ihrer Pudel-Villa eingeschlossen. Natürlich habe ich nichts dagegen. Ich habe schon gestern mit den putzigen Tierchen Freundschaft geschlossen und auf den Esstisch gehen sie nicht, das wird mir versichert. Ich finde ja, Pudel passen überhaupt nicht in den Urwald. Das kommt mir wie ein Stilbruch vor. Aber ich weiß nicht viel über Pudel. Jetzt habe ich das doch mal gegoogelt. Pudel kommen aus Deutschland und Frankreich. Also sind sie eingewandert. Dann bekomme ich ein fantastisches „Mama-Frühstück" – Verwöhn-Frühstück. Das ist mir gerade recht und ich genieße es.

Mein erster Ausflug in den Regenwald führt mich zur Fundacion de los Monos. Hier werden alle möglichen Affen gepflegt und versorgt, die zum Beispiel an der Grenze vom Zoll abgefangen wurden, die als Haustiere gehalten wurden, die verletzt aufgefunden wurden oder von Autos angefahren worden sind. Man versucht, sie wieder auszuwildern, was in den wenigsten Fällen gelingt, zumal, wenn sie zu Menschen Kontakt hatten. Dann wird es mit dem notwendigen Anschluss an eine Affenherde für sie schwierig. Manche Affen sind im Käfig. Sie sind aggressiv, sie wurden dort, wo sie herkommen, schlecht behandelt. Es gibt Freiwillige aus der ganzen Welt, die sich rührend um die Tiere kümmern, junge Menschen, die auch hier mitten im Urwald leben. Eine tolle Erfahrung.

Anschließend laufe ich zur schön ausgebauten Flusspromenade, ein Stück von meinem Hotel entfernt. Hier gibt es eine Brücke, ein paar hübsche Restaurants mit Blick auf den Fluss, einen großen Kinderspielplatz und ein paar Verkaufsstände mit traditionellem Kunsthandwerk, außerdem einen Aussichtsturm. Von dem habe ich einen Rundblick über die Stadt und den Dschungel. Der Fluss grenzt den Urwald von der Stadt ab.

Ich suche ein kleines Restaurant und frage nach frischem Fisch. Tilapia in Bananenblättern gegart, mit Maniok, schmeckt toll.

Abends habe ich mit den Pudeln getollt und einen großen Raubvogel fotografiert. Der Besitzer weiß nicht, was das für ein Vogel ist. Das hätte ich jetzt nicht erwartet. Auf Nachfrage nach einigen Pflanzen, auch im Garten des Hauses, weiß auch keiner, um was es sich handelt. Sie wissen fast gar nichts über die Flora und Fauna und den Regenwald. Unglaublich. Aber das interessiert die meisten Menschen hier wohl auch wenig.

Ich wasche ein paar Sachen aus, aber sie werden die ganzen Tage nicht trocken. Die Luftfeuchtigkeit ist einfach zu hoch. Also ziehe ich das T-Shirt nass wieder an. Auch nicht schlecht, das kühlt wunderbar und so wird es tatsächlich am ehesten trocken.

Unterwegs treffe ich zwei Italiener, die ersten Touristen seit dem Streik. Ich habe noch nie Italiener getroffen, die einigermaßen Englisch können. Wir nehmen uns einen Führer und wandern zusammen zu einem Wasserfall. Der Führer hat ein unglaubliches Wissen von den Pflanzen. Ich kann gar nicht genug hören. Es gibt Unterschiede zur Flora im Amazonasgebiet von Bolivien und Peru. Ecuador hat nochmal eine besonders große Artenvielfalt. Dann überrascht uns ein Blitzregen. Ohne Vorzeichen schüttet es vom Himmel, ohne jede Chance, auch nur einen Regenschirm so schnell aufzuspannen, geschweige denn ein Regencape anzuziehen. So bin ich sofort klatschnass bis auf die Unterhose. Das habe ich schon einmal im Amazonasgebiet erlebt, aber es ist immer wieder nicht zu fassen. Aus diesem Grund habe ich hier immer den Fotoapparat und das Smartphone in einer Plastiktüte dabei, wenn ich es denn mal dabei habe.

In einer Zuchtstation lernen wir, was Monsterfische sind: Arapaima oder Paiche. Es sind die größten Süßwasserfische der Welt. Sie werden drei Meter lang und leben im Rio Napo, sagt der Führer. Sie fressen Fleisch: Fische, Affen, Vögel. Der Besitzer der Zuchtstation füttert sie mit Hähnchenkeulen.

Am Ende des Tages fahren wir in einem Einbaum zu einer indigenen Community. Nun gut, das ist jetzt touristisch aufgemacht. Die Menschen haben sich bemalt und tanzen für uns, sie erklären, wie sie leben und bieten ihre Handwerkskunst zum Verkauf an. Dann zeigen sie uns noch ein paar Höhlen mit hunderten von Fledermäusen. Ich mag diese Toursteninszenierungen nicht.

Abends habe ich wieder Tilapia, heute gegrillt mit Linsen, gegessen.

Am nächsten Tag geht es mit dem Bus zum Jardin Botanico las Orchideas. Ich lasse mich überraschen. Ich weiß nur, dass dieser Ort mitten im Dschungel liegt. Eine kleine Wanderung führt mich zum Eingang, einer Art Hütte. Dort ist ein Mann, der mich eine ganze Zeit lang zunächst einmal überhaupt nicht zur Kenntnis nimmt. Ich frage, ob ich hier richtig bin und ob ich den Orchideen-Garten besichtigen kann. Er sagt, ich solle mich gedulden, mehr nicht. Ich versteh gar nicht, wer für was zuständig ist und warum ich mich gedulden soll. Wieder mal wahrscheinlich alles missverständlich aufgrund unterschiedlicher Kulturen und diverser Sichten der Dinge in dieser Welt. Zunächst gedulde ich mich etwas, dann merke ich, dass mich das jetzt nervt und ärgert und ich frage nach etwa zehn Minuten nach. Ich solle zu dem Teich gehen und mir die Schmetterlinge ansehen, er käme dann. Eigentlich habe ich den Impuls, gleich wieder zu gehen, da die Anfahrt aber lang, mühsam und kompliziert war mit dem Bus, halte ich nach dem kleinen Teich Ausschau und gehe ein paar Schritte. Unglaublich, hier ist alles voller Schmetterlinge, die schönsten, die ich bisher gesehen habe, und ebenso alles voller Orchideen. Das hätte ich jetzt nicht gedacht, da ich mitten im Wald bin. Ich staune. Dann kommt dieser Mensch wieder und verlangt fünf Dollar Eintritt und ich solle erst einmal das Museum anschauen, er müsse noch irgendetwas tun, dann sei die Führung. Es ist sonst außer mir niemand hier. Ich frage nicht mehr weiter nach, da ich davon ausgehe, dass ich sowieso nicht verstehe, was er mir dann erklären würde, falls er überhaupt etwas erklären würde.

Ich frage nur, wo denn hier ein Museum ist und er schließt mir eine sehr abgewrackt aussehende Hütte auf. Das Innere ist beklebt mit hunderten, vielleicht tausend Bildchen und Fotos und Zeitschriftenausschnitten und alle zeigen Orchideen und Tiere des Urwalds. Dass es überhaupt so viele verschiedene Orchideen gibt, war mir völlig unbekannt. Nachgegoogelt sind es über 1.000 Orchideen-Gattungen sowie bis zu 30.000 verschiedene Arten. Das Ganze erscheint so, als hätten es Kinder in der Schule oder im Kindergarten gemacht, aber alles ist fein säuberlich beschriftet, jedes Tier und jede Pflanze, auch mit lateinischem Namen. Es ist etwas dunkel in dem Raum, aber ich fühle mich wie in eine andere Welt versetzt und das Gefühl, dass fünf Dollar ein viel zu hohes Eintrittsgeld sind, verliert sich angesichts der Tatsache, was das hier für eine Arbeit war.

Beim Betrachten vergesse ich die Zeit und als der Mann mich abholen kommt, um mir eine Führung zu machen, weiß ich gar nicht, wie lange ich diese ganzen Bildchen bestaunt habe. Wie geht es nun weiter. Andere Besucher sind nicht da. Ich habe immerhin erfahren, dass er mir jetzt eine Privatführung machen wird.

Fast fünf Stunden gehen wir dann durch einen Urwald voller Orchideen, den Berg rauf und wieder runter und es ist wie in einem Film, er zeigt mir sein Lebenswerk, sein Herzblut. Alles, was ihn ausmacht, hat er in diesen seinen Privatwald gesteckt. Jede Orchidee hat er selbst hier eingepflanzt und hegt sie jeden Tag. So erfahre ich, dass er eines Tages seinen Job bei einer Bank aufgegeben hat und sich seinen Lebenstraum erfüllt hat, einen Wald voller Orchideen. Heute ist er 61 Jahre alt. Von staatlicher oder sonstiger Stelle bekommt er keinen Cent Zuschuss. Er erklärt mir nicht nur alle Orchideen – die hätte ich wahrscheinlich bei einem Gang durch diesen Wald alle übersehen, sondern auch die Heilpflanzen des Urwalds. Er sieht Spinnen, Schmetterlinge, Grashüpfer, Vögel und Affen. Für mich eine Art Abtauchen in einen Märchenwald – wie es spannender kaum sein könnte. Der Mann wird mir immer sympathischer. Er hat eine Lupe dabei. Es gibt Orchideen, die auf Bäumen wachsen und blühen, die sind so klein, dass man sie nur durch eine Lupe sehen kann und der Blick durch die Lupe eröffnet ein Wunder der Natur.

Dieses Lebenskonzept – ich beneide ihn, dass er so etwas Erfüllendes für sich gefunden hat – auch eine Art zu leben. Ich vergesse die Zeit und bin wie berauscht von den Wundern dieser Natur. Es sind nur Orchideen, aber einen größeren Schatz kann ich mir im Moment überhaupt nicht vorstellen. Kein

Mensch könnte je so etwas erschaffen. Menschen können so etwas nur zerstören.

So fahre ich zurück, als es schon dunkel ist. Den ganzen Tag hat die Sonne geschienen bei 34 Grad und Gott sei Dank nicht so vielen Mücken. Abends Starkregen.

Ich bin müde und habe einen wundersamen tiefen Schlaf diese Nacht.

Dieses Puyo hat viel zu bieten. Ich wandere einige Kilometer am Rio Puyo entlang und sehe so viele Vögel. Ich könnte heute nur fotografieren, aber ich möchte zum Parque Etnobotanico Omaere. Der Name Omaere bedeutet „Natur des Urwaldes" in der Sprache der Waorani. Der Park wurde 1993 von einer Shuar-Indianerin und zwei Französinnen gegründet. Ihr Ziel war, die für die indigenen Kulturen der Amazonasregion wichtigsten Nutzpflanzen zu etablieren. Man kann die getrockneten Heilpflanzen hier und auch an der Flusspromenade kaufen. Es gibt Pulver und Blätter und Wurzeln für alle nur denkbaren Beschwerden und Krankheiten.

Auch dieser Park liegt mitten im Dschungel. Zwei junge deutsche Frauen, die hier eine Art Freiwilligenjahr ableisten, machen mir eine Führung auf Deutsch – mal etwas anderes. Da muss ich nicht so viel denken beim Sprechen.

Sie erklären die Heilpflanzen des Urwalds und ich bin heimlich stolz, dass ich viel mehr weiß als sie und kann es mir nicht verkneifen, sie zweimal zu korrigieren, aber sie nehmen es mir nicht übel. Schließlich könnte ich ihre Großmutter sein. Da merke ich, dass ich doch schon eine ganze Menge über Südamerika gelernt habe. Es ist sehr heiß – schwitz. Die Shuar-Indianerin führt regelmäßig Ayahuasca -Sitzungen durch, aber nicht mit Touristen. Ich lasse mir das immer wieder gerne von Neuem erklären, wie die Eingeborenen das sehen.

Am Abend sitze ich wieder auf der Terrasse des kleinen Lokals am Fluss vor einer riesigen Kanne frisch gepresstem Orangensaft und verabschiede mich von diesem faszinierenden Ort, trotz Betonbauten im Zentrum. Aber der Fluss und der Regenwald, da könnte ich vielleicht auch leben – allerdings schwitz, schwitz.

Morgen geht es tief hinein ins Oriente.

BANANA LODGE, MISAHUALLI

Je tiefer es in den Amazonas-Urwald hineingeht, desto komplizierter werden auch die Verkehrsverbindungen. Ich will weiter nach Misahualli. So muss ich zunächst mit dem Taxi von Puyo zum Busbahnhof, dann mit dem Bus nach Puerto Napo, um dann von dort mit einem anderen Bus nach Misahualli zu kommen. Alles kleine Dörfer und keine festen Busabfahrtzeiten. Der Taxifahrer in Puyo macht Probleme. Ausgemacht ist der Preis zum Busbahnhof in Puyo. Als ich bereits im Taxi sitze und er losgefahren ist, will er mich unbedingt mit dem Taxi direkt nach Misahualli fahren, das sei viel bequemer, alles andere schwierig, natürlich für viel Geld. Er kann sich absolut nicht vorstellen, das ich mit öffentlichen Bussen fahre oder er will mich übers Ohr hauen und dann will er mir weismachen, dass gar kein Bus nach Puerto Napo fährt. Normalerweise höre ich auf die Leute und sie wissen besser Bescheid, aber diesem Taxifahrer traue ich nicht und ich werde Recht behalten. Natürlich fährt ein Bus.

Diese Dinge sind einfach ärgerlich – zumal wenn man sich ja wirklich überhaupt nicht in den Städten auskennt. Und vor allem nicht genau weiß, ob die Leute, wie häufig Taxifahrer, nun die Wahrheit sagen oder nicht, wenn sie behaupten, da fährt gar kein Bus. Aber – die meisten Leute sind nett und hilfsbereit. Ich lehne das ab und beharre darauf, dass er mich zum Busbahnhof bringt. Das ist gar nicht so einfach. Ich muss erst deutlicher und lauter werden, bis er das akzeptiert. Dann will er mich zu irgendeinem Privatbus bringen, was ich auch ablehne. Dann will er mich zu einer Straße, in der der lokale Bus auch hält, was aber für ihn viel näher ist, fahren. Das wird jetzt richtig schwierig und ich muss noch einmal nachlegen, damit er mich, wie vereinbart, zum Busbahnhof bringt. Aber auch hier hilft Klartext. Am Busbahnhof angekommen, will er mir erzählen, dass der Preis jetzt deutlich höher ist, weil es ja weiter ist zum Busbahnhof. Das alles ist schon ziemlich unverschämt und heikel. Ich sage erst mal gar nichts, steige aus, bringe mein Gepäck in Sicherheit, vergewissere mich, dass andere Leute in der Nähe sind, und gebe ihm dann das ursprünglich vereinbarte Geld und sage laut, dass es andere auch hören können, dass ich mich nicht von ihm betrügen lasse. Das ist den Leuten dann immer peinlich, wenn es andere mithören. Aber das ist auch nicht so ganz ungefährlich, zumal wenn man allein ist. Viele Touristen zahlen dann den geforderten Preis. Ich habe das allerdings nie gemacht. Das geht mir so gegen den Strich; auch wenn ich in Südamerika bin und allein reise, lasse ich das nicht mit mir machen. Das funktioniert dann wohl, weil die Männer so verblüfft sind über eine harsche Reaktion von einer Frau – denke ich mir. Er ist dann mit quietschenden Reifen abgerauscht.

Der Bus nach Puerto Napo fährt alle 30 Minuten. Die Fahrt führt mitten durch den Regenwald. Angekommen, werde ich im Zentrum rausgelassen. Einen Busbahnhof gibt es hier nicht.

Busabfahrtzeiten gibt es auch nicht. Es dauert eine Weile, bis ich nach mehreren Fragen eine Vorstellung davon habe, wo denn wohl dann der Bus, wenn er denn kommt, nach Misahualli abfahren wird.

So stehe ich mit meinem Köfferchen auf der Hauptstraße, einer kleinen Dorfstraße vor einem Café oder so was Ähnlichem. Alle starren mich an. Offensichtlich gibt es hier keine Fremden. Die Schulen sind wohl gerade aus und tausend Kinder wimmeln durch die Straßen. Sie alle warten auf die Busse, die sie in ihre Dörfer bringen sollen. Eine Schule gibt es nur in Puerto Napo oder dann in Tena. Ich spreche den Cafébesitzer an. Er erklärt mir alles und ich trinke dann eine Cola bei ihm. Meine Frage, wann denn der Bus kommt, die hat er wohl nicht verstanden. So etwas können nur Fremde fragen. Der Bus kommt, wenn er kommt und dann ist er da.

Also, das dauert eine ganze Weile und es ist dann mal wieder doch nicht so einfach, nun überhaupt nicht zu wissen, ob das noch eine Stunde, zehn Minuten oder einen halben Tag geht.

Nach etwa einer Stunde kommt er dann. Er ist radikal überfüllt mit Schülern, mindestens zwei pro Platz, aber als man mich – Touristin – sieht, wird sofort der Platz neben dem Busfahrer freigemacht und ich werde lauthals in den Bus bugsiert und mit Fragen überschüttet – wo ich herkomme – wo ich hin will – wie ich heiße – ¿Esta sola?, und das zwei Stunden lang. An jeder Ecke werden Schüler ausgeladen und Pakete, Menschen, Hühner eingeladen. Dem Busfahrer sitze ich schon fast auf dem Schoss, weil es so eng ist und ich nach kurzer Zeit nur noch den halben Sitz habe. Aber es ist so spannend und vor allem sehr lustig. So viel gelacht habe ich noch nie wie mit den Kindern dort, wir haben lauter dummes Zeug gemacht und ich habe mich kaputt gelacht. Natürlich fahren auch einige Tiere mit, unter anderen zwei dicke Schweine. Die müssen im Gang stehen. So ist das im Amazonasgebiet. Ein einmaliges Erlebnis.

In Misahualli habe ich mich in der Banana Lodge angemeldet. Sie liegt direkt am Fluss und ist wunderschön. Ich habe ein großes Zimmer mit eigenem Bad und überall gibt es Hängematten. Vom Balkon, aus der Hängematte, kann ich den Sonnenuntergang über dem Fluss beobachten. Es ist sehr heiß, 34 Grad am Tag. Dafür gibt es erstaunlich wenige Moskitos.

Puerto Misahualli, so heißt es eigentlich, ist ein verschlafenes Urwalddorf am Rio Misahualli. Es hat einen hübschen

Dorfplatz, einen Bootsanleger und eine Art Strand. Dort findet man immer Urwaldbewohner, Frauen mit vielen nackten Kindern, die versuchen, etwas Handwerk, Freundschaftsarmbänder zu verkaufen. Ich kann stundenlang an diesem Strand sitzen und die Menschen und die Tiere und das Treiben beobachten.

Am nächsten Morgen auf dem Weg zum Frühstück bin ich fast über eine mittelgroße Schlange gestolpert, schwarz-rot, aber sie ist tot. Die Besitzerin der Lodge, eine Russin, erklärt mir, dass diese Schlange zu den giftigsten gehöre, die sie hier haben und wundert sich, dass sie tot ist.

Ich habe großen Hunger und genieße das Frühstück. Ich bin wieder mal der einzige Gast. Die Besitzerin hat einen Ecuadorianer geheiratet, hat eine achtjährige Tochter und lebt mit ihrem Mann, noch einer Katze und einem Hund hier am Fluss von den Einnahmen der Lodge. Es ist hier so schön, dass ich die ganzen Tage zunehmend diese Frau beneide. Sie hat ein schönes Leben.

Das kleine Dorf ist nett, liebe Menschen, es gibt nicht so viele Moskitos und sie haben diese wunderbare Natur um sich herum. Es ist eines der wenigen Male, wo ich denke, das wäre auch etwas für mich, hier könnte ich leben. Sie fertigt schönen Schmuck, den sie verkauft. Das hat sie bei den Indigenas abgeschaut und ich gebe eine bunte Kette in Auftrag.

Auf dem Dorfplatz kann man das Leben der Bewohner beobachten. Es gibt ein paar Restaurants und eine Bäckerei mit guten Brötchen. An einigen Tagen toben Affen durch die Bäume. Sie nerven wohl die Dorfbewohner, aber sie amüsieren sie auch. Sie sitzen auf den Dächern, besonders gerne auf denen der Restaurants und schielen auf das, was dort unten im Freien gebrutzelt wird und wenn sie sich sicher fühlen, holen sie auch mal was von den Tellern und schleppen es auf die Dächer. Dann wird es, manchmal in der Gruppe, verspeist. Das ist putzig zu beobachten. Die Dorfbewohner sind so was von inkonsequent in ihrem Verhalten. Der eine gibt den Affen, der anderer schimpft und vertreibt sie mit Besenstöcken. Dass die Tiere da nicht verrückt werden, ist erstaunlich. Sie richten sich nur danach, was sie wollen, nämlich Futter, und scheinen bei diesen unverständlichen Reaktionen der Menschen ziemlich stabil zu bleiben. Ich amüsiere mich köstlich.

Ich habe zehn Stunden geschlafen. Das war gut.

Dann laufe ich zur Lagune Pai Cave. Die Lagune liegt mitten im Dschungel und ist mit einem Boot auf kleinen Flussarmen zu erreichen. Es findet sich dort an der Straße auch eine Lodge und ich muss jemanden suchen, den ich fragen kann. Eine Frau kommt und sagt, sie könne mich mit dem Boot fahren und eine Führung und Wanderung durch den Urwald machen. In der Lodge wohnt noch eine Deutsche, die hat auch Interesse. Prima. So warte ich noch etwas und dann geht es los. Die Frau ist Indianerin und ausgerüstet mit Gummistiefeln und Machete. Wir bekommen auch Gummistiefel. Ich trage dann auf ihre Empfehlung hin noch mal dick Mückenschutz auf und einen Hut und lange Ärmel und lange Hosen. Hitze etwa 34 Grad.

Eine Stunde fahren wir mit einem Ruderboot durch kleine Flüsschen zur Lagune, rechts und links am Ufer stoppen wir immer wieder. Sie zeigt uns brütende Vögel, nie gesehene Pflanzen und viele Affen. Idyllisch, verschlafen und ursprüngliche Natur ohne menschliche Eingriffe, keine Touristen – mein Traum.

Dann wandern wir drei Stunden durch den Dschungel. Es ist ein Primärwald. Als Primärwald bezeichnet man einen von menschlicher Einflussnahme nicht berührten Wald.

Mit der Machete schlägt sie uns einen Weg durchs Dickicht. Wir lernen viel über Heilpflanzen und schlängeln uns an einigen sehr giftigen Spinnen vorbei. Die Führerin sieht sie sofort. Ich wäre wahrscheinlich mit dem Gesicht voll ins Netz gelaufen, wenn ich hier alleine unterwegs wäre.

Als wir zurück sind, frage ich die Frau, ob sie vielleicht ein Mittagessen hat. Sie nimmt mich mit in ihre Hütte. Ich setze mich davor an einen kleinen Tisch. Da sind noch ihre alte Mutter und ein paar Kinder, die mich staunend ansehen. Ein paar Karamellos brechen den Bann und sie zeigen mir ihre Spiele mit Hölzchen und Stöckchen und Steinchen.

Dann bringt sie ein sehr reichhaltiges Essen: Lamm und Yucca und verschiedene Gemüsesorten, die ich nicht identifizieren kann, die aber köstlich schmecken. Ich habe einen Riesenhunger. Es gibt Saft dazu, den ich auch nicht identifizieren kann. Auf meine Frage erklärt sie mir, was es ist, offensichtlich ein kalter Heiltee oder so was Ähnliches, stark gesüßt und auch lecker. Das Essen kostet so gut wie nichts. Sie bekommt ein ordentliches Trinkgeld von mir. Ich bin dankbar, dass ich sehen durfte, wie sie lebt, wie sie kocht und freue mich. Es sind so freundliche Menschen.

Am Abend gehe ich auf den Dorfplatz. In meiner Bäckerei gibt es auch ein paar Stühle und Tische. Ich hole mir einen Eiscappuccino aus dem Kühlschrank und setze mich. Ich freue mich immer, wenn ich einen Platz gefunden habe, wo ich länger sitzen und die Leute beobachten kann, ohne besonders aufzufallen. Diese Plätze sind in Südamerika manchmal schwer zu finden, insbesondere in kleinen Städten oder auf dem Land. Oft kann man als Frau alleine nicht einfach so rumsitzen, aber in einem Café oder Restaurant geht das gut. Es gibt an den Plazas auch Bänke, aber wenn ich da alleine sitze, falle ich schon mehr auf und das ist nicht immer gewünscht oder hilfreich, weil hier eben Frauen nicht alleine rumsitzen.

Es ist schon wieder Nationalfeiertag. Ich bin doch ziemlich zerstochen, es herrscht eine wahnsinnige Hitze und die Indigenen drohen schon wieder mit Streik. Ich fühle mich ziemlich erschöpft, will aber trotzdem heute mal ein bisschen in Jatun Sacha wandern.

Das ist ein Reservat, gegründet von einer privaten Non-Profit-Organisation, sehr groß, mit Bergen und nur unberührtem Regenwald mit einer fantastischen Biodiversität. Sie pflegen die einheimische Natur und Kultur und investieren in Erziehung und Entwicklung derselben. Es gibt viele Wanderwege durch das Gebiet. Ich muss ein bisschen aufpassen, dass ich mich nicht verlaufe. Die Wege kann ich auch ohne Machete gut gehen und ich staune und fotografiere viel. Einige Pflanzen kenne ich jetzt schon. Nach zwei Stunden bin ich allerdings so müde, dass ich mit dem Taxi zurückfahre. Bei den Bussen, die man an der Straße anhalten muss, weiß man nie, wann sie kommen und auf langes Warten habe ich jetzt irgendwie keine Lust.

Den Rest des Tages verbringe ich mit Schlafen in der Hängematte, ein Bier zum Sonnenuntergang und schlafen, zwölf Stunden, bis zum nächsten Morgen. Da geht es dann weiter, immer weiter hinein in den Regenwald, zur Liana Lodge.Die ist nur von der Bootsanlegestelle Puerto Barantilla aus auf dem Wasserweg zu erreichen. Mit dem Taxi fahre ich nach Puerto Barantilla. So eine schlechte Straße, ein unbefestigter Dschungelweg, eigentlich nur Schlaglöcher. Dort soll mich das Kanu abholen, um mich zur Lodge zu bringen. Aber das Kanu kommt nicht. In der Lodge gibt es wohl ein Telefon, aber mein Telefon geht nicht. Das Taxi ist weg. Die Anlegestelle ist nur ein Steg im Urwald, sonst nichts. Ein leeres Haus noch, keine Menschen. Toll. Typisch. Tranquillo. Ich setze mich erst mal hin. Nach einer Weile kommen drei Kinder, die wollen wohl auch mit dem Boot weg. Ich frage sie, ob sie ein Telefon haben. Haben sie, wie alle Kinder, aber der Akku ist leer, wie bei den meisten Kindern, aber sie haben eins. Das ist wichtig. Und dass es nicht geht, das sieht man ja nicht. Ich frage sie, wann ein Boot kommt. Blöde Frage – natürlich kann man das nicht sagen. Also beschließe ich, Picknick zu machen. Dicht neben mir laufen diese riesigen, sehr gefährlichen Ameisen. Ein Biss macht die stärksten Schmerzen, die man sich vorstellen kann, sagen die Einheimischen. Man muss doch immer aufpassen hier, auf alles. Das macht es immer mal wieder so anstrengend.

Ich bewundere eine Mega-Motte, die auf dem Boden sitzt, und im Baum hat sich eine Affenhorde breitgemacht, sie werfen ständig irgendwelche Fruchtschalen auf mich runter.

Die Kinder, zwei Jungen und ein Mädchen, vielleicht neun oder zehn Jahre alt, spielen. Sie schaukeln an einer langen Liane und lassen sich dann in den reißenden Fluss fallen. Aus meiner Sicht mordsgefährlich, aber nicht aus Sicht der Kinder. Sie schwingen an den langen Lianen über den Fluss wie auf einer Schaukel. Sie werden wissen, wie tief das hier ist. Aber die Erfrischung ist beneidenswert bei der Hitze. Klatschnass in allen Klamotten, Jeans hat das Mädchen an, arbeiten sie sich wieder ans Ufer, was bei der starken Strömung offensichtlich sehr schwierig ist und erst gelingt, nachdem der Fluss sie ein Stück abgetrieben hat. Dann kommen sie von irgendwoher zurück und das Spiel geht von vorne los. Ich habe nicht den Eindruck, dass sie in Bälde ein Boot erwarten.

Dann kommt nach etwa eineinhalb Stunden ein Boot, aber es nimmt mich nicht mit. Es fährt in die andere Richtung. Weiter kann mir der Fahrer auch nicht helfen. Das ist irgendwie alles ganz blöd. Von Verspätung kann man wohl nicht mehr sprechen, eher von vergessen. Also, was bleibt? Warten, warten ... ich bin in Südamerika.

Langsam werde ich denn doch genervt und sauer. Das ist offensichtlich nicht mein Tag heute.

Nach etwa zwei Stunden höre ich ein Auto. Zwei Männer kommen zur Anlegestelle. Sofort springe ich auf und bitte um Hilfe – und tatsächlich, sie haben ein Telefon, mit dem man telefonieren kann und sie sind so freundlich und lassen mich die Lodge anrufen. Dort ist ein Herr, der ohne erkennbares Bedauern oder gar Schuldgefühle erklärt, man hätte mich vergessen, aber er würde jetzt jemanden schicken. Das Wort jetzt darf man hier niemals ernst nehmen. Dann ist man verratzt – frustrationsmäßig. Aber es dauert nur noch eine gute Stunde und ein Kanu legt an, lädt mich ein und bringt mich zur Lodge.

Die liegt etwa 40 km östlich von Tena, direkt am Ufer des Flusses Arajuno. Ein schönes Gelände im Urwald mit Bambushütten auf Stelzen und Palmenblattdächern. Jede Hütte mit einem Doppelbett hat eine eigene Terrasse mit Hängematte und ein eigenes Bad.

Die Lodge unterstützt das Schutzprojekt „Selva Viva" mit eigenem Schutzwald und der Tierauffangstation „AmaZOOnico".

Es ist dann noch ein wunderschöner Abend: fast keine anderen Touristen. Ich sitze nach einem köstlichen Abendmenü in einer Art Hollywoodschaukel am Fluss und beobachte Affen am Nachbarbaum. Die Schaukel teile ich mit Duke, dem Hund, der nichts lieber mag als schaukeln und viele Tricks auf Lager hat, wie er Touristen dazu bringt, eben diese Schaukel immer wieder anzustoßen. Beim Schaukeln habe ich das Gefühl, dass ihn und auch mich eine selige Zufriedenheit erfüllt.

Am gleichen Abend gibt es mit einem Führer noch eine Nachtwanderung mit Gummistiefeln und Taschenlampe. Unglaublich, was sich nachts alles im Urwald rumtreibt, Giftspinnen und Pfeilfrösche. Nachts fängt der Urwald an zu leben. Mein Führer kann jedes der vielen Geräusche einem Tier zuordnen. Es ist spannend, aber leider bin ich danach trotz Anti-Brumm total zerstochen.

Abends gibt es keine Elektrizität in der Lodge, nur Kerzen, aber ein Moskitonetz über dem Bett.

Jeden Tag habe ich einen Führer, der etwas anderes mit mir unternimmt. In den nächsten Tagen werde ich so viel sehen.

In meiner Zeit kommt noch eine kleine Reisegruppe Dänen an, nette Leute, ansonsten keine Touristen. Auf meinen Ausflügen bin ich meist allein mit dem Führer, mit dem ich mich gut verstehe, oder manchmal noch mit zweien aus der dänischen Gruppe, die auch schon etwas älter sind. Wir machen alles langsam.

Es kommt hier immer mal wieder zu kurzem Sturzregen.

Die Lodge wurde vor zwanzig Jahren von einer Schweizerin gegründet, wie auch eine Schule und die Tierauffangstation. Sie hat viel für die Bevölkerung getan. Die Schule ist noch in Betrieb. Durch den Aufenthalt in der Lodge wird die Arbeit mit den Indigenen unterstützt. Deswegen habe ich diese Lodge gewählt.

Meine einzigen Wanderschuhe stehen kurz vor ihrer Auflösung. Mal sehen, wie lange sie noch durchhalten.

Mit drei Dänen machen wir eine Ganztageswanderung am Fluss. Der Führer hat unser Mittagessen dabei. Jeder bekommt eine Schale mit Nudeln und Gemüse und eine Banane. Lecker, am Fluss die Mahlzeit einzunehmen. Duke hat uns begleitet. Er braucht immer Touristen und wenn sie grad mal woanders sind, sucht er sie und begleitet sie, ob sie wollen oder nicht.

Abends sitzen wir um ein großes Feuer beim Wein und tauschen unsere Reiseerlebnisse aus. Eine nur vierwöchige Tour nach Ecuador, das wäre wirklich nichts für mich. Ich habe hier keinen Stress und kann überall so lange bleiben, wie ich will, ich kann Tage im Bett vor dem Fernseher liegen oder in Cafés rumsitzen und nur Leute schauen und ich kann einen Ganztagesausflug in nur ein Kloster oder nur ein Museum machen, stundenlang, wenn es gut ist. Das möchte ich niemals wieder missen. Alles andere kommt mir nur wie Stress vor.

Ich bin hier viel gewandert, aber niemals allein. Das ist wegen der Tiere und dem Unwissen, das so ein Tourist hat, im Urwald gefährlich. Es ist durchgehend sehr warm und schwül.

Ich habe viele kleine Pueblos besucht und mich informiert, wie die Menschen leben, von was sie leben und was sie essen, ich habe riesige Bäume gesehen und eine Menge Pflanzen kennengelernt.

Als meine Zeit in der Lodge vorbei ist, fangen in Bolivien die Unruhen an und in Chile. Der ganze Kontinent ist instabil.

In Venezuela gibt es die politische Dauerkrise und in Argentinien immer noch diese hohe Inflation, in Brasilien brennen die Amazonaswälder ab in einem ungekannten Ausmaß und überhaupt findet man wegen des Klimawandels nur Horrornachrichten. Das Gefühl der Hilflosigkeit nimmt zu. Die Frage ist, wann alles in Resignation umschlägt.

Der Tierarzt von der Tierauffangstation muss einen kleinen Hund, der so krank ist, dass er in der Tierklinik untersucht werden muss, nach Tena bringen. Da fährt er über Misahualli und ich kann mit zurückfahren. Erst mit dem Kanu, dann mit dem Auto. Ich spende etwas für die Behandlung und der Tierarzt freut sich. Der Hund vielleicht auch.

Am letzten Abend in Misahualli gehe ich ins Dorf, um noch etwas für die Busfahrt einzukaufen. Dort hat sich wieder die Affenherde breitgemacht. Sie haben viele Jungtiere auf dem Rücken. Sie sitzen heute auf fast allen Dächern und klauen Fleischstücke von den Grills. Es ist Abend und Essenszeit. Ich setze mich auf die Plaza und beobachte das Treiben. Die Bewohner schimpfen auf die Affen, können aber nicht viel ausrichten. Schlagen tun sie die Tiere nicht und eine alte Frau sagt zu mir: Die haben auch Hunger.

In der Banana Lodge übernachte ich noch eine Nacht und dann geht es weiter nach Tena.

TENA – EIN JAHR UNTERWEGS

Tena ist die Hauptstadt der Provinz Napo am Zusammenfluss des Río Tena mit dem Río Pano und dem Río Misahuallí.

Die Stadt gefällt mir. Es gibt keine Touristen hier. Es gibt so Städte, in denen ich mich sofort heimisch fühle. Merkwürdig, aber es hat wohl auch viel mit den Menschen zu tun, wie sie schauen, wie sie lächeln und wenn ich mich schon beim ersten Gang durch die Stadt absolut sicher fühle.

Wenn ich mich unsicher in einer Gegend fühle, was nicht oft vorkommt, dann laufe ich schneller und schaue eher auf den Boden, dann nehme ich nicht so viel wahr und bin nur auf Vorsicht getrimmt. Alle Sinne sind nur darauf ausgerichtet, Gefahr zu erspähen. Eigentlich bekommt man dann gar nichts mit. So ausgeprägt ist mir das vielleicht dreimal auf der Reise passiert.

Und hier vergesse ich die Zeit, ich kann irgendwo stehen bleiben, die Menschen, die Kinder beobachten, völlig problemlos Kontakt aufnehmen, irgendwelche neugierigen Fragen stellen oder einfach nur da sein und lächeln und dann lächeln oder grüßen die Menschen zurück. Das ist so wunderbar, da ist so viel Verbindung, da bin ich gar nicht mehr in der Fremde, da fühle ich mich angenommen und aufgehoben, alles ist eine Menschengemeinschaft. Ob es so ein Gefühl für Ausländer bei uns auch geben kann? Ich weiß das gar nicht.

Abends liege ich auf meinem großen Balkon in der Hängematte direkt am Fluss und beobachte die Tiere. Unglaublich, Tukane und Affen turnen genau vor meine Nase herum.

Urwald und Tiere pur in einer kleinen, völlig unaufgeregten nicht-touristischen Stadt im Amazonasbecken in Ecuador.

Tagsüber ist es sehr heiß, nachts gießt es wie aus Eimern. Dieses Hotel ist umgeben von einem tropischen Garten und alles blüht, insbesondere entdecke ich eine Unmenge unterschiedlicher Orchideen, die an den Bäumen wachsen, eine Pracht. Das ergibt einen Foto-Tag nur in diesem Hotelgarten.

Am Fluss habe ich ein hübsches Restaurant mit einer Hochterrasse entdeckt. Ich kann die ganze Stadt und den Fluss von dort überblicken. Dies wird mein Lieblingsrestaurant und nach zwei Tagen kennen sie mich hier und begrüßen mich, als ob ich schon immer hier lebe. Am Abend beobachte ich auf dem großen Platz unter mir, wie Kinder in Nationaltracht einen Tanz einüben. Wahrscheinlich wieder für irgendeine Fiesta oder einen nationalen Feiertag.

Sonst ist auf diesem Platz der Markt mit außergewöhnlichen tropischen Waren, Früchten, leider auch Tieren und Essensständen. Und sie haben auch seltene Souvenirs. So langsam denke ich, könnte ich dann auch mal Andenken einkaufen. Dies ist mein vorletzter Ort vor der Rückreise und die Bilder von José schleppe ich ja nun sowieso schon mit mir herum.

Am nächsten Tag besuche ich den Parque Amazónico, einen Park mit botanischem Garten und Flussstrand auf einer Halbinsel zwischen den Flüssen Tena und Pano.

Dieser sogenannte Amazonaspark ist ein riesiges Gelände, Urwald, und das war mal für Touristen gemacht. Aber inzwischen ist die Anlage verrottet, von der Feuchtigkeit, die Holzstege, der Eingang, der Aussichtsturm.

Ein Mann fegt jeden Tag mit einem großen Palmwedel Blätter von dem gepflasterten Eingangsbereich, jeden Tag neu, eine Tätigkeit, wofür? Es gibt keine Touristen mehr. Aber es scheint für ihn eine sinnvolle Beschäftigung und er ist stolz auf seine Arbeit, wie er sagt. Bezahlt bekommt er sie nicht.

Für diesen Park gibt es kein Geld mehr. Alles ist verwildert. Pflanzen und Tiere haben sich die Anlage zurückerobert. Gerade das ist für mich das Faszinierende daran.

Hier gehe ich nun fast jeden Tag hin, weil es so unglaublich schön ist.

Ich zeige dem Mann mit dem Palmwedel die etwa zehn Meter lange fantastische Ameisenstraße, auf der abertausende relativ große Ameisen über das Pflaster marschieren, alle bepackt mit riesigen Blattabschnitten. Ich könnte das stundenlang beobachten. Wenn der Mensch ausstirbt, werden sie überleben. Sie sind so viel sozialer als wir. Der Mann fegt dieses Naturwunder jeden Tag wieder weg. Am nächsten Morgen sind sie alle wieder da. Sie lassen sich ihren Weg nicht zerstören und sie lassen sich nicht wegfegen, nicht aufhalten. Ich bin beruhigt.

Dann gibt es noch einen zweiten Menschen im Eingangsbereich. Als ich das erste Mal durch den Park laufe, folgt er mir. Ich bin etwas verunsichert, aber dann beginnt er, mir die Pflanzen und Tiere zu erklären.

Er ist Reiseführer, heißt Robert und war in einer Agentur angestellt, die es nicht mehr gibt, und nun kommt er jeden Tag hierher, weil das sein Arbeitsplatz war, den er liebt. Er will mich begleiten. Es ist etwas kompliziert, bis wir geklärt haben, dass ich keinen bezahlten Reiseführer möchte und verstanden habe, dass ihm die Begleitung Freude macht und er das nicht für Geld tut, dass es eher seine Lebensaufgabe ist. Er entschuldigt sich, er wolle kein Geld, aber er kenne hier jeden Baum.

Ich gehe ja eigentlich lieber alleine, aber die Tiere, die er mir zeigt, die hätte ich alle wohl so nicht gesehen.

Er wird mir dann zunehmend sympathischer und ich lasse mich gerne führen und was es hier zu sehen gibt ist unglaublich. Ich komme jeden Tag wieder und treffe diese beiden Männer, zehn Tage, es ist wie ein Zuhause. Wir reden, sitzen zusammen, manchmal bringe ich etwas Kuchen mit, dann frühstücken wir und beobachten die Tiere. Ich kann allerdings nicht überzeugen, dass man doch auch um die Ameisenstraße herum fegen kann.

Längst ist das Fegen zu einem sinnstiftenden Ritual geworden. So kann man auch mit Arbeitslosigkeit umgehen.

Aber ich komme wegen der Tiere, die hier vergessen wurden und teilweise von den beiden versorgt werden. Da ist zum Beispiel ein großer Tapir, der meistens im Eingangsbereich durch den Wald streift und eine intensive, geradezu liebevolle Beziehung zu dem Palmblattfeger hat. Sie gehören irgendwie zusammen und er bringt manchmal Futter. Der Tapir ist fast zahm, er ist an Menschen gewöhnt. Er läuft hier frei herum.

Wie der Park hat er die Zeiten überlebt. Er ist schon sehr alt. Es ist eine große Freude für mich, ihn stundenlang frei zu beobachten.

Und dann sind da die Affen, verschiedene Arten. Mit Robert sitze ich an einem Weg und wir beobachten sie stundenlang, wie sie herumtollen, an den Bäumen hängen und viele haben Junge auf dem Rücken. Sie müssen sich gut festhalten bei den Riesensprüngen von Baum zu Baum. Er zeigt mir drei verschiedene Affensorten. Sie haben keine Angst. Wir sitzen am Boden und sie spielen um uns herum. Füttern darf man sie nicht und das macht hier auch niemand. Da ist schon der Respekt vor den Wildtieren gegeben.

Robert führt mich dann weiter in den Park hinein über ein paar brüchige Laufstege, die über kleine Seen führen, aber nicht ohne sind. Ein paar Bretter sind eingebrochen und große Nägel stehen heraus. Dann erreichen wir den Aussichtsturm. Robert besteigt ihn. Der sieht nun sehr marode aus, aber meine Neugier siegt, zumal man von einer Höhe von fast 30 Metern einen fantastischen Blick auf den Regenwald und die Mäander des Flusses hat. Auch kann ich stundenlang die bunte Vielfalt der Vögel von hier oben beobachten und direkt in die Nester schauen. An einigen Stellen sind viele Treppenstege herausgebrochen und man muss etwas klettern in der Höhe. Außerdem kann man nicht überall anfassen. Giftspinnen haben riesige Netze gespannt, die so manche Geländer verbinden. Wunderwerke der Natur. So etwas habe ich noch nie gesehen. In Begleitung von Robert fühle ich mich etwas sicherer, weil er mich auf diese Dinge hinweist.

Es ist schon richtig, im Urwald ohne Führer ist es einfach zu gefährlich.

Auch kann ich es mir nicht abgewöhnen, mein Smartphone im Hotel zu lassen. Ich weiß, dass das Wahnsinn ist. Wenn ich allein bin und etwas passiert, kann ich keine Hilfe rufen. Aber da habe ich irgendeine Art von Urvertrauen wider alle Vernunft, die ich mir auch nicht erklären kann. Außerdem habe ich immer Angst, dass das Smartphone geklaut wird und ohne dieses von mir eigentlich gar nicht geliebte Teil wäre ich aufgeschmissen – denke ich. Blöde Abhängigkeit.

Als ich vor 40 Jahren ein Jahr allein durch Asien getourt bin, da gab es so etwas noch gar nicht und das war auch kein Problem. Da haben die Traveller noch miteinander gesprochen und sich sogar dabei angesehen.

Mein letzter Tag in Tena: Ich bin nun über ein Jahr unterwegs. Abschiedswochen beginnen. Ich habe heute Geburtstag und möchte etwas ganz Besonderes machen, aber hier kommt immer alles anders als man denkt. Beim Frühstück lasse ich mir viel Zeit und freue mich an so zahlreichen Geburtstagsglückwünschen per Whatsapp.

Ich habe mir eine wunderbare Wanderung am Fluss entlang ausgesucht, nachdem es keine Touristeninfo gibt, die einem Tipps geben kann. Ich starte früh morgens: Urwald, Tiere, Wasser, Bäume, Pflanzen, faszinierend. Kein Mensch weit und breit. Ich mache viele Fotos, Geburtstagsfotos von Vögeln, die ich noch nie so nah gesehen habe. Ich komme nach einer Weile an einer Klosterschule vorbei. Zwei Nonnen mit einer Gruppe kleiner Kinder machen sich auf den Weg, um die Natur zu erkunden. Ich begleite sie eine Weile, beobachte sie und mache Spaß mit ihnen. Dann kehrt die Gruppe um und eine Nonne sagt mir, ich solle zurückgehen, das sei hier gefährlich. Ich staune, warum? Dazu äußert sie sich nicht wirklich. Dann geht die Gruppe zurück. Ich bin verunsichert, etwas ängstlich und ratlos. Es ist so wunderschön hier. Ich gehe noch ein bisschen weiter, etwa eine halbe Stunde, da kommt mir ein Mann entgegen, der seinen Kampfhund ausführt und diesen aber sofort an die Leine nimmt, als er mich sieht. Auch er sagt, ich solle umkehren, das sei kein guter Weg – komische Leute gäbe es hier. Mehr bringe ich nicht in Erfahrung. Ich gehe sehr langsam und überlege. Eine junge Frau kommt mir entgegen und ich frage sie und sie meint, hier gäbe es Überfälle. Ok, das reicht, jetzt bekomme ich Angst und gehe mit schnellsten Schritten zurück.

Ärgerlich, ich hätte jetzt nicht gedacht, dass es hier gefährlich ist, der Weg ist so traumhaft. Ich habe mich die ganzen Tage so sicher gefühlt in dieser Stadt – und das an meinem Geburtstag. Aber ok – das ist auch Südamerika.

In der Stadt ist eine Fiesta und Kinder sind verkleidet und tanzen. Überall gibt es etwas zu essen – auch schön; so klingt mein Tag aus. An einem Stand entdecke ich die Schönheitskönigin von Tena und frage sie, ob man ein Foto von mir und ihr zu meinem Geburtstag machen kann. Sie ist sehr ausgefallen und etwas spärlich gekleidet, groß, dunkelhäutig, extrem geschminkt und trägt eine große Schärpe über der Brust: Schönheitskönigin 2019. Normalerweise ist mir das und auch meine Frage wegen dem gemeinsamen Foto so unendlich peinlich, aber irgendwie erfreue ich mich an dieser Verrücktheit heute riesig. Abends gönne ich mir einen Wein. In Ecuador gibt es eigentlich gar keinen Wein, höchstens mal einen aus Chile und der ist teuer, aber heute ist mein Geburtstag und dazu gibt es ein Essen in dem besten Restaurant in Tena. Für die Adresse habe ich den Reiseführer bemüht. Ich bin der einzige Gast. Alles ziemlich verrückt. Und heute hätte ich diesen Tag dann doch gerne mit einem guten Freund geteilt.

Tena hat so eine Amazonas-Regenwald-Atmosphäre.

Zeit für eine kurze Ein-Jahres-Bilanz. Dieses Jahr ist so schnell vergangen. Heimweh habe ich nie gehabt. Ein paar Freunde habe ich manchmal vermisst, aber viele neue Menschen kennengelernt. Allein habe ich mich auch nicht gefühlt. Und ich könnte noch lange weiterreisen. Meinen Traum habe ich mir erfüllt. Ich bin glücklich an diesem Geburtstag und bis oben hin so voller Eindrücke, dass ich die erst einmal alle verarbeiten muss. Aber wie heißt es doch so schön? Mit 66 Jahren, da fängt das Leben an.

QUITO, OTAVALO – ABSCHIED

Viereinhalb Stunden Busfahrt sind es von Tena nach Quito, vom Amazonasbecken in die Hauptstadt Ecuadors auf 2.850 Metern Höhe, eingebettet in die Anden. Irgendwie habe ich einen Rückreisekoller. Plötzlich kann ich nicht mehr so gut schlafen, habe kreisende Gedanken. Wegfahren ist doch viel leichter als Zurückkommen. Vielleicht ist sterben auch viel leichter als leben.

Quito wurde auf den Fundamenten einer alten Inka-Siedlung errichtet. Die gut erhaltene Altstadt aus der Kolonialzeit gehört seit 1978 zum UNESCO-Weltkulturerbe. Bekannt ist sie für ihre vielen Kirchen aus dem 16. und 17. Jahrhundert. Ich bin sehr gespannt auf diese Stadt. Während der Unruhen hat es hier viele Zerstörungen und Plünderungen gegeben, allerdings wohl weniger im historischen Zentrum.

Mein Gästehaus liegt am Rande der Altstadt. In zwei Minuten bin ich im Zentrum. Ich muss nur durch zwei Straßen gehen. Im Gästehaus liegt ein Zettel aus mit der Information, dass man im Dunkeln nicht rausgehen soll. Das ist hilfreich, aber ich mag so etwas eigentlich nicht, weil es eine Ängstlichkeit hervorruft, die die Wahrnehmung beeinflusst. Ich gehe sowieso nicht allein im Dunkeln raus. Tagsüber fühle ich mich hier sicher. Ich sehe, warum diese Warnung wohl ausgesprochen wird: In beiden Straßen lehnen einige junge Männer an den Häuserwänden, offensichtlich mit Drogen vollgepumpt, einige nicht ansprechbar, die anderen auf unangenehme Weise aggressiv bettelnd und alle wohl obdachlos. Auch bettelnde

Kinder treiben sich in der Nähe herum. Ich bin die nächsten Tage tatsächlich immer froh, wenn ich da durch bin.

Das Gästehaus ist schön, die meiste Zeit bin ich wieder mal der einzige Gast, nur gegen Ende kommt ein älteres, sehr nettes Ehepaar aus England und wir unternehmen dann auch einiges zusammen, insbesondere in Gegenden, in die man nun gar nicht alleine gehen sollte. Da fühle ich mich in der kleinen Gruppe dann doch besser.

Für das Frühstück kommt eine Frau und auch der Leiter des Gästehauses. Den kann ich dann alles Mögliche fragen, er ist sehr hilfsbereit. Meist ist er nur eine Stunde da. Auch die Frau geht nach der Zimmerreinigung wieder. Dann bin ich bis zum nächsten Morgen alleine.

Ich werde mein Gepäck hier lassen und zwei Tage mit einem Sammeltaxi nach Otavalo fahren. Die Stadt ist bekannt für ihren berühmten Handwerksmarkt. Dann komme ich wieder hierher zurück, werde noch die letzten Tage in Quito verbringen und schließlich nach über einem Jahr tatsächlich nach Deutschland zurückfliegen. Ein komisches Gefühl macht sich breit. Ich denke an Maren und frage mich, wie es wohl sein wird und ob sich zuhause etwas verändert hat. Ich bin sehr zwiegespalten. Ein kleines bisschen freue ich mich, aber nur ein kleines bisschen. Besonders auf meine Freunde. Ansonsten bleibt bis zum Abflug die Schlafstörung.

Aber erst einmal geht es jetzt mit dem Sammeltaxi nach Otavalo, eine zweieinhalbstündige Fahrt Richtung Norden. Die Landschaft wird immer schöner. Dorthin fahren 90 % aller Touristen, um die Märkte zu sehen und Souvenirs einzukaufen und genau das ist jetzt bei mir auch angesagt. Ein Jahr habe ich mir das verboten, weil man ja eben alles auch schleppen muss. Oftmals habe ich es sehr bedauert, obwohl ich kein großer Souvenirkäufer bin, aber einige wunderschöne kleine Ritualfiguren musste ich liegenlassen.

Otavalo ist eine hübsche Stadt auf 2.500 Metern Höhe. Sie ist umgeben von den drei Vulkanen Imbabura, Cotacachi und Mojanda.

Der Indiomarkt gilt als der größte seiner Art in ganz Ecuador. Die Menschen, fast nur Indigenas, sind freundlich und stolz. Sie verdienen viel Geld mit ihren Produkten und exportieren auch sehr viel, gerade die Stoffe, die Wollsachen, Pullover, Ponchos, Mützen, Handschuhe, Strümpfe, alle mit etwas Alpakawolle, mehr oder weniger. Man kann das zum Teil auf unseren Weihnachtsmärkten wiederfinden. Hier gibt es alles: Schmuck, Taschen, Kleidungsstücke, Töpferwaren, Malereien, Figuren. Die Sachen sind nicht teuer und manchmal schäme ich mich zu handeln, aber das ist hier so üblich. Ich bin wie gebannt, habe fast das Gefühl, ich könnte einem Kaufrausch erliegen. Ein Jahr habe ich nichts gekauft und immer die gleichen, wenigen Klamotten angehabt. Das wird mir jetzt erst so richtig klar. Außerdem will ich mir einen Koffer kaufen, da ich ja die Bilder von José mitnehmen muss, die ich immer noch in einer Tüte transportiere. Und in so einen großen Koffer würde dann natürlich auch noch einiges mehr passen. Zwei Tage laufe ich durch Otavalo und erfreue mich an der Lust des Konsums. Peinlich. Ich spüre dann auch das starke Bedürfnis, Geschenke mitzubringen.

Danach bin ich aber auch froh, dass die zwei Tage rum sind. Ausgekauft. Nun kann ich nicht mehr bleiben, weil ich zu viel Zeugs habe. Auch so kann man sich Entscheidungen erleichtern.

Ich bin noch vier Tage in Quito und versuche, mir das Ende der Reise bewusst zu machen. Ich habe das Gefühl, die Zeit ist wie im Flug vergangen. Die Sehenswürdigkeiten sind prächtig, geballt und überschaubar. Im Kern des historischen Zentrums fühle ich mich sicher, bei Überschreiten der Grenzen: Armut, vergammelte Häuser, misstrauische Blicke.

Mir ist ein Schnürsenkel gerissen und ich sehe mich nach einem neuen um, auf der Straße, bei den Frauen, den Indigenen, die dort sitzen und alles verkaufen, was man zum Leben braucht, auch Schnürsenkel einzeln oder Bänder oder ähnliche Teile.

An einer Ecke sitzt eine mittelalte, etwas korpulente indigene Frau – oder machen das nur die vielen Röcke – mit einer großen Auswahl von Schnürsenkeln in Paaren auf ein Holz aufgehängt und mit einzelnen Schnüren. Ich suche einen aus und frage nach dem Preis – spottbillig, aber es ist klar, dass ein Einheimischer vielleicht ein Drittel zahlt. Ich kenne die Preise inzwischen fast alle und ich will es doch zumindest ausgesprochen haben und sage ihr lächelnd , dass das ein spezieller Touristenpreis ist.

Die Frau sieht mich an und lacht laut los. Ja, die Gringos haben schließlich mehr Geld. Empört weise ich den Begriff Gringo zurück und erkläre ihr, dass ich aus Alemania komme und dass das etwas völlig anderes ist als die Vereinigten Staaten von Amerika. Interessiert hört sie zu, akzeptiert das und erwidert, in Deutschland haben sie aber auch viel Geld.

Das muss ich zweifelsfrei bestätigen. Im Vergleich zu den Verhältnissen in Südamerika sind wir reich und leben in einem Paradies.

Nachdem sie mir den Preis für Einheimische genannt hat, zahle ich den Touristenpreis und bedanke mich.

So ging es mir immer in Südamerika. Wenn die Leute ehrlich waren, haben sie den Touristenpreis bekommen, wenn sie es nicht waren und mich immer wieder offensichtlich betrügen wollten und mir das Geld aus der Tasche ziehen wollten, wie ich es leider oft in Peru erlebt habe, dann haben sie keinen Cent mehr von mir bekommen. Dann habe ich kehrtgemacht und bin fortgegangen oder aus dem Taxi wieder ausgestiegen, immer mit einer klaren Rückmeldung über den Sachverhalt. Das war wohl nicht immer ungefährlich, wie mir bei Erzählungen andere sagten. Aber ich bin immer damit durchgekommen und hätte es auch gar nicht anders machen wollen.

Mit dieser Frau gibt es die nächsten Tage, die ich in Quito bin, immer an derselben Straßenecke, viel zu lachen. Sie winkt mir jeden Morgen zu mit einem Strahlen im Gesicht und ich glaube, ich habe genauso zurückgestrahlt. Und an einem Tag hole ich mir einen Eimer und setze mich an ihrem Stand neben sie, ein paar Stunden. Wir erzählen über unsere Familien, die Verhältnisse in Südamerika und in Deutschland und ich schaue zu, wie wenig sie verkauft an einem Tag, wie wenig sie damit verdient und wie zufrieden sie ist, wie mitfühlend, wie interessiert, wie genügsam und freundlich. Sie kennt alle, die hier vorbeikommen und mit den meisten gibt es ein Schwätzchen. Und so lerne ich eine Menge Leute kennen und erfahre viel.

Es entsteht eine unglaubliche Nähe in dieser kurzen Zeit zwischen uns, wo wir doch in allen Punkten, insbesondere in unserer Kultur und in unseren Verhältnissen nicht unterschiedlicher hätten sein können. Das ist eine der vielen wundersamen Erfahrungen auf dieser Reise.

Mit dem englischen Paar, das inzwischen auch noch im Gästehaus wohnt, fahre ich mit dem Taxi zur Talstation der Teleferico, der Gondelbahn. Als wir eingestiegen sind und der Engländer nach dem Taxipreis fragt, nennt dieser einen Dreifachpreis. Ich sage: „No" und nenne ihm den normalen Preis. Darauf geht der Taxifahrer nicht ein und ich bin ziemlich sauer. Das kann ich jetzt nicht mehr ab und sage zu den anderen, dass wir wieder aussteigen. Das tun wir. Der Taxifahrer ist verblüfft. Ich habe damit die anderen beiden zwar irgendwie überrascht, aber ich will diese Betrügereien jetzt nicht mehr mitmachen. Der nächste nimmt den normalen Preis.

In meinem Ärger habe ich meine Fleece-Jacke beim Aussteigen im Taxi liegen lassen. Das ärgert mich nochmal mehr. Ich hätte sie zwar sowieso verschenkt und es war auch nichts in den Taschen, aber ich gönne sie natürlich nicht diesem Fahrer.

Die Gondelbahn wurde 2005 in Betrieb genommen und die Talstation liegt in einem Vergnügungspark auf 3.050 Metern Höhe. Wir fahren auf etwa 3.950 Meter auf die Ostseite des Vulkans Pichincha. Man hat einen herrlichen Blick auf Quito und die Berge und es ist ein wunderbarer Ausflug.

Am Abend gehe ich richtig gut und teuer essen. Ich bin zunehmend aufgeregter und unruhiger mit dem sich nähernden Abflugtermin.

Mit einem Stadtbummel, einer Stadtführung durch die Altstadt und dem Besuch noch einiger Museen versuche ich mich abzulenken.

Einen großen Koffer zu finden, ist gar nicht so einfach. In Otavalo war mir das nicht gelungen. In Quito finde ich einen nach langem Suchen. Die sind hier so teuer wie bei uns. Und nun habe ich tatsächlich Platz.

Am Samstag ist ein Künstlermarkt etwas außerhalb vom Zentrum. Ich kann mit einem Bus fahren. Ein letztes Mal will ich da auch noch nach Souvenirs Ausschau halten. Der Markt ist auf einem parkähnlichen Gelände und sehr interessant. Es gibt noch einmal ganz anderes Kunsthandwerk hier und es gibt zeitgenössische ecuadorianische Künstler, die ihre Werke präsentieren. Vieles ist kitschig, aber bei einem bleibe ich hängen, bei einem Bild auf Leinwand. Dargestellt ist eine sehr alte indigene Frau von hinten mit einem Korb auf dem Rücken in ihrer Tracht und sie läuft aus dem Bild hinaus, ins Ungewisse sozusagen. So sieht es aus. Außer ihr ist sonst nichts auf dem Bild. Irgendwie kann ich mich damit stark identifizieren. Es ist nicht ganz billig, aber ich kaufe es. Es müsste in meinen Koffer passen. Glücklich mit diesem Kauf – ein Geschenk, ein Erinnerungsstück von mir für mich, quetsche ich mich in den engen Bus und muss wegen dem Bild höllisch aufpassen. Dass der Bus so voll ist, damit habe ich nicht gerechnet. Mir ist nicht wohl dabei. Als ich aussteige, bemerke ich, was ich fast geahnt hatte. Man hat mir den Tagesrucksack aufgeschlitzt. Da war nur eine Daunenweste drin, aber die hat es auch getroffen und die Daunen rieseln auf den Boden. Da ist mir nun passiert, was ich nicht für möglich gehalten habe, das erste Mal nach einem Jahr. Es ärgert mich, aber am meisten ärgere ich mich über mich selber, weil ich doch ein Stück stolz darüber war, dass ich nicht beklaut worden bin. Aber es ist nicht viel passiert. Rucksack und Daunenweste werden entsorgt und ich bin erleichtert. Nun sind meine Reiseerfahrungen komplett.

Noch 4 Tage: Sie protestieren schon wieder. Alles ist abgesperrt und voller Polizei. Auf dem Rückweg spricht mich ein Touristenpolizist an: „Take care". Der andere Polizist macht ein Foto von uns. Facebook lässt grüßen.

Noch 3 Tage: Schlecht geschlafen.

Noch 2 Tage: Kaum geschlafen, aufgeregt. Warum eigentlich? Ich will nicht fahren und ich will nicht bleiben.

Es ist mein letzter Tag und ich muss packen, meinen neuen großen Koffer. Aber, es darf nicht wahr sein, das neue Bild passt nicht in den Koffer. Es ist einen Zentimeter zu lang.

Also bleibt mir gar nichts anderes übrig, als es vom Holzrahmen abzumachen. Aber der Künstler hat es so gut angebracht, dass es mich eine Stunde kostet und zwei kleine Verletzungen am Finger, bis ich die Leinwand ohne Werkzeug relativ unbeschadet herunter habe. Dann muss ich es aufrollen, dann passt es in den Koffer.

Ich verschenke noch meine schwarze Allwetterjacke, obwohl sie völlig ausgebleicht ist, aber ich mache einem jungen Mann, der schon seit ein paar Tagen auf der Straße vor meinem Gästehaus sitzt, damit offensichtlich noch eine große Freude. Ich habe mich richtig von dieser Jacke verabschiedet. Schließlich hat sie mich jeden Tag, aber auch wirklich jeden

Tag, treu begleitet. Ich empfinde geradezu eine tiefe Dankbarkeit gegenüber diesem Kleidungsstück. Meine Sandalen stelle ich vor die Haustür mit einem Zettel: Para tomar (zum Mitnehmen). Nach zwei Minuten sind sie weg.

Und dann ist es soweit, das Taxi zum Flughafen ist da.

HEIMKEHR

Eine gute Stunde Autofahrt ist es vom Flughafen in Frankfurt nach Hause. Ich schaue aus dem Fenster. Trübes, undefinierbares graues Wetter hier und – ja, alles wieder erkannt und das Gefühl, es hat sich überhaupt nichts verändert. Meine größte Angst, einer Nachbarin zu begegnen, die mich fragt: Sind Sie wieder da? Wie war es denn?

Eine absolut unbeantwortbare Frage, eine Horrorfrage für mich. Die Angst davor ist so groß, dass ich mich die ersten Tage nicht aus dem Haus traue.

Als ich nach gut einer Woche dann doch rausgehe, treffe ich sofort die Nachbarin von rechts nebenan und sie fragt mich: „Sind Sie wieder da? Wie war es denn?"

„Schön", sage ich und sie sagt: „Dann haben Sie auch mal was von der Welt gesehen".

„Ja."

Ich beeile mich weiterzugehen.

Haus, Garten, Straße, Dorf, Supermarkt, alles muss beschnuppert werden, wiedererkannt, irgendwie markiert, so wie Katzen und Hunde es tun. Dann ist man wieder da.

Meine Katze Cleo ist sofort auf mich zugelaufen, hat dann zwei Minuten gefremdelt und dann haben wir eine Ewigkeit gekuschelt.

Zuhause: Aber hier hat sich überhaupt nichts verändert. Was haben alle das ganze Jahr über gemacht? Ist hier auch etwas passiert?

Die erste Woche verbringe ich fast ausschließlich im Garten. Ich muss allein sein. Keine Lust auf Telefongespräche und Rückmeldungen. Auch meinen Koffer packe ich erst nach Tagen aus.

Nach zwei Wochen: Mein Schreibtisch ist elendig voll, eine einzige Aufforderung. Ich könnte mich hinsetzen und loslegen. Ein paar Wochen, dann wäre er vielleicht abgearbeitet – was für ein schreckliches Wort. Dann würde es nicht einen Tag dauern und ich wäre wieder drin, in allem Alten. Ich spüre Stress. Gewohntes zieht, mir wird ganz schwindelig, der Boden wankt. Nein. Niemals, alles ganz anders. Verändert. Ich merke, dass ich nicht mehr die bin, die vor einem guten Jahr von hier aufgebrochen ist. Ich habe mich verändert. Ich denke an meine letzten Kontakte auf der Reise, die Menschen. Ich vermisse sie schon jetzt. Und die alten Freunde? Komisch, es drängt mich nicht, sie anzurufen, sie zu besuchen. Sie haben fast alle Verständnis dafür. Komm erst mal an – sagen sie mir. Aber was ist das? Ankommen. Was heißt das? Wieder so wie früher? Ankommen im vergangenen Alltag? Nein. Ankommen in einem neuen Alltag? Aber wie sieht denn dieser neue Alltag aus? Keine Ahnung – aber: Ich muss gar nichts. Alles wird sich entwickeln, so wie es in Südamerika auch war. Ich muss nur hinschauen. Mein Freund Hannes schreibt mir zum Ankommen: „Taste vorsichtig und besonnen ins Hier. Das Hier soll nichts abkratzen, wegspülen, weichmachen."

Ich sage zu ihm: „Es ist anders hier, auch schön, aber nicht besser."

Nach drei Wochen: Es hat sich doch etwas verändert. Zwei Kinder wurden geboren – zwei Großnichten, drei Menschen sind gestorben – Freunde, Kollegen, zwei Krebserkrankungen – liebe Menschen, zwei neue Hüften – eine Freundin, eine neue Schulter – ein Freund. Eine Trennung und eine Scheidung – Freunde und Bekannte.

Gernot hat sich einen Porsche Carrera gekauft. Das hätte ich nicht erwartet, eine große Überraschung für mich, weil ich ihn nicht als Porsche-Typ kenne. Aber Menschen verändern sich – und das ist gut so. Wenn das dann noch in Freundschaften eine Bereicherung ist, die Entwicklung in eine andere Richtung als die eigene, dann ist das gut.

Und was hat sich nicht verändert? Die meisten arbeiten weiter wie verrückt, keine Zeit, Stress, Hamsterrad.

Nach vier Wochen: Das habe ich alles ein Jahr nicht gebraucht: Bäume schneiden, Mülltonnen raus, Winterreifen drauf, Inspektion, Updates, Fotos sortieren, Waschmaschine, Zahnarzt, Augenarzt, Grippeimpfung, Getränke kaufen, Weihnachtsgeschenke, Heizung reparieren, Computerabsturz, Weihnachtspost, Baustellen, Auto-Staus ... Stopp.

Die ersten Monate nach der Rückkehr: Ich habe das dringende Bedürfnis auszumisten, wegzuwerfen, obwohl ich das ja vor der Reise schon gemacht hatte.

Aber ich bin mit acht Kilo Gepäck ein Jahr um die Welt gefahren und hatte immer noch das Gefühl: Es ist viel zu viel, ich brauche das alles gar nicht und nun komme ich zurück und finde volle Schränke, Kleider, die ich ein Leben lang nicht auftragen kann, vielleicht gar nie mehr anziehe. Und in dem einen Jahr habe ich meine Kleider das erste Mal in meinem Leben wirklich aufgetragen und meine Schuhe nähen lassen, bis sie dann tatsächlich auseinandergefallen sind. Schuhe hier, zum Beispiel für den Winter, so viele Winter werde ich gar nicht mehr erleben und Bücher, ja lieber Gott, die werde ich nie wieder lesen, die Zeit habe ich gar nicht und ich habe sie ja alle schon mal gelesen. Und wenn man etwas wissen will, dann gibt es das Internet.

Und wer soll das alles entsorgen, wenn ich mal gestorben bin? Also bei der Fülle meiner Dinge zuhause wird mir ganz schwindelig, es ist mir schlicht und einfach zu viel und ich fühle mich mit dem allen radikal überfordert. Ich brauche das alles nicht.

Wie ist es, alte Freunde wiederzusehen?

Eine enge Freundin hat mir in einem Brief geschrieben, wie sie meine Reise erlebt hat: „*... Abschied: meine Unsicherheit, wie ich damit umgehen wollte und Deine Begeisterung über den nahenden Aufbruch ins Ungewisse ... Hin- und hergerissen zwischen Bewunderung und Kopfschütteln über so viel Wagemut! ... Alle möglichen potentiellen Gefährdungen ... Mich darauf einzulassen, dass Du im Vorfeld gesagt hattest: mal sehen, vielleicht bin ich in einem Monat wieder da – oder in einem Jahr? – oder zwei? – oder ich komme gar nicht zurück? ... Was ist, wenn Elke nun gar nicht wieder kommt und dort bleibt? ... ich spürte so etwas wie Angst, Dich auf Dauer zu verlieren ... Und wie wird sich das auf unsere Freundschaft auswirken? Inzwischen spüre ich wieder die alte Vertrautheit zwischen uns.*“

Ich wache seit Tagen jede Nacht um Punkt vier Uhr auf. Ich hatte gedacht, dass ich mir Pünktlichkeit in Südamerika abgewöhnt habe. Dann schlafe ich wieder ein und fange an zu träumen, von Südamerika, alles durcheinander, nur Bilder. Das Gehirn räumt auf.

Es ist alles so anders dort: die Familienstruktur, der soziale Umgang, der Umgang mit Geflüchteten, der Umgang mit Müll und Umwelt, der Umgang mit Gästen, die Kontaktfreudigkeit, die Zufriedenheit, die Toleranz und Akzeptanz und die Gelassenheit gegenüber Katastrophen und die Sprache.

In Deutschland herrscht Pünktlichkeit, Ordnung, Zuverlässigkeit. Es gibt Regeln, an die hat man sich zu halten, es hat zu funktionieren – was? Alles. Die Südamerikaner bewundern das, manchmal. Und wir leben in einem Paradies und viele Deutsche jammern auf hohem Niveau. Das kann ich überhaupt nicht mehr ertragen. Das alles wurde mir in Südamerika so klar und jetzt auch noch einmal.

Aber – inzwischen genieße ich doch auch wieder Vertrautes, Gewohntes und einen gewissen Alltagstrott hier, nachdem ein Jahr lang immer wieder jeden Tag alles anders, ungewohnt und neu für mich war. Und ich habe eine neue Sammelleidenschaft aus Südamerika mitgebracht. Ich sammle Lächeln.

Aber das Ende jeder Reise ist der Beginn einer neuen Reise. Unterwegs-Sein – schon als Kind war das mein Traum und das ist es noch immer. Für mich eine Vorstellung, die mit meinem persönlichen Glück verbunden ist. Das, so glaube ich, wird auch so bleiben. Dass man dazu nicht immer reisen muss, sondern dass das eigentlich eine innere Angelegenheit ist, auch eine innere Reise sein kann, ist klar.

Aber was ist das überhaupt? Damit beschäftige ich mich andauernd. Überall fremd und gleichzeitig überall daheim sein. Das geht für mich, das ist ein wunderbarer, spannender Zustand. Er befriedigt meine unendliche Neugier.

Wenn das Ziel Unterwegssein ist, ist es egal, wie lange man warten muss oder wie lange ein Flug dauert, man könnte dann ewig fliegen und seiner Neugier folgen.

Fernweh ist Unruhe und für mich die Suche nach einem Zustand von Harmonie und Einklang mit der Natur. Eine Reaktion auf die Entwurzelung und Entfremdung durch die Zivilisation, die sich von der Natur so weit entfernt hat und sie zerstört.

Unterwegssein ist immer spannender als am Ziel anzukommen. Warum eigentlich. Am Ziel ist ein Endpunkt, eine Entscheidung, ein Zustand, den man akzeptieren muss, keine Veränderung mehr, keine Ungewissheit, keine Spannung, keine Hoffnung? Die Frage ist dann geklärt. Der Fall ist klar. Entwicklung-Stopp!

Unterwegs – Neugier, was kommt, was ist möglich, Größenideen können kultiviert werden, Unsterblichkeit, alles ist (noch) möglich, nichts ist festgelegt, mit dem man sich abfinden muss. Utopien werden gepflegt. Wundervoll, nicht verwerflich, eine Basis von Kreativität und Bewegung, alles im Fluss.

Alles ist noch drin, wer weiß, alles kann noch besser werden, alles geht weiter, alle Wünsche können noch in Erfüllung gehen, alle Wunder können noch geschehen, das große Glück, suchen, finden, eines Tages. Wundersame Illusionen.

Bei Wahrung der gebührlichen Distanz ein Paradies. Im Bewusstsein der Illusion ein Rausch.

Wenn man angekommen ist, steht man vor der Wirklichkeit, vor der Kälte, vor dem Regen, vor der Dunkelheit, vor der Kleinheit, vor der Machtlosigkeit, der Ohnmacht. Man hat es nicht mehr in der Hand, es ist – wie es ist und wenn es kein Paradies ist, muss man es so akzeptieren. Dann fallen Träume und Wünsche in sich zusammen, dann stehen wir vor unseren Grenzen und den Grenzen des Lebens. Das kommt schon früh genug.

Natürlich kann das Ziel auch eine Überraschung sein. Nicht nur einige Male bin ich irgendwo angekommen, in der Natur, in Patagonien, in den Anden, am Abend, am Ende einer Tagesreise, an einem See, an einem Berg, in einem Tal und ich habe geweint vor Glück, immer mit dem Gefühl: Mein Gott, dass ich das (noch) erleben darf. Da hat es alle meine Wünsche und Fantasien, meine Hoffnungen und meine Bilder übertroffen. Dem war nichts mehr hinzuzufügen. Da hätte ich eigentlich bleiben können, daran war nichts mehr zu verbessern.

Aber der Mensch hat wohl so seine Schwierigkeiten mit dem Bleiben, zumindest ich. Aber das Glück eben auch. Schade.

Wenn sich die Natur so zeigt, dass sie alles bietet: Wunder, Bilder, Geborgenheit, Wärme, Universalität, Verführung zur Verschmelzung mit ihr, warum dann weiterziehen?

Oft hatte ich das Gefühl, hier kann ich bleiben und auch sterben.

Es geht nicht um Reisen, es geht um Sein – Leben.

Sobald ich plane, Ziele im Auge habe, das Leben von außen betrachte, schon wenn ich über das Leben oder die Reise nachdenke, bin ich außerhalb, besser ist es aber da zu sein – zu leben. Das ist sie, die Selbstvergessenheit der Kinder.

Wer zeitlos loszieht mit Neugier im Gepäck in ein Leben, in dem die Zeit, die Uhr nicht mehr zählt, der steht nur noch zwischen Geburt und Tod. Morgens nicht zu wissen, was der Tag an Neuem bringt, weil es immer wieder ungewohnt ist, das ist auch anstrengend. Möglicherweise kamen daher meine so ungewohnten extremen Erschöpfungszustände, die ich immer mal wieder hatte und die mir das Gefühl gaben, Erholung zu benötigen, sozusagen urlaubsreif zu sein.

Die Zimmer, in denen ich übernachtet habe, haben im Laufe des Jahres eine besondere Bedeutung gewonnen. Sie waren mein Zuhause und sehr schnell habe ich mich „eingerichtet". Dieses Einrichten, einen Raum zu haben, in dem ich mich sicher fühle, eine Tür, die ich schließen kann, das war absolut notwendig.

Dieses Sein ohne Gewohnheiten erfordert viel Toleranz, Einfühlungsvermögen, Positionierung, Beobachten der eigenen Bedürfnisse und das Überprüfen, ob diese gar erfüllbar sind, aber auch Abgrenzung, selbstbewusstes Auftreten und immer mal wieder auch das deutliche Aufzeigen von Grenzen, meinen Grenzen gegenüber anderen.

Anstrengend ist auch, sich immer informiert zu halten über Ort, Kultur, Sitten, Bräuche, Geschichte des Fremden. Ich kann niemals von meinen Erfahrungen auf andere schließen und wenn ich mich kundig mache, erkenne ich immer wieder von Neuem, dass einfach alles anders ist. Diese Offenheit muss ich mir immer bewahren, egal wie anstrengend das auch ist.

Auch Frustrationstoleranz wird da immer wieder auf eine harte Probe gestellt. Aber ich habe in meinem ganzen Leben nirgends so viel gelernt wie bei diesem Unterwegssein, auch in der Schule nicht, in der es ja auch immer wieder neuen Lehrstoff gab.

Ich will neugierig, vorbehaltlos, wach, aufmerksam, spontan und flexibel bleiben. Es zumindest versuchen. Wegzugehen ermöglicht erst die Distanzierung, aus der heraus der Blick klar wird und die Erkenntnis reifen kann.

Der einzige Feind dieser Erde ist der Mensch. Seine Gier nach Geld und Macht. Und die Erfahrungen mit den Menschen dort? Wir sind nicht besser, wir sind anders.

DIE STANDARDFRAGE ZUHAUSE: WAS MACHST DU JETZT?

Antwort: Leben – aber was ist das? Ich kann viel benennen, was ich sicher nicht mache.

Eine Sehnsucht taucht auf: Zwei Hunde, zwei Katzen, ein kleines Gärtchen, ein ruhiges Häuschen, einen guten Rotwein, ein Zigarillo und aufhören zu denken.

Meine erste einjährige Reise vor gut 40 Jahren war Aufbruch, Freiheit, Start in ein neues Leben, Abenteuer, Unsterblichkeit. Die Reise jetzt war auch Freiheit und Abenteuer, aber der Tod ist mitgereist. Es war vielleicht eine Vorbereitung auf meine letzte Reise.

Immer wieder taucht ein kleines Fernweh auf, aber wohin? Vielleicht zu dem Ort meiner letzten Reise? Da kann ich dann nichts mehr mitnehmen. Was für eine Entlastung, was für eine Leichtigkeit. Vielleicht wird das ja die spannendste Reise oder es ist dann eben einfach nur alles vorbei. Dazu schreibt mir mein Freund Hannes einen Brief und eine Geschichte, die er erlebt hat:

*„Du hattest Dich aufgebäumt, als ich versuchte, meinen Spruch fehlerfrei aufzusagen: ‚Einzig ein Mangel an Phantasie und Einbildungskraft rechtfertigt das Reisen.' (Fernando Pessoa, * Lissabon 1888, † Lissabon 1935, portugiesischer Schriftsteller). Nein, nein, keine zeitgeistige Denke! Wäre es so, würde ich mir diesen Satz nicht so merken.*

In Pessoas Satz finde ich mich wieder. Staunen möchte ich über Bilder und Gegenden, die durch meinen Kopf wandern.

Meist ungerufen. Oft auch verwirrend. Aber nachgehen möchte ich ihnen, ohne sie ordnen zu müssen.

Vielleicht Rückseiten von Wahrheiten, von Auch-Wahrheiten. Kein Widerspruch zur Wirklichkeit. Eher ein Teil davon.

Ganz einfach und handfest kam die Frage daher: Warum macht sie das? Die Elke, Du.

Allein wandere ich. Nicht in der Großgruppe mit ihrem Stimmengeplätschere. Obendrein in Gänse-Reihe auf schmalem Pfad zwischen Steinbrocken und niederem Bewuchs. Bergauf. Bergauf. Auf einer Seite weit unten das Meer. Hier ist nicht mehr das Anrennen der Wellen an das Ufer zu hören. Im Wintersonnenlicht verschwimmt der Horizont. Der Bergkegel auf der anderen Seite: fest und schroff, schiefrig und schottrig im Wechsel. Und der Himmel darüber hellmilchiggrau. Diffuses Licht blendet, schmerzt gar.

An der zweiten Abteufung, einer Art Brunnenschacht, schnaufe ich mehr als zuvor. Bleibe stehen. Kein Laut, kein Wind, kein Vogel, kein Mensch, kein Echo.

Zwei große aus einem knochigen Schädel quellende Augen glotzen mich an. Kaum merklich senkt und hebt sich der Knochenkopf, schiebt sich ein wenig in trockenes Wintergestrüpp. Und wieder hervor um mich anzuschauen. Fragend. Ist es der Tod selber, im Gewand eines Schafes, das im Spätherbst beim Abtrieb seine Herde nicht mehr gefunden hat?"

DANKE

Von Herzen bedanken möchte ich mich bei meinen Freunden Siegfried Angermüller, Hannes Hübner, Gudrun Kindermann, Monika Pfeiffer, Maria Rave-Schwank, Antje Reinhard, Rita Rößling, Klaus Rücker und Gabriele Stolz, die mir zu diesem Buch etwas geschrieben haben, und den vielen anderen, die mich in diesem Jahr nicht vergessen haben. Und bedanken möchte ich mich bei den Menschen in Südamerika, die mich so freundlich aufgenommen, mir geholfen und mich so viel gelehrt haben.

Günter Kromer

Der Deutschland-Wanderer

Immer mehr Menschen wollen derzeit lieber in der Heimat wandern, anstatt den Urlaub im Ausland zu verbringen. Dieser wachsenden Zielgruppe bietet Günter Kromers Reisebericht jede Menge Anregungen. Der Autor ist seit mehr als drei Jahrzehnten begeisterter Fernwanderer. 2018 beendete er seine Tätigkeit für ein Kulturmagazin, um innerhalb von zwei Jahren 10.000 km durch Deutschland zurückzulegen. In seinem neuen Buch erzählt er von seinen Erlebnissen auf 46 Fernwanderwegen, darunter populäre Strecken wie Westweg, Rheinsteig, Malerweg, Eifelsteig, Goldsteig, Moselsteig, Altmühltal Panoramaweg und Schluchtensteig, aber auch von einsamen, wenig bekannten Routen abseits der großen Touristenziele. Er berichtet von Wanderungen über romantische Mittelgebirge, durch idyllische Täler, Natur- und Nationalparks, in den Alpen und an der Ostseeküste.

Paperback · 278 Seiten · 2. Auflage
ISBN 978-3-96308-114-9 · 18 Euro

WWW.LINDEMANNS-WEB.DE

Lindemanns Bibliothek, Band 387

ISBN 978-3-96308-136-1

www.lindemanns-web.de